LA GÉNÉALOGIE DE LA LOGIQUE

Husserl, l'antéprédicatif et le catégorial

BIBLIOTHÈQUE D'HISTOIRE DE LA PHILOSOPHIE

NOUVELLE SÉRIE

Fondateur : Henri GOUHIER Directeur : Jean-François COURTINE

LA GÉNÉALOGIE DE LA LOGIQUE

Husserl, l'antéprédicatif et le catégorial

par

Bruce BÉGOUT

Ouvrage publié avec le concours du Centre national du livre

PARIS
LIBRAIRIE PHILOSOPHIQUE J. VRIN
6, Place de la Sorbonne, V[e]

2000

A Florence

Imprimé en France

ISSN 0249-7980

ISBN 2-7116-1432-8

REMERCIEMENTS

Le travail que nous proposons ici est en partie issu d'une thèse de doctorat soutenue en décembre 1997 à Paris X-Nanterre. Je voudrais ici remercier son directeur, le professeur Jean-François Courtine, pour son soutien constant et ses indications toujours précises et précieuses. Que soient associés également à ses remerciements les membres du jury, M. Malherbe, D. Franck et Arion L. Kelkel, dont les remarques nous furent d'un grand secours dans l'écriture de ce livre.

Mais l'idée même de ce travail n'aurait pas éclos en nous si Serge Boucheron ne nous avait pas aiguillé, il y a dix ans déjà, sur cette épineuse question des « synthèses passives » dans l'œuvre de Husserl, et plus généralement sur cette longue histoire du mépris de la passivité, à laquelle, d'une certaine façon, la phénoménologie husserlienne mettait fin. Sans lui, ce travail n'aurait pas été possible ni réalisable.

Que Natalie Depraz, Renaud Barbaras, Marc Richir, Anthony J. Steinbock et Jocelyn Benoist sachent également combien furent intéressantes et utiles pour moi nos nombreuses discussions sur ces mêmes thèmes et qu'un grand nombre des réflexions suivantes en tire sa substance.

Un grand merci également à Alain Pernet des Archives Husserl de Paris pour son aide irremplaçable dans la réalisation technique de ce livre.

AVANT-PROPOS

> « Das Leben sagt man ist kurz, die Kunst lang. Die philosophische Kunst ist allerdings unendlich und angesichts der Unendlichkeit die doch Lebensaufgabe geworden ist, von deren Erfüllung Sein oder Nichtsein abhängt ist man immer Anfängen und Kind, wie lange man leben mag », *Husserl*, lettre à D. Cairns, 21 mars 1930.

Le travail que nous présentons ici ne peut être clairement entendu que s'il est fait état des circonstances particulières de son élaboration. Lorsque nous avons entrepris cette étude sur la question de la passivité dans la phénoménologie de Husserl, nous étions principalement guidé, et presque de manière irréfléchie, par les interprétations majeures que les trois figures de proue de la phénoménologie française, à savoir Maurice Merleau-Ponty, Emmanuel Lévinas et Michel Henry, avaient faites de cette question. Par delà la particularité de leur projet philosophique respectif, ces trois héritiers plus ou moins fidèles de la phénoménologie husserlienne possèdent toutefois en commun l'idée selon laquelle l'expérience passive pourrait être chez Husserl ce qu'il y a à la fois de plus novateur et de plus troublant. Tous trois repèrent en effet dans les analyses génétiques de Husserl le moment historique d'émergence d'un concept systématique de passivité. Cette reconnaissance est si grande qu'ils ont eux-mêmes à leur tour forgé un concept particulier de passivité : intentionnalité *fungierende*, passivité extrême ou auto-affection passive.

Sans vouloir entrer ici dans l'explicitation des théories propres à chacun, nous ne pouvons encore une fois que constater leur proximité de vue concernant Husserl. De manière générale, ces trois philosophies de la passivité aperçoivent dans le dévoilement de la genèse passive chez Husserl l'indice d'un même dépassement. Selon elles, grâce à la mise au jour d'une vie passive de la subjectivité, Husserl pose les bases d'une remise en question de cet idéalisme transcendantal et rationaliste, honteusement chevillé au corps de la phénoménologie. Que ce soit sous le thème critique de l'actualisme de la conscience, de la primauté de l'ego ou de l'*omnipotentia* de l'intentionnalité objectivante, M. Merleau-Ponty, E. Lévinas et M. Henry font unanimement de la passivité ce moment de dégagement interne de la métaphysique de la représentation, ce lieu de déprise de la théorie d'un ego constituant souverain. Quand bien même ces différents auteurs ne sont pas, tant s'en faut, dirigés par un fil conducteur philosophique identique, ils n'en ont pas moins vu dans la passivité, telle qu'elle est thématisée par Husserl de manière expressive après 1918, l'élément perturbateur qui va permettre de pouvoir enfin s'extraire du rationalisme idéaliste des *Ideen*, résidu à leurs yeux d'une métaphysique occidentale exsangue.

À différents degrés, mais avec une même pugnacité, nos trois représentants de la phénoménologie française ont tenté par conséquent de montrer, chacun à leur tour, en quoi le motif de la passivité était véritablement ce ver dans le fruit de l'idéalisme égologique husserlien, en quoi l'expérience passive, si elle était conduite à la profondeur et à la radicalité extrêmes qui devaient être les siennes, se présentait alors comme une « sphère de sens » irréductible au rationalisme classique qui marquait indélébilement les analyses husserliennes. Aussi, relativement à cette prétendue analyse husserlienne de la passivité, pouvait-on alors parler de « part d'ombre », de « paysages insoupçonnés » sur lesquels achoppe en fin de compte la conscience pensée comme intentionnalité objectivante et connaissante.

Voilà dessiné à grands traits le *background* mental dans lequel nous nous trouvions lorsque nous nous engageâmes dans cette étude. C'est dans ce contexte philosophique particulier que nous avons mené nos premières recherches sur cette énigmatique « vie passive » de la subjectivité. Or, peu à peu, et selon des circonstances qu'il serait trop long d'exposer ici dans le détail, un décalage certain apparaissait entre ce que nous croyions savoir de la passivité et ce que nous apprenions jour après jour à la lecture des textes husserliens consacrés à cette question. La simple lecture des *Analysen zur passiven Synthesis*, c'est-à-dire des textes rassemblant trois cours sur la logique génétique que Husserl donna en 1921, 1923 et 1925, montrait que, loin d'en saper les fondements, la « constitution passive » était à chaque fois comprise en rapport avec une élucidation de l'évidence logique des opérations de connaissance. L'investigation parallèle dans les inédits donnait lieu au même constat : la passivité avait toujours affaire à la constitution de la pensée logique, à la question de la conformation des formations logico-prédicatives supérieures aux synthèses passives de la perception, de la temporalité originaire, du souvenir, etc. C'est ce que confirme Husserl lui-même qui déclare, dans ces mêmes leçons, que ce que nous voyons « par ces dernières considérations, c'est que les événements dans la sphère du soubassement passif, simplement aperceptif et ceux relevant des modes de comportement égoïque et des prises de position vont main dans la main de manière remarquable (...)», *Analysen zur passiven Synthesis*, *Hua.* XI, p.358.

Une première question ne manquait pas dès lors de se poser: si la genèse passive était la marque d'un débordement décisif de l'expérience phénoménologique hors de l'idéalisme transcendantal, fondé sur la conjonction de la constitution égologique et de la logique, pourquoi Husserl n'en a-t-il jamais fait état? Pourquoi n'a-t-il jamais émis le moindre doute concernant l'articulation possible des analyses génétiques de la passivité avec le reste de la phénoménologie transcendantale? Pourquoi a-t-il maintenu tout au long de son œuvre cette prégnance du discours égologique, qui culmine encore dans les derniers travaux de la *Krisis*, alors même que, selon l'interprétation de la phénoménologie française, le développement des différentes intentionnalités passives (affectives, temporelles, pulsionnelles) aurait dû nécessairement rendre impossible une telle souveraineté de l'ego constituant? Pourquoi, en un mot, l'analyse de la passivité n'a-t-elle pas mené Husserl là où elle a mené Merleau-Ponty, Lévinas ou Henry?

Un pressentiment se faisait jour. Et si la genèse passive n'était pas si incompatible avec l'égologie transcendantale que l'on était porté à le croire et à l'enseigner? Et si cette constitution passive validait au contraire la phénoménologie transcendantale en fondant la logique sur le sol de l'expérience, en élargissant le domaine d'appréhension de l'ego aux dimensions de l'affectivité originaire, de la vie instinctive et de la temporalité primitive du présent vivant? Telles étaient en tout cas les premières questions qui ressortirent de la lecture des analyses phénoménologiques du début des années vingt sur les synthèses passives. Ce que ces leçons formulent page après page, c'est que la passivité doit être interrogée avant tout à partir de la perspective logique, non pour la dénoncer, mais pour, au contraire, l'asseoir sur le socle de l'expérience de la prédonation. Il se peut donc, nous dit Husserl, que la passivité n'outrepasse pas le cadre de l'égologie transcendantale, mais qu'elle le consolide définitivement. Au lieu de considérer l'action des synthèses passives comme un parasitage de la formation logique et égoïque, Husserl l'intègre sans reste au processus de logification. Aussi avons-nous ici essayé de suivre cette directive husserlienne : traiter la genèse passive dans un questionnement sur la fondation de la logique elle-même.

Les recherches qui suivent ne s'attachent donc pas tant à savoir ce qu'est la passivité – en ce sens les travaux de la phénoménologie française sont exemplaires – et en quoi peuvent consister ses principales formes de manifestation (c'est toutefois l'objet de notre première partie), mais quels sont sa fonction et son statut dans l'édifice phénoménologique. Car c'est là, selon nous, la source originelle de l'incompréhension des interprétations de la phénoménologie française : elles n'ont jamais voulu envisager la passivité telle que Husserl l'avait conçue. Certes cette volonté interprétative dans sa dissension même avec les textes originaux a donné lieu à des théories remarquables de la passivité et qui ont par ailleurs durablement imprégné le *Zeitgeist* philosophique, mais si elles sont de manière incontestable phénoménologiques, elles ne sont pas husserliennes. Tout en élaborant des conceptions remarquables de l'expérience passive, les phénoménologues français ont d'une certaine manière et sans nul doute involontairement recouvert le texte husserlien. Par là, ils ont laissé croire que l'analyse husserlienne de la passivité était en continuel porte-à-faux vis-à-vis du reste de la phénoménologie comme un élément finalement inassimilable. Délibérément ou non, ils ont créé le sol dogmatique d'une passivité déconstituante et destituante, qui se dérobe par en dessous à l'ego transcendantal et l'éjecte de son piédestal fondatif.

D'une certaine manière, on était confusément persuadé de trop bien savoir où Husserl voulait en venir pour vouloir suivre dans le moindre détail le sens téléologique de ses analyses. Chacun a donc pioché dans la richesse extraordinaire tant quantitative que qualitative des recherches husserliennes, menées pendant près de soixante ans, ce qu'il pouvait momentanément faire sien et employer, mais personne n'a voulu s'approprier l'œuvre dans son entier. Ainsi tour à tour a-t-on mis en exergue l'analyse de la temporalité intime, celle du monde de la vie, la théorie des significations idéales, etc., comme si, en fin de compte, l'husserlianisme n'existait pas, mais n'était en son fond qu'une juxtaposition heureuse d'analyses hétéroclites que l'on pouvait à tout moment couper de l'ensemble et utiliser comme une totalité autonome. Le principal obstacle à une ré-appropriation intégrale de la phénoménologie husserlienne tenait sans aucun doute à son classicisme philosophique. La volonté de transformer la philosophie en une science rigoureuse tout comme celle de proposer aux maux de notre temps un rationalisme intégral avaient quelque chose d'insupportable. Les interprètes se sont donc échinés à chercher ce qui n'allait pas dans ce sens, ce qui devait bien contredire cette égologie rationaliste, faire craqueler le vernis trop lisse de ce transcendantalisme trop sûr de soi. Dans cette fouille des sous-entendus et des impensés, ils ont ainsi exhumé entre autres la passivité, et ses succédanés (association, pulsion, instinct, kinesthèse, etc.), et l'ont aussitôt promue comme élément phénoménologique destabilisateur. Mais ont-ils tenu compte du sens que la passivité a pour Husserl ? Ont-ils fait droit à la signification singulière que revêt pour lui la constitution passive ? En mettant en avant cette passivité comme « impensé », selon le mot de Merleau-Ponty, de la phénoménologie husserlienne n'ont-ils pas par là même masqué la manière particulière dont Husserl l'avait effectivement pensée ? On peut légitimement en douter et ce doute est en quelque sorte le point de départ de notre travail : retrouver la signification originale et propre de la conception husserlienne de l'expérience passive.

Mais il ne faut pas croire qu'il suffise d'adopter ici la perspective husserlienne pour résoudre tous les problèmes et effacer comme par enchantement les questions. L'ancrage du concept de passivité et de ses avatars (association *originaire*, affection, constitution originaire, etc.) dans une problématique de la fondation logique de la constitution de l'expérience soulève aussitôt de nombreuses interrogations. Sans dévoiler ici la teneur particulière de ces problèmes, on peut toutefois indiquer que l'idée d'une constitution génétique de la logique fondée en dernière instance sur le domaine de l'expérience passive n'est pas sans introduire des difficultés théoriques profondes. Parmi elles, la simple idée d'une possible syntaxe antéprédicative fournie par la structuration passive de la perception stupéfait le lecteur scrupuleux des *Recherches Logiques*. Car, c'est ici, nous semble-t-il, que se situe le cœur du problème : si d'une côté la passivité est un domaine de sens assurément intentionnel et structuré selon des lois *a priori* (association, recouvrement, etc.) et si d'un autre côté il y a nécessité pour la phénoménologie de la connaissance de procéder à une généalogie des opérations et des évidences logiques vers leurs présupposés fondamentaux dans la prédonation passive, est-ce à dire alors que la passivité est déjà la manifestation originelle d'une syntaxe logique à part entière, pour l'heure simplement non exprimée ? Toute la difficulté va donc consister à préciser la nature exacte de cette fondation, l'essence du lien de présupposition que Husserl ne manque pas d'instaurer entre la sphère de la logique transcendantale et son socle antéprédicatif dans la passivité.

Il ne suffit pas de montrer que le *pathos* est un élément du *logos* (Kant avait déjà effectué dans son *Anthropologie du point de vue pragmatique* une apologie de la sensibililité dans l'ordre de la prise de connaissance qui autorisait une semblable réhabilitation de la passivité du point de vue cognitif), mais il s'agit de savoir de quel ordre est ce *logos* pathique. Si nous parvenons à saisir la nature très particulière de cette légalité passive à la croisée du synthétique et du syntaxique, nous pourrons alors décider du sens à donner à ce sol de l'expérience passive sur lequel doivent s'édifier le monde de la logique et la logique du monde. Car c'est un fait digne de remarque que pas un des multiples aspects de la sphère prédicative et eidétique ne résiste pour Husserl à cette question de la filiation généalogique dans la dimension passive de l'expérience. Tout, la structure du jugement prédicatif, l'opération de vérité comme recouvrement, la formation de l'essence par la variation imaginative, etc., est susceptible d'être par un biais ou par un autre ramené à une préfiguration formelle ou matérielle dans l'antéprédicatif. D'une certaine manière l'ontologie matérielle qui est, selon l'exhortation de Husserl dans *Logique formelle et logique transcendantale*, supposée relayer l'ontologie formelle dans sa quête insatisfaite de la vérité ne se donne pas comme une simple application de cette dernière au domaine de l'expérience d'objets individuels, mais elle peut revendiquer le titre de véritable *mathesis universalis*, en ce que les divers points de passage entre l'antéprédicatif et le prédicatif ressortissent précisément à la formalité même des opérations qui interviennent dans ces deux domaines.

Tout le problème de la généalogie de la logique consiste donc à savoir s'il peut y avoir une coïncidence formelle exacte entre les opérations synthétiques de la passivité (association, recouvrement, fusion, etc.) et les effectuations syntaxiques de la sphère logique (prédication, généralisation, etc.), ou si la formalité passive éveille simplement de manière pré-schématique, comme l'illustration peut susciter le concept, la formalité logique. En un sens, il s'agit de repérer dans le passage génétique de l'identification passive des objets à leur énonciation prédicative ce qui se différencie dans sa répétition, ce qui advient comme absolument nouveau et, d'une certaine manière, non génétique. Telle est peut-être la signification de l'idée de préconstitution passive : à la fois maintenir la possibilité d'une reconduction des opérations logico-syntaxiques à leur fondement antéprédicatif d'évidence objectale tout en conservant l'idée d'une originalité irréductible de la saisie active et de l'objet idéal logique.

Remarques

Dans nos citations des œuvres de Husserl, nous donnons toujours en premier lieu la pagination de la traduction française existante, puis entre crochets, celle de l'édition allemande (la plupart du temps, sauf exception signalée, dans les Husserliana). Par contre pour ce qui est des Analysen zur passiven Synthesis nous donnons simplement la pagination allemande, car, au moment où fut rédigé ce travail, la traduction française de ce texte n'avait pas encoré été publiée. Néanmoins la traduction des extraits cités des Husserliana XI est celle que l'on retrouve, à quelques nuances près, dans De la synthèse passive, trad. J. Kessler et B. Bégout, avec la collaboration de N. Depraz et M. Richir, J. Millon, Grenoble, 1998. Concernant les manuscrits inédits, nous citons la pagination des feuillets consultés aux Archives Husserl de Paris, pagination qui ne correspond pas forcément à celle des mêmes manuscrits présents à Louvain, et cités par exemple dans les travaux de G. Brand, K. Held ou R. Bernet.

INTRODUCTION

LE DÉVOILEMENT PROBLÉMATIQUE DE L'INTENTIONNALITÉ PASSIVE

CHAPITRE PREMIER

LE SENS PHÉNOMÉNOLOGIQUE DE LA PASSIVITÉ

L'immanent se constitue dans une passivité la plus originaire, indépendante de toute participation du moi et la précédant ; il se constitue dans une vie la plus originaire de toutes que nous nommons la vie originairement fluente du moi et qui a déjà le caractère d'une « conscience de ».
(Ms. A VII 13, 1921, p. 65).

LE DÉVOILEMENT DE L'INTENTIONNALITÉ PASSIVE

La passivité a mauvaise réputation. À ce dénigrement général de l'opinion commune, la philosophie ne fait pas, pour une fois, exception. Elle en porte même le flambeau. L'histoire des systèmes philosophiques apparaît ainsi comme le récit univoque d'une dépréciation complète. La plupart des philosophes ne sont enclins à voir dans la passivité que la simple inertie matérielle, l'effet accidentel du sensible sur la vie de l'esprit qui, de son côté, demeure nécessairement pure *vita activa*. Depuis la condamnation platonicienne de la doctrine de Protagoras qui identifiait la science à la sensation et qui par là présupposait une totale équivalence entre passivité et savoir, *pathos* et *épistémé*, tous s'accordent communément à considérer les états passifs comme des obstacles matériels à la saisie de l'esprit par lui-même. N'est en cela digne d'intérêt que la toute puissante activité, même si elle n'est pour beaucoup véritablement effective et achevée qu'en Dieu seul, car comme l'affirme Aristote dans le *De Anima :* « toujours l'agent est d'une dignité supérieure au patient » (III, 430a 18). Que ce soit du point de vue de la connaissance ou de la liberté, de la théorie ou de la pratique, l'activité représente toujours l'attitude la plus noble.

Dans cette longue histoire du mépris, rapidement esquissée, la pensée husserlienne est l'une des premières qui réserve un sort moins défavorable à la passivité. Elle essaie de trouver en elle une certaine positivité, voire une primauté. Par ce simple geste, elle nous est déjà précieuse. Pourtant la doctrine phénoménologique de la passivité n'est pas des plus aisées à comprendre. Son ambiguïté essentielle et ses difficultés internes pourraient même la condamner plus vite que ne l'auraient voulu ses détracteurs les plus zélés. Outre la difficulté du terme lui-même, sur laquelle nous reviendrons, se greffent d'autres problèmes relatifs à la délimitation de son rôle dans la pensée phénoménologique. Malgré les nombreux textes husserliens qui traitent de la passivité et de ses fonctions plurielles dans la constitution transcendantale, on ne peut dire d'eux qu'ils forment à strictement parler une doctrine unifiée, un *corpus* stable et univoque. Dans leur désordre parfois rebutant pour le chercheur, ils figurent plutôt une sorte de variation multiple autour des thèmes du « passif », de la « passivité », de la « genèse passive », dont malheureusement l'invariant eidétique ne nous est que rarement donné. Pour avancer dans cette forêt de signes et de mots, il est donc nécessaire de trouver une ligne directrice qui, comme dans ces dessins pour enfant, nous permette de passer successivement par tous les points éparpillés et de les rassembler ainsi en une progression unique qui donnera lieu à une représentation claire, à une figure cohérente. Mais quel chemin choisir?

Pour introduire le concept phénoménologique de « passivité », il n'est pas, selon nous, de meilleur *fil conducteur* pour l'analyse que la « corrélation intentionnelle », non seulement parce que l'intentionnalité représente l'axe fondamental de la pensée phénoménologique, mais aussi et surtout, et ce sera là le point central de notre lecture, parce que la passivité ne peut se comprendre en dehors de sa co-appartenance à une subjectivité constituante [1]. *Prima facie*, ce rapprochement peut sembler surprenant, voire paradoxal, étant donné l'opposition apparente du passif et de l'intentionnel. En tant qu'acte, l'intention paraît immédiatement contraire à la simple réceptivité de l'acte : la passivité de l'affection. Pourtant, comme

1. Les analyses quasi anthropologiques des *Ideen II* (livre II des *Idées directrices pour une phénoménologie*, « Recherches phénoménologiques pour la constitution », trad. fr. É. Escoubas, Paris, PUF, 1982) ne doivent pas ici nous tromper. Si la motivation passive comme soubassement hylétique de la vie de conscience y est présentée comme la « face-nature » du sujet, cela ne veut pas dire que la passivité se rapporterait en général exclusivement aux données naturelles et corporelles externes qui viennent déranger la pureté et l'immanence du moi. Les différentes formes que peut prendre la passivité (l'instinct, la pulsion, l'habitude, l'association, etc.) relèvent en droite ligne des opérations subjectives et non d'une corporéité constituée et mondaine. La *naturalité* de la passivité relève de son inscription dans le corps vivant, non de son appartenance au corps objectif qu'étudie la biologie, aux lois causales de la nature matérielle.

nous allons essayer de le montrer, c'est au cœur même de la relation constituante entre un acte subjectif et un objet visé que peut apparaître le sens véritable de ce que Husserl nomme la « constitution passive ». Cependant ce dévoilement de l'ancrage de la passivité dans la vie intentionnelle de la conscience, pour capital qu'il soit, ne s'est pas fait de manière aisée. C'est qu'au tout début des recherches husserliennes il rencontre sur sa route *deux obstacles* principaux.

Premièrement celui lié à la conception traditionnelle (en un mot kantienne [1]) de la *passivité* comme pure *receptivitas* de la sensibilité, pur accueil de données sensibles sans autre lien entre elles que celui de leur simple coexistence dans la sensibilité. Est passif l'effet d'un acte sur le sujet, à savoir l'affection provoquée par une causalité qui n'est pas lui. Dans ce cas, la passivité s'identifie à la simple réception de données ou de liaisons pré-catégoriales toutes faites, au simple état de l'*Erfahren*. Comme le fait remarquer E. Holenstein, on retrouve ici cette acception traditionnelle de la passivité surtout dans les « phases pré-génétiques » [2] de la phénoménologie husserlienne. La passivité y est alors décrite comme le *pâtir* subjectif, à savoir le simple fait d'être affecté par des données impressionnelles qui excitent l'attention du moi et le poussent à se tourner vers elles.

> Nous avons là *le comportement de réagir à quelque chose*, par quoi nous faisons l'expérience d'excitations, par quoi nous sommes motivés en un sens déterminé (...). Nous avons là, dans tous les cas, le fait de « *pâtir de la part de quelque chose* », le fait d'être déterminé *passivement* par quelque chose, et la réaction active, le passage à l'acte ; et cet acte a un but [3].

Le *second obstacle* que la théorie de l'intentionnalité passive rencontre dans les premiers écrits husserliens tient à la nature particulière de la relation intentionnelle : celle-ci, alors uniquement posée comme résultat d'un *acte* de conscience clair et distinct, immédiatement présent à lui-même dans la thématisation explicite, paraît exclure toute modalité passive d'accomplissement. Est intentionnelle une visée produite par la spontanéité active de la conscience. Sans anticiper sur la suite de nos analyses qui, dans l'étude de l'émergence du concept de « synthèse passive », reviendra

1. Cf. Kant, *Anthropologie du point de vue pragmatique*, (trad. M. Foucault, Paris, Vrin, 1988), p. 26-27 : « Par rapport à l'état de ses représentations, mon esprit est *actif* et manifeste une faculté (facultas) ; ou bien il est *passif* et consiste en une réceptivité (receptivitas) ».

2. *Phänomenologie der Assoziation, Zur Struktur und Funktion eines Grundprinzips der passiven Genesis bei E. Husserl*, Den Haag, Nijhoff, Phaenomenologica 44, 1972, Kapitel 9 « Die Assoziation als passive Synthesis », chapitre traduit par nos soins dans *Philosophie*, 50, 1996, p. 47 [208]. Dans *Expérience et Jugement*, Husserl prend définitivement ses distances vis-à-vis de cette conception « naïve » de la passivité qui ne voit en elle qu'un « subir », *Expérience et Jugement, Recherches en vue d'une généalogie de la logique*, tr. fr. D. Souche-Dagues, Paris, PUF, 1970, p. 69-70 [61].

3. *Ideen II*, *op. cit.*, p. 302 [217].

plus précisément sur cette *percée* d'une activité subjective non-explicite, indiquons pour l'heure que l'intentionnalité telle qu'elle est encore présentée par Husserl dans les *Recherches Logiques* ne permet pas encore de penser la corrélation intentionnelle en dehors d'une activité réfléchie et thématisante. À ce stade de la pensée de Husserl, on doit constater que l'intentionnalité est le caractère des « actes » [1] et d'eux seuls.

Malgré ces deux handicaps initiaux d'une passivité purement *réceptive* et d'une intentionnalité exclusivement *spontanée*, l'originalité de la théorie husserlienne de la passivité consiste dans la tentative de réconciliation du passif et de l'intentionnel (et, à un degré supérieur, du constitutif). C'est sur ce point très précis que l'interprétation merleau-pontyenne de la passivité chez Husserl se fait la plus convaincante :

> Une synthèse passive est contradictoire si la synthèse est composition, et si la passivité consiste à recevoir une multiplicité au lieu de la composer. On voulait dire, en parlant de synthèse passive, que le multiple est pénétré par nous et que, cependant, ce n'est pas nous qui effectuons la synthèse (...). Ce qu'on appelle passivité n'est pas réception par nous d'une réalité étrangère ou l'action causale du dehors sur nous : c'est un investissement, un être en situation, avant lequel nous n'existons pas, que nous recommençons perpétuellement et qui est constitutif de nous-mêmes [2].

En vertu même de sa solide articulation à la vie intentionnelle de la conscience, la genèse passive se situe donc au-delà de l'opposition stérile et abstraite du *pâtir* et du *penser* (comme pure activité de liaison de l'entendement). Néanmoins Husserl s'aperçoit très vite, et peut-être même dès les leçons de Göttingen de 1905 sur la conscience intime du temps, que cette passivité pré-constituante ne peut devenir intentionnelle qu'à la faveur de la mise au jour d'un autre mode de l'intentionnalité que celui du simple *ego cogito* actuel : celui qui repose sur le dévoilement des *marges* de l'intentionnalité thématique. Or ce point est loin d'être acquis, même en 1913.

Si l'on observe la structure particulière du « milieu intentionnel » de la conscience telle que les *Ideen I* l'exposent, on constate que Husserl conçoit ici l'intentionnalité comme l'activité principale du *cogito* qui se tourne vers l'objet et en fait, au moyen de l'attention, le thème central de sa saisie. De ce point de vue, le *cogito* ne représente pas autre chose que « l'intentionnalité explicite » [3]. Et le moi, en tant qu'il est ce pur *cogito* de l'*être-dirigé-sur*,

1. Dans la cinquième *Recherche*, Husserl définit en effet l'intention comme ce « qui constitue le caractère générique descriptif de l'*acte* », cf. *Recherches Logiques*, tr. fr., H. Élie, L. Kelkel et R. Schérer, t. II, 2, Paris, PUF, 1962 (Ve Recherche), p. 169.

2. M. Merleau-Ponty, *Phénoménologie de la perception*, Paris, Gallimard, 1945, rééd. coll. "TEL", 1976, p. 488.

3. *Ideen I*, *op. cit.*, p. 388 [236].

n'existe lui-même que sur le simple mode de l'actualité, c'est-à-dire de l'activité immédiatement présente à soi dans le maintenant de conscience :

> Quand un vécu intentionnel est actuel et par conséquent opéré selon le mode du cogito, en lui le sujet se « dirige » sur l'objet intentionnel. Au cogito lui-même appartient un « regard sur » l'objet qui lui est immanent et qui d'autre part jaillit du « moi », ce moi ne pouvant par conséquent jamais faire défaut [1].

En cela, l'activité intentionnelle se décline principalement au présent, sur le mode exclusif de l'*actualité*. C'est dans cette actualité du regard, qui prend un objet pour thème unique de sa visée, que le moi pur existe le plus proprement. Or, établit ici Husserl, réinvestissant par la même occasion le concept jamesien de « halo (*fringes*) », toute donation d'un objet intentionnel quelconque s'accompagne toujours de « *co*-donations » (*Mit-Gegebenheiten*), de données complémentaires. Ces éléments adjacents de la visée qui sont toujours liés à ce qui est visé comme à leur unité polaire ne parviennent pas toujours à l'intuition directe. Le papier blanc que j'observe posé là sur la table n'existe pas seul, mais il est continûment enchâssé dans un milieu d'objets (livres, encrier, crayons, etc.), selon différentes circonstances de lumière et de perception changeantes, qui restent souvent inaperçues. Ce qui est « saisi » (*erfasst*) comme thème central est en fait « extrait » (*herausfasst*) d'un ensemble pré-existant, d'un contexte général. D'où il suit qu'il se détache d'un « arrière-plan d'expérience » qui, à son tour, selon une conversion du regard, peut former lui-même un vécu de conscience. Nous voyons donc que pour Husserl le champ de conscience est scindé en un *premier plan* et un *arrière plan*, entre un thème et un horizon [2], entre une conscience explicite et une conscience implicite. Thème et champ ne cohabitent pas simplement dans la même simultanéité temporelle de la conscience, mais ils possèdent d'emblée en commun une certaine relation figurale, une certaine organisation perceptive [3]. Mais ces

1. *Ibidem*, p. 118 [65]. Cette idée est de nouveau développée dans le § 80 : « chaque *cogito*, chaque acte en un sens spécial, se caractérise comme un acte du moi, il *procède du moi*, en lui le moi *vit actuellement* », p. 269 [160].

2. Cette bipartition de la conscience intentionnelle est certes redevable à Wundt de ses analyses sur le champ de conscience (cf. Wilhelm Wundt, *Grundzüge der physiologischen Psychologie III*, Leipzig, 1903), mais elle apparaît très tôt chez Husserl dans les textes pré-phénoménologiques de 1893-94, et ce dans la distinction entre l'*Aufmerken* (le faire-attention à quelque chose) et le *Bemerken* (le fait de simplement remarquer ce quelque chose). Cf. « Études psychologiques sur la logique élémentaire », parues dans le *Philosophische Monatshefte* 30, 1894, p. 159-191, texte repris dans *Articles sur la logique (1890-1913)*, Paris, PUF, 1975, trad. J. English.

3. Dans sa *Théorie du champ de conscience*, Gurwitsch considère en effet que « les données qui appartiennent au contexte ne sont pas seulement co-présentes au thème, elles ont une certaine signification et importance pour lui. En un mot, elles ont quelque chose à faire

divers éléments latéraux qui appartiennent à l'arrière-plan de la conscience d'objet sont-ils eux aussi des corrélâts intentionnels ? Et le moi vit-il en eux comme il vit dans l'objet central et thématique ?

À la première question, Husserl répond par l'affirmative : si l'on rencontre, écrit-il dans les *Ideen I* marquant ainsi la progression de l'idée d'une passivité intentionnelle, tout d'abord cette propriété fondamentale de la conscience dans les vécus du *cogito* explicite, il n'en demeure pas moins que les vécus d'arrière-plan sont, eux aussi, intentionnels et qu'à ce titre ils possèdent également le trait distinctif de la *conscience de.*

> (...) et pourtant ces vécus comportent une intentionnalité. Il est clair par exemple que l'arrière-plan d'objets d'où se détache un objet perçu sur le mode du cogito actuel, par le fait qu'il bénéficie de cette conversion par laquelle le moi le distingue, est véritablement du point de vue du vécu un arrière-plan d'objets [1].

Les modes inactuels du vécu sont incontestablement « conscience de quelque chose » ; seulement, ajoute Husserl, ils ne le sont pas comme ceux vécus directement par l'*ego cogito*, puisque l'« ego punctum » [2] de la conscience n'habite que le regard thématisant. Ce ne peut donc être le moi des actes explicites qui anime directement ces vécus d'arrière-plan, étant donné qu'il est dirigé dans son action exclusivement sur le pôle-objet. Puisque le moi thématisant en est absent, il faut donc considérer que l'horizon caché de conscience se structure de lui-même de manière « autochtone » [3]. Est-ce à dire que la conscience marginale vit à l'écart de toute relation actuelle avec le *cogito* ? Cela se peut. Néanmoins, les « vécus d'arrière-plan » ne sont pas totalement étrangers au moi, car si le moi se tourne vers eux, selon une conversion attentive du regard, ils peuvent devenir des thèmes nouveaux de son attention. Dans leur détachement, signale Husserl, ils existent néanmoins toujours dans un certain *degré de proximité ou d'éloignement* avec le moi, de sorte que le moi pur, vivant le plus souvent dans l'actualité ponctuelle du cogito, peut à chaque instant pénétrer cette vie marginale de l'intentionnalité.

avec lui, elles ont un rapport de "relevance" avec lui », *Théorie du champ de conscience*, Paris, Desclée de Brouwer, 1957, trad. M. Butor, p. 270. C'est dire que chaque élément conscient n'existe pas sous une forme dispersée, mais pris dans une contexture qui entretient avec lui une certaine affinité d'organisation. La "relevance", terme que Gurwitsch emprunte à Alfred Schütz, signifie que chaque élément caché du champ horizontal peut être *pertinent* pour la compréhension du thème central.

1. *Ideen I*, *op. cit.*, p. 284 [169].

2. *Ideen II*, *op. cit.*, p. 158 [105].

3. Au sens où A. Gurwitsch parle du « trait autochtone du courant de conscience », s'auto-formant sans l'intervention d'actes logiques et sélectifs, *Théorie du champ de conscience*, *op. cit.*, p. 293.

En raison de sa relative indépendance vis-à-vis du moi des actes et des prises de position, l'intentionnalité inactuelle ou « horizontale »[1] représente l'une des premières manifestations phénoménologiques de la passivité constituante. C'est en effet dans cette vie potentielle, mais sans cesse intentionnelle, de la conscience et dans cette *donation de sens* de l'horizon tout entier, et non du simple objet thématique, que se situent les tout premiers linéaments de l'intentionnalité passive[2]. On voit ici, au cœur même des *Ideen I*, censés représenter pour les commentateurs de la phénoménologie l'acmé de l'idéalisme transcendantal, comment la thèse d'une vie intentionnelle *et* passive de la conscience fait peu à peu son chemin :

> De tous ces vécus on a encore manifestement le droit de dire que ceux qui sont actuels sont cernés par une « aire » de vécus inactuels ; *le flux du vécu ne peut jamais être constitué de pures actualités*[3].

De là il suit que la sphère passive par excellence est cette vie « extra-thématique » de la conscience[4] que Husserl commence à étudier au milieu des années dix et qui deviendra dans la décennie suivante le thème constant de ses recherches. Celle-ci excède les actes de la conscience ponctuelle et englobe tout aussi bien l'horizontalité latérale des co-données perceptives que l'horizontalité transversale de la temporalité interne. Par suite, la conscience intentionnelle n'est plus enfermée dans l'actualité du cogito[5] mais elle déborde la mire étroite du champ de conscience pour se rapporter aux divers objets co-donnés dans l'horizon inaperçu, voire à cet horizon lui-même. Le moi peut circuler librement de l'actuel à l'inactuel, mais toujours sans pouvoir se défaire totalement de cette pointe intentionnelle qu'est le *cogito* :

1. Husserl utilise cette expression d'« intentionnalité d'horizon » dans les *Méditations Cartésiennes*, trad. M. B. de Launay, Paris, PUF, 1995, p. 91 [83].

2. À juste titre, R. Bernet fait plusieurs fois le parallèle entre l'intentionnalité horizontale et l'intentionnalité passive, cf. *La vie du sujet, Recherches sur l'interprétation de Husserl dans la phénoménologie*, Paris, PUF, 1995, p. 99, 116, 315-316.

3. *Ideen I*, *op. cit.*, p. 114 [63].

4. Husserl identifie « sphère passive » et « sphère extra-thématique » dans les *Ideen II*, p. 37 [13].

5. Cf. *Logique formelle et logique transcendantale*, tr. fr. S. Bachelard, Paris, PUF, 1957, p. 330 [218] : « Là, il ne faut pas perdre de vue que la *subjectivité effectuante n'est pas par principe épuisée* par la vie intentionnelle *actuelle*, dans ses vécus intentionnels qui se coordonnent de fait, mais qu'elle se trouve aussi, et constamment, dans ses *capacités* ». Par la mise au jour de cette intentionnalité horizontale, Husserl ne rentre pas tout à fait dans le cadre de cette philosophie actualiste que dénonce avec vigueur Merleau-Ponty dans le *Visible et l'Invisible*, Paris, Gallimard, 1964, p. 227 : « par cette intentionnalité *latente*, l'intentionnalité cesse d'être ce qu'elle est chez Kant : *actualisme pur*, cesse d'être une propriété de la conscience, de ses "attitudes" et de ses actes, pour devenir *vie intentionnelle* ».

> La présence d'un horizon obscur comporte la conscience de la possibilité d'élucider cet horizon (...). C'est dans et par l'expérience même des renvois indicatifs à un horizon indéterminé que nous prenons conscience des possibilités d'élucidation et de thématisation, et aussi du fait que l'actualisation de ces possibilités dépend uniquement de notre libre choix [1].

En distinguant le thème de l'horizon, Husserl creuse en quelque sorte le champ de la conscience, puisqu'à présent toutes les données horizontales sont rejetées dans les profondeurs de l'inexplicite, dans ce qu'il nomme dans les *Ideen II* « la conscience assoupie » [2].

Mais quelles sont les raisons philosophiques qui ont conduit Husserl à transformer ainsi l'intentionnalité et son régime actuel ? Les motifs pour lesquels il élargit l'espace ponctuel de l'intentionnalité à l'horizontalité spatio-temporelle sont à dire vrai complexes. On peut considérer, avec E. Ströker [3], que cette transformation surprenante se produit d'abord dans le prolongement direct des analyses des *Recherches Logiques* sur l'« excédent » [4] (ou surplus, *Überschuß*) de la signification vis-à-vis de toute donation intuitive, de sorte que chaque objet visé, comprenant toujours *plus* en lui que ce qui est visé, ouvre lui-même la porte à un rapport intentionnel autre qu'actuel. L'horizontalité de l'intentionnel aurait ainsi pour origine cette « excédance » des intentions signifiantes sur les intuitions remplissantes. Certains textes de Husserl corroborent cette première interprétation, notamment les *Méditations Cartésiennes* qui font *expressis verbis* le parallèle entre l'horizon de la conscience et la « survisée » (*Mehrmeinung*) de tout acte intentionnel.

On peut également supposer que l'élargissement déterminant, qu'effectue Husserl dès 1901, du domaine des objets intentionnels aux objets temporels et spatiaux-chosiques entraîne sa prise en compte d'une horizontalité particulière qui n'était pas prégnante pour les objets idéaux, étudiés dans les *Recherches Logiques*. À ce titre, l'extension au tournant du siècle du domaine phénoménologique de la signification à l'expérience l'a

1. A. Gurwitsch, *Théorie du champ de conscience*, *op. cit.*, p. 293. Reprenant les travaux de Husserl, A. Gurwitsch a pour sa part distingué *trois aspects* fondamentaux du champ de conscience : le thème, le champ thématique (toutes les données qui ont un rapport de sens direct avec l'élément thématique) et le champ non-thématique, à savoir la marge. L'horizon comme tel est ainsi partagé entre ce qui entre en relation avec le thème et ce qui reste hors du champ même de l'intérêt thématique, c'est-à-dire ce qui n'a pas de *relevance* pour le thème lui-même.

2. *Ideen II*, *op. cit.*, p. 160 [107].

3. Elisabeth Ströker, « Intentionalität und Konstitution. Wandlungen des Intentionalitätskonzepts in der Philosophie Husserls », *Dialectica*, vol. 38, n° 2-3, 1984 : « dieser zweifachen Horizonthaftigkeit entspricht auf der Aktseite ein Überschuss des Meinens : der Gegenstand ist in jedem Akt als mehr vermeint denn als das, was er aktuell gegebener ist », p. 201.

4. *Recherches Logiques*, t. II, 2 (v^e Recherche), p. 188 [385] : « l'aperception est, pour nous, ce surplus qui consiste dans le vécu lui-même, dans son contenu descriptif, par opposition à l'existence brute de la sensation ».

conduit à une extension corrélative du régime intentionnel, sommé par son propre mot d'ordre de *retour aux choses mêmes* de tenir compte du mode de donation spécifique de ces nouveaux corrélâts intentionnels. Que cette mutation spectaculaire de la faculté intentionnelle soit le fait d'un facteur interne (l'excédentaire de la signification) ou externe (l'élargissement du domaine objectal) importe peu en fin de compte pour notre propos présent. Reste dans toute sa clarté l'évidence essentielle que l'horizontalité est devenue à présent pour Husserl « un nouveau trait fondamental de l'intentionnalité » [1].

Pour saisir l'émergence, dans la pensée husserlienne des années dix, d'une véritable *constitution passive*, il convient donc d'approfondir à présent cette idée d'une horizontalité intentionnelle. En elle, il n'y va pas simplement de l'horizon des données perceptives coexistantes, du *co-perçu*, mais aussi de celui des données successives, donc temporelles. En vérité, tout objet intentionnel possède tout au long de son développement conscient une double horizontalité contextuelle, celle *périphérique* des co-données et celle *temporelle* des mêmes contenus passés ou à venir. Le dépassement de l'intentionnalité actuelle réduite à la portion congrue du *maintenant* s'effectue donc à la fois vers les potentialités de l'horizon de la coexistence et vers celles de l'horizon de la succession et de la durée. Ce n'est donc pas un hasard si la constitution phénoménologique de la temporalité interne, telle qu'elle est déjà décrite dans les *Leçons sur la conscience intime du temps* de 1905, se présente, elle aussi, comme l'une des anticipations majeures de la constitution passive. C'est donc vers elle que nous devons nous tourner pour dégager les premières conceptions phénoménologiques d'une passivité intentionnelle.

Sans rendre compte par le menu de toutes les analyses de la constitution temporelle de la conscience, remarquons néanmoins ici que Husserl décrit d'entrée de jeu celle-ci comme le résultat, non d'un acte particulier de la conscience, mais de l'« impression originaire » elle-même qui *se détend* temporellement en rétention et protention. Mettant l'accent sur la constitution subjective du temps (et non sur le temps objectif), il considère ainsi que la formation de la temporalité interne n'est pas le fait *exprès* de l'activité de l'*ego cogito*, mais qu'elle relève de ce qu'il faut bien nommer une forme d'intentionnalité des données impressionnelles elles-mêmes.

> Sentir, c'est là ce que nous tenons pour la conscience originaire du temps ; c'est dans le sentir que se constitue l'unité immanente, couleur ou son, l'unité immanente souhait, plaisir, etc [2].

1. *Méditations Cartésiennes*, *op. cit.*, p. 90 [82].
2. *Leçons pour une phénoménologie de la conscience intime du temps*, Paris, PUF, 1964, trad. H. Dussort, p. 141.

Comme on le sait, le flux de conscience (que Husserl nomme parfois « conscience absolue » [1]) est lui-même mu dans son devenir rétentionnel selon une double intentionnalité : « transversale », celle qui vise le vécu particulier de l'objet temporel qui vient d'être donné comme impression originaire; et « longitudinale » [2], celle qui vise le flux de conscience lui-même en rassemblant en une unité fluente toutes les durées particulières des impressions originaires passées sous forme de rétentions. Ainsi dégagée, l'intentionnalité temporelle correspond à cet « écart [*Abstand*] » du moment présent de l'impression vers le passé et le futur. L'intention n'est plus ici la visée d'un objet proprement dit, mais la visée d'une visée (l'impression tout juste donnée se rapporte en effet à elle-même comme rétention ou protention [3]) sous une forme modifiée, de telle sorte que la constitution originaire du temps revient à une espèce d'auto-affection intentionnelle du sentir. Pour cette raison, Husserl indique de manière déterminante que cette intentionnalité « d'un type particulier » ne repose pas sur le modèle canonique de toute appréhension intentionnelle, basé par essence sur la distinction de la « forme appréhensive » et du « contenu matériel ». Dans le cas de la constitution originaire du temps, ce sont les contenus impressionnels eux-mêmes qui s'auto-animent immédiatement, et ce en dehors de toute intervention d'actes supérieurs d'*Auffassung* ou de *Deutung*. Husserl fait ainsi remarquer dans une note de l'*Haupttext* que « toute constitution n'est pas bâtie sur le schéma : contenu d'appréhension-appréhension » [4].

C'est dire par suite que les contenus de l'impression originaire possèdent déjà une faculté intentionnelle, sans que celle-ci soit le résultat insigne d'une appréhension noétique. Ce qui est décisif dans cette remise en question par Husserl du schéma central de la saisie intentionnelle, pensée comme animation d'une matière inerte par des actes formels, c'est précisément le fait que la sensibilité n'est plus reléguée au stade de la réceptivité inactive et quasi morte, mais qu'elle possède la faculté de préconstituer par elle-même les unités temporelles dans le sentir du temps et de la durée fluente. Le commentaire d'Emmanuel Lévinas est ici tout à fait éclairant :

> Le temps n'est pas seulement la forme qui loge les sensations et les entraîne dans un devenir; il est le sentir de la sensation, lequel n'est pas simple coïncidence du sentir et du senti, mais une intentionnalité et, par

1. *Ibidem*, p. 97.
2. *Ibidem*, p. 107.
3. Il est vrai que Husserl, dans les *Leçons* de 1905, appuie principalement l'intentionnalité temporelle sur la modification rétentionnelle, laissant dans l'ombre l'intention dirigée vers le futur.
4. *Ibidem*, p. 11 (note).

conséquent, une minimale distance entre le sentir et le senti, distance temporelle précisément [1].

À la lecture des *Leçons* de 1905 sur la temporalité interne, il est ainsi frappant de noter que le contenu impressionnel n'est pas simplement ce qui est *senti* du temps, comme si un acte supérieur était par ailleurs nécessaire pour le transformer en perception objectale réelle, mais ce qui est véritablement *perçu* du temps, son étalement même. Dès lors, on peut comprendre qu'en tant que *point-source* de la constitution temporelle, « commencement absolu de cette production » [2], l'impression originaire présente, selon Husserl, une auto-organisation temporelle qui ne doive absolument rien aux actes d'entendement. Il n'y a pas à chercher derrière cette *Urimpression* une action catégoriale cachée qui viendrait constituer comme *temps* ce qui se délivre ici comme *sensation*. Husserl le rappelle : l'événement du temps dans l'impression vive du présent originaire n'est pas le produit d'une activité égoïque, il est en quelque sorte le moment d'émergence de la conscience à elle-même sous la forme d'un maintenant qui, sans cesse, se transcende vers les horizons lointains du passé et du futur. Comme telle, l'intentionnalité temporelle (que ce soit celle de la rétention particulière ou du flux lui-même comme rétention de rétentions) ne peut être rapportée à l'*être-dirigé-sur* de *l'ego cogito*. Dans le même ordre d'idées, Husserl conclura quelques années plus tard, dans les *Ideen I*, que « cette proto-synthèse de la conscience originelle du temps » ne relève pas d'une « synthèse active et discrète » [3]. La *rétention* elle-même, dans laquelle Husserl voit poindre en 1905 l'intentionnalité temporelle, n'est absolument pas « un acte » [4]. C'est un événement subjectif qui *se fait* dans le moi sans que ce *faire* puisse à la vérité être *eo ipso* renvoyé à une quelconque activité du moi réfléchi. En d'autres termes, le mode intentionnel qui régit l'ensemble de la constitution temporelle doit être clairement attribué à une forme de passivité hylétique [5] non pas purement réceptive, mais en soi combinatoire, synthétique et unificatrice.

1. E. Lévinas, *En découvrant l'existence avec Husserl et Heidegger*, Paris, Vrin, 1994, p. 152-53. Il s'agit de la reprise de l'article « Intentionnalité et sensation », publié pour la première fois dans la *Revue Internationale de Philosophie*, Bruxelles, 1965.

2. *Leçons pour une phénoménologie de la conscience intime du temps*, *op. cit.*, p. 131 : « L'impression est le commencement absolu de cette production [i.e. continuum du flux], la source originaire, ce à partir de quoi se produit continûment tout le reste. Mais elle n'est pas elle-même produite, elle ne naît pas comme quelque chose de produit, mais par *genesis spontanea*, elle est génération originaire ».

3. *Ideen I*, *op. cit.*, p. 403 [246].

4. *Leçons* de 1905, *op. cit.*, p. 159.

5. Sur ce point, nous suivons l'interprétation de R. Bernet : « cette conscience absolue dans lequelle se constitue le temporalité des actes intentionnels n'est plus, à proprement parler, une conscience intentionnelle, une perception. Une perception est un acte intentionnel qui se rapporte à un *objet* sous la forme d'une position spontanée. La conscience absolue d'un acte

Les analyses ultérieures sur la temporalité, celles notamment pratiquées dans les manuscrits dits de Bernau de 1917-18 (groupe L) et dans ceux du groupe C sur le « flux du présent vivant », ne démentiront pas ces premières conclusions, mais les approfondirons jusqu'à un degré d'originarité rarement atteint par une philosophie de la conscience. Dès 1913, la conception husserlienne du temps se dessine donc clairement : la constitution temporelle est, en grande partie, l'opération d'une passivité synthétique qui trouve son origine ultime dans une affection originaire de la conscience. Puisque « la conscience n'est rien sans impression » [1], comme l'indiquait Husserl dans les *Leçons* de Göttingen, la conscience temporelle consiste pour sa part dans l'auto-développement continu des impressions originaires.

> La constitution des data temporels immanents qui progresse avec une légalité inflexible est une évidence continue en un sens très large, mais qui n'est rien moins qu'un actif « être dirigé vers » de la part du moi [2].

Essayons de prendre toute la mesure de ce renversement de perspectives dans l'appréhension husserlienne du phénomène intentionnel : ce qui est proprement en jeu ici dans cette *double intentionnalité horizontale*, celle de la co-donation perceptive comme celle de la temporalité originaire, c'est ce que l'on pourrait nommer l'*angle mort* de la vision intentionnelle du moi. En tant que *regard sur*, l'*ego cogito* ne peut jamais en effet saisir directement les différents éléments latéraux qui l'entourent ni les réfléchir en totalité, la conversion vers l'un impliquant l'abandon de ce qui faisait jusqu'à présent le thème de son attention.

Que ces formes perceptives et temporelles de l'intentionnalité horizontale soient directement *passives*, à savoir qu'elles s'imposent au sujet sans que celui-ci puisse décider du sens qu'elles possèdent, nous pouvons légitimement en convenir au vu de ces premières analyses. Mais toutes les passivités sont-elles réciproquement intentionnelles ? Tous ces processus passifs qui se présentent comme porteurs de sens, avant même que l'ego ne leur en ait donné un, présentent-ils de manière unanime cette marque fondamentale de l'intentionnalité ? Nous savons déjà que, pour Husserl, le phénomène de la passivité ne se réduit pas à la simple « pré-constitution » des potentialités objectales ni à la formation des unités temporelles et du flux tout entier qui les englobe, même si, de leur côté, ces deux productions passives sont tout à fait essentielles. Ce n'est là, à la vérité, que le tout

intentionnel, tout à l'opposé, est une conscience passive résultant d'une affection ; ce dont elle a conscience s'est imposé à elle plutôt qu'elle ne l'a posé », *La vie du sujet*, *op. cit.*, p. 196.

1. *Ibidem*, p. 131.

2. *Logique formelle et logique transcendantale*, trad. S. Bachelard, Paris, PUF, 1957, p. 380 [353].

premier aspect du processus général de l'expérience passive et antéprédicative qu'il cherche à dégager dans toutes ses ramifications. Mais la passivité comprend également en soi l'affection, et ses multiples moments d'intensification, tout comme les modifications multiples et subtiles du sentiment, la vie instinctive et pulsionnelle, etc. Or, à ce stade originaire, il est pour le moins très difficile de se prononcer favorablement pour une passivité intentionnelle. Que vise en effet ce type de phénomènes? Il est difficile de le dire et de le décrire du point de vue eidétique. À ce stade de l'analyse, Husserl ressent donc une certaine hésitation à reconnaître de manière définitive la marque distinctive de l'intentionnalité dans tous les vécus passifs, qu'ils soient temporels ou affectifs.

Cette indécision se fait jour notamment dans l'appendice XII des *Ideen II.* Notant que dans toute conscience éveillée se trouve la présence d'un arrière-plan d'intentions passives, Husserl souligne à ce sujet qu'il s'agit ici simplement d'« une sphère originaire de l'intentionnalité, une intentionnalité impropre [*uneigentlichen*], parce qu'il n'est pas question d'une *intention vers* authentique, pour laquelle le moi est nécessairement requis; mais *représentation de*, une aperception est déjà là (...) » [1]. Sans trop s'avancer, on peut supposer ici que le caractère « *uneigentlich* » des synthèses passives renvoie directement à leur dépendance vis-à-vis des synthèses catégoriales, seules à même de *fonder le sens* et de *poser l'être* des données objectales. L'*impropriété* de l'intentionnalité passive ne vaut qu'au regard de la pure constitution thétique du moi. Par comparaison avec les modes actifs de la constitution intentionnelle, les ébauches de vie passive apparaissent, du point de vue de l'intentionnalité constituante, comme fragiles et de moindre qualité. C'est la raison pour laquelle, dans l'introduction de *Logique Formelle et Logique Transcendantale*, Husserl met précisément en doute – et ce doute tient ici à des raisons purement logiques – la réelle capacité constituante des vécus passifs :

> Les vécus de la passivité originelle, les associations à l'œuvre, les vécus de conscience dans lesquels se déroulent la conscience originelle du temps, la constitution de la temporalité immanente, etc., sont incapables d'être donateurs de sens [2].

Ceci dit, le refus catégorique d'accorder une authentique *Sinngebung* à la sphère passive originelle ne se comprend vraiment, selon nous, que si on le rapporte à la promotion opposée de la constitution logique au sens fort, dans laquelle le moi prend activement position à la fois du point de vue du sens et de l'existence quant aux objets qu'il appréhende. Il est évident que pour Husserl la constitution passive, si constitution il y a, ne peut en aucun

1. *Ideen II*, Beilage XII, p. [335], texte non repris dans la traduction française.
2. *Logique formelle et logique transcendantale*, *op. cit.*, p. 36-37 [22].

cas constituer à elle seule un objet proprement dit (à savoir une identité de sens fixe et déterminée, disponible pour des actes de jugement et de raisonnement) ni même un véritable champ d'objets. Son travail se limite à pré-indiquer, selon différentes procédures de typisation, un domaine de pré-déterminations potentielles ou d'unités objectales, lesquelles doivent être par la suite appréhendées par le moi spontané pour être alors réellement promues sous la forme d'un objet intentionnel véritable. Toutefois replacées dans une perspective génétique (qui n'est pas, précisons-le, ni celle des *Ideen II* ni celle de *Logique Formelle et Logique Transcendantale*), les opérations passives de la perception et de la temporalité retrouvent un rôle tout à fait éminent dans la constitution intentionnelle [1] des objectités. « Dans les intentions de la conscience d'arrière-plan, s'accomplit passivement une donation de sens immanente et transcendante aux figures extrêmement diverses, une donation de sens qui s'organise en figures de sens et d'être globales, comme c'est le cas pour l'unité immanente du flux du vécu et, au regard de la transcendance, pour l'unité du monde avec ses formes universelles [2] ». Cette remarque de Husserl sur la *Sinngebung* particulière des phénomènes passifs est ici tout à fait éclairante : l'étude des *Leçons sur la logique génétique* permet d'affirmer clairement, outrepassant l'indécision du point de vue statique, que l'ensemble de la « production passive » (*passive Produktion*) est, sans conteste, une « constitution intentionnelle » [3]. Même en mettant de côté l'implication ingérante du moi actif dans cette constitution de sens génétique qui s'élabore graduellement dans la conscience, tous les vécus appartenant au « procès d'expérience passif », les vécus de quelque chose de représenté, de retenu, de souvenu, etc., possèdent dans leur pure et simple teneur passive « la direction sur son quelque chose d'objectal [*Richtung auf sein Gegenständliches*] » [4].

Cette reconnaissance de l'existence d'une passivité constitutante n'empêche toutefois pas Husserl de remarquer que le terme d'« intention

1. La mise au point faite par E. Holenstein est ici des plus éclairantes : « La processus passif est, en tant que subjectif, caractérisé par la structure fondamentale de toute subjectivité : l'intentionnalité. Aussi est-il déjà "conscience de quelque chose". Mais son intentionnalité n'est pas celle qui est vécue à partir du centre égoïque ; ni celle par laquelle transitent un *s'orienter* attentif, appréhensif, mais aussi évaluatif et volitif (...) », *Phänomenologie der Assoziation, op. cit.*, § 9, p. 214, trad. fr. p. 54-55.

2. *Analysen zur passiven Synthesis*, Husserliana XI [abrégé Hua. XI], herausgegeben von Margot Fleischer, Den Haag, Nijhoff, 1966, p. 276. Le titre général de ces leçons de 1921 (reprises en 1923 et 1925) qui ont servi de matière pour ce volume est *Logik*. Toutefois, nous les nommerons soit *Analysen zur passiven Synthesis* (selon le nom de l'éditrice), soit *Vorlesungen zur genetische Logik* (leçons sur la logique génétique), selon une dénomination proprement husserlienne. À ce sujet, cf. « Einleitung des Herausgebers », p. XIV (note 1).

3. *Ibidem*, p. 276. Reste à savoir si elle l'est "comme une autre".

4. *Ibidem*, p. 77.

passive »[1], qu'il introduit ici, peut présenter pour la clarté de l'analyse un certain « risque » (*Gefahr*), surtout si l'on tient pour définitivement acquis que l'intention reste un pur acte du moi comme *être-dirigé-sur*. En revanche, si l'on accepte, comme veut nous en convaincre ici Husserl, l'idée d'un processus intentionnel débordant le cadre confiné de l'activité spontanée du *cogito*, alors il y a tout lieu de penser que la conscience passive relève, tout comme l'entendement actif, du régime universel de l'intentionnalité constituante. Dans l'« intention passive » par conséquent, le terme d'intention n'est pas entendu au sens courant; il subit une certaine inflexion, due à son détachement du modèle de la *cogitatio* de la pure conscience, qui affecte également le domaine lexical propre de la passivité – ce flottement lexical que confesse ici Husserl témoignant de la difficulté même de fixer l'essence distinctive de ce nouveau phénomène constitutif. Faute de termes plus « utilisables »[2], Husserl indique qu'il retient l'adjectif « passif » pour qualifier cette intentionnalité pré-égoïque.

Dans un manuscrit inédit des années trente, qui traite du présent vivant originairement impressionnel, Husserl procède de nouveau à une tentative de clarification des différentes niveaux de la *conscience de quelque chose*, preuve que la question n'est pas définitivement tranchée. Distinguant les différentes acceptions du concept d'*intentionnalité*, il souligne à cette occasion que

> nous avons par conséquent « conscience de » en divers sens et à des degrés de fondation différents : 1) La conscience la plus originairement temporalisante, dans laquelle, par le biais des impressions originaires (présentations, rétentions et protentions originaires), se constituent des « data immanents » (les data de sensation, avec leurs caractères affectifs, les caractères pulsionnels aussi, tout cela sur le mode de l'être temporel le plus intime), mais aussi les apparitions-de, les actes du moi, tout ce qui est en général unité temporelle et intra-temporelle. 2) Les actes. L'avoir conscience authentique, l'être-dirigé-sur du moi. La *conscience sous* 1) est une conscience impropre, ce n'est pas une « intention ». Problème de cette impropriété et pourquoi on la tient pour une « conscience de »[3].

1. *Ibidem*, p. 76.
2. *Ibidem*.
3. Ms. C 6, « premier commencement d'un démantèlement méthodique du présent originairement phénoménal », (août 1930), p. 6 : « Wir haben also "Bewußtsein von" in verschiedenem Sinn und in verschiedener Fundierungs-stufe : 1) Das ursprünglichst zeitigende Bewußtsein, in dem durch die Urimpressionen (Urpräsentationen, Urretentionen und Urprotentionen) sich "immanente Daten" (die Empfindungsdaten, mit ihren Gefühlemomenten, auch die Triebmomente, alles in der Weise des innerst Zeitlichen) konstituieren, aber auch die Erscheinungen-von, die Ichakte, alles was überhaupt zeitlich-innerzeitlich eins ist. 2) Akte. Das eigentliche Bewußthaben, darauf Gerichtetsein des Ich. Das Bewußtsein sub 1) ist uneigentliches Bewußtsein, ist keine "Intention". Problem dieser

La *conscience sous* est une *conscience de* et pourtant elle n'est pas une intention proprement dite. En évoquant une fois encore le problème de « l'impropriété » de l'intentionnalité passive, Husserl donne l'impression malgré tout d'effectuer un pas arrière par rapport aux leçons de 1921 sur la logique génétique. Ne paraît-il pas en effet refuser derechef à la « conscience-sous » la propriété intentionnelle ? Comment comprendre ses hésitations ? Qu'en est-il véritablement du caractère intentionnel des données passives de la conscience ?

Seule la perspective génétique de la phénoménologie peut, nous semble-t-il, rendre raison au mieux de cette apparente *inauthenticité* de l'intentionnalité passive et l'atténuer d'une certaine manière. Comment ? Tout d'abord en la fondant véritablement dans un processus téléologique, dans lequel les intentions primaires, non encore définitivement assurées, de la sphère temporelle originelle visent elles-mêmes une refondation au niveau supérieur dans la prise de position active du moi. Cette dernière les établit alors en intentions véritables, c'est-à-dire en visées d'une objectité logiquement discernable et identifiable. Non sans que cette perspective transversale entraîne à sa suite de grandes difficultés, il reste que l'intentionnalité passive ne peut être reconnue comme telle que si elle s'insère sans réserve dans le processus génétique de la constitution universelle, c'est-à-dire, présupposé fondamental de Husserl, que si elle se révèle être partie prenante de l'objectivation, que celle-ci soit logique ou mondaine. Autrement dit, comprise en dehors d'une phénoménologie de la constitution transcendantale, la passivité n'a pas de sens, ou alors un sens précisément impropre, parcellaire, déficient, celui que toute la tradition philosophique s'est complue à lui donner.

PASSIVITÉ PRIMAIRE ET PASSIVITÉ SECONDAIRE

À partir de cette présentation de l'émergence d'un concept neuf de passivité dans les recherches phénoménologiques sur la perception et la temporalité originaire, on peut établir que, pour Husserl, l'opposition kantienne de la passivité réceptive et de l'activivité spontanée n'est plus le socle immuable sur lequel toute philosophie transcendantale de la conscience peut s'édifier. La mise au jour d'intentionnalités passives a en effet pour prime conséquence une remise en cause profonde de cette contre-distinction. L'idée, développée par Husserl dans la première section d'*Expérience et Jugement,* selon laquelle la réceptivité d'une impression

Uneigentlichkeit und warum es mitgerechnet wird als "Bewußtsein von" ».

dans l'affectivité sensible est à la fois la marque de la passivité et celle de l'activité à son niveau inférieur de simple réception montre que la distinction entre passivité et activité n'est pas inébranlable, qu'il ne peut s'agir là de termes qu'on puisse poser définitivement une fois pour toutes, mais seulement de moyens de décrire et de mettre en relief des oppositions dont le sens doit être en chaque cas recréé originairement en fonction de la situation concrète de l'analyse – remarque qui vaut pour toute description de phénomènes intentionnels [1].

Cela ne signifie pas bien évidemment que la passivité et l'activité échangeraient tout simplement leurs prérogatives respectives, mais au contraire qu'il y a dans toute réception passive une forme d'activité, de même que repose dans toute opération spontanée de l'entendement une part de passivité. Si l'on réserve aux fonctions thétiques et logiques de la conscience le terme strict d'activité, nous avons alors à faire à une double passivité encadrant cette activité pure [2], à savoir d'un côté une *activité dans la passivité* (les opérations de la prédonation passive qui englobent les synthèses temporelles et les synthèses pré-affectives de la perception continue) et de l'autre une *passivité dans l'activité* qui, elle, correspond à la modification passive de toute opération active, laquelle devient une sorte de disponibilité d'arrière-plan :

> Il y a par suite non seulement une passivité préalable à l'activité, comme passivité du flux temporel constituant originaire, qui n'est que pré-constituant, mais aussi une passivité édifiée sur elle, proprement objectivante, c'est-à-dire qui thématise et co-thématise des objets; c'est une passivité qui appartient à l'acte non comme support, mais comme acte, une sorte de passivité dans l'activité [3].

Ce que Husserl cherche à déterminer ici dans cette passivité à la fois *pré-* et *post*-active, ce sont en fin de compte ses deux modes primordiaux d'existence : en amont de la spontanéité active, la passivité *primaire* et pré-

1. *Expérience et Jugement, op. cit.*, p. 126-127 [119].

2. Comme l'indique Elmar Holenstein (cf. *Phänomenologie der Assoziation, op. cit.*, p. 218, trad. fr., p. 58) il y a donc bien une « relativisation » du couple conceptuel passif/actif, mais celle-ci n'entraîne pas pour autant une confusion des propriétés respectives des deux domaines. La coopération s'effectue hors de tout mélange. Seulement le partage entre passivité et activité ne se produit plus tellement en fonction de la présence ou non d'opérations subjectives, étant donné que la *sphère passive* comprend de multiples intentionnalités spécifiques, en un sens une certaine activité pré- ou post-constituante, mais, et nous faisons ici nôtre encore une fois le jugement d'Elmar Holenstein, selon le degré d'implication plus ou moins grand du moi actif et spontané. Ce n'est donc plus l'activité de conscience qui sert de ligne de démarcation entre le passif et l'actif, mais la présence ou non du cogito comme attention et prise de position actives. De ce point de vue, le couple involontaire/volontaire pourrait, dans une certaine mesure, prendre le relais de l'opposition de la passivité et de l'activité.

3. *Expérience et Jugement*, p. 126 [119].

constituante et, en aval, la passivité *secondaire* comme modification permanente de la constitution active en sédiments de sens disponibles. Essayons de déterminer de manière plus précise cette double expérience passive qui va délimiter pour une grande part le cadre théorique dans lequel va s'étendre notre étude.

Selon la lettre même de l'exposé d'*Expérience et Jugement*, la passivité « originaire » ou « primaire » désigne en droit les différentes pré-constitutions intentionnelles qui précèdent tous les actes d'entendement. De fait, elle enclôt aussi bien les synthèses temporelles que les synthèses perceptives, à savoir toutes les formations de sens qui apparaissent comme ayant été prédonnées à la conscience sans avoir été l'œuvre préalable du *cogito* actif. En tant qu'elle est liée aux multiples données sensibles qui s'esquissent pour la première fois en elle, la passivité originaire repose de ce fait sur ce que Husserl nomme une « sensibilité originaire [*Ursinnlichkeit*] » :

> La sensibilité originaire : ce sont les data sensibles, les data de couleur dans leur champ sensitif visuel qui est, avant toute « aperception », une unité et qu'on peut découvrir selon cette dernière comme moment d'une aperception, à savoir comme moment de l'aspect visuel. De la même manière les sentiments sensibles fondés sur ces data sensibles, mais aussi les data sensibles de pulsion, les pulsions non comme ces choses supposées transcendant la conscience, mais comme vécus originaires, appartiennent sans cesse au fonds du soubassement psychique. C'est un fonds originaire en sensibilité [1].

Le but recherché ici par Husserl est clairement d'inclure dans la passivité primaire à la fois toutes les données brutes de la sensibilité originaire, les impressions sensibles, les sentiments, les pulsions, les instincts, mais aussi les premières formes de liaison anté-prédicative entre data originels comme « les associations temporelles », les synthèses perceptives de passage, etc., de sorte qu'elle ne représente pas simplement le fournisseur exclusif de matériaux sensibles exploitables par les actes de jugement et de prise de position, mais qu'elle désigne déjà une forme préalable de la constitution génétique. C'est cette passivité primaire qui, vue sous sa face simplement réceptive et donatrice, note Husserl, « introduit quelque chose de nouveau, d'étranger, d'originaire » [2] vis-à-vis de la passivité secondaire,

1. *Ideen II*, Beilage XII, p. 334 : « Die Ursinnlichkeit sind die sinnlichen Daten, Farbendaten in ihrem visuellen Empfindungsfeld, das vor aller "Apperzeption" eine Einheit ist und auch nach ihr als Moment einer Apperzeption, nämlich als Moment des visuellen Aspektes vorgefunden werden kann. Ebenso die sinnliche Gefühle fundiert in diesen sinnlichen Daten, aber auch die sinnlichen Triebdaten, die Triebe nicht als bewußtseinstranszendente supponierte Sachen, sondern als Urerlebnisse, immerfort zum Bestande des seelischen Untergrundes gehörig. Das ist ein Urbestand an Sinnlichkeit ».

2. *Leçons pour une phénoménologie de la conscience intime du temps*, *op. cit.*, p. 115.

laquelle se contente de conserver et de rapporter ce qui a déjà été constitué de manière active. Dans l'important appendice XII des *Ideen II*, Husserl montre en réalité que cette sensibilité primaire ne contient pour sa part encore « aucune retombée de la raison » (*nichts von Niederschlägen der Vernunft*) [1], à savoir aucun produit de la spontanéité active et rationnelle se déposant dans l'arrière-plan de conscience. D'où la difficulté de concevoir sa liaison possible avec les effectuations logiques et eidétiques qui doivent lui succéder. Si cette passivité primaire représente l'entrée en scène de données entièrement hétérogènes à la constitution rationnelle (sentiments, pulsions, etc.), la phénoménologie transcendantale ne court-elle pas le risque d'un *divorce* entre un niveau originaire irrationnel et un niveau secondaire, celui de la sédimentation des *habitus* théoriques acquis où, seule, la spontanéité du moi actif peut intervenir ? La distinction d'une passivité primaire et secondaire ne laisse-t-elle pas ouverte la possibilité problématique d'un niveau de conscience non-constitutif, soustrait radicalement aux opérations d'édification du sens et de position de l'être ?

Sans décider encore du sens à donner à ces multiples questions, nous pouvons noter que la perspective génétique cherche justement à déjouer le piège d'une coupure trop franche et irrémédiable entre les différents degrés de la genèse de la subjectivité transcendantale. La mise en place d'une méthodologie génétique a en effet pour premier dessein la réconciliation concrète des différents niveaux de la passivité, en montrant justement que, si la passivité comme originarité n'est pas une simple modification de l'activité mais se tient avant elle, elle n'est pas non plus totalement *incompatible* avec cette dernière, puisque, dans ses grandes lignes, elle la prépare et la pré-détermine de manière téléologique. C'est donc cette passivité originaire que la généalogie de la constitution (c'est-à-dire non pas simplement celle de la logique, mais celle de toutes les formes constitutives pourvues de sens) doit poser comme point de départ de la genèse universelle. Certes, en tant qu'elle marque l'entrée de l'étrangèreté hylétique (parfois irrationnelle, mais toujours signifiante) dans la sphère consciente, la passivité originaire représente, en première approximation, le moment le plus hétérogène à la constitution rationnelle et active. Mais rien n'indique chez Husserl que cette *irrationalité de départ* ne puisse pas être assumée et subsumée par le sujet rationnel se constituant dans les opérations supérieures. Le sens téléologique, affirmé avec force notamment dans les derniers textes de la *Krisis*, tend au contraire à laisser ouverte la possibilité d'une fondation du rationnel sur un stade originaire pré-rationnel. Tout l'enjeu de notre travail va donc consister, en fin de compte, dans la clarification générale de cette sphère préconstituante et de son articulation,

1. *Ideen II*, Beilage XII, p. 334.

opérée très tôt par Husserl, avec le processus actif de la constitution logique de l'*ego*.

À l'opposé de cette énigmatique constitution originairement passive se trouve une « passivité secondaire » qui, si elle emprunte à la vérité bien des traits primordiaux à la passivité primaire, notamment par son mode d'existence comme potentialité d'arrière-plan, reste toutefois distincte d'elle [1]. Précisons à présent ce qui les sépare. Par « passivité secondaire », ou « sensibilité secondaire », Husserl cherche tout d'abord à définir la constante modification de l'activité (des opérations supérieures de l'entendement) qui, dès qu'elle s'accomplit consciemment, sombre, après un certain temps (le temps de l'effectuation) inexorablement dans un arrière-plan rétentionnel, inefficace du point de vue constitutif, où elle séjourne alors comme un simple « sédiment » (*Sediment*), comme une « retombée » (*Niederschlag*) des activités :

> *On voit se croiser ici deux sortes de distinctions*. D'une part, la distinction entre l'acte accompli en toute spontanéité (et, pour les actes à plusieurs étages, selon des phases articulées) et la conscience dans laquelle cette même objectité qui doit être constituée par l'acte en question *se trouve consciente « de façon passive » dans un état de confusion;* tout acte spontané passe nécessairement *après* son accomplissement dans un état de confusion; la spontanéité ou, si l'on veut, ce que l'on doit à proprement parler nommer activité, passe dans un état de passivité, bien qu'une telle passivité – comme on l'a déjà dit – *renvoie* à l'accomplissement originairement spontané et articulé [2].

Selon Husserl, si toute productivité originaire peut être versée au compte d'une *spontanéité d'acte*, elle ne peut toutefois se maintenir durablement et à l'identique sous sa simple forme active. Comme s'échappant d'elle-même, elle se cristallise alors en une « passivité secondaire », c'est-

1. On trouve déjà dans les *Ideen I* cette pré-distinction de la passivité primaire et secondaire sous les traits des « amorces d'acte [*Aktregungen*] » et des « actes évanouissants [*ausser Vollzug geratene*] », cf. § 115, p. 388-389 [236-237]. Ce sont des actes non opérés, c'est-à-dire non investis par le cogito actuel. Le moi ne vit pas en eux comme « sujet opérant ». Pourtant ils conservent leur caractère d'acte. Il faut par conséquent procéder à un « élargissement » de l'activité aux actes qui s'amorcent avant même d'avoir été opérés et aux actes qui sombrent dans l'inactualité, tout en conservant la relation intentionnelle comme telle.

2. *Ideen II*, *op. cit.*, p. 35 [11-12]. Dans une conversation du 18. VII. 1931 avec Dorion Cairns, Husserl revient sur cette distinction fondamentale : « Avec la sphère de la passivité originaire il n'y a pas seulement une sphère d'activité, il y a aussi une sphère de passivité secondaire. Cette dernière expression désigne tout ce qui s'ensuit nécessairement d'une situation une fois que nous l'avons activement amenée à se réaliser. Par exemple, une fois que je me suis mis à percevoir un objet, un certain type de déroulement [*Verlauf*] se produit nécessairement. Il s'agit véritablement d'un enchaînement d'essence ». Cf. Dorion Cairns, *Conversations avec Husserl et Fink*, Grenoble, Jérôme Millon, 1997, p. 86 (il s'agit de la traduction par Jean-Marc Mouillie de l'ouvrage paru chez Kluwer en 1976).

à-dire elle s'affaiblit et sombre dans un arrière-plan obscur et caché, « l'après-conscience » [1], où toutes les pensées et les jugements précédemment exprimés se mêlent entre eux, voire se mélangent aux purs produits de la passivité originaire avec lesquels ils cohabitent dans cet arrière-fond de conscience. À l'instar donc des produits de la passivité primaire, toutes les intentionnalités secondaires doivent être décrites également comme des « tendances » [2], tendances au « renouvellement ou à la conversion » effectifs dans des actes spontanés. Cela ne peut s'entendre correctement que si l'on souligne aussitôt que le moi des actes, posé par Husserl comme « intellectus agens » [3], a toujours par là même la possibilité de *réactiver* à tout instant les sédiments quasi morts de la sensibilité secondaire en réinvestissant justement les sens précédemment établis par l'explication, la clarification, la reprise, etc. Cette désactivation consécutive à la retombée dans la passivité secondaire n'est donc pas telle qu'elle puisse soustraire ces produits logiques qu'elle recueille à l'emprise du moi.

On voit également poindre ici un aspect essentiel de l'analyse phénoménologique : lorsqu'il traite de cette passivité pour ainsi dire *post-constituante*, de cette activité faiblissante qui tombe en désuétude dans la sensibilité secondaire, Husserl n'a de cesse de souligner que c'est là, dans cette conjonction désordonnée de l'originaire et du secondaire, que peuvent surgir à tout moment les germes d'erreur et de confusion :

> Nous rangeons donc l'opinion qui refait surface et la pensée confuse dans la sphère de la passivité, plus exactement dans la sphère de la passivité secondaire. Précisément parce que ce qui est conscient là n'est pas conscient dans la conversion et dans l'action immanente à la conversion. Ici rien n'est spontané. Il s'agit tout au plus d'un résultat, d'un résidu mort de la spontanéité, et non d'une spontanéité vivante et affective. Si nous opposons passivité et activité, nous comprenons donc sous le titre passivité : 1. la sensibilité, la claire et l'obscure. 2. la pensée confuse au sens de l'opinion vague [4].

Étant donné que les produits de l'activité ne sont plus l'objet d'une visée claire et consciente, ils perdent non seulement de leur intuitivité

1. *Ibidem*, Beilage XII, p. 333 : « Alle ursprüngliche Produktivität, ursprünglich mindestens in einem oder einigen Schritten, ist Aktspontaneität. Aber jede Spontaneität versinkt in Passivität, und das sagt hier, jede Gegenständlichkeit kann ursprünglich produktiv bewußt sein, in ihrer originären Konstitution (...), oder sie kann "sinnlich" bewußt sein in Form des passiven Nachbewußtsein (...) ».

2. *Ibidem*, p. 333 : « Allen sekundären Intentionalitäten müssen wir solche Tendenzen, und sie sind Tendenzen auf "Wiedererneuerung" oder auf Verwandlung in ihnen entsprechenden spontane Akte und Aktzusammenhänge ».

3. *Ibidem*, p. 334.

4. Ms. M III 3 I 1 I, § 23 (vers 1911), p. 205. Cité par E. Holenstein, *Phänomenologie der Assoziation*, *op. cit.*, p. 210, tr. fr., p. 50.

passée, mais ils sont souvent également victimes de glissement de sens, de chevauchements de signification, en ce qu'ils s'associent sans règle les uns aux autres et se combinent ensuite en représentations confuses et hybrides [1]. Faussant compagnie aux actes positionnels de la conscience, ils sont, dans leur faiblesse, plus facilement sujets à des déplacements et à des mélanges de significations. On voit alors quelle est l'orientation de la réflexion husserlienne : le soubassement psychique de la sensibilité secondaire constitue une sorte de condensation d'expériences, une *doxa* qui imprègne chaque activité de vérité. Mais Husserl ne manque pas de remarquer aussitôt que cette « doxa », faite d'opinions et de préjugés mêlés, « exige » à son tour « l'application unitaire d'une production vérifiante » [2] (*die einheitliche Durchführung der Produktion in der Bewährung*) qui peut, seule, lui conférer quelque droit dans l'œuvre de connaissance.

Si l'« après-conscience » nous dispense parfois *de* la vérité, elle dispense aussi souvent *la* vérité. Regroupant ainsi ces divers modes de passivité secondaire, elle peut jouer un rôle désormais véritablement positif dans le processus de connaissance, vu qu'elle pré-détermine les jugements et les raisonnements à partir des produits actifs sédimentés en elle et les guide avec une certaine assurance. Par avance, elle forme comme une sorte de soubassement vivant de vérités et de disponibilités, une antériorité motivante sur laquelle peut se reposer tout nouvel acte théorique. Elle constitue, selon Husserl, un « habitus durable » [3] auquel le moi peut revenir comme à une connaissance intériorisée. Étant donné que la « passivité secondaire » dérive de l'activité, certes sous une forme particulière, sa re-compréhension logico-eidétique ne pose pas problème. Produit de l'activité, elle est à chaque instant intelligible et réactivable par elle, sous l'aspect de la connaissance acquise, transmise et réanimée. La raison peut

1. Dans la deuxième partie de notre travail nous étudierons cette origine problématique de l'erreur dans la passivité et la confusion associative des représentations d'arrière-plan.

2. *Ideen II*. Beilage XII, p. 334.

3. C'est la formation de cet habitus épistémique qu'explique Husserl au docteur Gerda Walther dans une lettre (déjà citée) de mai 1920 (nous ne disposons que du brouillon de la lettre) : « Nous parlons ici de conviction durable [*bleibender Überzeugung*] : ce qui demeure n'est pas l'acte. Ni non plus la proposition qui est supratemporelle, tandis que la conviction demeure et a de nouveau pourtant une durée, son commencement et éventuellement sa fin. Ma convition demeure : si j'ai jugé et que je répète mon acte de juger, alors le vécu d'acte est un nouveau vécu, mais mon jugement, ma convition est seulement énoncée encore une fois, ou encore seulement accomplie derechef ». Plus loin, il détermine cette conviction durable alors comme « un habitus durable [*ein bleibender Habitus*] », à partir duquel le moi peut se décider. Cf. *Husserl Briefwechsel*, *op. cit.*, Bd. II, p. 261. Dans une conversation avec Dorion Cairns du 11. VIII. 1931, Husserl indiqua que s'il avait choisi le terme *habitus* pour qualifier cette possession constante à la disponibilité de l'ego, c'était pour sa proximité étymologique avec le terme « Habe » (l'avoir, le bien propre), cf. *Conversations avec Husserl et Fink*, *op. cit.*, p. 89.

toujours retrouver ce qu'elle y a mis, même si parfois son contenu a perdu de sa clarté intuitive initiale et s'est mêlé à un autre contenu plus ou moins ressemblant pour former une « représentation confuse ». Toutefois, comme en convient Husserl, ce dysfonctionnement reste relatif et ne saurait créer un obstacle réel entre la raison et son mode d'existence passif.

Malgré cette distinction tout à fait essentielle pour saisir les diverses stratifications de la vie antéprédicative, la passivité secondaire n'existe pas à l'écart de son homologue originaire. Dans l'arrière-plan de conscience, les éléments primaires de la hylè originaire continuellement se mêlent aux sédiments d'activités pour former des produits mixtes, de sorte que chaque impression nouvelle, configurée selon les lois de la passivité originaire, est sans arrêt imprégnée par les jugements, les raisonnements et les attributs potentiels de la passivité secondaire. Mais que tout moment originairement passif soit constamment donné dans un « environnement » de prédéterminations secondaires ne signifie pas qu'il faille pour autant renoncer ici à cette distinction capitale de la passivité primaire et secondaire, car la méthode génétique ne prend véritablement sens que si, précisément, la passivité est conçue comme une genèse originaire de l'activité. Tout au long de notre étude, nous essaierons donc de faire droit à ces deux points de vue : à savoir, premièrement, que la passivité primaire, originairement inactive, s'articule sans reste dans la genèse universelle aux stades supérieurs de l'activité et, deuxièmement, que toute donnée passive apparaît sur le fond d'une sédimentation motivante et prédéterminante de la sensibilité secondaire.

CHAPITRE II

LA REFONDATION MÉTHODOLOGIQUE DE LA PHÉNOMÉNOLOGIE

PASSIVITÉ ET RÉDUCTION

Il n'est pas de concept dont Husserl a plus rappelé l'importance tout au long de sa vie que celui de « réduction phénoménologique ». Car, notons-le, la réduction sous ses différentes figures n'est pas, à ses yeux, l'inévitable instrument méthodologique que se doit de constituer toute nouvelle philosophie qui se respecte, mais le mode *princeps* de l'attitude théorique générale que la phénoménologie exige et pratique à la fois. Or, l'épochè, outre l'inhibition qu'elle provoque de la valeur existentielle du monde et de ses objets, c'est-à-dire la « mise hors circuit » générale de « l'attitude naturelle », se caractérise par le fait qu'elle rend inversement possible la reconnaissance positive d'un « champ infiniment ouvert d'une *expérience d'un genre nouveau* » [1] : la subjectivité transcendantale. Partant, l'épochè permet d'atteindre immédiatement et avec une certitude inégalée une sphère d'expérience vraie et apodictique, « un sol disponible à l'expérience et hors de question » [2], qui exclut en soi toute fausseté ou contradiction possibles.

Cependant nous avons vu que cette expérience subjective et transcendantale, loin de se limiter à l'intentionnalité active du *cogito*, déborde sans cesse le point *actuel* d'accomplissement du moi constituant. Qu'en est-il dès lors du lien de la « réduction phénoménologique » avec cet aspect jusqu'ici dissimulé de la subjectivité transcendantale, à savoir le domaine

1. *Philosophie première*, t. II, « Théorie de la réduction phénoménologique », Paris, PUF, 1972, tr. fr., Arion L. Kelkel, p. 230 [166].

2. *Ibidem*.

de la genèse passive? La sphère passive relève-t-elle, en un mot, de la subjectivité réduite ou bien se tient-elle en dehors d'elle comme le simple produit habituel de l'attitude naturelle? On peut se demander en effet si, vu le changement qu'opère la prise en compte de la constitution passive dans la conception générale de la subjectivité constituante, la réduction transcendantale convient véritablement au dévoilement systématique des différents modes passifs de l'intentionnalité. Si une telle réduction de la sphère passive du sujet est néanmoins possible, n'exige-t-elle pas, pour être menée à bien, un *réaménagement* de ses buts et de ses moyens?

Certains d'indices nous portent à croire que la passivité n'est pas, à première vue, aussi facilement réductible phénoménologiquement que le reste des opérations subjectives, à savoir les produits de la spontanéité active. Si, premièrement, la passivité représente, sous l'aspect de la sensibilité secondaire, le véritable lieu d'éclosion de l'illusion dans la formation des jugements et des raisonnements, à tel enseigne que Husserl voit en elle « l'origine » de l'erreur, on voit mal comment la réduction, censée de son côté apporter apodicticité et connaissance absolue [1], peut appréhender positivement un domaine de sens et d'expérience aussi réfractaire au vrai. Deuxièmement, Husserl décrit, au moins jusqu'aux *Ideen*, les modes passifs de l'intentionnalité inactuelle comme faisant partie d'une vie *irréfléchie* du moi. Ce faisant, ne rejette-t-il pas cette expérience non thématisée par l'ego dans sa réflexion transcendantale dans le domaine de la simple attitude naturelle? *Fausseté possible* et caractère *subjectivement irréfléchi* de la sphère inactive représenteraient ainsi les deux obstacles épistémologiques immédiats à une pratique de la réduction phénoménologique de la passivité. En conséquence de quoi, le cercle des opérations passives serait alors tout entier mis au compte de la simple expérience naturelle et causale. Il est à peine besoin de dire ici que si notre projet est de dévoiler la passivité dans son caractère constituant et transcendantal et par suite d'établir, selon la recommandation de Husserl, les premiers éléments théoriques d'une phénoménologie de la passivité comme partie prenante de la phénoménologie de la constitution, nous devons alors impérativement répondre à ces deux questions et lever les doutes qu'elles installent.

Pour répondre à la première des interrogations, on pourrait faire tout de suite deux remarques. Tout d'abord, si la passivité, et plus particulièrement la sédimentation secondaire des résultats des actes, peut parfois introduire

1. Grâce à la réduction phénoménologique, « il n'y a plus de place dans la sphère absolue pour le conflit, le simulacre, l'altérité. C'est une sphère de position absolue », *Ideen I*, § 46, p. 150 [86]. Or, les *Leçons sur la logique génétique* de 1920/21 dévoilent précisément l'émergence du conflit, du simulacre et des discordances dans les synthèses passives de la conscience temporelle interne. La passivité doit-elle être par conséquent exclue de la sphère réduite absolue ou faut-il au contraire réviser les prétentions de la réduction ?

dans le procès de connaissance des contresens par mélanges ou des erreurs par précipitation, en tenant par exemple pour acquis ce qui réclame toujours comme préjugé une reprise active dans la réévaluation, elle est aussi, comme toute notre étude va tenter d'en apporter la preuve, la condition *sine qua non* de toute constitution graduelle d'évidence [1]. Sans les opérations de la passivité, notamment la synthèse passive d'identification et l'association reproductrice dans le ressouvenir, aucune connaissance du soi-même (*Selbst*) d'un objet, de ce qui fait son noyau de sens singulier, ne serait ni possible, ni envisageable.

Ensuite, il n'est pas tout à fait sûr, contrairement à une lecture ici trop rapide des textes husserliens, que la réduction transcendantale conduise par là même à une subjectivité purement apodictique et rejette automatiquement dans la naturalité mondaine ce qui ne se présente pas immédiatement avec ce caractère de certitude absolue et définitive. Entre le réquisit absolu du livre I des *Ideen* et la « théorie de la réduction phénoménologique » des leçons de *Philosophie première* de 1923-24, Husserl infléchit grandement les attentes mêmes de la méthode réductive. Il interroge à présent la confiance pour ainsi dire aveugle et accordée sans examen ultérieur à la véracité de l'expérience transcendantale [2]. De ce fait, la valeur de vérité absolue et définitive qu'est censée à chaque fois apporter la méthode réductive est partiellement remise en question : la sphère transcendantalement réduite admet en son sein des possibilités d'illusion et de fausseté, des chevauchements de sens et des inexactitudes, qui relativisent certainement le sens cartésien de l'*épochè* – le seul pratiqué jusqu'en 1917-18 – comme accès direct et irréversible à une certitude sans reste.

C'est également la raison pour laquelle la simple réduction à la subjectivité transcendantale exige elle-même, selon Husserl, une nouvelle sorte de réduction, une réduction pour ainsi dire génétique et interne à la sphère réduite qui fasse retour aux degrés constitutifs de la subjectivité, en éclaircisse le processus et prenne en compte le non-vrai comme un moment du vrai. C'est seulement dans ce changement obvie d'attitude vis-à-vis de la finalité même de la méthode réductive que peut s'inscrire durablement l'investigation phénoménologique de la vie passive de l'ego. Tout se passe

1. La volonté de fonder les opérations prédicatives sur les évidences et les synthèses de la passivité serait dès lors bien étrange, si ces dernières n'étaient capables que d'erreurs et de tromperie.

2. *Philosophie première*, t. II, p. 232 [168] : « L'idée ne s'impose-t-elle pas ici qu'une étude universelle de la subjectivité transcendantale selon toutes ses possibilités d'essence et ses réalités de fait, en fin de compte, inclut en elle toute fausseté et toute vérité, tout être simplement présumé mais aussi tout être véritable quant à son sens dernier qui est nécessairement un sens résultant d'une opération transcendantale ? ». Ce sont ces mêmes doutes qui amèneront Husserl à distinguer dans les *Méditations Cartésiennes*, l'évidence adéquate de l'évidence apodictique, cf. *op. cit.*, § 6, p. 57-58 [55].

en 1923 comme si la réduction, précédemment accomplie dans la perspective cartésienne comme *gain* d'une certitude absolue et immédiate, devait de nouveau se répercuter intérieurement au sein même de la subjectivité absolue, comme si elle devait se réfléchir sur elle-même dans un mouvement de tourbillon et soumettait ce qu'elle vient tout juste d'atteindre comme *Gewissenheit* réduite à une nouvelle investigation réductrice. Car si la première réduction a pour but essentiel de dégager une sphère de certitude absolue, la seconde réduction, la « réduction radicalisée [*radikalisierte Reduktion*] » [1], cherche selon Husserl à évaluer de manière définitive le bien-fondé de cette soi-disant certitude absolue. On pourrait ainsi imaginer à nouveau une *troisième forme* de réduction qui viendrait à son tour estimer la valeur de vérité des réductions antérieures, et ce dans une régression infinie.

Il ne saurait donc être question d'une pure et simple équivalence du monde de l'*attitude naturelle* et de la sphère passive. Puisque la passivité appartient à la subjectivité constituante, elle doit donc être exhibée dans le cadre strict de la réduction transcendantale. Si cela n'était pas le cas, on comprendrait mal que Husserl puisse affirmer par ailleurs que seul l'exercice de la réduction permette de dévoiler sous un nouveau jour l'association, « principe universel de la genèse passive », à savoir comme tout autre chose qu'une simple loi mécanique et causale de l'enchaînement des idées.

> La terme d'association désigne pour nous une forme et une loi de la genèse immanente [*Gesetzmäßigkeit der immanenten Genesis*] qui appartiennent constamment à la conscience en général, et non, comme pour les psychologues, une forme de la causalité psychophysique et objective, ni un type de loi comme celui qui détermine de manière causale, dans la vie psychique de l'homme et de l'animal, le surgissement des reproductions et des ressouvenirs. Nous nous plaçons bien sûr dans le cadre de la réduction phénoménologique [*im Rahmen der phänomenologischen Reduktion*] où toute réalité et toute causalité objectives sont « mises entre parenthèses » [2].

Dès lors que leur *réductibilité* même est gagnée, la transcendantalité des opérations passives ne fait plus aucun doute :

1. Selon le nom que lui donnera Husserl dans les années trente, cf. ms. C 3 I (1930).

2. Hua. XI, p. 117. Les structures de la passivité relèvent donc directement de la conscience pure et sont donc élucidables en son sein grâce à la réduction. Husserl indique, de la manière la plus explicite qui soit, que si l'on fait retour au matériau immédiat de l'expérience passive, la « réduction phénoménologique délivre tout un noyau de faits phénoménologiques », p. 118.

> Il faut considérer par conséquent que cette passivité aussi appartient au cadre de la pure subjectivité et peut être examinée comme telle dans la réduction phénoménologique [1].

Ce qui s'applique ici aux instincts vaut *a fortiori* pour les strates plus élaborées de la vie passive comme les synthèses perceptives, temporelles. Concernant les premiers faits relevant du principe associatif et passif, Husserl affirme que, « si nous pratiquons la réduction phénoménologique, ils se donnent tout d'abord comme faits transcendantaux [*transzendentale Fakta*] » [2].

Il est néanmoins vrai qu'à la faveur d'un déplacement de l'*ego cogito* vers la subjectivité transcendantale non forcément cogitationnelle, la mise au jour des phénomènes passifs de la conscience entraîne une transformation nécessaire de la réduction phénoménologique, de ses moyens et de ses buts. En un mot, ce que le dévoilement descriptif et explicatif de la vie passive induit résolument sur le plan théorique, c'est l'abandon de la simple « voie cartésienne » d'accès à la sphère réduite comme unique route vers le transcendantal et la promotion corrélative par suite de nouvelles voies qui laissent libre cours à une investigation phénoménologique non obnubilée par le saut immédiat dans la certitude absolument apodictique de l'expérience subjective. D'une certaine manière, la découverte d'une signification proprement génétique de la constitution transcendantale conduit Husserl à une réévaluation du sens et de l'emploi de la réduction phénoménologique. Ce n'est donc pas tout à fait un hasard si, juste après les grandes leçons de 1920/21 sur la « logique génétique » qui ont mis en valeur la multiplicité et l'importance constitutive des synthèses passives, Husserl met aussitôt en chantier en 1923/24, dans les leçons de *Philosophie première,* une refondation en profondeur des différentes manières de mener effectivement à bien la réduction phénoménologique, à savoir une « phénoménologie de la réduction phénoménologique » [3]. C'est que la

1. Hua. XIV, *Zur Phänomenologie der Intersubjektivität, Zweiter Teil*, p. 405.

2. *Ibidem*, p. 119. Quelques paragraphes plus haut, Husserl déclarait de manière quasi identique, p. 118 : « Si l'on revient à son [i. e. l'association] matériau d'expérience immédiat, alors la réduction phénoménologique délivre tout d'abord un noyau de faits phénoménologiques qui persistent pour la pure attitude interne et forment le premier point de départ pour des recherches ultérieures ». Sur ce point, nous nous rallions entièrement au jugement d'Antonio Aguirre qui voit dans la phénoménologie génétique et, de ce fait, dans l'analyse de la passivité qui en constitue le cœur, un approfondissement du sens et de la pratique de la réduction phénoménologique, cf. *Genetische Phänomenologie und Reduktion. Zur Letztbegründung der Wissenschaft aus der radikalen Skepsis im Denken E. Husserls*, Den Haag, Nijhoff, Phaenomenologica 38, 1970. En effet, l'analyse génétique, en cherchant à dégager de manière régressive le sol ultime d'absence de présupposition de toutes les validités d'être, peut seule constituer la phénoménologie en science rigoureuse.

3. *Philosophie première*, *op. cit.*, t. II, p. 228 [164].

nature particulière des événements de la sphère passive oblige par nécessité à des aménagements méthodologiques importants.

Cette réflexion sur les tenants et les aboutissants philosophiques de la réduction phénoménologique a pour effet de dégager, comme on le sait, deux voies *non cartésiennes* d'accès à la pure expérience transcendantale, celles de la *psychologie* et de l'*ontologie* (laquelle deviendra, dans la *Krisis*, celle de la *Lebenswelt*). À la différence de la voie cartésienne, elles ont pour trait commun de prendre en considération ce qui n'est pas donné à la subjectivité de manière absolue, à savoir ce qui constitue les horizons latents et cachées de l'« implication intentionnelle » du sujet égoïque. Soit en dévoilant l'implication intentionnelle interne, soit externe. Quels que soient les chemins empruntés le but est cependant toujours le même : « la science de la subjectivité transcendantale » [1]. Mais ce qu'il nous faut retenir, c'est le fait que, grâce à l'intrusion légitime dans l'expérience transcendantale de formes passives du développement subjectif, Husserl s'aperçoit de la nécessité d'une réduction « élargie », c'est-à-dire d'une réduction qui n'ait plus la simple « portée limitée » de la réduction cartésienne à l'apodicticité immédiate de l'*ego cogito*, mais qui, débordant de toutes parts l'*ego punctum*, fait droit aux horizons temporels et historiques de toute constitution subjective. Sans vouloir ici étudier dans le détail ce que d'autres [2] ont déjà analysé de manière remarquable, indiquons simplement que ces deux voies non-cartésiennes, ici rapidement dégagées, se ressemblent par cela même qu'elles portent un semblable intérêt cognitif [3] justement au dévoilement des strates passives des opérations conscientes ou de la constitution des significations.

Que ce soit en effet dans la voie *psychologique* de la réduction, qui s'attache aux vécus actuels et inactuels de la conscience, aux opérations

1. *Ibidem*, p. [251], appendice non traduit du volume VIII des Husserliana.

2. Nous pensons à l'article important d'Iso Kern, « Die drei Wege zur transzendental-phänomenologische Reduktion in der Philosophie E. Husserls », *Tidjschrift voor Filosofie*, 1962, p. 303-349, et au chapitre IV, « La réduction intersubjective » du livre de N. Depraz, *Transcendance et Incarnation, Le statut de l'intersubjectivité comme altérité à soi chez Husserl*, Paris, Vrin, 1995, p. 198-238. Bien entendu, il existe de nombreuses traverses entre chaque cheminement réductif, mais la détermination des trois chemins, cartésien, psychologique et ontologique (lequel inclut la critique des sciences, le retour au monde de la vie, etc.) permet de montrer que ce qui dépasse la démarche cartésienne relève à la fois de l'horizontalité interne (le flux du présent vivant – voie psychologique) et de l'horizontalité externe (la sédimentation historique et les résidus authentiques du monde de la vie – voie ontologique)

3. Dans ce même ordre d'idées, N. Depraz remarque que la mise en place dans les leçons de *Philosophie première* des voies non cartésiennes de la réduction révèle en creux « la même insuffisance du moi resserré sur son actualité à être seul constituant, c'est-à-dire la limitation de l'évidence apodictique restreinte au présent ponctuel », *Transcendance et incarnation*, *op. cit.*, p. 209. Le champ du transcendantal s'élargissant, il est normal que les voies d'accès elles-mêmes à ce domaine se multiplient et se diversifient dans leur approche.

subjectives non directement redevables de l'ego actif, comme dans celle de l'*ontologie* qui cherche, en déconstruisant les significations sédimentées de la science et de la *doxa,* à mettre à nu la subjectivité vivante, originellement formatrice, il y va avant tout d'un élargissement conséquent du champ transcendantal à l'expérience des horizons de sens cachés dans la passivité sous-consciente. La prise en compte soit de la genèse des opérations subjectives temporelles, soit de la genèse des significations à partir du sol du monde historiquement prédonné, oblige ainsi Husserl à une sorte de purification de la réduction transcendantale, laquelle aboutit paradoxalement à reconnaître l'existence au sein de la subjectivité transcendantale de modalités de vie impures, les intentions passives impropres, les résurgences associatives et trompeuses du passé, les contraintes des préjugés de la tradition, etc. Ce que les leçons de *Philosophie première* stipulent sur la plan méthodologique, les *leçons sur la logique génétique* le réalisent sur la plan descriptif.

PHÉNOMÉNOLOGIE STATIQUE ET PHÉNOMÉNOLOGIE GÉNÉTIQUE : LA RÉVOLUTION GÉNÉALOGIQUE

La révélation progressive dès les *Ideen* de formes marginales et périphériques de l'intentionnalité constituante appelle nécessairement dans les années qui suivent une nouvelle dimension méthodologique de la phénoménologie [1]. Si la réduction est elle-même directement affectée par le tournant génétique de la phénoménologie, à plus forte raison doit l'être l'analyse descriptive. Entre 1917 et 1921, Husserl procède ainsi à une réflexion en profondeur sur les différentes manières possibles d'exercer les recherches phénoménologiques, et ceci dans le but exprès de prendre désormais en compte le nouvel élargissement de l'expérience constitutive à la passivité. De ces investigations méthodologiques, la distinction de la phénoménologie statique de la phénoménologie génétique est le résultat direct. À partir des années vingt, il y a donc un « double visage de la phénoménologie » [2], où plus exactement, déclare Husserl, deux « points de vue » [3]

1. Dans les *Méditations Cartésiennes*, Husserl, après avoir dégagé le *surplus* de toute visée intentionnelle et le dépassement même des intentions vers leurs marges, constate que « la structure d'horizon propre à toute intentionnalité prescrit donc à l'analyse et à la description phénoménologiques une méthodologie totalement nouvelle (…) », p. 94 [86].

2. Hua. XV, p. 617. Il s'agit du texte Nr. 35 « Phénoménologie statique et phénoménologie génétique », traduit dans *Alter* n° 3, p. 209.

3. Hua. XIV, Beilage I (p. 34-42), qui emploie à plusieurs reprises le vocabulaire du « point de vue » pour qualifier les deux méthodes cardinales de la phénoménologie.

spécifiques et directeurs, hors desquels ne peut être menée une analyse phénoménologique.

Cette distinction centrale du statique et du génétique appelle tout de suite un éclaircissement. En effet, pour importante qu'elle soit, elle n'est pas toujours définie par Husserl avec netteté. À dire vrai, elle ne fait jamais l'objet d'une mise au point claire et définitive, mais reste trop souvent allusive ou inexploitée. Husserl l'invoque surtout au début des années vingt pour prendre ses distances vis-à-vis du «platonisme» des *Ideen*[1]. Toutefois, durant cette période charnière, et même au-delà, aucun manuscrit ne traite de manière systématique de cette opposition méthodologique. Par ailleurs, les rares textes qui prennent effectivement pour thème cette différenciation sont souvent liés à des problèmes d'un autre ordre (notamment, dès 1921, ceux sur l'élaboration d'un discours monadologique) et ne disent donc pas toujours la même chose. Nous avons donc affaire à des analyses incomplètes qui ne rendent pas possible la reconstitution rigoureuse de la spécificité méthodologique de chaque point de vue, ni de lui assigner un domaine de sens particulier. Sans vouloir nier pour autant la validité philosophique de cette séparation, il faut reconnaître une certaine *porosité* des délimitations entre méthode statique et méthode génétique.

Par ailleurs, et pour accentuer si besoin était son caractère flou, cette opposition d'approches du domaine transcendantal ne correspond pas trait pour trait à des périodes historiques données du développement de la phénoménologie husserlienne. Seul en effet un examen superficiel peut laisser croire que la phénoménologie statique ne concerne que les recherches précédant 1917, tandis que l'analyse génétique s'occuperait de son côté de celles qui se poursuivent au-delà de cette date, présentée comme un «tournant». Or des questions et des analyses véritablement génétiques habitent déjà les premiers travaux de Husserl, censés être conduits exclusivement selon le point de vue statique. Nous devons donc considérer, en accord avec le jugement d'Anthony J. Steinbock, que

> Husserl s'était déjà engagé dans des analyses génétiques avant que la phénoménologie ne devînt consciente d'elle-même comme ayant une dimension génétique tout à fait distincte[2].

1. Dans une lettre du 29. VI. 1918, Husserl fait amende honorable et signifie à Paul Natorp la nécessité pour lui de surmonter les «étapes du platonisme statique» des *Ideen* («wobei ich noch bemerken darf, daß ich schon seit mehr als einem Jahrzehnt die Stufe des statischen Platonismus überwunden, und der Phänomenologie als Hauptthema die Idee der transzendantale Genesis gestellt habe»), cf. *Edmund Husserl Briefwechsel*, éd. K. Schuhmann, Dordrecht / Boston / London, Kluwer Academic Publishers, Bd. V, p. 137.

2. *Home and Beyond, generative phenomenology after Husserl*, Evanston, Northwestern University Press, 1995, p. 37: «Husserl had already engaged in genetic analyses before phenomenology became aware of itself as having a quite distinct genetic dimension».

Dont acte. Mais il faut souligner aussitôt la conséquence inverse, souvent oubliée : le point de vue statique perdure, lui aussi, après le *vrai-faux* tournant génétique de 1917-1921 et il détermine également nombre de recherches apparemment génétiques, comme celles, par exemple, de la « généalogie du jugement », voire de la *Lebenswelt*. Il ne s'agit donc pas pour nous d'opposer bord à bord deux méthodes distinctes, supposées s'exclure radicalement. Il nous appartient au contraire d'essayer de comprendre non seulement leur point de vue particulier (l'attitude spécifique qu'elles adoptent vis-à-vis des données phénoménales et de sens), mais aussi comment elles doivent être ordonnées ensemble dans les recherches constitutives. Ce que nous allons tenter par conséquent de mettre en évidence, c'est cette *solidarité* méthodologique du statique et du génétique sous un point de vue plus unificateur que nous nommerons, à partir des suggestions de Husserl, « le point de vue généalogique ». À savoir celui qui, en tant que mouvement archéo-téléologique, circule sans arrêt du statique au génétique (l'archéologie) ou du génétique au statique (la téléologie). Efforçons-nous à présent d'éclairer cette bi-polarité méthodologique fondamentale.

Commençons tout d'abord par éclaircir les fonctions principales de la phénoménologique statique, puisque c'est elle qui, bien souvent, fait office de commencement réel des analyses. Par là, Husserl désigne, toujours par contraste avec la méthode génétique, une « analyse descriptive » qui prend pour point de départ ce qui est intentionnellement *donné* dans l'expérience immédiate.

> D'une certaine manière, on distingue donc entre la phénoménologie « explicative » [*erklärende*] en tant que phénoménologie de la genèse selon des lois, et la phénoménologie « descriptive » [*beschreibene*] en tant que phénoménologie des formes d'essence possibles dans la pure conscience, même si ces formes ont fait l'objet d'un devenir, et de leur ordonnancement téléologique dans le royaume de la raison possible sous les titres d'« objet » et de « sens ». Dans les leçons, je ne dis pas phénoménologie « descriptive », mais phénoménologie « statique » [1].

Au vu de cette première différenciation, on peut avancer que la méthode descriptive-statique a pour but d'élucider en premier lieu les multiples corrélations fondamentales existant entre les divers actes de conscience constituant l'objet et les modes de donation de l'objet lui-même. Elle revient donc à une étude de la *relation noético-noématique*, prise à un certain état donné de son développement [2], à une clarification du rapport du

1. Hua. XI, p. 340.

2. Dans cette analyse descriptive de la corrélation intentionnelle, il y a bien une forme de genèse, à savoir celle de l'objet intentionnel à partir des actes le qualifiant, mais cette genèse

constitué et du constituant. Que l'on puisse par là se rendre présent à l'esprit les liens qui se tissent entre l'activité constituante et les objectités constituées, ainsi que le décrit longuement le manuscrit B III 2 de 1921, c'est l'un des traits caractéristiques principaux de la méthode statique :

> comme statiques, je peux désigner les recherches phénoménologiques qui s'occupent des corrélations entre la conscience constituante et l'objectité constituée et qui excluent en général les problèmes génétiques [1].

Nous voyons donc ici qu'elle consiste à décrire de manière *synchronique* les relations constitutives entre les actes et les objets. Dans son attention portée aux structures *a priori* de la corrélation intentionnelle, elle met l'accent sur les diverses possibilités d'essence [2] qui peuvent exister entre ses deux membres à un même moment donné : les différentes espèces d'actes constitutifs, les modes doxiques, les modalités de présentation des objets, les divers types d'objets, etc. L'analyse statique cherche à dévoiler l'*invariant* de l'acte ou de l'objet constitué par cet acte comme une validité universelle, ou encore comme « ce qui reste le même d'une manière infrangible dans ce qui est autrement et toujours autrement, c'est-à-dire

n'est pas comprise dans sa temporalité propre. Elle n'est envisagée que comme l'émergence quasi immédiate des sens objectaux à partir des actes constituants. Dès les *Recherches Logiques*, Husserl parle donc d'origine et de recherche de l'origine, mais l'*Ursprung* n'est pas à comprendre ici en un sens génétique. Husserl s'en explique dans une lettre à Hans Cornélius, partisant d'une théorie génético-empirique d'explication des phénomènes conscients : « l'explication purement phénoménale, et par là l'explication génétique, ne coïncide en aucune façon avec l'élucidation phénoménologique. L'origine phénoménologique ne signifie pas une genèse, mais l'attestation du sens intuitif, de la signification authentique. Jamais je n'ai compris génétiquement l'origine et nulle part dans les RL je n'ai voulu mettre en évidence une genèse. (Die rein phänomenale Erklärung, darunter die genetische, fällt aber keineswegs mit der phänomenologischen Aufklärung zusammen. Phänomenologischer Ursprung bedeutet nicht Genesis, sondern Aufweisung des intuitiven Sinnes, der eigentlich Bedeutung. Niemals habe ich Ursprung genetisch verstanden und nirgends habe ich in den LU eine Genesis nachweisen wollen) », lettre du 28. IX. 1906, cf. *Husserl Briefwechsel*, *op. cit.*, Bd. II, p. 27.

1. Hua. XIV, p. 38 (extrait du ms. B III 2). Dans *Edmund Husserl, Darstellung seines Denkens*, (Hambourg, F. Meiner Verlag, § 7 « Statische und genetische Konstitution », chapitre traduit par N. Depraz dans *Alter* n° 2, p. 28-39), I. Kern (co-rédacteur avec R. Bernet et E. Marbach) précise que « la phénoménologie génétique part de types d'objets fixes, d'objets réels (par exemple les choses de la nature) et idéels (par exemple les propositions mathématiques), et étudie de façon noétique et noématique les enchaînements de vécus dans lesquels ces types d'objets viennent téléologiquement à être donnés », p. 30 [182].

2. Cf. Donn Welton, *The Origins of Meaning, A critical study of the thresholds of husserlian Phenomenology*, Den Haag, Nijhoff, Phaenomenologica 88, 1983, p. 169 : « static analysis grasps the individual from the side of the essence. As a result the individual is a factum determined by a universal, and it is not discussed in terms of its perceptual composition nor in terms of its progressive constitution throughout a linguistic explication which is temporal ».

l'essence générale »[1]. Cette analyse descriptive de l'*a priori* des corrélations intentionnelles, c'est-à-dire de la structure essentielle de la conscience, peut ainsi se diviser elle-même selon sa double orientation, d'un côté, en une *typique* des actes constitutifs et, de l'autre, en une *typique* des objets fondés. C'est dire d'une autre manière que l'analyse statique est avant tout une analyse de l'*essence*, de ce qui constitue le « noyau de sens [*Sinnkern*] » des vécus phénoménologiques, et par suite des structures qui organisent les relations entre les données eidétiques elles-mêmes. De là il suit pour Husserl que la méthode statique a pour tâche principale de décrire de la manière la plus exhaustive possible la « fondation de validité »[2] (*Geltungsfundierung*) des objectités constituées. Dans ce qui se donne ici comme une institution *de jure* – quasiment au sens juridique du terme – de l'être vrai de l'objectité, la « validité » est désormais comprise comme la « fixation » (*Festlegung*) définitive et claire de l'essence, comme l'affirmation certaine de ce qu'est l'objet intentionnel lui-même.

Cette analyse eidétique des validités peut être menée soit en direction des objets intentionnels comme *ontologie* formelle et matérielle (selon le point de vue que l'on adopte), soit en direction de la conscience constituante comme *phénoménologie de la constitution*. En tant qu'elle prend pour *fil directeur* l'objet intentionnel, l'analyse statique débouche dès lors sur une analyse ontologique, soit de chaque région d'objets, soit du monde, compris comme structure générale de l'objectivation :

> La phénoménologie statique – la méthode systématique de production d'une intuition complète du monde qui va de pair avec la connaissance apodictique des conditions qui la rendent possible[3].

La méthode statique part du constat que le monde est « déjà instauré », comme est déjà instaurée « la typique de ses objets possibles ». Dans l'esprit de Husserl, elle est ainsi essentiellement guidée par la volonté d'expliciter de manière définitive les structures eidétiques fixes de l'idée de monde et d'en dévoiler toutes les possibilités de manifestation :

> Le problème de l'intuition achevée du monde, de la clarification achevée du monde en tant que monde de l'expérience possible est par conséquent équivalent au problème de l'universalité de la fondation de validité. Il s'agit donc de la phénoménologie statique. J'analyse de façon ontologique le sens d'être du monde et, corrélativement, j'interroge les certitudes d'être, c'est-à-dire que j'interroge concrètement les modes de

1. *Logique formelle et logique transcendantale*, *op. cit.*, p. 332 [219].
2. Hua. XV, p. 616 [208].
3. *Ibidem*.

donnée. L'analyse ontologique est le fil conducteur de l'analyse des validités d'être corrélatives [1].

Ici, Husserl considère que l'analyse statique doit suivre à la trace « le fil des fondations ontologiques » [2], à savoir les différents objets typiques qui définissent des régions d'être distinctes. Cependant ce mode de considération ontologique n'est pas, loin s'en faut, la seule et unique possibilité théorique de la méthode statique. On peut tout aussi bien porter le regard sur les divers modes de conscience qui constituent les objets intentionnels, et dévoiler par là la subjectivité vivante et opératoire. Husserl lui-même confirme ce point.

L'étude de la subjectivité fonctionnant de manière transcendantale est également du ressort du point de vue statique :

> Ce que j'explicite dans la phénoménologie statique, c'est la subjectivité, la mienne, à partir de moi la nôtre, la subjectivité humaine dans sa communautisation universellement humaine qui progresse à l'infini [3].

Ce qui importe, ce n'est donc pas la validité fondée, mais, dit Husserl, la « fondation de validité ». Pour cette raison, l'analyse doit impérativement faire retour aux fondations subjectives du sens. S'agit-il déjà ici d'un mode de considération génétique ? Il est encore trop tôt pour en décider. Mais il est vrai que, lorsque dans le livre III des *Ideen* Husserl oppose au sein de l'analyse statique aux recherches ontologiques la phénoménologie constitutive, il insiste justement sur le fait que cette dernière prend en compte la genèse même du sens.

> Le mode de considération ontologique est pour ainsi dire catastématique. Il prend les unités en leur identité et par égard à leur identité, comme quelque chose de fixe. la considération phénoménologique et constitutive prend l'unité dans le flux, ce qui revient à dire comme unité d'un flux constituant, elle s'attache aux mouvements, aux écoulements dans lesquels une telle unité et toute composante, aspect ou propriété réelle de cette unité est corrélât de l'identité. Ce mode de considération est, d'une certaine manière, cinétique ou « génétique » : une « genèse » qui relève d'un monde « transcendantal » totalement différent de celui de la genèse naturelle et de celui des sciences de la Nature [4].

Cette phénoménologie constitutive, ici définie, est-elle déjà pour autant une analyse génétique ? Cela est peu vraisemblable. Malgré la mise en avant du caractère *cinétique* de ce mode de considération, la « genèse »

1. *Ibidem.*
2. *Ibidem.*
3. *Ibidem*, p. 617 [209].
4. *Ideen III, La phénoménologie et le fondement des sciences*, trad. D. Tiffeneau, Paris, PUF, 1994, p. 158 [129].

reste en effet pour la phénoménologie constitutive une simple « image ». Néanmoins l'analyse statique constitutive ouvre *de facto* la possibilité d'une méthodologie désormais véritablement génétique. En revenant, par le *questionnement-à-rebours*, aux divers actes fondateurs des validités objectales, Husserl décèle par là une forme de genèse de la subjectivité constituante elle-même [1]. Tout porte à croire néanmoins ici que l'analyse constitutive représente plutôt la simple condition de possibilité d'une telle phénoménologie génétique, laquelle viendra par la suite approfondir ce questionnement-à-rebours qui demeure bien souvent, du point de vue statique, comme le simple retour des sens constitués à d'autres sens constitués. On peut donc légitimement affirmer, avec D. Welton, que « le passage à l'analyse génétique doit être considéré selon les termes d'une exigence *immanente* de l'analyse statique » [2]. C'est l'incomplétude de l'analyse statique, qu'elle soit ici ontologique ou constitutive, qui réclame en fait une *transition nécessaire* aux modes de considérations génétiques.

Essayons à présent de développer ce point particulier. Pourquoi la méthode statique doit-elle être « surmontée » ? Qu'est-ce qui, en elle, peut exiger ce dépassement ou, à tout le moins, ce ré-aménagement nécessaire de la méthodologie en vue du génétique ? D'une part, le point de vue statique, ontologique ou constitutif, considère la corrélation intentionnelle en dehors de toute situation temporelle, de sorte que ce qu'elle extrait ainsi du processus constitutif comme structure ou essence apparaît par rapport à l'ensemble des étapes de la constitution elle-même comme « abstrait » [3]. Elle fige dans un instantané [4] immobile une relation structurelle qu'elle pose par suite comme norme universelle de toutes les opérations analogues et néglige son horizon d'implications potentielles et de motivations cachées. Ce faisant, elle prend le risque de poser comme vrai ce dont le processus génétique caché invalide pourtant la vérité. C'est seulement, comme le rappelle Husserl dans un souci de justification de la nouvelle orientation génétique, « dans la genèse <que> les sous-couches

1. Hua. XV, p. 614 [206-207] : « le questionnement-à-rebours est manifestement toujours une question sur les fondations de validité et, par là, questionnement-à-rebours sur la genèse ». Mais Husserl d'ajouter aussitôt : « mais assurément il s'agit d'une genèse différente ».

2. *The Origins of Meaning*, *op. cit.*, p. 170 : « the turn to genetic analysis must be seen in terms of the *immanent* demands of a static analysis »

3. Hua. XV, p. 617 [209]. Dans la phénoménologie statique en effet, « la construction de la possibilité de l'expérience du monde n'est saisie que de façon *abstraite* à partir de la simple conversion des fondations de sens en validités d'être ».

4. Pour cette raison, Nam-In Lee présente la méthode statique comme une analyse de ce qui est temporellement « simultané » (*Zugleich*), cf. *Edmunds Husserl Phänomenologie der Instinkte*, Dordrecht/Boston/London, Kluwer Academic Publishers, Phae. 128, p. 18 : « In der statischen Phänomenologie werden die höhere Einheit und die unteren Einheiten der Gegenständlichkeit als Phänomene im zeitlichen Zugleich behandelt ».

constitutives deviennent compréhensibles »[1] et, partant, la constitution universelle elle-même.

D'autre part, et ceci est plus troublant, le mode de considération statique part toujours de données « achevées » et de couches de sens « finies », du tout fait. Il se donne par conséquent l'illusion d'un discours ultime et définitif. Or, les évidences eidétiques qu'il cherche à dévoiler et à décrire sont souvent elles-mêmes prises dans un processus infini de concordance et de correction toujours plus parfaites. Si le trait essentiel de l'analyse statique est ainsi de considérer comme originaire l'évidence parfaite, privilège qui s'atteste dans la promotion de la présentation originaire perceptive vis-à-vis des présentifications, force est de constater alors que l'*absoluïté claire et évidente* qu'elle vise se dérobe sans cesse à elle. Voulant fonder la validité définitive des objets intentionnels qu'elle élucide, la phénoménologie statique ne peut qu'échouer dans sa tentative, étant donné le caractère indéfiniment progressif des évidences objectales. Elle est donc en porte-à-faux vis-à-vis de la genèse même du sens. Croyant déceler la validité définitive, elle n'atteint en fait qu'une coupe transversale pour ainsi dire dans le développement infini et graduel de la genèse constitutive. La fixation de la relation constitutive dans une typologie arrêtée apparaît donc comme une sorte de contresens fâcheux, eu égard au mode de donation par essence temporel et inachevé des données phénoménales. Puisque l'évidence est elle-même l'objet d'une genèse infinie, la validité définitive, censée la restituer et la fonder dans sa pleine clarté, reste inaccessible. La méthode statique fait montre d'une prétention à une vérité définitive (la validité achevée) qu'elle ne peut jamais atteindre et encore moins saisir. Soit elle se croit fondée à délivrer à elle seule un discours définitif, mais s'expose alors à l'abstraction et à l'illusion; soit elle reconnaît sa relativité temporelle et génétique, mais doit par conséquent laisser sa place à une nouvelle méthodologie.

Il n'est donc pas si étrange après tout que, dans les *Méditations Cartésiennes*, Husserl considère l'analyse statique comme une méthode encore naïve du « phénoménologue débutant » :

> La phénoménologie élaborée en premier lieu est simplement *statique*, ses descriptions sont analogues à celles de l'histoire naturelle qui examine les types singuliers et, tout au plus, les distribue selon un certain ordre systématique[2].

Le dévoilement de pans cachés de l'expérience transcendantale rend les aspirations fermement arrêtées de la phénoménologie statique caduques, ou plutôt irréalisables (à moins, bien sûr, qu'elle accepte d'elle-même un

1. Hua. XIV, p. 38.
2. *Méditations Cartésiennes*, *op. cit.*, p. 124 [110].

changement de perspective). Mais il y a des « questions d'un ordre supérieur »[1], celles qui concernent directement la genèse universelle des objectités et de l'ego transcendantal, qui constitue ces unités objectales, et ces questions fondamentales seul le mode de considération génétique peut se les poser et, peut-être, y répondre positivement.

Instruit à présent de la nature de la phénoménologie statique, on pourrait croire que la méthode génétique se caractérise tout d'abord par la prise en compte de la *temporalité* des actes et des objets intentionnels, qu'elle serait par là même la simple étude de la genèse de la conscience du temps. Or, il n'est pas du tout sûr que ce soit là son rôle premier[2]. En effet, on peut toujours procéder à une analyse statique de la temporalité. La variation eidétique, qui est l'une des opérations principielles de la méthode statique, repose elle-même sur une description temporelle des données. Ce qui est plutôt nouveau dans l'analyse génétique, c'est que la temporalité y soit mise au jour, non comme simple phénomène ou comme condition phénoménale, mais comme constitutive, comme formatrice de renvois, d'anticipations et d'indications, en un mot comme une *genèse de sens*.

Si l'analyse statique consiste dans la description de la corrélation intentionnelle entre les actes et les objets, l'analyse génétique se situe sur un plan pour ainsi dire transversal, dans la mesure où elle cherche à expliquer non pas comment l'objet est engendré par l'acte mais comment les différents sens objectaux naissent d'autres sens objectaux antérieurs, et parallèlement les actes d'autres actes. Il ne s'agit pas pour elle de la constitution synchronique d'un objet visé mais d'une constitution *oblique* de constituant à constituant, et de constitué à constitué. Son intérêt porte à proprement parler sur la relation verticale entre un sens et un autre sens, non sur la simple relation horizontale entre un acte et un objet. C'est la raison pour laquelle elle ne peut être, selon Husserl, une simple « méthode descriptive », mais doit se muer en analyse explicative, c'est-à-dire en une

1. *Ibidem*, p. 125 [110].

2. Tous les commentateurs ne sont pas d'accord sur le contenu spécifique de la méthode génétique. D'un côté, N-I. Lee considère qu'elle revient à tenir compte avant tout de l'aspect temporel de la constitution intentionnelle (cf. *Phänomenologie der Instinkte*, *op. cit.*, p. 18 : « la phénoménologie constitutive qui traite la constitution au regard de la temporalité se nomme phénoménologie génétique »). Ce à quoi I. Kern répond : l'analyse génétique dépasse de beaucoup le simple intérêt pour les conditions temporelles de la constitution, par le simple fait que la constitution temporelle n'est peut-être pas, aussi paradoxal que cela puisse paraître, entièrement génétique. Cf. « Constitution statique et constitution génétique », *op. cit.*, p. 31-33. Du point de vue de Husserl, il n'est pas question en effet d'analyse génétique, lorsque, « partant des impressions originales (des perceptions) comme d'un caractère typique universel de genre qui concerne toutes les aperceptions, nous passons à un caractère constitutif, soit, dans les descriptions, à toutes les modifications modales en rétentions, ressouvenirs, attentes (...) », Hua. XI, p. 340. Dès lors, la seule prise en compte de la modification temporelle d'une donnée constituée ne suffit pas à définir la méthodologie génétique.

recherche qui déplie les multiples sédiments de sens déposés dans chaque sens de même que les diverses motivations passives que présupposent constamment les actes catégoriaux et d'entendement. Selon le modèle proposé par Husserl, elle reconduit tout élément constitué ou constituant à ses « couches originaires », situées à l'arrière-plan de conscience. Dans la mesure où elle s'occupe du devenir temporel de tous les éléments structurels de la conscience (noétiques et noématiques), elle montre comment « la conscience émane de la conscience » [1] selon une relation de motivant à motivé. La *Rückbeziehung* privilégiée n'est donc plus celle de l'objet à l'acte constituant, mais soit celle des objets aux couches objectives antérieures, soit celle des actes aux opérations subjectives. Si la constitution statique des corrélâts intentionnels dans les actes appréhensifs est bien posée comme une genèse, alors la méthode génétique se donne de son côté comme un éclaircissement des différentes genèses de la genèse. Et à ce titre, elle repose nécessairement sur la loi de développement de toute évolution psychique à laquelle elle appartient comme contenu de conscience, à savoir « la motivation qui fonctionne de manière génétique » [2].

Par là Husserl cherche à mettre en évidence la tâche essentielle et principale de la méthode génétique qui consiste d'une part à suivre le débordement continuel de l'« aperception » [3] du sujet vers les constituants antérieurs, vers les motivations cachées, vers l'horizontalité elle-même de la conscience, mais aussi d'autre part à établir les lois exactes et universelles de cette genèse elle-même. Cette « histoire de la conscience » [4] ainsi dévoilée ne concerne pas, et ici Husserl se démarque clairement de Locke auquel il emprunte l'expression, une genèse factuelle et empirique de la

1. Hua. XIV, p. 41.

2. *Ibidem.* Dans les *Ideen II*, la motivation, cette « loi fondamentale du monde de l'esprit », exprime justement ces rapports « qui s'instaurent entre une conscience antérieure et une conscience ultérieure (…) », *op. cit.*, p. 307 [222].

3. Hua. XI, p. 338 : « Ne pouvons-nous pas définir l'aperception de la façon suivante ? Une conscience qui n'a pas seulement en général en elle-même conscience de quelque chose, mais qui en a conscience en même temps comme de quelque chose de motivant pour quelque chose d'autre, qui n'a donc pas simplement quelque chose de conscient et en sus encore quelque chose d'autre qui ne serait pas inclus en elle, mais qui renvoie à cet autre en tant que quelque chose qui fait partie d'elle, qui est motivé par elle ».

4. *Ideen III*, p. 158 [129] : « Locke a parlé une fois d'une "histoire" de la conscience et manifestement il a eu à l'esprit une telle genèse qu'il eut bientôt fait, en tant que chef de l'empirisme, de confondre avec la genèse psychologique et de ce fait de falsifier de bout en bout ». Husserl évoque le chapitre IV du livre I de l'*Essay concerning Human Understanding*. Du point de vue phénoménologique génétique, l'histoire de la conscience ne renvoie pas à une évolution empirique, mais à un développement donné selon des lois et ordonné selon des normes finales : les principes téléologiques. Sur ce point, cf. Hua. XI, p. 339 : « Cette "histoire" de la conscience (l'histoire de toutes les aperceptions possibles) ne concerne pas la mise en évidence de la genèse factuelle en vue d'aperceptions factuelles ou de types factuels dans un flux de conscience factuel (…) ».

conscience, une simple dérivation psychologique, mais chaque forme d'aperception est une forme d'essence et possède « sa genèse selon des lois d'essence et, par là, se trouve compris dans l'idée d'une telle aperception qu'elle doit être soumise à une "analyse génétique" »[1]. En un sens, la phénoménologie génétique s'appuie sur une *typique*, non simplement des objets et des actes, mais des multiples enchaînements légaux possibles entre les objets et les actes. À savoir, une typique légale des structures génétiques transversales comme liaison, indication, association motivation, etc., qui ne correspond ni à une simple analyse noétique, ni à une étude noématique, mais à une prise en compte des connexions *a priori* entre noèses et noèmes, noèses et noèses, et noèmes et noèmes.

Peut-être y a-t-il là davantage qu'il n'y paraît à première vue ? Il semble que l'analyse génétique ne conduise pas tant à une thématisation de la genèse, opposée de manière encore formelle à la structure statique, qu'à celle des structures d'essence de la genèse. Elle s'occupe ainsi tout particulièrement, déclare Husserl, des « renvois intentionnels » de chaque objectité à sa situation temporelle et à « l'unité immanente de la temporalité de la vie »[2], mais également, en l'occurrence, de l'essence du renvoi comme tel, comme loi de connexion des différents moments de conscience. Car à partir de la connaissance de ces lois de connexion et de liaison génétiques, on pourra décider des formes possibles qui entreront en scène dans la conscience future. Si l'analyse génétique questionne l'ensemble temporel de la subjectivité opérante dans lequel ces divers « renvois génétiques doivent être explicités intentionnellement »[3], c'est en grande partie afin de dévoiler les « lois de la genèse ». Ce qu'elle traque dans les implications cachées de la conscience, dans les empiétements de sens, ce sont les structures *a priori* de combinaison. Or, ces lois de liaison intentionnelle sont avant tout celles de la *passivité*. Autrement dit, le mode de considération génétique qui règne dans « la phénoménologie eidétique universelle de la genèse »,[4] et que Husserl pratique au début des années vingt, traite

1. Hua. XI, p. 339.

2. *Logique formelle et logique transcendantale*, appendice II, p. 410 [278].

3. *Ibidem*, p. 411 [279]. Vient alors en question la nature de la légalité génétique et si elle est reconductible à la légalité structurelle des lois de l'intentionnalité. Une typisation des objets susceptibles de genèse comme des règles de développement génétique est ainsi nécessaire pour comprendre cette genèse aperceptive de la conscience. Si l'analyse statique questionne des renvois de sens au sens lui-même comme pôle d'identité, l'analyse génétique, elle, s'en tient à suivre constamment les renvois eux-mêmes, d'indications en indications, sans chercher trop brutalement à cesser son cheminement pour saisir une unité objectale quasi définitive. Mais le peut-elle sans l'index de cette unité ?

4. Hua. XI, p. 345.

avant tout des multiples *genèses passives* qui œuvrent sans cesse dans le développement horizontal de la conscience [1].

> Aussi chaque activité est-elle motivée, et nous possédons une genèse pure dans la sphère des actes en tant que pure genèse d'acte sous la forme suivante: accomplissant l'acte, je suis déterminé par le fait que j'ai accompli d'autres actes. Nous possédons, en outre, des actes motivés par des affections et en relation génétique avec la sphère extérieure à l'activité. Enfin nous possédons la genèse dans la sphère de la pure passivité, même si des configurations qui ont leur origine dans une activité antérieure y jouent également leur rôle; mais elles sont alors elles-mêmes quelque chose qui a surgi de façon passive [2].

Voilà pourquoi la première étape de la phénoménologie explicative-génétique concerne tout d'abord « la genèse de la passivité, c'est-à-dire la légalité universelle du devenir génétique dans la passivité » [3]. Si pour Husserl l'analyse statique s'intéresse à la constitution comme « fondation de validité » universelle, l'analyse génétique dirige son attention sur la genèse constitutive graduelle, que ce soit celle de la subjectivité transcendantale dans son développement téléologique et trans-historique ou celle des sens objectaux pré-déterminés par les couches de sens antérieures et motivantes; c'est-à-dire, suivant son attention portée aux légalités d'essence, elle traite d'entrée de jeu des « types spécifiques qui font partie de l'idée générale de genèse passive » [4]. Est-ce à dire que la genèse est déjà en soi une véritable constitution? Ou, de manière complémentaire, que la constitution universelle de tout sens et de tout être ne peut s'accomplir que sous la forme d'une genèse? La clarification du sens de la « genèse » et de la « constitution », et de leur relation possible, mérite assurément discussion.

Husserl indique tout d'abord que « s'occuper de la constitution, ce n'est pas s'occuper de la genèse » [5]? Prise à la lettre, cette déclaration ruine les espoirs mêmes de la méthode génétique, en la bornant à l'étude des simples conditions du constitutif. Dans ce même manuscrit B III 2 de 1921, Husserl déclare pareillement que « dans la justification de la fondation de validité, il

1. Ce point est souligné par D. Welton : « l'analyse génétique est entièrement consacrée à cette passivité qui repose avant toute genèse active et embrasse même toute activité », *The Origins of Meaning*, *op. cit.*, p. 178. Pour sa part, I. Yamaguchi remarque le développement parallèle de la problématique de la synthèse passive et de celle de la phénoménologie génétique, *Passive Synthesis und Intersubjektivität bei E. Husserl*, Den Haag, Nijhoff, Phae. 86, 1982.

2. Hua XI, p. 342.

3. *Ibidem.*

4. *Ibidem.*

5. Hua. XIV, p. 41 : « Der Konstitution nachgehen ist nicht der Genesis nachgehen, die eben Genesis der Konstitution ist und sich als Genesis in einer Monade bewegt ».

n'est pas question de la genèse du sens d'être supérieur »[1]. Celle-ci, dans son acte et ses résultats immédiats, se pose au-delà de toute temporalisation génétique. Valoir (*gelten*) signifie : être affirmé nécessairement en dehors de toute particularisation dans le temps, de toute individuation empirique. Sauf à prétendre ici que Husserl se contredise, on peut donc affirmer que *fonder* la validité implique nécessairement de *décider* du sens à donner aux objectités visées une fois pour toutes, c'est-à-dire de manière rationnelle et universelle, jusqu'à ce qu'une nouvelle fondation constitutive ne vienne reprendre le sens antérieurement validé et ne le re-constitue comme une nouvelle validité universelle et définitive. On ne conçoit point de validation rationnelle qui puisse ainsi se satisfaire d'une contingence de ses conclusions et d'une relativité de ses résultats. Ce que la raison avance, elle l'avance comme valant nécessairement. Il semble donc que toute fondation de validité exclue absolument la prise en compte réelle du caractère génétique de la constitution, de même qu'elle ne s'attache pas au fait que le « fondé avait été éveillé par ce qui est fondateur dans la temporalité subjective et immanente »[2]. Mais la genèse n'est-elle pas, elle aussi, dans sa relation de motivation constante de l'ultérieur par l'antérieur un *certain type de constitution ?* De la même manière, l'ensemble du système des validités ne présuppose-t-il pas, lui aussi, « une genèse constante »[3] ? Ne devons-nous pas distinguer ici deux formes de constitution, l'une *statique*, la fondation de validité, et l'autre *génétique*, la genèse passive, qui réclameraient de ce fait deux méthodologies différentes ?

Nous abordons ici un point capital de la compréhension générale de la phénoménologie de la passivité, à savoir celui qui concerne la clarification du sens général de la constitution. En effet, si la passivité anté-prédicative représente une *Urkonstitution* ou une *Vorkonstitution*, elle n'est pas *toute* la constitution, ni une pure constitution (cette nuance est importante, car elle va permettre de saisir le statut particulier de la passivité génétique au sein de l'édification graduelle du constitutif). Ce que la distinction husserlienne de l'analyse statique et génétique met en avant, c'est principiellement la double manière de poser et de considérer la constitution, soit comme la validation rationnelle qui, en tant qu'acte spontané du moi volontaire, se donne dans son mode d'effectuation comme définitive (même si une nouvelle fondation peut toujours éventuellement reprendre ce qui a été institué comme valable) en dévoilant la « *Geltungsstruktur* »[4] (structure de validité) de chaque type de donnée, soit comme la genèse constitutive de ces mêmes sens fondés, pris non dans leur simple caractère de fondation

1. *Ibidem*
2. Hua. XV, p. 615 [207].
3. *Ibidem*, p. 619 [211].
4. Hua. XIV, p. 40.

ultime, mais comme *construction* par paliers, renvoyant à d'autres *sous-* ou *pré-*constitutions qui continûment les motivent. Autrement dit, nous avons affaire dans toutes ces analyses, d'un côté, à la constitution statique comme *validation* et, de l'autre, à la constitution génétique comme *motivation*.

Mais il serait faux de croire pour autant que la motivation ne participe pas aussi à une sorte de fondation de validité [1]. En fait, la « constitution génétique » représente elle-même une *institution de sens* et une position passive de l'être (à savoir l'*Urdoxa* passive mise en valeur dans la 1re section d'*Expérience et Jugement*). Mais à la différence de la fondation statique de la validité, elle ne peut se rapporter à son objet comme à un tel contenu de sens définitivement fondé dans son essence supratemporelle. C'est une *Geltungsfundierung* temporelle, ouverte et, de ce fait, infinie. De par son implication directe dans les divers horizons passifs de la motivation, elle ne peut jamais s'en tenir à un sens achevé et clos. Elle est de ce fait constamment renvoyée à des sous-couches de sens motivantes, à des indications cachées, à des significations implicites qui interfèrent dans le processus actif de validation. C'est là précisément la signification de la genèse constitutive : un inachèvement essentiel du processus de constitution des sens et de position des êtres comme valides. Entre la constitution statique et génétique, il y a toute la différence qui existe pour Husserl entre raison et motivation : la *raison* comme décision volontaire, comme jugement rendu dont le sens vaut universellement, et la *motivation* comme sollicitation permanente de l'esprit par lui-même qui implique des comportements rationnels mais ne les justifient pas en dernière instance. De son côté, la motivation passive fonde le valable – ce qui peut valoir, mais qui pour valoir doit être de nouveau fondé par un acte rationnel – non le valide.

1. De ce point de vue, Nam-In Lee a raison de dire que le problème de la validation est aussi celui de la phénoménologie génétique, dans la mesure où elle prétend en rendre compte dans un processus temporel et motivationnel, cf. *Phänomenologie der Instinkte*, *op. cit.*, p. 22 : « le problème de la validité est sans aucun doute un thème important de la phénoménologie génétique » (*Das Problem der Geltung ist zweifellos ein wichtiges Thema der genetischen Phänomenologie*). Toutefois, l'opposition qu'il avance, pour distinguer analyse statique et analyse génétique, entre « fondation de validité » (*Geltungsfundierung*) et « fondation de genèse » (*Genesisfundierung*) ne nous semble ni très claire, dans la mesure où, à proprement parler, la genèse n'a pas à être fondée, étant elle-même fondatrice, ni à même de nous faire prendre conscience de cette participation de la genèse à la *Geltungsfundierung*. En effet, la validité peut, elle aussi, être étudiée du point de vue génétique, c'est-à-dire au regard de ses implications d'arrière-plan. En un sens, il vaudrait mieux parler de genèse fondative comme élément préalable de la fondation de validité, opérée par la constitution active et rationnelle, plutôt que de *Genesisfundierung*. C'est la raison pour laquelle nous proposons plutôt une distinction graduelle entre la constitution comme validation et la constitution comme motivation, attendu que la genèse motivationnelle elle-même participe, à son niveau, de la fondation de validité.

L'idée maîtresse de la phénoménologie génétique, développée par Husserl de manière systématique à partir de 1920-21, consiste donc à dévoiler les sous-entendus de l'analyse statique, en montrant que toute *fondation de validité* repose par essence sur une genèse de motivations et d'implications intentionnelles, sur une histoire sédimenté du sens et des opérations de sens, sur les « couches de validité » [1]. Toute validité se fonde ainsi sur un *habitus* stratifié de manière rigide. D'une certaine manière, la fondation de validité statique est elle-même fondée dans la genèse constitutive graduelle, *fondée* au sens particulier d'une motivation constante qui la pousse continuellement à être ce qu'elle est. Inversement, la fondation de validité génétique n'a de sens fondationnel qu'en vue de la validité rationnelle définitive qu'elle cherche à atteindre de manière téléologique et qui, seule, lui donne son sens. Tout le problème de la phénoménologie de la passivité réside dans l'explicitation de cette constitution génétique très particulière qui ne fonctionne, à la vérité, ni comme une simple *présupposition* neutre de la constitution active, ni comme une *validation* définitive et purement rationnelle. Comment situer dès lors cette fondation ouverte et relative? Ceci ne peut être décidé que par la mise en œuvre d'une *double tâche :* premièrement celle d'un démontage théorique de l'expérience constitutive passive; et deuxièmement celle d'une confrontation avec la constitution validatrice et rationnelle qu'elle est supposée édifier. À de nombreuses reprises, nous aurons l'occasion de retrouver et d'analyser plus longuement cette distinction cruciale de la constitution comme *pouvoir* (ou autorité) de validation et comme *puissance* de motivation.

Puisque l'analyse génétique met plus l'accent à proprement parler sur la *validation* comme effectuation graduelle que sur les *validités* posées comme données ultimes et achevées, elle prend donc directement en considération la vie subjective de l'instance validatrice, c'est-à-dire qu'elle revient dans sa manière d'opérer à une explicitation générale de la genèse de la subjectivité constituante elle-même comme unité temporelle continue, à savoir comme monade :

> Mais s'attacher à rebours au monde qui vaut pour moi dans ses structures de validité, cela revient à élucider ma genèse, la genèse du porteur de validité, et par là, la genèse de ses co-porteurs, de ceux qui acquièrent même pour moi du sens d'être dans une genèse [2].

Sous ce rapport, l'analyse qu'effectue Husserl de la genèse du sens et des ses lois structurelles fondamentales coïncide très exactement avec un dévoilement de l'unité génétique de la monade. Car en effet à la détermi-

1. Hua. XV, p. 615 [207].

2. Ms. B I 14, p. 25. Cité par I. Kern, in « Statische und genetische Konstitution », *op. cit.*, p. 37.

nation des lois génétiques fondamentales « sont liées les questions de savoir en quel sens la genèse d'une monade peut s'étendre à l'intérieur de celle d'une autre, et en quel sens une unité de la genèse peut relier selon des lois une pluralité de monades » [1]. Prendre par conséquent en considération les renvois génétiques d'une objectité constituée ou de la subjectivité constituante, c'est d'emblée reconduire l'analyse à l'unité de vie générale et temporelle qu'est la monade.

> En fin de compte, nous obtenons la phénoménologie de l'individualité monadique, comprise en elle, la phénoménologie de la genèse connectante, dans laquelle naît l'unité de la monade, dans laquelle existe la monade, pour autant qu'elle soit en devenir [2].

Mais dans quelle mesure ces deux types statique et génétique de l'analyse phénoménologique sont-ils associables dans la recherche générale qui reste toujours celle de l'explicitation ultime de toutes les validités ? Se pose donc ici l'épineux problème de l'articulation possible des dimensions statique et génétique dans la clarification universelle de la fondation de validité.

> Si nous opposons les enchaînements statique et génétique, la question est alors de savoir si l'on peut mettre en place une phénoménologie systématique des enchaînements statiques comme ceux de la noèse et du noème, en y mettant complètement hors-circuit le génétique. La question est en somme de savoir comment il faut ordonner les recherches ? [3]

Ce problème de l'ordonnancement des deux méthodes, qu'évoque ici Husserl, montre tout d'abord qu'elles n'existent pas l'une sans l'autre, mais qu'elles sont elles-mêmes à comprendre dans une méthodologie plus générale et inclusive qui confère à chacune une place et un rôle bien définis. Mais il convient également de se demander, dans cette mise en ordre des deux méthodes, de quelle recherche principale il faut partir. Cette question apparaît notamment dans le manuscrit B III 10 : « ce sont des questions fondamentales concernant la distinction, mais aussi l'ordre des recherches phénoménologiques nécessaires. Là, je parle toujours de phénoménologie statique et génétique. Quel était là le point de vue authentiquement directeur ? [4] ».

1. Hua. XI, p. 343.
2. Hua. XIV, p. 38.
3. Hua. XI, p. 344. La philosophie transcendantale ne peut faire l'économie d'un questionnement sur ce qui « peut être légitimement invoqué comme principe premier » (suivant l'expression de la magistrale 52e leçon de *Philosophie première*). C'est cette problématique du fondement légitime qui doit permettre d'assigner à l'instance subjective et ce de manière définitivement évidente la validité, lors même que cette dernière reste le thème d'une expérience infinie.
4. Hua. XIV, p. 40.

Comme commencement des recherches phénoménologiques, Husserl semble privilégier l'analyse statique et, plus particulièrement au sein de cette dernière, les considérations ontologiques. Ainsi il faut, selon lui, partir de la « perception externe » [1], plus précisément des « types de vécus » qui sont en relation directe avec des objectités constituées. En ce sens, l'objet intentionnel sert de fil directeur de l'analyse régressive qui cherche à dévoiler ses multiples implications cachées, qu'elles relèvent de la genèse du sens ou de l'auto-engendrement des opérations de conscience.

> Il est clair que l'on va tout d'abord partir de types fondamentaux particuliers qui, comme je le disais plus haut, vont en partie survenir de façon nécessaire et en partie se présenter comme possibilités. La question est celle des fils conducteurs de la systématique. Ainsi se présentent les types d'objets, donc les fils conducteurs à partir de l'ontologie [2].

C'est donc la phénoménologie statique qui doit inaugurer les recherches et leur servir de *Leitfaden*. Point d'étonnement donc à ce qu'elle soit nommée par Husserl : la « phénoménologie des fils conducteurs » [3] (*die Phänomenologie der Leitfaden*). En un sens elle dirige les analyses génétiques elles-mêmes, puisqu'elle donne les types premiers d'objectités constituées, à partir desquels seulement la *dés-implication* intentionnelle peut s'effectuer.

> *L'idée de la phénoménologie statique :* la structure universelle de la validité du monde, le dévoilement de la structure de la validité en relation-à-rebours à la structure ontologique, en tant que structure du monde valide lui-même [4].

La même idée est reprise quelques lignes plus loin :

> La phénoménologie statique par rapport à la phénoménologie génétique : 1) structure ontologique = structure du sens d'être du monde dans ses fondations de sens. Celle-ci en tant que 2) fil conducteur de la question-à-

1. *Ibidem.* Cette même idée est exprimée dans *Logique formelle et logique transcendantale*, appendice II, p. 410 [277-278] : « Tandis que l'*analyse "statique"* est conduite par l'unité de l'objet intentionné et tandis qu'ainsi, en partant du mode de donnée non-clair et en suivant son renvoi en tant que cette donnée est modification intentionnelle, elle tend du côté de la clarté, l'analyse intentionnelle génétique est dirigée vers l'ensemble concret tout entier dans lequel se situent toute conscience et son objet intentionnel en tant que tel ».

2. Hua. XI, p. 344. Quelques lignes plus haut, Husserl indiquait que « l'élucidation statique du monde et de la donation de sens qui est accomplie en elle est antérieure » (p. 343) à toute analyse génétique.

3. Hua. XIV, p. 41 : « *Ist die statische Phänomenologie nicht eben die Phänomenologie der Leitfaden*, die Phänomenologie der Konstitution leitender typen von Gegenständlichkeiten in ihrem Sein und der Konstitution ihres Nichtseins, der blosse Scheine, der Nichtigkeiten, der Widerstimmigkeiten, etc. ? ».

4. Hua. XV, p. 615 [207].

rebours : aux fondations de sens correspondent corrélativement les fondations d'expérience possible de ce qui est mondain et du monde [1].

L'analyse régressive part en quelque sorte du statique vers le génétique. Il ne peut y avoir de *structure de renvoi* vers les sous-couches fondatives de la validité que par rapport à un terme constitué et fixé par avance de manière statique : la validité. La méthode régressive s'évertue donc à montrer à partir de quelles strates de sens s'est constituée l'objectité posée à présent comme validité. C'est pourquoi elle représente pour Husserl une investigation de type *archéologique* qui descend, par le questionnement-à-rebours (*Rückfrage*), dans les profondeurs cachées de la sous-conscience intentionnelle pour repérer les multiples implications et les éléments signifiants originaires des validités constituées. En vertu de sa capacité de sondage, elle dévoile ces couches passives qui servent donc de présupposition à toute fondation rationnelle des jugements, des objectivations ou des raisonnements valides. Husserl n'hésite pas ici à l'affirmer haut et clair : cette archéologie, puisque tel est son nom, équivaut à « une *autre* phénoménologie constitutive [*eine andere "konstitutive" Phänomenologie*], celle de la genèse, [qui] poursuit l'histoire, l'histoire nécessaire de cette objectivation et, par là, l'histoire de l'objet lui-même comme objet d'une connaissance possible » [2]. Rétrocession aux premières couches de sens identifiables, elle forme l'« histoire originaire des objets » (*Urgeschichte der Objekte*) [3]. Toutefois n'existe-t-il pas un autre fil directeur d'analyse qui ne soit pas reconductible *stricto sensu* à celui des considérations statiques ontologiques ? Un fil conducteur qui, au lieu de partir des objectités validées, prendrait pour simple base les éléments originaires eux-mêmes de l'objectivation et suivrait le fil de leur constitution graduelle vers les *teloi* rationnels. Il ne s'agirait donc plus ici de régresser du constitué définitif vers le constitué originaire, mais de progresser par grades de l'originaire pré-constituant vers des objectivations nécessaires mais non encore validées.

L'analyse de la temporalité originaire dans le présent vivant peut à l'occasion donner l'exemple d'une construction pas à pas d'une objectivation générale à partir de la hylè originaire [4]. Bien sûr, celle-ci est toujours conduite selon le *telos* de l'objectité, et plus généralement de la constitution

1. *Ibidem*, p. 617 [209].
2. Hua. XI, p. 345.
3. *Ibidem*.
4. Dans une même perspective, Husserl souligne que l'on peut prendre l'unité temporelle de la monade comme « fil conducteur » (cf. Hua. XI, p. 345), que l'on peut ainsi suivre les étapes de son développement génétique, sans pour autant partir d'une validité définitive, étant donné que l'univers intentionnel monadique est « un système de vie sans fin » (*Philosophie première*, t. II, p. 213) et par essence inachevable.

d'une concordance objective totale, d'une intuition achevée du monde en tant que structure universelle de l'objectivation. Dès lors, cette méthode progressive du génétique vers le statique peut être conçue dans son ensemble comme une analyse *téléologique* qui édifie graduellement les couches de sens et d'être, en vue d'une détermination exhaustive de toutes les régions d'objet et de l'horizon même de l'objectivation, à savoir le monde. Cette méthode téléologique, basée sur la structure portante d'un gain infini de concordance, est le complément nécessaire de l'archéologie, car le point de départ de la régression vers l'originaire part toujours du constitué en tant que validité définitive, or cette *définitivité* du sens n'est jamais totalement assurée; elle ne vaut donc que relativement à un *telos* qu'elle cherche à accomplir. La fondation de validité du monde lui-même, par exemple, reste un problème.

> Le monde en soi, le monde définitivement réel n'est jamais donné; le monde dont on fait l'expérience et qui, sur le fondement de la vie qui en fait l'expérience, vaut indirectement de manière inductive, est toujours et nécessairement le monde correspondant supposé, un simple aspect de la validité du monde, suspendu entre la vérité relative et la non-vérité relative, entre être et paraître [1].

Aussi, pour élucider le sens des objectités données à la conscience, ne suffit-il pas de remonter aux fondations de validité originaires, il convient également de progresser sans arrêt de chaque strate provisoirement constituée vers une constitution plus satisfaisante, plus parfaite, plus adéquate. L'articulation du statique et du génétique est donc double : soit comme *archéologie régressive* (où le statique est pris à même la reconstruction comme fil conducteur), soit comme *téléologie progressive* (où la genèse elle-même sert alors de fil conducteur). Dans notre travail, nous nommerons cette méthode duelle de la compréhension archéo-téléologique : la *généalogie*. Est généalogique, non plus la simple mouvement de régression vers l'originaire, mais inversement l'estimation complémentaire du final par l'originaire ainsi dégagé.

Qu'est-ce qui peut justifier dans le système phénoménologique l'entrée en scène de la méthode généalogique? Husserl n'a jamais pour sa part en effet employé *expressis verbis* le terme de « généalogie » [2] pour caractériser

1. Hua. XV, p. 614 [206].

2. Savoir en quoi le modèle généalogique de la phénoménologie se distingue de celui établi par Nietzsche excèderait le cadre de cette étude. On peut toutefois suggérer que la généalogie phénoménologique ne sort pas des limites fixées par son objet (ici la logique), tandis que la généalogie nietzschéenne tente de démasquer sous les objets qu'elle étudie (les sentiments moraux) l'import de valeurs et de comportements qui n'ont rien à voir avec eux. Ce point mériterait bien sûr une analyse plus approfondie que celle que nous pouvons mener ici.

ses propres analyses. Seul L. Landgrebe, son jeune assistant, utilise en 1938 comme sous-titre pour *Expérience et Jugement* « recherches pour une généalogie de la logique »[1]. Par là, il entend l'analyse d'éclaircissement génétique de la théorie du jugement prédicatif. Mais ce qui retient avant tout notre intérêt dans ce mode d'exposition généalogique des recherches phénoménologiques ce n'est pas simplement l'idée d'une *filiation* conceptuelle, qu'il suffirait de suivre pour remonter aux origines du savoir (ici logique), mais la méthode de *démantèlement* régressif de la genèse des significations et des objectivations vers les éléments primitifs et, simultanément, de *reconstruction*, à partir de ces *natures simples* pour la plupart prédonnées dans la passivité hylétique, du sens même de la genèse, comme si, ce faisant, l'édification génétique universelle, à savoir le mouvement de concordance rationnelle de l'objectivation du savoir humain, n'était saisissable, non pas sur le fait, mais par ce décalage infime qui oblige à ce *va-et-vient* incessant entre l'antérieur et l'ultérieur.

Ce que nous nommons méthode généalogique possède en outre un fondement théorique dans l'œuvre de Husserl. Elle correspond à ce qu'il a thématisé à de nombreuses reprises sous le nom de *méthode en zigzag*, c'est-à-dire d'analyse régressive-progressive du constitué au constituant et vice-versa. Décrivant dans la *Krisis* la possibilité d'une question-en-retour aux éléments originaires de la science et la difficulté qu'il y a alors à partir d'une science déjà donnée comme présentement constituée, c'est-à-dire ici la circularité même du génétique et du statique, de l'originaire et du constitué, Husserl fait ce constat : « il ne nous reste qu'une solution, c'est d'aller et venir en *zigzag;* les deux aspects de ce mouvement doivent s'aider l'un l'autre »[2]. Le mode de compréhension spécifiquement requis pour l'analyse archéo-téléologique se présente lui-même comme un mouvement en zigzag, d'incessante répercussion réciproque de l'originaire et du final. Dans un manuscrit inédit consacré justement à l'analyse archéologique, Husserl décrit cette alternance de la déconstruction-reconstruction derechef comme le fait de « comprendre en zigzag »[3]. À la lumière de cette

1. Quelle justification Landgrebe apporte-t-il à ce titre générique des leçons regroupées dans *Erfahrung und Urteil?* Sur ce point l'avant-propos de l'éditeur n'apporte aucune information. En se basant sur l'introduction, il appert que la généalogie doit être entendue comme une histoire, au sens d'Hérodote, comme une « enquête sur l'origine du logique » (*Expérience et Jugement*, p. 13 [3]).

2. *La crise des sciences européennes et la phénoménologie transcendantale* (abrégé *Krisis*), tr. fr. G. Granel, Paris, Gallimard, 1976, p. 68. Cf. D. Cairns, *Conversations avec Husserl et Fink*, *op. cit.*, p. 112 : « La forme de la recherche phénoménologique est un *zigzag*, comme il l'avait déjà établi dans l'introduction des *Logische Untersuchungen* (par ailleurs extrêmement primitive, dixit Husserl). On se met en route, on parcourt une certaine distance, puis l'on revient au point de départ, et ce qu'on a appris, on l'applique au point de départ ».

3. Ms. C 16 VI (mai 1932) « *Phänomenologische Archäologie* », p. 1 : « Wie bei gewöhnlichen Archäologie : Rekonstruktion, Verstehen im Zick-Zack ! ». Contrairement à ce

analyse, on peut donc avancer que ce mouvement tournoyant de va-et-vient entre le *terminus a quo* et le *terminus ad quem* de la genèse définit clairement l'attitude généalogique comme une déconstruction-reconstruction du cours génétique, soit à partir de la validité achevée du monde et de la subjectivité transcendantale donnée, soit à partir des phénomènes et des faits originaires grâce auxquels elle peut être originellement donnée.

On retrouve cette même nécessité généalogique d'allier à l'analyse archéologique la téléologie dans les chapitres de la *Philosophie Première* qui traitent justement de la « problématique propre du commencement » [1]. On ne peut justifier la validité du savoir qu'à partir de ses couches de sens ultimes et originaires, qu'à partir de ce « sol originaire ultime qui recèle en soi toutes les origines de l'être et de la vérité » [2]. De la même manière, les éléments originaires de la passivité ne font sens que parce qu'ils témoignent déjà de manière primitive d'une inclination téléologique à la « validité définitive » (*Endgeltung*), recevant, de ce fait, un sens transcendantal qu'ils ne pourraient acquérir s'ils étaient envisagés du simple point de vue statique. Sans *telos*, l'*archè* est privé de sens. Sans *archè*, le *telos* n'a pas de fondement. Mais c'est parce que le *telos* ne peut jamais être atteint en lui-même comme savoir définitif, ni l'*archè* être saisie comme fondement premier que la méthode d'explicitation du savoir philosophique se meut dans une double direction infinie, rebondissant sans cesse des origines présupposées aux fins présumées. Telle est cette dialectique infinie de la fondation des validités qui s'alimente aussi bien à l'analyse statique que génétique.

Mais cette démarche généalogique, privilégiée par Husserl à partir du début des années trente dans l'analyse compréhensive en zigzag, ne reste-t-elle pas prisonnière d'un préjugé rationaliste caché et grossier qui serait

qu'affirme A. J. Steinbock dans *Home and Beyond* (cf. *op. cit.*, p. 89-90), il ne nous semble pas que l'analyse archéologique appartienne exclusivement à la phénoménologie statique, mais que, partant d'un point de vue fourni par l'analyse statique, elle développe un nouveau type de considération, à savoir le point de vue généalogique comme question-en-retour archéologique et reconstruction téléologique. En effet, il ne peut y avoir de déconstruction de la genèse objectivante vers les éléments originaires que si, inversement, ces *Urelemente* sont pris eux-mêmes dans une compréhension téléologique. L'originaire ne se comprend qu'à partir du final, de même que l'ultime ne peut être éclairci qu'en étant renvoyé à la couche de sens native qui l'a fait naître. L'analyse généalogique repose sur une herméneutique du va-et-vient sans fin, dans une spirale de la compréhension qui ne pourra jamais délier le primitif du conclusif. Dans *Logique formelle et logique transcendantale*, Husserl conçoit également l'activité de prise de connaissance du savant, écartelé entre les connaissances déjà acquises et les nouvelles donations possibles du savoir, comme une « activité de jugement en zigzag », *op. cit.*, p. 169. Soulignons que cette méthode archéo-téléologique est celle qui respecte la finitude des capacités de connaître de l'être humain en ce qu'elle le prévient contre toute illusion d'un accès soit à la vérité première, soit à la vérité ultime.

1. *Philosophie première*, t. I, p. 5 [5], cf. t. II, p. 36-49 [27-35].
2. *Ibidem*, t. II, p. 40 [29].

finalement celui d'une domination totale du seul point de vue sémantico-logique ? Comment faire droit à une expérience originairement passive sans l'arraisonner aussitôt de manière brusque par les catégories d'une rationalité par avance constituée ? Au cours de notre étude, nous essaierons de déjouer autant que faire se peut ce piège de la *logification* arbitraire du pré-logique, en marquant la spécificité de la sphère passive tout en respectant aussi son interprétation husserlienne comme une vie précisément prélogique, à savoir comme un domaine d'expérience qui, loin d'échapper en totalité à la constitution de sens, se présente d'emblée comme une source possible de ses toutes premières manifestations. Ce que la généalogie de la logique nous laisse donc entrevoir clairement, c'est que tout le sensible est d'une certaine façon sensé, que ce que nous livrent les sens est lui-même d'emblée du sens. Certes le sens sensible, en tant qu'il est constitué passivement comme saillance ou multiplicité perceptives, n'est pas directement *traduisible* en jugements catégoriaux ou *exposable* selon les lois syntaxiques de la raison, mais il reste néanmoins, même dans sa pauvreté immédiate, du sens articulé et donc toujours articulable aux formulations plus élaborées de la pure pensée propositionnelle. En d'autres termes, la passivité autorise une « pathologie » [1], au sens d'une analyse logique du *pathique*, ici compris comme réceptivité affective et pré-réceptivité structurante, car elle renferme en elle non seulement une organisation légale qui la distingue de tout chaos de données sensibles, mais également une multiplicité de significations prédonnées s'élaborant graduellement comme des unités disponibles. Aussi souscrivons-nous ici entièrement au jugement de J. Benoist :

> Le concept de « sensibilité », en tant que « passivité » et « réceptivité », mode d'être-surpris par la chose qui est donnée à nous et de la recevoir précisément comme donnée, semble précisément rendre compte du fond phénoménologique de l'apparaître même : *la sensibilité est ce en quoi l'apparaître apparaît comme apparaître*. Dès lors sur son terrain – celui de la « surprise » et de l'« épreuve » – se déploie la possibilité d'analyses descriptives qui ne préjugent certes pas de la « validité » de l'expérience, mais rendent justement compte de sa teneur « phénoménologique » d'expérience, dans la restitution même du sens de l'« épreuve » dans la

1. Cette “pathologie” philosophique, cette investigation de la passivité dans toutes ses figurations particulières (association, constitution temporelle, corporéité vivante en fonctionnement, pulsion, instinct, motivation, etc.) n'aurait pas simplement pour tâche de montrer que la passivité est aussi un savoir (selon la maxime eschyléenne du *pathos mathei*, *Agamemnon*, v. 185), mais d'exposer comment les genèses passives deviennent savoir et s'intègrent au savoir.

mesure où celle-ci est toujours déjà épreuve d'un « sens », mais à ce niveau même qui est celui de la réceptivité et de la passivité [1].

C'est dans son mode de manifestation même que la passivité réceptive ou synthétique se montre rivée à une donation de sens indéniable qui la fait transiter vers les opérations supérieures de la constitution signifiante. Le mérite principal de l'analyse husserlienne de la vie antéprédicative est en cela de révéler la passivité comme quelque chose de déjà *significatif*, car porteur d'objectités originaires, les saillances sensibles qui, en elles-mêmes, n'apparaissent à la sensibilité que comme ce qui peut *s'objecter*, que comme ce qui se libère sous la forme d'une unité minimale de sens.

1. J. Benoist, *Autour de Husserl, l'ego et la raison*, Paris, PUF, 1994, p. 138.

PREMIÈRE PARTIE

LES STRUCTURES FONDAMENTALES DE LA PASSIVITÉ

CHAPITRE PREMIER

LA FORMATION DU CONCEPT HUSSERLIEN DE « SYNTHÈSE PASSIVE »

SYNTHÈSE RÉCEPTIVE ET SYNTHÈSE ACTIVE DANS LA *PHILOSOPHIE DE L'ARITHMÉTIQUE*

Contrairement à l'idée répandue d'un tournant génétique radical de la pensée de Husserl après la première guerre mondiale qui prendrait à rebrousse poil toutes les analyses antérieures, la première détermination d'une synthèse non catégoriale apparaît très tôt dans son œuvre, en fait dès 1891 et la publication de *la Philosophie de l'Arithmétique.* Le projet de ce premier travail ne se comprend lui-même que par rapport à une analyse distinctive des différentes formes d'activité synthétique de la conscience, car comme le souligne Husserl à ce propos les nombreux « malentendus » relatifs au concept de nombre concernent tous les « synthèses » [1] de la conscience qui ont précisément lieu dans l'acte de nombrer. Dans la première partie, « Les concepts propres de quantité, d'unité et de numération », Husserl s'attache donc à montrer que l'erreur majeure des théoriciens, mathématiciens ou logiciens du nombre est de poser l'existence d'une synthèse « archétypale » (*Urbild*) qui puisse rendre compte dans son ensemble, et ce de manière unilatérale, du processus psychologique de la numération. Que ce soit la théorie de la synthèse générale de la « conscience globale » (*Gesamtbewusstsein*) (p. 27 à 28), de la synthèse temporelle (p. 29 à 42) ou de la synthèse spatiale (p. 43 à 55), toutes se fondent sur l'idée fixe que l'activité de nombrer est reconductible à une activité psychique synthétique plus générale, qui l'engloberait comme simple cas particulier. Or cette manière de voir n'est pas pour Husserl soutenable.

1. *Philosophie de l'arithmétique*, tr. fr. J. English, Paris, PUF, 1972, p. 79 [68].

Discutant avec âpreté la théorie de Lange, selon laquelle d'une part le nombre correspondrait à une « synthèse d'intuitions spatiales » [1] et d'autre part l'espace représenterait en soi « l'archétype » des « grandeurs continues » comme des « grandeurs discrètes » dont fait partie le nombre, Husserl ressent ici la nécessité de distinguer avec précision « la synthèse collective et la synthèse spatiale ». En effet, c'est avant tout parce que Lange s'intéresse directement, « dans des considérations métaphysiques étendues » [2], à ce concept de « synthèse extrêmement riche en conséquences », concept « qui a été introduit par Kant », que lui, Husserl, se trouve convié à son tour à formuler « quelques remarques sur la théorie kantienne de la synthèse à laquelle Lange se rapporte », puis à distinguer « diverses formes de synthèse », qu'il ne faut pas confondre, sous peine, comme Lange, de donner une fausse origine au concept de nombre.

C'est donc à l'occasion de cette critique générale de la théorie langéenne de la représentation de l'espace comme « archétype » (*Urbild*) de toute synthèse que Husserl propose sa première définition de la synthèse. À la manière de Kant, il la nomme « synthèse du divers », c'est-à-dire ici rassemblement d'éléments multiples et séparés, qu'ils soient homogènes ou hétérogènes. Seulement, le terme kantien de synthèse, retenu ici, n'est pas univoque et réclame aussitôt une clarification en règle :

> le terme de synthèse (liaison) est utilisé par Kant dans un double sens : premièrement dans le sens de l'unité des parties d'un tout, que ce soient les parties d'une étendue, les propriétés d'une chose, les unités d'un nombre, etc. ; deuxièmement dans le sens d'une activité mentale (« une opération de l'entendement ») qui consiste à lier [3].

Husserl fait immédiatement remarquer que cette équivocité du concept de synthèse, entendue comme unité objective et opération subjective, est en fait « produite par transposition » (*Überträgung*), dans la mesure où les deux significations, se trouvant chez Kant « dans un rapport étroit », renvoient l'une à l'autre dans une sorte de transfert immédiat de sens. En effet, chaque liaison de conscience est reconnue comme un tout, comme un ensemble, parce qu'elle a été précédemment liée par « l'activité spontanée de l'esprit ». La synthèse signifie donc à la fois « l'acte de lier » et le « résultat » de cet acte [4]. Mais en quoi cette équivocité est-elle ici

1. *Ibidem*, p. 44 [33].

2. *Ibidem*, p. 47 [36]. Husserl fait référence ici aux *Logische Studien* de Lange, publiées en 1877.

3. *Ibidem*.

4. Dans une note des *Ideen I* (p. 408 [249]), Husserl retrouvera cette même « dualité de signification » du terme de synthèse comme acte et comme produit de l'acte, mais déclarera que celle-ci « a peu d'inconvénient » pour l'analyse phénoménologique, et ce peut-être grâce

dérangeante? N’en va-t-il pas de même pour toutes les opérations de l’esprit qui désignent simultanément *l’action* et le *terme de cette action*, la production et le produit? Le plus juste ne serait-il pas de dire en l’occurrence que la synthèse comme activité de l’esprit n’est saisissable que dans l’emploi de cette faculté synthétique, c’est-à-dire que dans son objet immédiat? Toutefois Husserl tient fermement à cette distinction de l’acte et du produit de l’acte. Pour quelle raison? C’est que cette acception ambivalente entraîne selon lui une double conséquence qui ne sera pas sans intérêt pour sa propre définition de la synthèse et de ses divers genres.

Premièrement – et c’est là, selon son interprétation de la théorie kantienne de la synthèse, la conséquence la plus importante – la mise en relation intime de la liaison et de l’acte de lier implique que toute liaison soit *de facto* un « acte de l’activité spontanée », « même là où ne peut être visée qu’une liaison dans le sens d’un contenu primaire de représentation »[1]. Dès lors, toute liaison est désignée comme une « fonction de l’entendement » et de lui seul. La seconde conséquence, c’est que la représentation de la liaison ne peut être obtenue que « par réflexion » sur cet acte même. Ainsi, il ne peut exister, selon Kant, de liaison synthétique qui ne soit l’œuvre insigne de l’activité de l’esprit, et nulle liaison ne peut se trouver dans les objets eux-mêmes, à moins que nous l’ayons auparavant introduite nous-mêmes.

Pourtant, fait ici observer Husserl, il existe certains cas de « représentations composées » où la liaison, qui est bien remarquée en elle-même, ne paraît pas avoir été produite par l’activité spontanée de l’esprit et semble donc être donnée *toute faite* dans son intuition même. Par exemple, « la liaison de la couleur et de l’étendue d’une chose »[2] ne présuppose pas la représentation corrélative d’une activité psychique ni ne l’exige. Elle semble, au contraire, s’offrir d’elle-même dans l’intuition comme une sorte de *ready-made* perceptif. Certaines relations, comme celles de la distance, de la direction, etc., paraissent également se trouver dans les objets eux-mêmes. Le sujet de connaissance n’est alors conscient de la liaison perçue que comme d’un état donné, semblable à une impression sensible, non comme d’une production mentale. Si l’on veut donc, comme Lange, respecter à la lettre l’idée kantienne selon laquelle toute liaison consiste à l’origine dans une activité psychique de lier, on doit donc, constate Husserl, émettre l’hypothèse d’une activité liante qui pourrait rester *inconsciente* durant le processus psychique, et dont nous ne percevrions que le produit

à la distinction centrale, atteinte seulement dans sa pleine clarté en 1913, du noétique et du noématique.

1. *Philosophie de l’arithmétique*, p. 48 [37]. Par la suite, nous étudierons ce que Husserl entend précisément par liaison dans les contenus primaires de la *Vorstellung*.

2. *Ibidem*, p. 49 [38].

ultime : la liaison comme telle. Seule la représentation de la liaison (ce que Husserl nomme ici la *Verbundenheit*, l'« être-lié ») prendrait effectivement place dans notre conscience, alors que l'activité créatrice de liaison (la *Verbindung* comme telle) serait, elle, rejetée dans « l'au-delà inconscient ».

C'est là précisément la solution que retient Lange : les actes de liaison qui, bien souvent, ne peuvent être remarqués directement dans le champ de la conscience actuelle mais seulement grâce à une réflexion en retour à partir des produits achevés de ces actes « sont déplacés dans l'arrière-fond transcendantal de la vie qui précède la conscience » [1]. Ainsi une certaine synthétisation anonyme soutend continûment la production spontanée des liaisons et des unifications conscientes. Bien qu'il existe déjà ici une certaine similitude d'analyse et de raisonnement avec ses théories ultérieures de la synthèse – et notamment avec celles de la synthèse passive originaire qui, elle aussi, se situe, notons-le, dans ce que la *Philosophie de l'Arithmétique* nomme ici de manière prémonitoire « l'arrière-fond transcendantal de la vie qui précède la conscience » –, Husserl repousse néanmoins à cette époque la solution langéenne d'une liaison inconsciente, car celle-ci, allègue-t-il, ne peut apporter « aucune contribution à la formation du concept de liaison ». Cependant il n'explique toujours pas en quoi cette théorie d'une activité synthétique inconsciente serait, en l'occurrence, inapte à l'éclaircissement effectif du concept de synthèse. Il considère simplement qu'à l'instar de Kant Lange suit dans son explication du phénomène « des tendances essentiellement métaphysiques » [2], auxquelles ressortit, de toute apparence, l'hypothèse de l'inconscient.

On peut toutefois supposer que le *transfert* proposé par Lange de certaines activités synthétiques dans l'arrière-fond de la conscience ne permet pas, pas plus d'ailleurs que la théorie kantienne, d'élaborer une distinction précise entre divers types de synthèses, puisqu'en fin de compte une seule activité synthétique unitaire s'accomplit réellement à tous les échelons de l'esprit. C'est ce que semble avoir en vue Husserl lorsqu'il remarque, tout de suite après sa condamnation sans appel de l'hypothèse *métaphysique* de l'inconscient, que cette solution repose sur la présence d'une synthèse *archétypale* qui régirait à distance tous les divers modes synthétiques de la conscience, dont elle assurerait une unité vivante permamente – cette synthèse *archétypale* étant pour Lange, rappelons-le, « la synthèse universelle de la représentation de l'espace », étant donné que, pour lui, chaque acte synthétique s'objective dans « les synthèses intuitives des figures spatiales ». À la lumière de cette critique, on comprend pourquoi les théories kantienne et langéenne, malgré leurs différences

1. *Ibidem*, p. 50 [39].
2. *Ibidem*.

notables, sont toutes deux incapables de rendre pleinement compte pour Husserl de la diversité générique de la synthèse, puisqu'elles supposent en cela une unification de la vie synthétique, consciente ou insconsciente, par une synthèse unique et supérieure, modèle de toutes les liaisons possibles. Ce rejet d'une théorie *mono-synthétique* de la conscience est pour notre étude particulièrement significatif, en ce qu'il dévoile la réticence originelle de Husserl pour des types de liaison sous-consciente qui ne s'appuieraient pas sur la clarté de l'identité à soi de la conscience.

Après avoir exposé « les manières de voir de Lange », et évoqué incidemment la théorie kantienne de la synthèse dont ce dernier semble se réclamer, Husserl revient sur les difficultés que celle-ci ne manque pas d'entraîner. C'est à cette occasion qu'il propose sa propre théorisation philosophique de l'activité synthétique. Dans cette reprise critique, il note tout d'abord que « la théorie de la synthèse dont nous venons de prendre connaissance est insoutenable (*unhaltbar*) et repose sur des malentendus essentiels » [1]. Mais de quelle théorie s'agit-il ici, celle de Kant ou celle de Lange ? En fait, comme on va le voir, Husserl les associe constamment dans sa condamnation :

> Kant a oublié de voir que de nombreuses liaisons situées dans les contenus nous sont données, dans lesquelles il est impossible de remarquer une activité de liaison qui produirait l'état de liaison à l'intérieur des contenus [2].

Cette simple remarque critique est, pour la théorie husserlienne de la synthèse, déterminante. Nous avons déjà en germe, comme le remarque justement Elmar Holenstein dans sa *Phänomenologie der Assoziation*, rien de moins ici que l'idée naissante de la « synthèses passive » [3]. En contestant en effet la thèse kantienne selon laquelle toutes les liaisons de contenus sont elles-mêmes des produits exclusifs de l'activité spontanée de l'entendement, Husserl ouvre en effet la voie à une théorie possible de la synthèse passive, c'est-à-dire à une doctrine de la synthèse pré-égoïque de la subjectivité constituante. Il existe donc des liaisons dans lesquelles ne peut être décelée nulle activité explicitement créatrice. C'est, par exemple, le cas de la liaison dite « métaphysique » [4] entre la couleur et l'extension

1. *Ibidem*, p. 51 [40]. Il réitère cette objection à la page 53 [42] : « l'intuition tout entière qui se trouve à la base de la théorie de Lange comme de celle de Kant, et selon laquelle un contenu de relation est le *résultat* d'un acte de relation, est psychologiquement insoutenable ». L'être de la relation existe indépendamment de l'opération consciente qui en rend compte. Il y a des formes de combinaison que l'esprit reçoit mais qu'il n'engendre pas.

2. *Ibidem*, p. 52 [41]. Toute la difficulté ici du texte husserlien provient de cet amalgame des théories kantienne et langéenne de la synthèse.

3. Cf. E. Holenstein, *Phänomenologie der Assoziation*, *op. cit.*, p. 75.

4. *Philosophie de l'arithmétique*, p. 84 [72].

spatiale qui est directement saisie dans son intuition même sans le truchement d'une opération de l'entendement. Husserl oppose ainsi ce qu'il nomme les « synthèses dans le contenu » [1] (*im Inhalte*) aux actes synthétiques. Ces « synthèses dans le contenu », poursuit-il, sont comme telles remarquées à même l'intuition donatrice; elles ne sont donc pas le résultat de l'activité de liaison mais elles se donnent d'entrée de jeu comme une liaison produite; par suite, elles reposent sur des « relations primaires » (terme que Husserl emprunte à son maître C. Stumpf et qui décrit en général les relations de ressemblance, de contiguïté, de fusion et de configuration) qui, de la même manière, sont appréhendées au même titre que n'importe quel autre contenu sensible, et ne résultent donc pas d'une activité psychique [2] spécifique.

Aux yeux de Husserl, l'erreur vraiment préjudiciable de Lange est justement de croire que la « liaison collective », celle-là même qui est à l'origine du concept de nombre, correspond à une telle *synthèse dans le contenu*. D'après lui, dit-il, « toute liaison doit avoir lieu dans le contenu, et cela en vertu de la forme de l'espace qui englobe tout contenu » [3]. Lange est par conséquent contraint d'accorder le dogme kantien de la synthèse en tant qu'activité consciente avec sa propre détermination de la synthèse comme une liaison donnée dans le contenu spatial. Ce faisant, il en vient à élaborer une solution médiane mais encore monstrueuse qui est précisément celle d'une synthèse inconsciente. Pour aboutir à la « liaison collective » pensée comme synthèse dans le contenu, Lange doit donc considérer le lié comme appartenant à l'intuition spatiale elle-même. Or « cela est faux », s'insurge Husserl. La liaison collective ne peut être une *synthèse dans le contenu* puisqu'on ne remarque absolument rien dans le contenu effectif d'une telle synthèse collective. L'unification collective n'est pas donnée intuitivement dans le contenu de la représentation. Dès lors, elle ne peut être que l'œuvre de certains actes synthétiques de « liaison collective » qui sont saisis seulement dans la réflexion et qui reposent sur des relations non plus

1. *Ibidem*, p. 52 [41]. Husserl revient sur ce point lorsqu'il étudie la « théorie de la relation ». Il s'efforce alors de différencier les relations entre des contenus primaires (dont relèveraient les synthèses dans le contenu) des relations entre phénomènes psychiques (dans lesquelles c'est l'acte qui « institue le rapport », *ibid.*, p. 86 [74]).

2. Y a-t-il, de ce point de vue, une équivalence totale entre les synthèses dans le contenu et les relations primaires? Husserl donne en effet comme exemple de la *synthèse dans le contenu* la relation entre la couleur et l'extension spatiale, exemple que l'on retrouve dans les relations primaires. En fait, il semble que cette équivalence soit confirmée tout au long de la *Philosophie de l'arithmétique* : Husserl donne à peu de choses près la même définition pour la synthèse dans le contenu et pour la relation primaire, à savoir une liaison relevant directement de l'intuition du contenu.

3. *Ibidem*, p. 52 [41].

primaires, c'est-à-dire *physiques* selon la détermination brentanienne que Husserl reprend ici, mais *psychiques*.

Que conclure de cette rapide confrontation ? Tout d'abord ceci : l'analyse critique de la théorie langéenne a permis à Husserl, même d'un point de vue encore pré-phénoménologique, de discerner déjà de manière capitale deux types fondamentaux de synthèse, la synthèse comme *acte* de représenter et la *synthèse dans le contenu* de la représentation. C'est cette distinction, certes encore balbutiante en 1891, qui rend possible le rapprochement qu'accomplit E. Holenstein entre les « synthèses dans le contenu », qui reposent sur des relations primaires, et les synthèses passives proprement dites. Que penser de ce rapport ? En première approximation, on peut constater que les deux sortes de synthèse possèdent effectivement en commun de s'opposer aux simples synthèses actives et conscientes comme opérations spontanées de l'entendement, donc d'être des synthèses de la réceptivité, des synthèses qui relèvent de l'intuition sensible et qui ne sont pas créées par un quelconque pouvoir producteur de l'esprit [1]. Mais cette comparaison diachronique est-elle pour autant fondée ?

Dans le chapitre 14 de sa *Phänomenologie der Assoziation*, « Assoziative und gegenständliche Synthesis », E. Holenstein confesse que cette mise en rapport est quelque peu hasardeuse, et qu'elle connaît à l'usage une certaine limite :

> Toutefois on ne peut pas simplement identifier les *relations primaires* de la *Philosophie de l'Arithmétique* avec les *synthèses passives* de la phénoménologie génétique – l'emploi de ce même terme pour les relations métaphysiques et les fusions et les configurations l'atteste. Les relations primaires ne sont considérées que comme des rapports purement statiques qui sont simplement trouvés dans la conscience. En revanche, les synthèses passives sont une « production » qui n'est certes pas celle de l'entendement, mais qui pourtant, selon une expression kantienne, est celle de l'imagination [2].

1. Husserl affiche parfois une étrange circonspection à l'égard d'une possible production synthétique de l'entendement, comme si toute synthèse appartenait à l'intuition et n'était pas en cela créée par l'activité de liaison qui la découvre : « notre activité mentale ne fait pas les relations; elles sont simplement là, et, quand l'intérêt se dirige sur elles de la manière qui convient, elles sont remarquées aussi bien que n'importe quels autres contenus », p. 53 [42].

2. E. Holenstein, *Phänomenologie der Assoziation*, p. 76 : « Allerdings kann man die "primären Relationen" der *Philosophie der Arithmetik* – die Verwendung desselben Titels für die metaphysischen Relationen und die Verschmelzungen und Konfigurationen zeigt das schon an – nicht einfach mit den "passiven Synthesen" der genetischen Phänomenologie identifizieren. Die "primären Relationen" werden als rein statische Verhältnisse betrachtet, die im Bewußtsein vorgefunden werden. Die passiven Synthesen dagegen sind eine "Produktion" zwar nicht des Verstandes, aber doch – wiederum in Kantischer Sprache – der Einbildungskraft ».

Mais n'y a-t-il pas une autre raison, plus essentielle que celle évoquée ici, qui empêcherait l'identification générale des « synthèses dans le contenu » avec les synthèses passives ? Il est possible de nommer les « synthèses dans le contenu » *passives*, mais cela ne peut se faire que si l'on comprend la passivité de manière pré-génétique comme une simple réceptivité. Les synthèses dans le contenu sont ainsi dites *passives*, parce que la liaison qui les caractérise est ici simplement *constatée* dans l'intuition, comme appartenant aux objets eux-mêmes, aux contenus primaires. Aussi l'esprit ne produit-il pas ce genre de liaison, mais il ne peut que le recevoir dans son intuition perceptive comme une représentation déjà formée. Il en est en quelque sorte le *spectateur passif*. Si les liaisons reviennent aux objets eux-mêmes, comme cela est le cas pour les « synthèses dans le contenu », il s'agit alors dans ce type de relation, note justement Husserl, « de ne faire que recevoir et remarquer passivement » [1].

D'une certaine manière, tout en rejetant la théorie kantienne de la synthèse et en promouvant à contre-fil un type spécifique de synthèse non spontanée mais réceptive, Husserl reste encore prisonnier de la manière de voir critique, puisqu'il identifie dans sa totalité la passivité à la pure réceptivité. Cette conséquence a-t-elle pu lui échapper ? Il est difficile de le dire ici, mais c'est cette acceptation ininterrogée qui, selon nous, beaucoup plus que la simple différence qu'établit Elmar Holenstein entre le caractère *statique* et *dynamique* de la synthèse, empêche de mettre sur le même plan les « synthèses dans le contenu » et les synthèses passives. Comme nous aurons l'occasion de le montrer par la suite, les synthèses passives décrites par Husserl dans les *Leçons sur la logique génétique* ne se réduisent en aucune façon à de simples liaisons reçues dans l'intuition. Elles relèvent d'une subjectivité productrice et dynamique qui implique à chaque fois de multiples opérations sous-jacentes extrêmement complexes tout comme une organisation latente du champ de conscience. L'activité synthétique de la subjectivité déborde ainsi de beaucoup la simple activité consciente actuelle. Toutefois, pour que l'on s'en puisse rendre compte, il faut préalablement remettre en cause l'idée même de la passivité comme simple réceptivité [2], tâche qui sera proprement celle de la phénoménologie génétique.

1. *Philosophie de l'arithmétique*, p. 48 [37]. On peut remarquer ici le ton hypothétique de Husserl. Cela ne veut pas dire qu'il doute de ses propres assertions. Ce ton s'explique tout simplement par le fait qu'il fait réference ici à la théorie kantienne, laquelle refuse catégoriquement une telle hypothèse. Si, à son tour, Husserl critique la théorie kantienne, c'est qu'il fait alors implicitement sienne cette hypothèse d'une réception passive des relations primaires dans le cas des synthèses dans le contenu.

2. Cet abandon progressif de la théorie de la passivité comme simple réceptivité oblige Husserl à une réévaluation de la théorie langéenne de la synthèse comme *activité inconsciente*. En effet si certaines synthèses ne relèvent pas de la spontanéité de l'entendement, ce

SYNTHÈSE CONTINUE ET SYNTHÈSE ARTICULÉE DANS LES *IDEEN I*

Pour importante que soit cette première détermination de la vie synthétique de la conscience, elle appartient encore à un point de vue pré-phénoménologique. On peut donc légitimement supposer qu'avec l'avénement dans les *Recherches Logiques* de la méthode spécifiquement phénoménologique les différentes modalités synthétiques vont trouver un nouvel éclairage. Si la « phénoménologie de la connaissance », qui y perce au jour pour la première fois, est principalement orientée « vers les structures d'essence des vécus purs et des éléments constitutifs de sens leur appartenant » [1], nous pouvons ainsi nous attendre à ce que la théorie de la synthèse reçoive en retour une détermination eidétique plus précise et profonde. Comment le concept de synthèse va-t-il donc être employé dans les *Recherches Logiques*, et en particulier celui de synthèse « dans le contenu » ou de relation primaire, à présent que les contenus primaires ne sont plus considérés comme de simples phénomènes physiques, mais comme des vécus de conscience à part entière ?

n'est pas parce qu'elles ne peuvent appartenir qu'aux objets eux-mêmes, ce qui serait là une théorie encore naïve, mais parce qu'elles relèvent immédiatement d'une constitution passive, antérieure aux actes spontanés de l'ego. Elles ne sont plus simplement données comme constituées, comme toutes faites, mais elles sont également dans leur procès d'effectuation constituantes. Dire donc que les « synthèses dans le contenu » sont simplement remarquées comme des touts donnés dans l'intuition, c'est laisser penser que ces touts existent en soi avant même leur appréhension consciente, qu'ils naissent tout formés, et ignorent un processus de formation commensurable à la conscience ; c'est donc aussi refuser par là l'idée proposée par Lange d'une activité inconsciente de l'entendement. Or si Lange est conduit à proposer sa théorie des unifications inconscientes, c'est avant tout parce qu'il constate, comme Husserl, que dans la plupart des représentations de liaison, on ne remarque justement pas la moindre trace d'une activité de liaison. À ce constat juste, Husserl émet donc l'idée non-retenue par Lange qu'il y aurait liaison *dans le contenu*, liaison qui serait par suite simplement reçue par l'entendement. De son côté, Lange propose, conformément à l'idée kantienne même si celle-ci est infléchie vers une activité sous-consciente, l'hypothèse d'une activité implicite, inconsciente. Or, si l'on tient compte des analyses ultérieures de Husserl à Fribourg sur les différentes modalités passives de la conscience synthétisante, force est de constater rétrospectivement que la théorie husserlienne de la *Philosophie de l'arithmétique* n'est pas tenable : les liaisons ne sont pas dans les contenus eux-mêmes comme attributs inhérents à ces contenus, ou, à tout le moins, les liaisons sont effectivement dans les contenus parce qu'une certaine activité interne aux contenus les y a mis. Or cette activité inconsciente est conforme à la conscience, c'est-à-dire que la relation primaire est entièrement réductible à une activité subjective, et non à un constat objectif. Ceci implique donc sa réintégration dans l'activité subjective en tant que phénomène psychique et intentionnel, alors même que dans la *Philosophie de l'Arithmétique*, elle est encore considérée comme un simple phénomène physique. D'une certaine manière, l'évolution de la pensée husserlienne au sujet de la réceptivité passive l'a conduit à une théorie de la synthèse proche somme toute de celle de Lange.

1. *Recherches Logiques*, *op. cit.*, t. II, 1, (1re Recherche), p. 23 [21].

Contrairement à ce que l'on aurait pu croire, Husserl traite à peine de cette question dans ces *Recherches Logiques*. Certes, le concept de vécu est sans conteste pris dans un sens purement phénoménologique, mais les liaisons synthétiques possibles entre les différentes sortes de vécus sont laissées quasiment de côté. Cela ne veut toutefois pas dire que les connexions soient ignorées comme telles. Toutes les analyses concernant le « recouvrement d'identité » [1] entre les intentions vides et les intuitions sont là pour prouver le contraire. Mais une typologie des synthèses n'est à aucun moment envisagée ni proposée à titre de tâche future. La seule avancée théorique à laquelle Husserl procède réside dans la complication du schéma hérité de la *Philosophie de l'Arithmétique*, puisqu'il discerne à présent à l'œuvre deux formes prédominantes de synthèse, lesquelles correspondent au demeurant à deux types distincts d'objets, l'objet catégorial et l'objet sensible :

> L'unité de la perception ne résulte pas d'actes synthétiques propres, comme si c'était seulement la forme de la synthèse qui, au moyen d'actes fondés, pouvait procurer aux intentions partielles le caractère unitaire de leur relation objective. Il n'est pas besoin d'articulation ni, par conséquent non plus, de connexion actuelle. L'unité de la perception se réalise en tant qu'unité simple, fusion immédiate des intentions partielles et sans intervention d'intentions d'actes nouvelles [2].

À la lecture de ce texte, l'opposition des synthèses actives et « dans le contenu » semble faire place à celle des synthèses articulées et continues. Cependant cette voie n'est pas poursuivie par Husserl et reste finalement en friche. Seule la relation du vécu à la signification visée qu'il porte et à son essence particulière est réellement approfondie pour elle-même. Bien entendu, à l'occasion d'analyses portant sur les concepts de signification, de remplissement intuitif, Husserl délivre, ça et là, quelques informations relatives à ces autres faits purement psychiques que sont les synthèses, comme par exemple dans cette « *Digression sur l'origine de l'indication dans l'association* » [3] de la Ire des *Recherches Logiques*, dans laquelle il

1. À savoir ce qui relève directement de la « synthèse de remplissement », fondement de l'évidence même d'une objectité visée, cf. *Recherches Logiques*, *op. cit.*, t. III, (VIe Recherche), p. 15 [5]. C'est cette synthèse d'identité qui, bien comprise, réalise l'être au sens de la vérité, de la concordance comme *adequatio rei ad intellectus*.

2. *Ibidem*, p. 181-182 [148].

3. *Recherches Logiques*, t. II. 1, (Ire Recherche), p. 33-35 [29-30]. On pourrait également trouver des indications significatives dans la troisième recherche qui traite des « relations entre les parties et les touts », mais là encore, les analyses déçoivent par leur pauvreté. Cette déception, il s'entend, ne concerne ici que la doctrine de la synthèse, non l'ensemble de l'analyse conduite. En fin de compte, les éléments les plus probants d'une telle doctrine de la synthèse, voire de sa face passive, reposent dans l'analyse distinctive de la perception sensible et de la perception catégoriale dans la VIe des *Recherches Logiques*. Si cette étude

évoque une « connexion sensible » des contenus primaires de conscience, mais pour l'essentiel ces remarques restent inexploitées.

Durant les années passées à Göttingen, au cours des nombreuses mises au point théoriques et méthodologiques de la phénoménologie transcendantale qui aboutiront à la rédaction des *Idées directrices pour une phénoménologie et une philosophie phénoménologique pures*, Husserl ne semble vouloir retenir de la liaison synthétique que le simple fait qu'elle n'est pas à proprement parler un acte de la conscience intentionnelle, acte qui serait le renvoi intentionnel à l'objet sous forme de représentation [1]. En elle, il voit avant tout une sorte d'activité plus complexe, d'opération secondaire et supérieure de la conscience théorique qui, constamment, s'allie à la corrélation intentionnelle et adopte son caractère objectivant. Elle aurait donc son origine dans les opérations supérieures de la conscience, celle de l'objectivation thétique. Il faut en effet que les actes simples, fondateurs de la conscience, constituent au préalable des objets en tant qu'unités de signification pour qu'ensuite l'activité synthétique intervienne en propre, en reliant d'abord ces diverses thèses objectales en synthèses et ensuite en constituant soit des groupes d'objectités liées, soit des unités objectives supérieures. À aucun moment, la synthèse ne se produit de manière aveugle et arbitraire, selon le hasard des rencontres entre vécus; elle répond à certaines conditions *a priori* de liaison et de configuration qui forment un système fixe de formes synthétiques, conformément auxquelles toute objectité donnée, quelque soit son essence régionale et ses déterminations ontologiques matérielles, doit être soumise afin de constituer l'unité de l'expérience. Ainsi conçue, la synthèse n'est plus « mélange », « faisceau », c'est-à-dire une liaison contingente des vécus, mais une connexion légale, voire eidétique dans la mesure où elle est « prescrite par essence dans les vécus eux-mêmes » [2]. Cette synthèse relève d'une *Sinneszusammengehörigkeit* (cohérence du sens), parallèle à la cohésion intuitive. La double question de la cohérence de l'objectité d'un

n'est pas menée ici, c'est que nous la réservons pour notre troisième partie, à savoir l'explication de la généalogie de la logique elle-même. Sur ce point, cf. I. Yamaguchi, *Passive Synthesis und Intersubjektivität bei Edmund Husserl*, Den Haag, Nijhoff, 1982, p. 4 : « Eine besondere Bedeutung für die Klärung der passiven Synthesis liegt hier in den LU nicht nur in der Unterscheidung zwischen den beiden Wahrnehmungen, sondern vielmehr in einigen seiner weitergehenden Analysen dieser unmittelbaren, sinnlichen Wahrnehmung ».

1. De ce fait, la liaison noético-noématique n'est pas concevable comme synthèse, mais comme objectivation pure. L'activité synthétique n'entre en jeu que dans la pluralisation des corrélations intentionnelles, c'est-à-dire dans le passage incessant de noèses à noèses ou de noèmes à noèmes. Elle se produit de manière transversale, par rapport à la constitution directe des objectités intentionnelles. Cependant, Husserl n'hésite pas parfois à poser cette transversalité synthétique comme une intentionnalité spécifique, notamment dans le cas des synthèses temporelles.

2. *Ideen I*, p. 296 [176].

côté et de la conscience générale qui le constitue de l'autre se pose ici dans toute son acuité.

Husserl tente d'y répondre en montrant que toute activité de la conscience, à travers ses multiples modalités, vise toujours également « l'unité de l'appréhension » elle-même. Or ces diverses unités produites « doivent aboutir à des synthèses d'identification », seules capables effectivement d'élaborer cette unification du champ appréhensif, c'est-à-dire de transformer tout donné singulier en une objectité de conscience concordante. L'intentionnalité elle-même comme moment d'information n'est alors qu'une liaison, qu'une composition du divers, qu'il soit ici chosal ou catégorial : « de ce divers procède, en vertu de sa structure eidétique, l'unité d'une conscience qui donne son objet de façon concordante » [1]. Tout le travail de Husserl, notamment dans les *Ideen I*, consiste ainsi à déterminer par rapport aux simples actes intentionnels noétiques, le lieu d'intervention propre des fonctions synthétiques de la conscience, mais également à concilier par là ce double fonctionnement de la subjectivité transcendantale comme objectivation simple et identification composée. Dans cette perspective, l'unification dans la « concordance » (*Einstimmigkeit*), à supposer qu'elle puisse aboutir à une forme d'identité définitive, ressortit à une synthèse d'identification qui fait que toute chose apparaît comme *une et même*, comme disponible à l'identique à travers les diverses modifications temporelles : la « synthèse continue de concordance » [2]. D'où il suit que le problème de la synthèse est tout d'abord d'ordre fonctionnel, à savoir celui de la constitution des objectités de conscience.

Dans cette édification de l'objectivation concordante, Husserl fait la part belle aux modalités thétiques de la conscience, à tel titre que tout acte de la conscience actuelle ou potentielle, ce qui inclut bien évidemment les synthèses, est ramené par avance à une thèse, c'est-à-dire à une « position » (*Setzung*) de l'objet. Celle-ci consiste, comme on le sait, à poser l'objet comme thème, mais aussi à lui donner un caractère d'être défini. Du point de vue majeur des *Ideen I*, les synthèses sont dès lors les combinaisons possibles de ces thèses premières et fondatrices. En d'autres termes, il n'y a de synthèse que fondée. Et toute synthèse est ramenée en définitive à un

1. *Ibidem*, p. 406 [248].

2. *Ibidem*, p. 510 [318]. Puisque les formes synthétiques appartiennent « à un système invariable de formes », Husserl cherche alors à dégager une structure formelle commune de ces synthèses, cf., *ibid.*, p. 449 [276]. Il se propose ainsi d'élaborer une morphologie des synthèses syntaxiques ou « morphologie des propositions apophantiques ou syntaxes », *ibid.* Par suite de l'uniformité du synthétique dans la conscience analytique, il y aurait donc une logique formelle des synthèses en dehors des contenus synthétisés. Cette morphologie constitue le soubassement nécessaire d'une « mathesis universalis vraiment scientifique », *ibid.*, p. 448 [276]. En effet « les formes fondamentales de la formation synthétique interviennent de la même manière dans tous les domaines de la signification », p. 447 [275].

acte « polythétique », une composition consciente de prises de position antérieures : « la conscience synthétique, ou plutôt le moi pur "dans" cette conscience, se dirige sur l'objet par plusieurs rayons, la conscience thétique simple par un seul rayon » [1]. Il semble donc que les premières analyses de la *Philosophie de l'arithmétique* sur des formes de synthèses non spontanées et involontaires soient laissées de côté dans les *Ideen I*, étant donné la primauté fonctionnelle de la conscience thétique qui sert de fondement à toute élaboration synthétique.

Cependant, malgré cette prégnance de la conscience thétique, Husserl introduit également dans les *Ideen I* une distinction déjà aperçue dans les *Recherches Logiques* et que les analyses ultérieures vont corroborer dans son bien-fondé, en ce qu'elle ouvre véritablement le chemin à une prédétermination de la synthèse passive, à savoir celle qui sépare la « synthèse continue » de la « synthèse articulée ». Cette démarche analytique s'inscrit, notons-le, toujours dans le refus du dogme kantien d'une théorie pour ainsi dire mono-synthétique de la conscience. Retraçons à présent le fil de cette distinction qui, progressivement, va nous conduire à la révélation d'une synthèse de conscience réellement passive. Pour qualifier cette « synthèse continue », Husserl indique dans le chapitre 118 du livre I des *Ideen*, « Synthèses de conscience. Formes syntaxiques », et d'une manière encore quelque peu obscure, d'une part qu'elle « appartient au même degré que ce qui est unifié par elle » et d'autre part que celle-ci n'est pas en soi un « acte d'ordre supérieur », et par conséquent qu'elle ne reçoit pas son « animation intentionnelle » [2] d'actes de conscience, supérieurs aux composants vécus qu'elle joint. Que veut-il dire par là ? Il est difficile de retracer le fil du raisonnement, car ces quelques indications restent encore lacunaires. Husserl est lui-même conscient de cette limitation du propos : « nous n'abordons pas non plus les synthèses continues d'ailleurs fort importantes, comme celles qui se rattachent essentiellement à toute conscience constitutive de la chose spatiale » [3]. Il remet à plus tard cette analyse, vraisemblablement au livre second des *Ideen* qui traite plus particulièrement de la constitution de la nature. À cette « synthèse continue », ici donc trop rapidement esquissée, et que nous pourrions nommer « inférieure », Husserl oppose la « synthèse articulée » logique, à laquelle il réserve dans les *Ideen I* la majeure partie de son analyse. Ces synthèses articulées se présentent comme des synthèses d'actes discrets, discontinus qui peuvent se combiner en une unité articulée, celle « d'un acte synthétique du niveau supérieur » [4]. Puisqu'elles lient entre elles des actes déjà

1. *Ibidem*, p. 406 [248].
2. *Ibidem*, p. 404 [246]
3. *Ibidem*, p. 403 [246].
4. *Ibidem*, p. 403-404 [246].

positionnels, les synthèses articulées sont donc « polythétiques ». Mais elles possèdent en outre la propriété de pouvoir se transformer en acte thétique simple, et donc de constituer à travers la relation originellement polythétique un seul objet. Aussi le synthétisé devient-il « l'objet d'une thèse doxique simple » [1]. Dans leur ensemble, et même si elles peuvent prendre l'aspect d'un acte volitif ou affectif, les synthèses articulées doivent être rapportées aux « formes apophantiques de signification de la logique formelle », en vertu ici de l'universalité formelle des catégories logiques de la proposition qui régissent toute forme de représentation qu'elle soit théorique, pratique ou axiologique. Cette dépendance logico-sémantique s'atteste également dans le fait qu'elles sont toujours des actes fondés :

> Toutes les synthèses proprement dites – et c'est elles que nous avions eues constamment en vue – s'édifient sur des thèses simples, en prenant le mot dans le sens général que nous avons fixé plus haut et qui embrasse toutes les « intentions », tous les « caractères d'acte ». [2]

Loin de pouvoir revêtir l'aspect d'une conscience passive, le synthétique semble être réservé aux actes au sens strict du terme comme prises de position rationnelles et cognitives. Nous nous trouvons ainsi dans le domaine exclusif de la synthèse logique, celle qui confère au donné son caractère thétique et qui vise téléologiquement à travers lui « l'objet synthétique total ». Par suite, cette conscience synthétique et logique, culminant dans l'énonciation propositionnelle [3], implique une activité polythétique du « moi pur » qui ne doit plus seulement, en tant que *cogito* attentionnel, se diriger vers l'objet dans un seul rayon thétique, mais par plusieurs rayons à la fois.

En tant qu'en elle le moi est directement partie prenante de cette activité polythétique, la synthèse logique articulée constitue une synthèse spontanée, au sens où elle naît par une « production originelle » [4]. Ces synthèses articulées sont tout naturellement liées à la libre activité du moi, à sa libre spontanéité. Elles sont ses *créations*. De ce fait, le moi ne « vit point dans

1. *Ibidem*, p. 409 [250].

2. *Ibidem*, p. 408 [249]. Cette dépendance de la synthèse vis-à-vis de la thèse a pour effet fâcheux de ne pas tenir compte du synthétique en tant que tel, mais de le ramener simplement à du polythétique. Or, il est peu vraisemblable que la synthèse ne soit qu'une alliance de simples thèses. Il y a en elle une composition spécifique qui dépasse la conscience plurirayonnante et qui se montre dans l'unité de la conscience avec elle-même, unification qui n'est en aucun cas du ressort de l'activité thétique, même démultipliée.

3. C'est la raison pour laquelle dans les *Ideen I* Husserl étudie tout de suite après les manières d'opérer de la conscience synthétique la « couche noético-noématique du logos » (p. 417 [256]), c'est-à-dire la signification expressive; la signification logique représentant ainsi la synthèse articulée supérieure.

4. *Ibidem*, p. 413 [253].

ces thèses comme un habitant passif »[1]. Puisque chaque thèse débute par une décision volontaire du moi, la synthèse articulée et polythétique est à son tour, en tant que synthèse d'actes, un nouvel acte. Chaque acte est le fruit d'un « commencement créateur »[2]. Si l'actualité est la « source originelle des actes », l'activité synthétique ne peut dès lors qu'être rapportée au *cogito* et à lui seul, de sorte que les types fondamentaux de synthèses d'acte ne peuvent eux-mêmes relever d'une quelconque expérience passive.

La possibilité d'une expérience synthétique et passive point parfois néanmoins dans les interstices de l'analyse exclusivement logico-cognitive des *Ideen I*. En effet comment ces synthèses articulées comme édification stratifiée de thèses pourraient-elles apparaître comme un commencement du savoir conscient, si elles ne se liaient pas peu ou prou aux synthèses temporelles dans lesquelles le *fiat* créateur peut seulement se dérouler et prendre sens ? Comment les synthèses actives pourraient-elles s'accomplir comme instauration d'expérience en dehors de toute relation aux synthèses passives de la temporalisation qui rendent possible la durée même de cette expérience générale ?

Même s'il s'est déjà réfusé à s'intéresser plus avant à la « proto-synthèse de la conscience originelle du temps », Husserl ne peut toutefois pas négliger entièrement cet ancrage temporel de l'activité polythétique saisie comme émergence volontaire. C'est pourquoi il souligne aussitôt après que l'acte créateur de saisir ou d'appréhender dans une synthèse se modifie ici en un « maintenir en prise »[3] des éléments précédemment synthétisés ; or le *maintenir en prise* qui conserve comme acquis les produits de l'activité n'est manifestement pas le résultat de la décision du moi, mais relève de la synthèse continue de la temporalité immanente. Par conséquent, comme Husserl le déterminera plus tard dans *Expérience et Jugement*[4], le « maintenir en prise » correspond à une forme passive de synthèse propre à toute phénoménalisation dans le temps. Au cœur de l'activité logique repose donc un travail propre à la passivité qui est celui de ce *maintenir en prise* des thèses posées par l'ego pur. Pour que l'activité logique soit possible, il faut que les diverses thèses pré-posées se conservent d'elles-mêmes, afin d'être ensuite liées synthétiquement dans des propositions énonciatives. Il

1. *Ibidem*, p. 412 [252]. Point n'est besoin ici de souligner le ton kantien de cette doctrine de la « synthèse articulée ».

2. *Ibidem*, p. 414 [253]. Du point de vue du *fiat* du moi volontaire et se décidant, la synthèse est un acte comme un autre.

3. *Ibidem*.

4. Cf. *Expérience et Jugement*, § 23. Dans ce chapitre « la saisie et la contemplation simples », Husserl sera beaucoup plus précis sur cette activité dans la passivité comme *maintenir en prise* des objectités tout juste produites, notamment en la différenciant, chose qu'il ne fait pas ici, de la simple rétentionnalité de tout vécu immanent de la conscience temporelle.

y a là du reste une modification de l'actualité en un fonds inactuel qu'investit continuellement la passivité.

Toutefois ce *Im-Griff-Behalten* s'accomplissant au sein de toute synthétisation active n'est pas directement rendu à sa pleine signification passive. Dans les *Ideen I*, Husserl ne dispose pas encore à la vérité du concept *génétique* de passivité comme d'une production sous-consciente. Aussi interprète-t-il cette couche passive comme un simple état d'inactualité de la conscience potentielle. Il n'est donc point étonnant qu'il associe cette modification de l'activité créatrice en maintenir en prise à une modification de l'actualité en « obscurcissement », c'est-à-dire en potentialité implicite. Si, à cette occasion, il n'omet pas de remarquer que ces deux dimensions sont « étroitement mêlées » [1], le concept de passivité secondaire n'y est pas formulé comme tel de sorte que l'altération de la spontanéité vivante reste pour le coup effectivement dans l'ombre. À cet égard, les *Ideen II* seront beaucoup plus explicites puisqu'elles indiqueront que les actes théoriques accomplis subsistent à l'état rétentionnel « sous la forme modifiée d'états passifs » [2].

SYNTHÈSE ESTHÉSIQUE ET SYNTHÈSE CATÉGORIALE DANS LES *IDEEN II*

L'idée d'une synthèse passive fait peu à peu son chemin dans la pensée de Husserl. Les « synthèses continues », négligées dans le livre premier des *Ideen* au profit des « synthèses articulées », forment ainsi l'un des thèmes majeurs de l'analyse constitutive du livre second. Dans les premiers chapitres des *Ideen II*, Husserl oppose en effet à une « synthèse catégoriale », qui a tous les traits connus de la « synthèse articulée » des *Ideen I*, la synthèse perceptive continue [3] qu'il avait laissée auparavant partiellement de côté. D'une certaine manière, l'analyse des *Ideen II* reprend le fil interrompu par les *Ideen I.* Cependant il est nécessaire de signaler que, sous le nom de « synthèse continue », Husserl ne parle plus uniquement d'une synthèse temporelle, la seule évoquée rapidement dans les *Ideen I*, mais se réfère à présent à la synthèse perceptive.

Dans le chapitre 9, « Synthèse catégoriale et synthèse esthésique ("sensible") » [4], Husserl rappelle brièvement les avancées significatives des *Ideen I*, et plus particulièrement de la « phénoménologie de la raison »

1. *Ibidem.*
2. *Ideen II, op. cit.*, p. 29 [6]
3. *Ideen II, op. cit.*, p. 42-46 [18-21].
4. *Ibidem*, p. 42 [18].

esquissée dans ses derniers chapitres, à savoir qu'un sujet théorique se caractérise par le fait qu'il est objectivant, qu'il saisit l'objet et le pose sur un mode d'être particulier signifié dans un jugement possible. À la synthèse articulée logique se substitue ainsi la « synthèse catégoriale » formelle, laquelle comprend les collections, les disjonctions, tous les états de choses unifiés d'ordre supérieur. Par là Husserl entreprend de montrer comment ces synthèses analytiques entrent en ligne de compte dans « la formation catégoriale d'objets de degré supérieur » [1]. Toutefois certains objets ne relèvent pas directement d'une constitution catégoriale, en ceci qu'il peut exister une unité synthétique objectale qui ne contiendrait pas l'œuvre des synthèses catégoriales logiques et qui pourtant serait encore basée sur des thèses simples. Ainsi en est-il, déclare Husserl, de « la perception pure et simple de chose ». L'unité du sens objectal n'est pas forcément produite par une synthèse catégoriale. En d'autres termes, l'objectivation peut très bien ne pas relever de la catégorialisation [2]. Il s'agit alors dans ce cas d'une unification de thèses singulières, non sous la forme d'une synthèse catégoriale polythétique, mais, dit-il, sous celle d'une « synthèse esthésique ». À ces « synthèses esthésiques » de la perception, Husserl reconnaît deux propriétés d'essence :

1) Ce sont manifestement des synthèses « passives » puisqu'elles ne sont pas issues de la spontanéité logique de l'ego mais d'une sorte de combinaison non-active. Cette conclusion se déduit logiquement de la lecture des chapitres précédents. Dès le § 5, Husserl oppose en effet constamment spontanéité et passivité comme deux attitudes subjectives possibles face à ce qui est donné dans les vécus de conscience. Or, comme il qualifie les synthèses catégoriales de « synthèses spontanées », on peut légitimement en déduire, en suivant ici un parallélisme strict entre spontanéité et passivité d'un côté et synthèse catégoriale et synthèse esthétique de l'autre, que les synthèses perceptives se rapportent, quant à elles, à la pure et simple passivité.

> Si nous essayons de les délimiter l'une par rapport à l'autre, dans leur particularité, nous trouvons comme premier trait différentiel que la synthèse catégoriale en tant que synthèse est un acte spontané, ce que par contre la synthèse sensible n'est pas [3].

Ceci nous révèle un point capital concernant la théorie de la connaissance phénoménologique : *synthétiser* est toujours plus que l'expression

1. *Ibidem*.

2. Déjà se montre ici l'extension générale du sens objectal (et de l'objectivation primaire) au-delà des simples bornes de la mise en forme analytique et catégoriale, extension sur laquelle se base toute notre interprétation du statut logico-transcendantal de la passivité originairement constituante.

3. *Ibidem*, p. 43 [19].

d'un simple acte théorique. Il s'accomplit au-delà du cercle de l'activité et de l'intérêt théoriques. Par conséquent, il y a dans les enchaînements de conscience à conscience une forme de connexion non catégoriale, c'est-à-dire ne relevant pas d'un « acte spontané » de l'ego. Celle-ci doit, comme l'exprime Husserl dans une note au *Haupttext* [1], tenir la gageure d'être à la fois, en tant que liaison et connexion, une synthèse d'éléments séparés et, en tant que « synthèse continue » s'opposant à la synthèse articulée, une fusion continuelle.

2) La synthèse esthésique se présente également comme une synthèse d'« éléments primitifs », originairement non synthétisés. Elle procède à partir de composants sensibles qui ne sont pas eux-mêmes produits par une synthèse esthésique préalable. Avant toute composition, la synthèse perceptive rassemble ce qui se donne pour la première fois. La compréhension de l'œuvre synthétique esthésique, introduite ici par Husserl dans les *Ideen II*, nécessite donc la pleine clarification des objectités primitives sur lesquelles elle opère, ne serait-ce que pour en dégager les différents degrés d'objectivation.

Mais que peuvent être ces « traits sensibles ultimes » [2] (*sinnliche Merkmale*) à partir desquels seulement la conscience perceptive peut synthétiser le divers selon un mode de composition non catégorial ? Dans leur émergence originaire, ils se présentent comme des aspects, des faces, des saillies de l'objectité qui, peu à peu, sourdent dans le champ de l'objectivation. Eux-mêmes ne se constituent pas par une configuration synthétique comme tous les objets sensibles, mais par « une synthèse fusionnelle continue ». Qu'est-ce à dire ? Tout d'abord ceci : même si les « traits sensibles ultimes » se présentent comme des données isolées, atomiques, ils possèdent toujours une forme de liaison fusionnelle et pré-objective qui supprime leur dispersion possible. Aussi les « archi-objets » qu'évoque Husserl au chapitre précédent ne correspondent-ils pas tout à fait à ces « traits sensibles ultimes », puisque ces derniers se situent en deçà même de l'objectivation sensible. Dans une note déjà citée, dans laquelle il distinguait deux stades fondamentaux de synthèse perceptive, à savoir la synthèse comme *liaison du séparé* et comme *synthèse continue et fusionnelle*, Husserl indiquait que la synthèse comme liaison renvoyait elle-même « aux éléments ultimes ». Cependant, aussitôt après, il ajoutait que la

1. *Ibidem*, p. 44 [19], note 1. Dans ses premières analyses de la synthèse perceptive, Husserl reste encore victime du préjugé commun aux psychologues du XIXᵉ siècle : l'élémentarisme. Il cherche à reconstruire l'unité perceptive de la chose spatiale à partir d'éléments séparés et distincts (les traits sensibles ultimes), tout en remarquant la nécessité d'une fusion originelle de ces mêmes parties. D'où certainement cette solution hybride d'une synthèse comme liaison et comme fusion.

2. *Ibidem*.

chose prise comme configuration « se construit à partir de traits sensibles qui, de leur côté, proviennent d'une synthèse continue » [1]. À première vue, cette remarque semble contradictoire avec l'affirmation selon laquelle ces « traits sensibles » ne sont pas issus d'une synthèse esthésique, mais la rendent possible. Il est de ce fait difficile de dire quelle est la nature de ces traits sensibles et de quel type est la synthèse qui les rassemble pour former des configurations objectales. En première analyse, on peut supposer que la synthèse esthésique comprend en fait deux niveaux distincts, le stade inférieur de la fusion continue des éléments sensibles et celui supérieur de la synthèse discrète et objective. Toutefois cette hiérarchisation n'est pas clairement établie par Husserl, et la distinction des traits sensibles ultimes et des archi-objets n'en est que plus floue. On peut supposer également ici que Husserl répugne à considérer les « traits sensibles ultimes » comme des data atomiques qui seraient donnés originairement dans l'isolement le plus complet. L'idée d'une synthèse immédiatement fusionnelle a sans doute pour fonction de souligner le fait que leur donation pouvait déjà être à la fois plurielle et comporter une certaine forme d'unité.

Dans les *Ideen II*, la spécificité de la « synthèse passive » est d'une certaine manière bien marquée, mais Husserl hésite encore quant à la nature des éléments sensibles qu'elle doit unifier et rassembler. Cette indécision peut se comprendre par la situation théorique particulière des *Recherches phénoménologiques pour la constitution :* elles ont pour point de départ le seul point de vue régional de la constitution de la nature en général. Par principe, elles excluent une régression vers les couches de la conscience originaire du présent vivant et impressionnel dans lesquelles alors pourraient apparaître *in statu nascendi* des unités objectales primitives non directement liées à une constitution perceptive chosale. Conscient de cette limitation, Husserl argue que cette synthèse esthésique nécessiterait à elle seule une « recherche propre et d'une grande ampleur » [2]. Toutefois, et ce malgré la restriction des analyses au simple domaine de la perception chosale et l'ambivalence persistante de la synthèse esthésique comme liaison et comme fusion continue, on peut établir que la « synthèse esthésique » se rapporte premièrement à la formation de l'unité sensible (les configurations objectales unitaires dans un champ sensible particulier), et par suite à la constitution générale des champs sensibles eux-mêmes, à leur unification supérieure en une sensibilité homogène et unifiée, attendu qu'« une autre fonction de la synthèse esthésique est de réunir

1. *Ibidem.*

2. *Ibidem.* À ce sujet, Husserl considère que ces quelques « indications ne suffisent assurément pas pour une description exhaustive de la synthèse esthésique ». Celle-ci se trouve en fait déployée pour la première fois dans toute son extension conceptuelle dans les *Analysen zur passiven Synthesis* de 1920/21.

les unes avec les autres les objectités qui se sont constituées dans différentes sphères sensibles singulières : par exemple la couche de chose visuelle et la couche tactile »[1].

Au cours de cette brève analyse, nous avons dévoilé la grande proximité conceptuelle de la synthèse esthésique avec la synthèse passive qui sera élaborée de manière plus spécifique à partir de 1917-1918. Il reste cependant à se demander *de quelle genre de passivité* il s'agit dans la « synthèse perceptive » ? Si nous posons cette question relative au type de passivité censé définir la synthèse esthésique, c'est parce que l'opérateur même de la synthèse n'est pas clairement identifié. Dans son ouvrage *Passive Synthesis und Intersubjektivität bei Edmund Husserl*, Ichiro Yamaguchi considère cette passivité « esthésique » comme une simple modalité de l'activité du moi. Selon son interprétation générale, Husserl définit la « synthèse esthésique » comme une forme dérivée de la « passivité secondaire », laquelle est, comme nous l'avons vu, une modalisation possible de la spontanéité égoïque.

> Husserl élucide, bien qu'il fasse allusion aux différentes couches de la synthèse esthésique, le trait caractéristique de la synthèse esthésique comme une forme de « passivité secondaire », qui est une sorte de modification de la spontanéité (...)[2].

Si l'on en croit donc I. Yamaguchi, la synthèse perceptive reviendrait à une pure et simple combinaison de souvenirs, de jugements antérieurs. Est-ce à dire que les *traits sensibles ultimes* ne sont, eux aussi, que des saillances ressurgis du passé, des traces d'identification ancienne ? Plusieurs éléments nous empêchent d'accréditer cette interprétation. Ce serait en premier lieu donner une origine trop restreinte à la « synthèse esthésique » que de la rapporter à la mémoire et en second lieu dissimuler le caractère proprement originaire de la constitution de l'homogénéité sensible. Pour en revenir au texte même des *Ideen II*, Husserl remarque simplement que, dans cette synthèse esthésique, constitutive des toutes premières configurations ou « archi-objets », *entrent en jeu* des visées partielles sous la forme de « passivité secondaire »[3]. Toute synthèse, qu'elle soit de ce point de vue esthésique ou catégoriale, se transforme nécessairement en une synthèse modifiée et sédimentée dans la passivité secondaire, puis entre de nouveau en action dans toute nouvelle activité synthétique. Mais cela ne veut pas dire pour autant que Husserl soutient que la synthèse esthésique ne serait, dans son ensemble, qu'une simple forme de la passivité secondaire, même

1. *Ibidem*, p. 45 [20].
2. I. Yamaguchi, *Passive Synthesis und Intersubjektivität bei Edmund Husserl*, *op. cit.*, p. 6.
3. *Ideen II*, p. 44 [20].

si, dans l'organisation unitaire des éléments sensibles, peuvent interférer des sens stratifiés. Le croire interdirait de comprendre en tout cas comment cette synthèse inférieure se base sur des « éléments sensibles » ultimes qui, eux, ne sont produits par aucune synthèse primaire ni secondaire, mais qui renvoient à des impressions originaires. De toute évidence, la passivité secondaire ne peut fournir à l'activité synthétique ces traits sensibles ultimes ni la synthèse fusionnelle qui les rassemble originellement en un *continuum* sensible.

Tout nous conduit à penser que la synthèse esthésique relève à la fois de la passivité originaire, qui lui fournit en propre ces éléments ultimes synthétisables, et de la passivité secondaire, mais qu'elle ne peut être, en aucun cas, l'œuvre unique de la modification de la spontanéité du moi. Pour preuve, Husserl souligne que la synthèse esthésique unifie en cela des visées partielles qui n'ont pas toujours nécessairement la forme de la « passivité secondaire » [1]. Cette coïncidence de l'originaire et du secondaire que propose ici Yamaguchi est impossible. À moins bien sûr qu'il ne considère à demi-mot que la saisie des éléments sensibles ultimes s'effectue dans une synthèse catégoriale qui peut seulement ensuite dans sa modification passive secondaire ré-apparaître sous forme de synthèse esthésique; mais ce serait poser en tant qu'origine de la synthèse esthésique la synthèse catégoriale, et la perception ne serait plus dès lors qu'un jugement oublié qui reviendrait sous la forme d'une synthèse passive, à savoir une simple reconnaissance par remémoration. Toutefois, cette hypothèse est trop improbable pour être retenue.

Ce court débat avec I. Yamaguchi nous a au moins convaincu d'une chose : l'extrême difficulté d'interprétation des « éléments sensibles ultimes ». On peut penser que le caractère problématique de l'originaire a sans doute contraint I. Yamaguchi à assimiler un peu trop rapidement ces *éléments sensibles ultimes* aux seuls objets de sens sédimentés et isolés dans la passivité secondaire. Mais comment encore une fois la perception synthétique-esthésique pourrait-elle être l'effet de la sédimentation des sens objectaux, la simple modification de la spontanéité de l'ego ? Même si Husserl évoque expressément la constante motivation associative [2] des

1. *Ibidem*. Dans le § 54, il indiquera que les « data de sensations en tant qu'archi-objets primitifs ultimes » ne sont pas constitués par une quelconque activité de l'ego, mais sont, au sens le plus prégnant du terme, « des pré-données pour toute activité de l'ego » (p. 298 [214]). Autrement dit, ils ne peuvent dériver de l'ego comme produits de sa modification passive, puisqu'ils lui sont déjà prédonnés comme son « avoir subjectif ».

2. *Ideen II*, § 56 « La motivation en tant que loi structurale fondamentale de la vie de l'esprit ». Dans ce chapitre, Husserl met en évidence la « motivation passive » constante de la conscience antérieure sur l'ultérieure. Toutefois, celle-ci ne rend absolument pas caduque la possibilité d'une constitution passive originaire, les deux se superposent en quelque sorte dans la formation unitaire de l'aperception consciente.

synthèses, des actes et des significations sédimentés sur la constitution objective actuelle, ou encore sur les aperceptions de chose, les synthèses esthésiques, en tant qu'elles lient les traits sensibles ultimes et les font fusionner, ne peuvent appartenir originellement qu'à la passivité primaire.

Toutes les difficultés de l'analyse des synthèses non catégoriales dans les *Ideen II* proviennent directement de l'obscurité des éléments originaires qu'elles sont censées unifier. Dans ce texte comme dans toute la phénoménologie statique, Husserl reste très hésitant quant à la nature des « traits sensibles ultimes ». Sont-ce de simples qualités sensibles ? Des unités affectives ? Des objectités proprement dites ? L'indétermination ontologique des traits sensibles ultimes se reflète d'ailleurs dans le choix du nom : *Merkmale*, indices, marques, signes distinctifs. Ni des êtres, ni des choses, mais des éléments médiats. En évoquant ainsi ces éléments primitifs sensibles, isolés et séparés, Husserl ne retombe-t-il pas peu ou prou dans l'atomisme des data sensibles qu'il condamne tout au long de son œuvre, et plus particulièrement dans la *Krisis* [1] ? Toute synthèse est-elle condamnée à n'être que la combinaison associative d'éléments isolés et dispersés ? Comme nous l'avons souligné, la synthèse esthésique d'une chose est simultanément une liaison d'éléments séparés et une synthèse continue d'elle-même et de ces mêmes éléments qu'elle synthétise. Mais pourquoi alors dédoubler la « synthèse esthésique » en liaison du séparé d'une part et en connexion continue et fusionnelle d'autre part ? C'est à ce type de questions que va s'attacher de répondre Husserl dans les *Leçons sur la logique génétique* de 1921 qui prennent pour tâche d'examiner justement la constitution des éléments originaires de la conscience intuitive.

1. *Krisis*, p. 260.

CHAPITRE II

LA CONSTITUTION PASSIVE DE L'EXPÉRIENCE DANS LES *ANALYSEN ZUR PASSIVEN SYNTHESIS*

> « Dans l'ABC de la constitution de l'objectivité devenant consciente et de la subjectivité comme étant pour soi, il y a le A. Celui-ci consiste, comme nous pourrions le dire, en un cadre formel universel, en une forme synthétiquement constituée, auxquels doivent prendre part toutes les autres synthèses possibles » (*Analysen zur passiven Synthesis*, Hua. XI, p. 125).

LA PASSIVITÉ DANS L'HORIZON DE LA LOGIQUE TRANSCENDANTALE

C'est dans les *Leçons sur la logique génétique* [1], c'est-à-dire le cours du semestre d'hiver 1920/21 donné à l'université de Fribourg (cours repris en 1923 et 1925) sur la « Logique transcendantale et la constitution originaire », que Husserl rassemble pour la première fois ses recherches sur les formes pré-catégoriales de la synthèse et propose, à ce titre, une étude de la « synthèse passive ». D'une certaine manière, par le choix de leur thème et des problèmes examinés, les *Analysen* prolongent le sens des premières études des *Ideen II* sur la « synthèse esthésique », bien qu'ils en radicalisent le point de vue [2] et en modifient de manière significative la finalité ultime.

1. Cours rassemblés par Margot Fleischer dans le volume XI des Husserliana sous le titre d'*Analysen zur passiven Synthesis*. Ces cours regroupent trois manuscrits principaux F I 37, 38 et 39 qui portent le titre général de « Logique transcendantale ». Toutefois, lorsque Husserl se réfère à ces cours il les nomme cours sur « la logique génétique ».

2. En effet, l'analyse de la « synthèse esthésique » restait encore confinée au cadre étroit d'une région délimitée : la « chose matérielle ». Elle n'était donc mise en évidente que sur le plan d'un domaine *constitué* (la chose matérielle, le monde perceptivo-physiologique), et non sur un plan de la conscience constituante, c'est-à-dire sur le plan de la synthèse originaire, constitutive elle-même de la genèse temporelle de la subjectivité.

En effet les *Leçons sur la logique génétique* de 1921 ont principalement pour but d'éclaircir en totalité la « logique transcendantale » dans ses opérations originaires et fondatives, afin de la constituer, insiste ici Husserl, non seulement comme une science de la conscience connaissante, mais également comme celle de la « conscience prédonatrice » [1]. La Logique transcendantale ne peut pas être la science exclusive des simples opérations logiques, mais elle doit être aussi celle des conditions de possibilité de ces mêmes opérations. Or celles-ci ne peuvent se réaliser que si elles se rapportent à un objet quelconque, c'est-à-dire à une donnée. Dès lors, la donation des données elles-mêmes doit entrer directement dans l'investigation logique transcendantale.

Sans la clarification profonde du « soubassement » (*Unterlage*) passif de ces actions supérieures de la spontanéité catégoriale, l'activité logique comme par ailleurs « le sens et l'extension [*Umfang*] de la norme logique » resteraient, déclare ici Husserl, entièrement « inintelligibles » [2]. Il convient donc d'étudier au plus vite, et ce au sein même de la réceptivité passive qui se présente comme le champ originel de toute prédonation, la formation des unités objectales. En un mot, « les opérations intentionnelles s'accomplissant dans la passivité qui sont déjà présupposées à titre de fondement sous-jacent permanent de toute activité du moi » [3]. Le sens général de l'interprétation husserlienne de la sphère passive se dessine ici déjà de manière significative : il y va d'abord pour elle des conditions de possibilité originelles de la formation logique des objectités prédonnées et du monde lui-même comme horizon universel de cette objectivation.

Si, dans cette investigation de la sphère passive et pré-logique, les *synthèses de la perception* sont la plupart du temps privilégiées, c'est parce qu'en leur sein peuvent se lire la formation de l'homogénéité du champ de la *Gegebenheit* et ensuite l'objectivation originaire d'éléments signifiants. La perception forme en quelque sorte une zone tampon entre la simplicité de l'affection et la synthèse du concept. Mais elle n'est pas que cela. En elle se dépose aussi, selon Husserl, l'évidence originelle de l'impression donnée dans le présent vivant, évidence sur laquelle peut s'élever l'évidence supérieure du jugement catégorialement constitué. La fondation ultime de la logique que Husserl poursuit ne peut véritablement atteindre

1. Hua. XI, p. 255-56 : « La logique transcendantale ne veut donc pas être une science dogmatique à côté d'autres sciences semblables, elle ne veut pas être une science au sens habituel du terme, ni être dirigée comme celle-ci sur un champ d'objet prédonné qu'elle accepte sans examen comme prédonné. Elle veut être la science ultime qui régresse vers les données dernières, à savoir ces données qui sont déjà présupposées dans toutes les autres, dans les données naïves. C'est-à-dire : elle veut être la science de la conscience comme prédonatrice et spécialement de la conscience prédonatrice en général … ».

2. *Ibidem*, p. 253.

3. *Ibidem*, p. 256.

une certitude sans présupposition que si elle fait fond sur les multiples évidences perceptives premières, consignées dans la passivité, qui, seules, lui donnent l'assurance d'un rapport réel à l'objet. Aussi, constate Husserl, les différents problèmes abordés dans les *Analysen*, qui couvrent le champ des synthèses passives principalement perceptives, ne sont-ils pas en définitive tout à fait nouveaux : « ce sont seulement de nouvelles formulations du problème de la validité en soi » [1].

Se marquent déjà ici les limites du territoire particulier de la passivité constituante : sa portée est tout entière circonscrite au problème de la constitution génétique d'objectités valides, intuitivement fondées et, de manière plus générale, du champ originaire de l'objectivation : la perception. Selon cette détermination, c'est donc en « logicien » [2] que Husserl traite de la « synthèse passive ».

> Notre problème est celui de la clarification de l'idée de l'en soi, pour autant que la passivité y prenne part. Certes, au plein sens du terme, il n'est question de la validité, de l'exactitude, de la vérité et de l'évidence, en tant que cette conscience dans laquelle elle parvient à la donnée originaire, que dans la sphère de la connaissance jugeante, donc de la libre activité rationnelle du moi. Mais dans la sphère de la passivité, en tant que sphère qui assure le soubassement fondateur pour toute activité, nous avons déjà les degrés préalables de l'évidence et leurs corrélâts. C'est ici que les recherches fondamentales (*grundlegend*) doivent prendre leur point de départ [3].

Nous avons donc affaire à une sorte de logique des couches pré-logiques de la constitution, à une investigation de « la manière dont s'accomplit au degré d'abord inférieur de la passivité la concordance de la donation de sens ou encore la constitution de l'objectité » [4]. Compte tenu de l'ancrage de l'analyse de la passivité dans une élucidation approfondie de la consti-

1. *Ibidem*, p. 124. C'est, comme le remarque également Husserl, uniquement ce problème de la « *An-sich-Gültigkeit* » qui a mis en action l'ensemble des *Leçons sur la logique génétique*.

2. Cf. Hua. XI, p. 229 : « Les sens ne sont certes pas des choses. Nous aurons encore à parler de cette conscience dans la mesure où ses objets sont, pour nous logiciens, des thèmes d'intérêts majeurs ». Il précise dans une note des *Analysen* (p. 319) que dans l'expérience passive de la subjectivité, nous « sommes déjà logiciens sans le savoir [*wir sind dabei schon Logiker, ohne es zu wissen*] », c'est-à-dire que nous logifions sans faire de cette logification l'objet d'une connaissance thématique. Toutefois, « dans notre méthode cependant nous devons l'être auparavant pour pouvoir le savoir ». Autrement dit, pour savoir que nous sommes logiciens sans le savoir, nous devons auparavant savoir que nous le sommes effectivement. C'est en tant que logicien que je peux reconnaître que je l'étais toujours auparavant sans m'en rendre compte. Si donc la genèse passive autorise un traitement logique, c'est parce qu'en elle nous sommes déjà pris dans un travail, une construction logique.

3. *Ibidem*, p. 275.

4. *Ibidem*, p. 254.

tution logique, Husserl peut parler au sujet de la phénoménologie génétique plus généralement d'un « logos du logos ».

Si la logique se réfère constamment, dans ses jugements et ses opérations syntaxiques, à des « substrats individuels » qui, dans leur prédonation, ne sont pas tout d'abord simplement formalisables par des actes catégoriaux, la nécessité n'en est alors que plus pressante pour le logicien de revenir à la formation même de ces objectités originaires, à partir desquelles le *logos* pourra s'édifier comme discours intentionnel sur *quelque chose*. Ou plutôt : si la « grande tâche » de la phénoménologie transcendantale, en tant qu'elle n'est rien d'autre que la « science des origines matricielles » [1], consiste à dévoiler systématiquement les premières couches de la fondation de sens, afin de rendre compte de leur évidence ultime, alors il faut dire que les premières recherches de cette science nouvelle doivent être consacrées sans plus tarder aux objectités constituées passivement. Bien entendu ces « objets originaires », toujours « individuels » [2], ne possèdent pas telles quelles les diverses propriétés logiques des objets supérieurs constitués par l'activité théorique et prédicative du moi. Ce ne sont pour l'heure que de simples unités objectales ou des groupes d'éléments figuratifs et concrets, ce que Husserl nomme parfois dans les *Analysen* des « configurations ».

Il s'agit donc pour nous d'examiner l'effort déployé par Husserl pour déterminer ces différentes structures passives de la formation des objectités originaires, perceptives ou temporelles, qui apparaissent dans « l'unité synthétique et continuelle d'un présent fluent » [3]. Mais à partir justement de quelles structures primordiales de la passivité devons-nous faire débuter l'analyse généalogique ? Pour saisir la constitution passive qui, pour un logicien, « ne va pas de soi », il faut, note Husserl, tout d'abord partir des simples *synthèses de la perception* dans le champ du présent vivant. Cette limitation initiale va permettre d'isoler en quelque sorte sur le vif le moment de l'objectivation passive la plus simple, celle d'une objectité de la perception extérieure, au moyen des « synthèses passives ».

1. *Ibidem*, p. 233. Nous nous attacherons ici tout d'abord à dégager les structures légales essentielles de la passivité, sans tenir compte du rôle éminent que celles-ci tiennent dans l'édification de la raison logique. Nous conservons cette question pour la IIe partie de notre étude qui a justement trait à la généalogie de la logique elle-même. C'est la raison pour laquelle nous mettrons ici l'accent plus sur l'essence structurelle de la passivité que sur son statut, conjointement archéologique et téléologique, de fondement originaire de la constitution logique du monde.

2. *Ibidem*, p. 291.

3. *Ibidem*, p. 128. C'est la raison pour laquelle l'analyse de la passivité se présente comme une étude sur « la façon dont s'accomplit d'abord au degré inférieur de la passivité la concordance de la donation de sens ou encore la constitution de l'objectité », cf. *ibid.*, p. 254. On ne peut dire de manière plus claire la *conformation* de la passivité et de l'objectivation dans la recherche menée selon le point de vue de la phénoménologie transcendantale.

> Ce sont des synthèses que le moi n'a pas instituées activement [*die nicht das Ich aktiv gestiftet hat*], mais qui au contraire se constituent dans la pure passivité et peuvent alors se constituer elles-mêmes lorsque les vécus singuliers entrant en liaison ont surgi dans l'activité du moi. Le plus simple est de nous en tenir d'emblée au domaine qui nous intéresse à présent exclusivement, celui des représentations passives en tant que matériau [*Material*] pour des synthèses se développant de manière passive. Il s'agit de façon générale de ces synthèses dans lesquelles quelque chose qui est représenté renvoie au-delà de lui-même à un autre quelque chose représenté [1].

Si la perception et sa donation multiple sont ainsi mises en exergue dans et par l'analyse génétique, c'est qu'elles font ressortir plus clairement que tout autre moyen les prérequis essentiels à une fondation authentique de la logique transcendantale dans la conscience prédonatrice de sens.

À présent que le champ de la prédonation a été délimité, il reste encore à articuler pensée logique et pensée perceptive. Pour ce faire, Husserl est dans l'obligation de dévoiler ici en quoi la sphère passive, désormais fixée à la donation perceptive, peut servir de fondement aux divers actes catégoriaux et à leurs objets supérieurs. Dans son analyse de la sphère passive, il doit recourir en fait à deux *types de démonstration*, faute de quoi la passivité ne pourra fonctionner comme soubassement des opérations logiques et des évidences catégoriales auxquelles elles donnent lieu. Il doit tout d'abord démontrer comment se constitue l'évidence originelle des objectités sensibles, sur laquelle s'édifie l'évidence judicative. Il lui faut s'assurer ensuite que le domaine de la passivité, où se manifeste pour la première fois l'évidence originelle de l'objectité apparaissante, possède par lui-même une légalité universelle qui le soustrait à la fois à l'empirique et à l'arbitraire. Il doit procéder ici à une *double genèse* : à celle de l'évidence du donné à partir des premiers éléments objectaux qui apparaissent dans le présent vivant perceptif, et parallèlement à celle de la synthèse *a priori* qui œuvre déjà, avant toute récupération ou transformation catégoriales, dans la simple passivité. Autrement dit, la généalogie du jugement prédicatif ne cherche pas seulement à fonder l'évidence de l'*objet-sur-quoi* sur celle du substrat individuel donné passivement dans la perception, mais aussi à tirer des liaisons passives, qui règlent la sphère du même nom, les différentes formes de connexions syntaxiques et logiques.

Par cette double fondation génétique de l'évidence objectale et de la synthèse, il s'agit pour Husserl de dépasser l'affrontement, selon lui stérile, entre Hume et Kant, à savoir en tirant d'un côté le catégorial du sensible (l'évidence) tout en accordant de l'autre à cette sensibilité primordiale (la

1. Hua. XI, p. 76.

hylè passive) des propriétés universelles et *a priori*. Mais à travers cette double genèse de l'expérience passive du sujet, c'est en fin de compte la fondation même de l'objectivité générale qui est poursuivie. On comprend dès lors mieux pourquoi, dans la perspective de cette *double fondation passive*, Husserl met en avant comme jamais le rôle de la perception sensible : elle est censée représenter rien de moins que le modèle de toute donation originaire. Par l'objectivation primaire [1] qui prend naissance dans la vie passive, les synthèses perceptives possèdent ainsi une double fonction : elles constituent tout d'abord à partir des multiplicités hylétiques prédonnées dans le champ sensible des « unités » pré-logiques qui préfigurent l'organisation structurelle des objets catégoriaux. Mais elles édifient également l'homogénéité de l'expérience générale de la conscience dans la mesure où elles lui confèrent un ordre bien lié. Pour Kant, il n'y a de légalité que dans l'ordre du concept, pensé comme *méthode* pour former ensuite de manière apodictique un objet de connaissance. Pour Husserl, il y a déjà dans l'ordre de l'affection et de la vie passive une légalité typique, en droit constitutive de sens objectaux.

Comme on le voit, la phénoménologie génétique ne cesse pas d'être, même dans ses ramifications les plus extrêmes et parfois les plus inattendues, une théorie de la connaissance. À savoir une doctrine qui vise à épuiser le sens et la vérité de toutes les formations objectives possibles, de sorte qu'elle recherche, toujours dans une totale *absence de présuppositions*, à rendre évidents les soubassements vécus de tous les jugements valides. Par sa volonté d'élucider la constitution génétique des objectités et du champ de l'objectivation, la phénoménologie de la passivité, développée dans les *Analysen,* représente donc la première étape d'une « science du logos ». Mais pour que cette régression vers les sources du logique puisse être dévoilée dans sa clarté ultime, il faut que les « archi-objets » sur lesquels elle porte puissent être eux-mêmes éclaircis. Car c'est toujours l'objectité qui sert en quelque sorte de fil conducteur à l'analyse génétique de la sphère passive. Au-delà des *Urgegenständlichkeiten* (objectités originaires), il n'est manifestement plus possible de régresser. Ce sont donc elles qui procureront à l'analyse ses premiers points de départ.

La nécessité de déterminer un *quelque chose sur quoi* ne doit pas ici nous surprendre. Tout le dispositif logique de la phénoménologie tourne autour du motif central du « quelque chose » (*etwas*). L'ontologie formelle des *Recherches Logiques* s'applique ainsi à « l'idée vide du quelque chose

1. Comme nous l'avons indiqué dans l'introduction, nous entendons par « objectivation primaire », la simple pré-constitution d'une objectité, pourvue d'une unité minimale de sens, et en aucune façon l'objectivation comme prise de position cognitive et judicative vis-à-vis de l'*Objekt*. Dans ce cas précis, nous parlerons d'objectivation supérieure ou secondaire.

ou objet en général »[1]. L'analyse génétique du *logos* primitif ne fait pas non plus ici exception à l'horizon pour ainsi dire « tinologique »[2] des investigations logiques même génétiques. Dans la combinaison du sens et du substrat comme dans leur genèse, l'objectité reste l'unique pierre de touche de toute explicitation du logique. D'où l'attention sourcilleuse avec laquelle Husserl repère tous les échelons de la constitution graduelle de l'objet à travers les opérations synthétiques de la conscience passive. D'où également son intérêt majeur pour le rôle que jouent ces mêmes opérations dans l'édification d'un « soi-même » (*Selbst*) de l'objet, à savoir son unité de sens spécifique et identifiable.

Si par conséquent toute perception particulière et toute phase du développement perceptif possèdent « considérées pour soi et *in abstracto* »[3] leur objet intentionnel, elles se rapportent toujours à lui comme à un *quelque chose* d'identique, et ce, notons-le, malgré les multiples modifications de donation et de position qui l'altèrent. En ce sens, le passage de la perception d'un arbre à son souvenir ou à son anticipation imaginative ne modifie en rien son essence objective, son *ce sur quoi*. Pas moins d'ailleurs que le changement du caractère doxique du « certain » en « douteux », « problématique », etc. Toute perception « a en soi a son objet intentionnel; mais il est, en même temps, le même dans toutes les perceptions et dans l'ensemble de la conscience d'unité »[4]. La raison en est, dit Husserl, que les synthèses perceptives consistent toujours en des « synthèses d'identification »[5], ou encore, si l'on se place du point de vue du processus même de l'unification passive, en des « synthèses de recouvrement »[6].

Il va de soi que cette identité primitivement produite dans la perception comme une cohésion sensible ne correspond pas exactement à l'« identité articulée » supérieure que peuvent seulement exprimer et fixer les

1. *Recherches Logiques*, *op. cit.*, t. II, 2 (VIe Recherche), p. 36 [252]. L'objectité originaire n'est évidemment pas reconductible à l'objectité catégoriale (les opérations fondatrices les distinguant de manière absolue), mais toutes deux ont en partage d'être pôle objectal. Et à ce titre, elles peuvent entrer dans une même classe.

2. Selon l'expression de Jean-François Courtine, in *Suarez et le système de la métaphysique*, Paris, PUF, 1990, p. 535.

3. Hua. XI, p. 392. Quelques années plus tard, Husserl posera l'identification comme « forme fondamentale de la synthèse », identification qui se « présente tout d'abord à nous comme une synthèse qui régit tout et qui suit *passivement* son cours sous la forme de la conscience interne continue du temps », *Méditations Cartésiennes*, *op. cit.*, p. 87 [79], cnqs.

4. *Ibidem*, p. 393.

5. Toutes les opérations passives de la formation d'unité sensible peuvent être ainsi séparées en deux types principaux : les synthèses d'indication (les associations reproductives, les éveils passifs, etc.) et les synthèses d'identification.

6. Hua. XI, p. 318. Toutes ces opérations se rassemblent en un « recouvrement de sens synthétique » qui est le moyen au sein de la passivité par lequel les multiplicités sensibles se muent en « objectités fermement ordonnées ».

propositions prédicatives, mais elle y conduit néanmoins. De l'aveu même de Husserl, nous ne pouvons parler légitimement de synthèses identifiantes que pour les « synthèses logiques articulées » [1]. De la même manière l'objectité constituée dans les synthèses passives de la perception n'est pas un *Objekt* au sens fort du terme, c'est-à-dire un prédicable, un élément possible d'une détermination cognitive. Aussi l'unité objective, à savoir ce que Husserl a tôt fait dans ces leçons de nommer la « mêmeté » (*Selbigkeit*), ou le « soi-même » (*Selbst*) intuitionnable de l'objet, n'est-elle l'œuvre ici que d'« une conscience supérieure fondée dans une conscience multiple, précisément la conscience "synthétique" d'unité » [2]. D'une certaine façon, le percevoir anticipe et pré-indique dans son procès continuel un état d'identité et de reconnaissance objectives qu'il est hors d'état d'atteindre par lui-même. Cette conscience continuelle qui traverse les synthèses perceptives est « perception de soi, bien qu'elle ne soit qu'exceptionnellement un percevoir accompli thématiquement à partir du moi » [3].

Mais il n'en est pas moins vrai que, déjà dans le domaine de la passivité, une certaine identité pré-logique se constitue à travers le temps. À y regarder de plus près, Husserl ne cesse en effet d'affirmer tout au long de ses *Leçons sur la logique génétique* que le domaine tout entier de la passivité est toujours susceptible d'une détermination logique, soit directe en tant qu'il possède des lois *a priori* d'organisation, soit indirecte en tant qu'il donne naissance aux différentes objectités primaires, sur lesquelles reposent l'évidence des objets logiques et catégoriaux. Ainsi toute prédonation est en même temps préconstitution. Le fait de nommer ici directement l'analyse génétique de la passivité *Urkonstitution* n'est pas innocent de sa part. En deçà de la conscience égoïque, donatrice de sens et constituante sur le mode du jugement et de la catégorialisation, c'est une autre conscience constituante que Husserl cherche à débusquer, non l'absence ou le déni de la constitution. De ce point de vue, c'est grâce à la « synthèse d'identification passive » qu'un quelque chose d'objectal en général peut constamment, et ce sans l'entremise d'actes logiques, se

1. *Ibidem*, p. 394. Dans ce même passage, Husserl distingue très exactement l'« unité continuelle » et passive de la perception avec la « synthèse discrète » et articulée d'identité : « au sens fort du terme, nous avons l'habitude de parler de synthèse d'identification, ou plus simplement d'une conscience d'identité, seulement dans le dernier cas ». On retrouve ici la distinction déjà signalée dans les *Ideen I* entre la « synthèse continue » et la « synthèse articulée », à cette différence près qu'elles sont à présent conçues dans un rapport d'engendrement.

2. *Ibidem*, p. 393. Si le percevoir est mis en avant dans cette investigation sur la formation de l'objectivation dans l'expérience passive, c'est parce que « l'étude de la structure générale des perceptions » nous montre comment « une unité de sens objectal peut se former et se maintenir par un recouvrement constant de sens », (*ibid.*, p. 319).

3. *Ibidem*, p. 320.

maintenir tel dans un « auto-recouvrement » (*Selbstdeckung*) continuel et concordant. Que l'objectité sensible puisse ainsi perdurer dans le temps comme une unité de configuration fixe, comme un quelque chose de « spécifiable », c'est d'abord aux lois de la constitution passive qu'elle le doit. Toute objectité, sensible ou catégoriale, est en cela porteuse d'un insuppressible noyau de sens et déjà dans la sphère passive s'élabore une unité de recouvrement passif qui se donne à l'attention du moi comme objectité identique et permanente. Grâce à elle, les opérations supérieures de l'identification logique dans le jugement prédicatif (*ceci est a*) sont par suite possibles [1]. Toutefois isoler sur le vif le moment véritablement perceptif de la constitution originaire de cette identité objectale ne va pas de soi, car il peut être recouvert par les souvenirs ou les anticipations, par la mémoire ou l'imagination.

À cette difficile mais fondamentale question du point de départ de l'analyse génétique, Husserl tâche de répondre en opérant dans le champ de la passivité originaire une *sélection*. Selon sa recommandation, il faut s'efforcer ici de rendre compte des « synthèses de l'homogénéité sensible » qui président à l'objectivation primaire *indépendamment* des autres synthèses passives qui interviennent directement dans le champ du présent vivant impressionnel, à savoir indépendamment des synthèses *temporelles* qui lient ces mêmes premières objectités aux objectités précédemment formées et, partant, au passé de conscience tout entier. Afin par conséquent d'accéder aux lois ordonnatrices du champ passif, Husserl est conduit à séparer les synthèses originaires qui interviennent dans la constitution du présent perceptif des « synthèses associatives de la reproduction ». Pour isoler la synthèse passive à son stade primitif dans le présent vivant comme une pure liaison d'éléments hylétiques simultanés, il doit nécessairement mettre hors jeu l'évocation associative entre des éléments présents et passés (ou futurs pour la synthèse inductive), ne serait-ce que parce que toute reproduction et toute synthèse temporelle nécessitent la constitution originaire de telles configurations de groupes.

Précision faite, il est facile à présent de comprendre que c'est le présent impressionnel dans son homogénéisation constante qui doit être le lieu privilégié de l'analyse. Il s'agit de prendre en vue le « présent vivant » seulement dans sa donation perceptive et non comme un moment du temps. Husserl écarte ainsi délibérément de l'investigation génético-logique tout recours aux synthèses de la temporalité originaire. Elles ne sont, selon lui, d'aucune utilité dans l'élucidation même de la formation des unités hylétiques [2] originaires. On peut reconstituer son raisonnement

1. Sans cette unité passive du recouvrement, la « synthèse active de la prédication » ne peut pas s'accomplir, cf. *ibid.*, p. 410.

2. Ce rejet peut sembler à tout le moins paradoxal, car les synthèses de la temporalité

méthodologique comme suit : puisque la temporalité n'est rien « sans impression », puisque la conscience du temps trouve ainsi son origine singulière dans le *sentir* et que l'analyse génétique se donne pour but principal d'atteindre l'origine de la prédonation, il est donc nécessaire de se placer en quelque sorte au niveau même de la pré-constitution temporelle : la formation de l'homogénéité des impressions sensibles.

> Locke a vu quelque chose de juste : la sensation est première, dans la mesure où un moi en fonction ne peut être qu'avec un bien propre, et dans la mesure où le bien propre doit d'abord affecter pour que le moi réagisse ; toute activité du moi présuppose l'affection, même si – dans le sujet développé – cette affection n'est pas tout à fait celle de la sensibilité originaire [1].

Partir de cette sensation première, c'est en cela éconduire les éléments temporels, successifs et reproductifs. Mais cette exclusion n'est-elle pas ici étrange voire impossible, attendu que la conscience immanente du temps représente la « forme fondamentale de toute synthèse », ce que Husserl lui-même rappelle d'ailleurs dans ces mêmes pages des *Analysen ?* Comment, dans l'investigation de la vie passive originelle, mettre à l'écart la conscience temporelle qui en constitue apparemment le centre ? À cette exclusion paradoxale, on peut essayer de donner deux raisons plausibles.

1) les synthèses temporelles de « la coexistence et de la succession », bien qu'elles participent directement de la constitution de l'identité nucléaire de l'objet, associent en fait des unités déjà constituées, des configurations déjà établies tout du moins primitivement. Qui plus est, elles entrent plus volontiers en action dans la production de l'unité de l'aperception générale de la conscience que dans celle de l'unité sensible d'une saillance hylétique particulière. Or c'est la naissance même de cette unité objectale au stade impressionnel que Husserl veut décrire ici.

originaire sont éminemment des synthèses hylétiques originaires. Mais ici, nous tenons à l'écart les simples synthèses de la temporalité associative ; mais, comme nous allons le voir, d'autres synthèses temporelles comme celles de la simple formation d'une succession ordonnée, comme par exemple une suite mélodique, entrent effectivement en jeu dans la formation d'unité du présent vivant. Cependant Husserl signale que l'analyse de la synthéticité passive conduite dans les *Vorlesungen zur genetische Logik* ne sont, quant à elles, qu'« un prolongement supérieur de la doctrine de la constitution originaire du temps » (Hua. XI, p. 119) ; « supérieur » sans doute au sens où cette « phénoménologie de l'association » s'attache aux lois du contenu hylétique, et non plus à la simple forme des enchaînements possibles des données immanentes.

1. *Ideen II*, appendice XII, Hua. IV, p. [337] : « Locke hat ein Richtiges gesehen : die Sensation ist das Erste, insofern als ein fungierendes Ich nur sein kann mit einer Habe, und insofern als die Habe erst affizieren muß, damit das Ich reagiert; alle Ichtätigkeit setzt Affektion voraus, wenn auch – im entwickelten Subjekt – nicht gerade die der Ursinnlichkeit ». Nous traduisons ici « Habe » par le terme juridique « bien propre », plutôt que par possession, avoir ou acquêt.

2) La *Zeitbewußtsein*, et cet argument est peut-être ici le plus décisif, qui représente effectivement « le lieu originaire » (*Urstätte*) de la constitution de l'identité et de l'objectité n'est pourtant, selon Husserl, qu'une conscience produisant une « forme générale » [1], de telle sorte que l'analyse intentionnelle de la conscience intime du temps se réduit, depuis le début, purement à une « analyse abstraite ». La forme simple du temps qui détermine toutes les objectités de conscience, dans leur place et leur individuation, n'est en effet saisissable, ajoute Husserl, que dans une simple « abstraction ». Tout le travail d'unification temporelle se résout en définitive en une simple connexion *formelle* de la conscience présente avec une conscience postérieure ou ultérieure selon des types de liaison universels mais vides. Le « contenu » (*Inhalt*) ou *concretum* de ces objets leur reste donc étranger. Or un objet, comme l'indique Husserl, ce n'est pas simplement quelque chose *qui dure* comme une unité permanente et identique à travers le temps, mais c'est aussi et surtout quelque chose qui dure « quant à son contenu » (*inhaltlich*). La manière dont un objet se différencie d'un autre par son contenu homogène, la manière dont les parties non-indépendantes d'un objet s'articulent entre elles de manière interne pour former un contenu unitaire, tout cela, l'analyse temporelle ne nous le dit pas, et ne peut nous le dire, « car elle fait, conclut Husserl, précisément abstraction de ce que le contenu est » [2]. Aussi ne nous fournit-elle aucune représentation effective des synthèses universelles qui se rapportent à cette *Besonderheit des Inhalts*, à cette « particularité du contenu ».

En dissociant forme et contenu, Husserl veut indiquer par suite que l'objectivation primaire qui s'accomplit dans la passivité ne produit pas simplement la possibilité formelle de l'objet, mais qu'elle entraîne son homogénéisation concrète, sa constitution matérielle. Il doit être possible de rendre compte de la « formation de l'unité » des objets en deçà de leur formalisation temporelle, c'est-à-dire au niveau soit de leur configuration concrète, soit de leur affection. En conséquence, les synthèses passives de l'homogénéité sensible se déploient d'abord au niveau du *contenu* [3]. Mais

1. *Expérience et Jugement*, p. 85 [76], mais la « forme n'est rien sans le contenu » (*ibid.*). Cf. Hua. XI, p. 128. « À dire vrai, la simple forme est une abstraction, aussi l'analyse intentionnelle de la conscience du temps et de son effectuation n'est-elle, depuis le début, qu'une analyse abstraite ».

2. Hua. XI, p. 128. Husserl semble considérer que le temps ne peut être à lui seul l'origine de l'individuation d'un donné, puisqu'il ne concerne en rien la particularisation du contenu de cette donation. Nous verrons plus loin que cette négation n'est pas aussi simple. Toutefois, le point essentiel ici est que la synthèse passive de la temporalité interne ne produit que les conditions formelles de l'objectivation. Les conditions de possibilité de la formation concrète ou du contenu (*inhaltlich*) doivent donc être posées en dehors de la synthétisation temporelle, si originelle et fondamentale soit-elle.

3. Toutefois, elles ne sont pas simplement reconductibles aux « synthèses de contenu » de la *Philosophie de l'arithmétique*. En elles, ce n'est évidemment pas le contenu lui-même qui

quelle est la nature de ce « contenu » à lier ? Est-ce le vécu hylétique ou l'objectité intentionnelle qui s'esquisse en lui ? Pour en décider, il faut surtout chercher à atteindre, affirme Husserl, les « premiers événements phénoménologiques » qui feront de la sphère passive le lieu de naissance de la phénoménalisation.

L'ANALYSE GÉNÉTIQUE DE LA PASSIVITÉ : LE COMMENCEMENT ET L'ABSTRACTION

Comme nous l'avons indiqué précédemment, Husserl tente de procéder dans les *Analysen* à une double fondation génétique de la logique transcendantale, à savoir d'un côté au niveau de l'évidence objectale primaire et de l'autre au niveau des légalités *a priori* de la subjectivité non catégoriale. Pour ce faire, il lui faut déterminer avec la plus grande exactitude possible les phénomènes originaires qui vont faire office de commencement réel de cette genèse logique de l'expérience. Mais à partir de quels phénomènes originaires faut-il engager l'analyse descriptive ? Quels doivent être les points de départ de la reconstruction de la genèse logique [1] ? Faut-il débuter par la mise au jour des objectités primaires ou par celles des légalités passives qui vont les associer en configurations sensibles cohérentes, si tant est que l'on puisse ici isoler ces deux aspects ? Ce type d'interrogation ne représente pas le simple rappel traditionnel de questions de méthode qui préoccupent toute mise en œuvre systématique d'un travail de pensée philosophique. Il a partie liée directement avec la nouvelle méthode génétique que Husserl développe pour la première fois de manière régulière dans les *Leçons* de 1921.

Toutefois déterminer le commencement d'une genèse n'est pas chose aisée. La logique étant une totalité développée, voire achevée, elle pré-indique toujours à partir de ses catégories constituées ce qui doit être recherché. La circularité indéfectible de l'enquête généalogique que nous

se lie ou qui se donne comme déjà lié. Les « synthèses de contenu » signifient ici les connexions qui concernent directement la constitution d'une objectité concrète comme contenu lié.

1. Où l'on voit que la simple analyse de la passivité structurante implique la position du problème de la science de le logique. Il ne suffit pas de décrire de manière ontologiquement neutre ce qui se donne à l'origine comme phénomènes subjectifs passifs, mais il faut se mettre en mesure de rendre compte de cette originarité à partir de ce qu'elle fonde : le savoir logique. L'innovation husserlienne consiste ici déterminer l'expérience passive du point de vue généalogique qui, comme tel, peut éviter l'obstacle d'une auto-présupposition du logique. Nous développerons ces points capitaux dans notre deuxième partie, lorsqu'il s'agira de saisir comme le soubassement passif intervient dans la formation des opérations et des effectuations logiques.

avions signalée dans notre introduction pointe la difficulté même du questionnement génétique. À cet égard, dans les leçons de *Philosophie première*, Husserl indique sa volonté depuis son installation à Fribourg en 1917 de « conférer à la phénoménologie la forme évolutive [*Entwicklungsgestalt*] requise par l'idée d'une philosophie première, à savoir la forme d'une philosophie des commencements s'instituant elle-même dans la conscience de soi philosophique la plus radicale » [1]. C'est donc bien avec la question du *commencement* que se joue la radicalité de la science phénoménologique. Or, dans cette priorité du principe premier qui doit assurer au savoir philosophant un fondement inébranlable et définitif, la genèse des opérations logiques tient la première place. Si « la superposition de la synthèse prédicative à la synthèse antéprédicative est dans les deux cas identique à sa structure » [2], il faut donc montrer comme la structuration passive peut fonder la structuration prédicative-logique. Voilà pourquoi, pour l'analyse descriptive des « synthèses passives » de l'homogénéité sensible, c'est-à-dire pour l'investigation du logique *in statu nascendi*, le problème du commencement se pose dans toute sa primordialité.

Les principales difficultés concernant ce qu'il faut poser comme les données *archaïques* de la genèse constituante renvoient tout d'abord, pour Husserl, à la distinction de ce qui peut être considéré comme premier « pour nous » (*pros émas*) ou « en soi » (*kat'auto*). Rappelons-le, l'analyse génétique est avant tout généalogique, c'est-à-dire s'effectue toujours à partir de ce qui est déjà constitué comme logique pour le sujet de connaissance. Ainsi à la question du commencement *réel* de la genèse logique se substitue celle du commencement *subjectif* de la connaissance de cette genèse que nous sommes devenus. Il est significatif que le projet initial d'assurer la science dans ses fondements évidents passe aussitôt par une interrogation sur les conditions subjectives de cette science et de ses éléments primordiaux, attendu qu'elle n'est que l'expression même de la subjectivité transcendantale en développement. En d'autres termes, nous passons ici du problème du fondement effectif du logique au fondement gnoséologique du logique. Toutefois, cette transition n'est pas une métamorphose complète, étant donné que l'essence du logique réside de son côté tout entière dans la capacité constituante subjective. La différenciation du *premier en soi* et du *premier pour nous* revient par conséquent pour le sujet logique à se demander ce qu'il doit présupposer comme n'étant pas de sa part dans la science pour comprendre cette même science qu'il est devenu.

Il ne s'agit pas ici de la question générale du commencement légitime de la connaissance philosophique pour elle-même, à savoir par où elle doit

1. *Philosophie première*, *op. cit.*, p. 7 [6].
2. *Expérience et Jugement*, p. 77 [69].

commencer comme discours de vérité [1]. La mise en place dès 1907 de la réduction phénoménologique et son exercice sans cesse rappelée dans chaque nouvelle analyse intentionnelle dispensent d'une certaine manière de se poser à nouveaux frais une telle question. Il s'agit bien plutôt de savoir par où un certain type d'analyse, ici la *question-en-retour* génétique, doit débuter. Le problème qui se pose à Husserl est ici plus simple et plus circonscrit : quels sont les événements passifs qui doivent servir de sources originaires à l'objectivation primaire ? D'une certaine manière, le geste généalogique de Husserl appelle un nouveau commencement au sein du commencement réductif, aménagé depuis 1907. Dès lors que la sphère absolue subjective est atteinte et dégagée dans sa pureté transcendantale et ne laisse place à aucune intrusion du naturel-mondain et de l'empirique, se pose de nouveau le problème du commencement de son étude systématique. Au commencement *réductif* qui sépare au couteau savoir philosophique et non philosophique, attitude phénoménologique et attitude naturelle, fait place le commencement *génétique* qui se doit, non pas de séparer deux commencements distincts, l'originaire et le développé, mais de les articuler au sein d'une même genèse constituante. C'est donc à la science logique comprise de manière génétique qu'il revient de décider ce qui est logiquement premier en soi et pour nous. En opposant à l'antériorité épistémologique de la prise de connaissance l'antériorité ontologique de l'ordre des choses, Husserl ne se contente pas de réassumer la volonté du sujet de coïncider avec lui-même dans la totalisation du savoir revenant sur soi. Ce qu'il cherche avant toutes choses à déterminer, ce sont les conditions d'apparition du logique comme logiques, mais sans la présupposition du logique qui les accompagne habituellement. À ce compte, seule la méthode généalogique clairement menée peut briser d'une certaine manière le cercle vicieux de l'auto-présupposition, en instaurant précisément d'incessants chassés croisés entre l'*en soi* et le *pour nous*. En exhibant l'*en soi* (l'originaire génétique) comme forme préalable du *pour nous* (l'originaire épistémique) et, en retour, en posant la valeur du *pour nous* comme *en soi*. Les analyses génétiques doivent suivre ici l'ordre génératif de la subjectivité constituante, non pas selon ce qu'elle sait déjà de l'originaire, mais selon ce qu'elle a déjà d'originaire.

Dans cette perspective du démarquage strict de l'origine et du développement, Husserl considère pour sa part que l'analyse même de la passivité synthétique doit se placer d'emblée sur le plan du *kat'auto*, de ce qui est premier en soi ou absolument [2]. Mais comment accéder à ce domaine de la

1. Nous reposerons toutefois ce problème plus général dans notre deuxième partie.

2. Hua. XI, p. 120 : « Nous pouvons ici nous rappeler la distinction aristotélicienne entre le premier en soi et le premier pour nous, à savoir le premier du point de vue de la connaissance clarifiante (celle qui rend compréhensible) ». Husserl fait référence ici à la

genèse en soi, dépouillée de ce que l'on sait d'elle à partir de ses effets ultérieurs dans la conscience réflexive? Comment parvenir à une instance qui se tiendrait en réserve de toute phénoménalisation? La méthodologie traditionnelle de la phénoménologie qui consiste à décrire les corrélations noético-noématiques semble trouver ici sa limite ultime, au delà de laquelle l'interprétation doit remplacer la donation intuitive. En effet, les premiers événements passifs se situent, pour Husserl, dans une zone étrangère où toute liaison à une conscience affective ou active est suspendue. La réflexion elle-même n'est ici d'aucun secours, car elle repose toujours sur ce que l'on sait déjà de manière préalable. Pour preuve de ce caractère préconscient de la passivité, Husserl allègue que les principales opérations passives ont lieu toujours avant une quelconque affection du sujet. Ce qui au contraire vaudra *pour nous*, dit-il dans les *Leçons* de 1921, ce sera précisément le domaine de l'affection, c'est-à-dire de la mise en relation de ces synthèses configuratives *pré-affectives* avec la réceptivité ouverte de notre moi dans l'affectivité. C'est dire, d'une autre manière, que l'ensemble même des liaisons passives de l'homogénéité s'accomplit sur le plan de la synthétisation « sans aucune affection » [1].

Conscient de ces extrêmes difficultés qui peuvent remettre en question l'édifice de la science phénoménologique, Husserl propose comme outil d'analyse le recours à une nouvelle méthode d'investigation des phénomènes-limites : l'abstraction idéalisatrice. Tout au long des *Analysen*, il va ainsi tenter de montrer que l'appréhension des objectités ou des lois originelles de la passivité ne peut s'opérer sans faire appel à des hypothèses, à des conjectures. Ce qui se donne comme premier en soi, ne pouvant jamais faire l'objet d'une expérience, laquelle commence avec l'affection, sera *construit* à partir des éléments dérivés de la genèse qui, eux, peuvent donner lieu à une description en bonne et due forme. Il convient donc d'idéaliser l'originaire, c'est-à-dire de le produire comme une instance autonome, totale. Cette *idéalisation* n'est pas ici, comme elle le sera par exemple dans la *Krisis*, recouvrante et dissimulatrice, mais découvrante et révélatrice.

distinction du *gnorimotéron kat'auto* et du *gnorimotéron pros émas* que l'on retrouve fréquemment dans les œuvres d'Aristote (notamment dans le livre Z de la *Métaphysique*, 1029 *b* 7) et qui a pour but de discerner le connaissable en droit du connaissable de fait. Sur cette question, cf. Pierre Aubenque, *Le problème de l'être chez Aristote*, Paris, PUF, 1962, p. 62-63. Pour en revenir à cette reprise phénoménologique de la distinction, il est à noter que l'« association reproductrice » est justement pour Husserl ce qui premier pour nous ; toutefois toute conscience n'est pas nécessairement « conscience d'un objet pour soi » et d'une liaison, comme le souvenir ou l'éveil, entre des objets constitués pour soi. Il y a donc des formes associatives originaires qui se tiennent en deçà du « pour nous », en amont de toute association simplement reproductrice.

1. *Ibidem*, p. 160. L'abstraction n'est pas ici une omission, car l'acte d'abstraire consiste précisément à décider de manière délibérée de ce qui doit être tenu pour valide ou essentiel.

Face à l'énigme d'une prédonation qui se tient en retrait d'elle-même, elle resprésente le seul moyen pour nous de nous figurer ce qui n'est pas nous. Car, entendons-nous bien, elle est et reste une idéalisation produite et contrôlée par la science phénoménologique elle-même, et non par les sciences objectives ou naturelles. En dépit de sa mauvaise réputation, l'abstraction idéalisatrice est ici pour Husserl absolument nécessaire et incontournable, lorsque la méthode descriptive et réflexive a produit tout ce qu'elle pouvait produire.

Toutefois ce que pose l'abstraction comme étant premier *en soi*, dans la passivité pré-affective et donc pré-consciente, doit posséder un caractère de nécessité et d'apodicticité, égal aux éléments dégagés par la description réflexive. En un sens, la méthode abstractive, bien qu'elle soit une idéalisation, doit être fondée sur une absence totale d'arbitraire et de contingence. Conjecture certes, mais nécessaire et d'une certaine manière inconditionnelle. Étant donné que les phénomènes pris en vue sont effectivement détachés du sujet de la réflexion qui les investit de son regard et valent par eux-mêmes dans leur pur *für sich sein*, l'analyse phénoménologique des synthèses passives de l'homogénéité doit toujours se situer sur le plan d'une certaine *abstraction*. Seule l'abstraction peut ainsi faire que la prédonation ne soit pas en fin de compte une non donation. Même si cette formule possède quelque chose d'étrange, il faut dire que la méthode abstractive *sauve les phénomènes*, à savoir à la fois les sauvegarde et les préserve de la disparition. Il n'en demeure pas moins que le recours de Husserl à la méthode abstractive peut choquer, surtout accompli dans la phénoménologie génétique. Le fil directeur de la recherche phénoménologique, sa morale même, n'est-il pas de reconduire à chaque fois aux *Sachen Selbst*, d'être attentif à leur manière d'être au-delà de leur être donné, d'en épouser les modes tout en suspendant leur substance, bref de mettre de côté autant que faire se peut tout processus interprétatif qui ne s'alimente pas directement à une description des phénomènes mis en lumière ?

Pour s'assurer de la validité d'une hypothèse posée comme un principe inconditionnel, Husserl a à sa disposition deux méthodes possibles de confirmation. Soit voir dans les effets que l'hypothèse produit la marque même de son existence et de sa validité. L'axiome se vérifiant par ses manifestations secondaires et dérivées. Soit arriver à déduire d'elle toutes les conséquences logiques et nécessaires qui peuvent être alors l'objet d'une expérience réelle. L'axiome se vérifie ainsi dans ses conséquences secondaires, sans se manifester en elles. Dans les *Analysen*, Husserl procède en fait de deux manières distinctes. À la fois, les lois de l'affection confirment celles de la passivité pré-affective et elles ne peuvent s'expliquer que par elles. D'une certaine manière, Husserl est contraint ici de déduire l'antérieur du postérieur (méthode archéologique), tout en montrant que c'est le postérieur qui découle en réalité de l'antérieur. La spécificité de la méthode généalogique réside elle-même dans cette inversion de sens constante du développement génétique : on part du *pour nous* vers l'*en soi*, on remonte du connu à l'inconnu, tout en supposant que le dérivé provienne bien de l'originaire.

Tout se passe comme si l'esprit réflexif déduit à partir de sa propre expérience affectivo-active ce qui le devance, tout en dissimulant, ce faisant, le *caractère déduit* de l'originaire, puisqu'il le pose comme un étant valant en soi. Le commencement de la genèse logique ne peut délivrer le fondement même de cette genèse que s'il fait abstraction du développement de la genèse. Toute la difficulté vient ici du fait que le fondement originaire du logique n'existe que comme genèse, comme développement. À savoir, c'est un fondement dynamique, lui-même en extension. Il semble donc difficile de l'isoler de la genèse qu'il rend possible, étant donné qu'il n'est lui-même que cette possibilisation du génétique. D'où la nécessité selon Husserl de recourir à la séparation abstractive. Il ne s'agit pas ici de la simple abstraction « au domaine de ce qui ne vaut que pour moi » [1], pratiquée dans *Expérience et Jugement*, abstraction qui met hors jeu toute la sphère de l'expression, et partant la culture et la tradition dans lesquelles est inclus le rapport à autrui, et ne retient que la « pure nature universelle ». Il s'agit bien plus d'une abstraction qui régresse en deçà même du *pour moi* pour tenter de se placer au point de vue de la formation pré-subjective des objectités originaires : l'en soi de la genèse elle-même. De ce point de vue, le point d'abstraction le plus total qui guette toute analyse régressive, qui la sous-tend constamment et qui en structure son articulation, Husserl le nomme l'« inconscient ». Il représente l'envers de toute phénoménalisation, sa condition de possibilité inapparaissante et pourtant essentielle.

Après ces remarques méthodologiques, revenons à notre question initiale : par où commencer? Que va en effet produire l'analyse abstractive, elle qui avait déjà mis de côté toute résonance temporelle des événements passifs originaires? Ce qui offre un premier point de départ à l'analyse abstractive des synthèses passives de l'homogénéité du présent vivant, Husserl le nomme, avec une certaine imprécision que l'on peut soupçonner d'être ici entièrement délibérée, un « point de détachement » (*Abhebungs-*

1. *Expérience et Jugement* p. 66 [57]. Dans ce contexte en effet, l'abstraction à l'égoïque conduit à ne tenir compte que des « objets exclusivement pour moi » (p. 68 [59]), tandis que celle mise en œuvre dans les *Analysen* poursuit la tentation de mettre au jour des objectités valant *pour soi*, avant même qu'elles ne se constituent en pour moi. Ces objectités primaires forment donc des *être-pour-soi* qui peuvent seulement dans l'affection devenir des *être-pour-moi*. Cf. Hua. XI, p. 272 : « ce qui doit se constituer en tant qu'unité pour soi dans le présent en chair et en os, est un pour-soi en tant qu'unité du détachement pour le moi, en tant qu'unité de l'excitation qui affecte ». Mais ce pour-soi peut très bien être constitué comme tel sans être pour autant référé en droite ligne au moi dans l'excitation affective.

punkt)[1]. Remarquons qu'il ne s'attache pas premièrement au champ immanent de conscience, lequel ne sera mis au jour que beaucoup plus tard, ni à sa structuration logique interne, mais il traite d'emblée des « multiplicités » (*Mannigfaltigkeiten*) sensibles, des caractères objectaux particuliers et changeants, des éléments hylétiques qui « se détachent » (*sich ab/heben*)[2] de l'arrière-plan uniforme. À ces multiples « points de détachements » sur lesquels les synthèses passives vont pouvoir prendre appui, Husserl donne également le nom générique de « saillances » (*Abgehobenheiten*).

Que faut-il entendre par là? Qu'est-ce qui peut bien saillir dans ces saillances? *Abgehobenheit* veut dire ici littéralement: ce qui possède le caractère de ce qui est détaché. L'indétermination lexicale des *Abgehobenheiten* n'est pas ici sans importance. Elle permet pour l'instant à Husserl de ne pas se prononcer plus avant sur la teneur ontologique de ce qui fait saillie. La saillance indique simplement qu'il y a un élément distinct et discernable qui retient notre attention en se différenciant du fond homogène dans lequel il apparaît. Le point de vue adopté ici par Husserl est, notons-le, purement figuratif. Ces saillances originaires correspondent à des « qualités objectales » qui se détachent de l'arrière-fond perceptif et se mettent en relief, à tel point que « nous ne pouvons saisir directement quelque chose que là où il fait saillance pour soi »[3]. Malgré l'indétermination de leur qualification, les multiples saillances ne sont pas indifférenciées ou confondues entre elles. Bien au contraire. Elles représentent les premiers moments de la différenciation[4], laquelle, par l'intervention des opérations actives de l'identification logique, se transforme progressivement en *spécification*, en fixation de l'essence de chaque objet – grâce à sa détermination plus précise et plus exhaustive de l'*eidos*, l'édification de la sphère logique dans et par les synthèses supérieures de l'entendement équivaut ainsi en général à une *éidification*.

Par l'emploi récurrent du terme de « saillance », Husserl cherche visiblement à éviter les expressions trop substantialistes de « substrats » ou de « traits sensibles ultimes » qu'il avait abondamment employées en particulier dans les *Ideen II* (expressions qu'il reprendra à la fin dans les années trente, lorsqu'il relira la rédaction d'*Expérience et Jugement* par Ludwig Landgrebe). Ces échos subtantialistes qui sont peut-être justifiés ou tolérables dans le cadre d'une analyse étroite de la région de la « chose

1. Hua. XI, appendice XXII, p. 420.

2. Le processus de détachement (*Abhebung*) indique une séparation d'un élément hylétique ou immanent d'un champ général homogène. N'est-ce pas alors ce champ lui-même qui est le premier en soi, et non ce « détaché » qui se met en relief?

3. Hua. XI, p. 129.

4. Comme nous le verrons plus loin, l'individuation des objectités originaires tient d'abord à leur capacité de détachement et de contraste vis-à-vis de l'entour homogène du champ du présent vivant.

matérielle» (*Ideen II*), voire dans le cadre d'un dévoilement du «sol originaire de l'expérience», à savoir le monde *prédonné* (*Erfahrung und Urteil*), doivent être ici, dans le domaine de la simple enquête généalogique sur la constitution originaire de l'évidence, c'est-à-dire ce qui fait l'objet même des *Analysen*, tout à fait proscrits. Seul est donc continûment présupposé un quelque chose qui se détache, qui fait saillance dans la champ perceptif de la conscience, sans pour autant que le statut ontologique de ce qui surgit là soit clairement mis au jour.

Cependant, puisque les *Vorlesungen* de 1921 ont précisément en vue l'élucidation de ces synthèses qui confèrent aux contenus leur homogénéité, on peut toutefois essayer de qualifier le mode d'être de ces saillances. Husserl lui-même s'y efforce. Cette définition liminaire revêt une certaine importance pour toute la généalogie de la logique et, plus généralement, pour la compréhension de la sphère passive, étant donné qu'elles se basent sur la description de la formation multiple et graduelle de telles saillances. Il semble, à la vue des exemples que Husserl mobilise tout au long des *Analysen*, que la «saillance», saisie en tant que premier élément discernable [1], soit exclusivement de l'ordre des data sensibles (couleurs, sons, etc.) ou, pour le cas particulier du ressouvenir qui refait surface, d'une simple donnée hylétique immanente. Ceci ne veut pas dire que les saillances soient de simples qualités sensibles dépourvues de tout caractère d'objet. C'est même le contraire qui s'avère ici être vrai. Les saillances sont d'emblée, nous dit Husserl, des apparitions d'objet, des «objectités» proprement dites. Toute saillance est saillance de quelque chose, et le trait le plus général du «détachement» (*Abhebung*) est ici le rapport à un corrélât objectal.

Comme l'affirme Husserl au début du chapitre 28, «synthèses de l'homogénéité dans l'unité d'un présent fluent», des *Analysen*: «nous présupposons que des objets immanents déjà détachés, des singularités ou des groupes, ou touts, unitairement clos, sont articulés en parties explicites» [2]. Mais cette présupposition qui marque le commencement effectif de l'analyse génétique ne va pas de soi. Premièrement parce que sont continûment présupposées de multiples saillances singulières qui se donnent selon des modes différents et parfois antagonistes. Comme est aussi présupposé le fait qu'elles se présentent toutes par avance avec une certaine unité et avec une certaine cohérence sensible qui les lient en des groupes

1. Ceci ne veut pas dire pour autant que Husserl souscrive à une théorie atomistique des data de conscience en déterminant la «saillance» comme «élément premier» (*Urelement*) dont la combinaison avec d'autres semblables créerait des synthèses générales de conscience. Non, ici l'élémentaire est constituant d'un tout dont il est indissociable: le champ du présent vivant.

2. Hua. XI, p. 129.

articulés et ordonnés [1]. Deuxièmement, parce que si nous voulons amener au jour de nouvelles synthèses originaires, nous devons nécessairement écarter en retour certains éléments concomittants qui pourraient se révéler être des obstacles à ce pur dévoilement, comme les appréhensions objectives, les prises de position actives, bref, l'ensemble de ce qui constitue notre savoir préalable de l'objet. Si l'on présuppose constamment des saillances qui sont déjà en quelque sorte « construites » et formées, c'est parce que « prendre en vue » (*zu Gesicht bekommen*) [2] nous ne le pouvons que « là où quelque chose se détache pour soi » – encore faut-il indiquer que cette reconstruction idéalisatrice de la genèse passive à partir des éléments originaires que sont les saillances possède pour Husserl un caractère de nécessité irrécusable, puisqu'elle se fonde sur l'essence génétique de la subjectivité transcendantale.

Par conséquent tout le début du chapitre 28 a pour principal but d'expliciter les conditions requises par cette présupposition fondatrice. Dans la logique abstractive qui est ici celle de Husserl, il faut décider de ce que l'on doit présupposer comme inconditionnel, décider par avance du commencement – ce que la langue allemande nomme littéralement « produire le commencement » (*den Anfang machen*) – car il n'est jamais donné dans sa pure factualité, mais il est toujours l'index d'un certain rapport d'élaboration que le sujet de la réflexion instaure de manière consciente, il est toujours à faire, voire à défaire. Nous devons d'autant plus le « produire », que nous nous situons, rappelons-le, dans la sphère de la pré-affectivité, du pur *kat'auto*, sphère qui ne nous permet pas de rapporter ce que nous décrivons à une expérience directe qu'elle soit d'ordre affectif ou égoïque.

Produire le commencement pourrait signifier ici *trouver la bonne distance* pour la description génético-phénoménologique, ni *trop loin* dans l'inconscient inopérant et inefficient, ni *trop près* dans l'affection qui s'exerce directement sur le moi réceptif et attentif. Il est à noter que Husserl ne cherche pas à dissimuler l'intervention inévitable du sujet connaissant. Il reconnaît d'une certaine manière le caractère arbitraire des *Einsatzpunkten*. Ou, à tout le moins, le choix arbitraire de certains *Einsatzpunkten*. Mais l'arbitraire n'est tel ou ne le devient que si, en premier lieu, il n'est pas entièrement justifié dans et par la méthode, et si, en second lieu, il n'engendre pas une chaîne de vérités qui en garantit rétro-activement la teneur générale de validité. Or, et c'est là une attitude théorique qui prévient toute artificialité, Husserl recherche sans cesse, notamment par l'emploi d'une méthode en zigzag, une légitimation suivie de son point de départ, une

1. Comme le rappelle par ailleurs Husserl, « la conscience percevante n'est pas une boîte vide dans laquelle un objet de perception tombe tout fait » (p. 319).

2. *Ibidem*, p. 129.

« attestation antérieure à toute activité logique du moi » [1]. S'il produit le commencement, c'est à partir du commencement lui-même. À partir de ce que les éléments génétiques originaires permettent eux-mêmes de conclure légitimement.

Il faut tout de suite remarquer que Husserl perçoit ici cette double conditionnalité de l'analyse génétique, prise entre le respect de l'originaire et le mouvement rétroactif à partir du constitué, comme une sorte de nécessité interne à la réflexion elle-même. On ne peut réellement appréhender des données que là où elles se singularisent, que là où elles s'enlèvent effectivement d'un champ uniforme qui reste la plupart du temps invisible. Ces constructions ou, comme les appelle par ailleurs Husserl, « substructions » que forment les diverses saillances ou les multiples *Urelemente* « auxquels reconduisent la déconstruction et la genèse de l'intentionnalité » [2] opèrent dans la phénoménologie génético-passive comme des éléments anhypothétiques et inconditionnels, tout à la fois exhumés et produits par l'analyse généalogique [3]. L'abstraction est « nécessaire » [4] à l'analyse génétique. Elle permet d'écarter tout d'abord par une mise hors jeu les appréhensions objectives et les « aperceptions transcendantes », et ensuite de dévoiler la construction synthétique des éléments originaires.

À partir du moment précis où les *points de départ* de l'analyse phénoménologique ont été dégagés, où les premiers linéaments de la recherche généalogique ont été ensuite dévoilés avec précaution, il reste encore à se demander comment, à savoir en suivant quels principes fondamentaux et selon quelle méthode, on va procéder à la description [5] générale de ces « éléments génétiques originaires » ? Il ne suffit donc pas de voir *comment* cela se passe et *à partir de* quoi, mais il faut aussi définir au préalable le cadre logique dans lequel *cela* se passe. Ses premiers éléments devoilés par l'analyse génétique sont dans leur manifestation originaire encore des éléments inachevés, fragiles, mobiles. L'absence d'une méthode adéquate risque peut-être de dénaturer profondément et irrévocablement le sens des tout premiers phénomènes. Les multiples attentions méthodologiques dont

1. *Ibidem*, p. 432.

2. *Ibidem*, p. 413.

3. Bien entendu, cette simplicité anhypothétique n'est qu'apparente, car la saillance présuppose elle aussi un champ de donation sur lequel elle s'enlève ; de la même manière, en tant que détachement, elle présuppose aussi une certaine force d'affection qui contraste avec l'arrière-plan uniforme.

4. *Ibidem*, p. 150.

5. Décrire n'équivaut pas à observer. La description phénoménologique ne se réduit pas à la simple observation empiriste et naturaliste, car ce que je décris est corrélativement constitutif de ma description et partie prenante d'elle. Par ailleurs, les éléments décrits ne sont pas stables comme des données observables, mais, d'un point de vue génétique, ils sont eux-mêmes constituants de la genèse dans laquelle ils se révèlent.

fait montre Husserl dans les *Analysen* visent donc en premier lieu à permettre l'émergence du sens originaire des opérations primitives de la conscience dans les couches inférieures de la passivité. Ce qu'il faut à tout prix éviter, et là réside la difficulté majeure propre aux recherches de type généalogique, c'est d'une part de trop *logiciser* les synthèses passives, d'en faire en fin de compte de simples « formes prédicatives » en puissance, dont la clarification supérieure ne serait que le développement linéaire d'un sens prédéterminé, et d'autre part de trop insister sur leur caractère foncièrement *alogique*, d'affirmer sans pouvoir ici le vérifier leur nature non plus antéprédicative mais anti-prédicative. Entre ces deux écueils, seul le premier est, fait observer Husserl, véritablement préoccupant, car l'analyse phénoménologique de la passivité, s'accomplissant toujours en vue de la clarification exclusive du jugement logique, ne peut entièrement manquer le caractère logique des synthèses passives; le risque de *délogicisation* des synthèses passives est donc extrêmement mince. Il est en tout cas formellement écarté par la finalité propre de l'analyse de la passivité. En revanche, le risque de *surlogicisation* est, à chaque instant, bien présent. En aucun cas, il ne faut que les analyses généalogiques présupposent tout simplement à l'origine ce qu'elles doivent amener au jour, et réduisent ainsi la genèse dans son ensemble au pur et simple déroulement mécanique et entièrement préformé d'une rationalité qui l'excède. Les synthèses passives ne *sont* pas des synthèses prédicatives et judicatives, mais elles ne sont pas non plus totalement autres, puisqu'elles sont *expressis verbis* le sol et le fondement d'évidence de ces dernières [1]. Si le *Vor* de l'antéprédicatif peut être souvent l'indice d'un *los*, d'une absence, il n'est jamais en tout cas celui d'un *gegen*, d'un opposé.

Husserl se trouve donc face à la nécessité d'élaborer, pour le versant de la phénoménologie génétique qui traite des problèmes relevant de la sphère de la passivité originaire, une méthode originale, adaptée au domaine des expériences passives. Celle-ci devra être pour la recherche génétique le corrélât direct de la « variation eidétique » imaginaire qui, dans l'analyse logico-eidétique de la phénoménologie statique, officie comme méthode descriptive des phénomènes. En effet, le déroulement génétique aboutit à une sorte de modalisation non plus latérale et statique, mais longitudinale et dynamique qui dégage peu à peu l'*eidos* de l'objet en devenir, à tel point que celui-ci peut alors être employé comme le support d'une intuition

1. L'astuce de Husserl consiste, semble-t-il, à écarter toute implication des actes subjectifs de formation pour ne retenir que les structures *a priori* et logiques de la sphère passive. Mais, ce faisant, l'analyse génétique ne devient-elle pas statique? Sans tenir à la simple description des figures possibles du synthético-logique en dehors de toute prise en compte de la subjectivité effectuante, n'est-ce pas retomber dans une analyse ontologique statique comme description noématique?

catégoriale. Nous reviendrons plus tard sur cet point essentiel de la constitution génétique. Pour le moment, revenons aux simples propriétés supposées de cette méthode originale, qui concilie à la fois la description mais aussi l'« explicitation », marque même de toute méthode génétique. Dans les *Vorlesungen zur genetische Logik*, Husserl lui donne le nom original de « superposition » (*Überschiebung*).

Pour décrire les premières lois qui entrent en scène dans les saillances hylétiques qui s'enlèvent sur un champ de prédonation passive et se mettent en relief, il faut donc se faire superposer les uns sur les autres ces premiers éléments originaires et observer ensuite les unités et les groupes pré-affectifs qui résultent de ce chevauchement. Grâce à cette « superposition », c'est-à-dire grâce à l'acte de faire ou de laisser glisser les unes sur les autres les diverses saillances préalablement dégagées, les similitudes, les contrastes et les écarts vont peu à peu se dévoiler au regard, vont peu à peu faire l'objet d'une description de leurs modes de donnée. La superposition se présente dans son ensemble comme cette « méthode de dévoilement de ce qui repose dans les phénomènes de similitude et de ressemblance » [1]. En d'autres termes, le glissement des saillances les unes sur les autres dévoile les différents types de liaison et d'unité objectales possibles. L'*Überschiebung* ne constitue donc pas simplement ce qui se produit effectivement entre les données immanentes, c'est aussi ce que « nous accomplissons » en tant que regard réflexif. Il va de soi que cette « superposition », pour autant qu'elle entre dans un réel travail de description et d'observation phénoménologiques, devient alors un acte mental, ou encore une opération imaginaire [2]. C'est par conséquent une sorte de comparaison à distance qui englobe tout rapport « de conscience à conscience ».

> Dans la comparaison a lieu une sorte de glissement d'une conscience sur une autre conscience, l'une se maintient à travers le passage, malgré la modification qu'elle subit, en tant que conscience du même premier objet et vient avec la seconde conscience, celle du second objet, en recouvrement, et dans le cas de la similitude, en congruence [3].

1. Hua. XI, p. 131. Husserl recourt au même procédé méthodologique dans le § 34 : « Or comment se présente la chose, si nous passons aux niveaux supérieurs de l'objectivation et donc prenons en considération les synthèses changeantes et homogènes de la pluralité, les configurations spatiales et temporelles? Si nous effectuons là des superpositions [*die Überschiebungen vollziehen*] et ensuite parlons, indépendamment d'une superposition effective d'un recouvrement (...) cela ressemble déjà à un éveil associatif à distance. », *ibid.*, p. 161.

2. Dans l'appendice XVII des *Analysen*, Husserl parle d'une *geistige Überschiebung*, c'est-à-dire non pas d'une superposition spirituelle, mais *en esprit*, cf. p. 402.

3. *Ibidem*, p. 130.

Il est à observer que la comparaison indique ici à la fois le travail de l'observateur, du phénoménologue spectateur qui rapporte les uns aux autres les premiers phénomènes mis en valeur, mais aussi ce qui se passe dans la conscience elle-même qui est décrite ou à décrire. C'est dire que Husserl institue comme méthode ce qui a lieu dans les phénomènes eux-mêmes : la manière spécifique dont les phénomènes se donnent dans les synthèses passives et pré-affectives commande en quelque sorte la manière dont nous, phénoménologues, nous devons les dévoiler et les analyser. La méthode indexe sa forme sur le cours des phénomènes. En effet, la superposition n'est en soi qu'œuvre de la ressemblance. Pour que l'analyse soit ainsi commensurable aux données, elle doit d'une certaine manière adopter leur manière d'être commune. La genèse épistémologique coïncide ici très exactement avec la genèse ontologique, dans la mesure où elle se calque littéralement sur elle. De même, la superposition comme *méthode de comparaison* présuppose constamment la superposition comme *association passive* des phénomènes originaires. L'opération méthodologique répond à l'opération réelle, et tâche de la prendre pour modèle. Si dans la « comparaison » a constamment lieu, comme le souligne Husserl, « une superposition d'une conscience sur une autre », c'est parce que, dans l'effectuation concrète des synthèses passives associatives, cette même superposition est déjà à l'œuvre.

Toutefois ce mimétisme méthodologique ne comporte-t-il pas un certain danger ? La similitude induite par la description des phénomènes ne masque-t-elle pas leur nature, plus qu'elle ne la révèle ? Dans certains cas, comme nous l'avons vu, Husserl n'hésite pas à recourir à l'idéalisation abstractive qui, précisément, met fin à toute comparaison ou ressemblance, et fonde la connaissance de l'objet sur une simple déduction logique, et non sur une induction analogique. Prendre pour méthode un ensemble de types opératoires (superposition, recouvrement, etc.) qui semblent être ceux des apparitions objectales étudiées garantit-il pour autant la connaissance de ces dernières ? On ne peut qu'être étonné ici de l'indécision méthodologique de Husserl qui, dans sa première analyse systématique de la passivité, d'un côté refuse la ressemblance en mettant en avant l'abstraction idéalisatrice qui construit ou sélectionne de manière conjecturale les éléments originaires et, d'un autre côté, la restitue sous la forme de la superposition qui se moule pour ainsi dire sur les superpositions effectives des objectités originaires s'associant dans le champ de conscience.

RÉHABILITATION ET TRANSFIGURATION DU PRINCIPE D'ASSOCIATION DANS LA PHÉNOMÉNOLOGIE GÉNÉTIQUE

Selon Husserl, la prétention d'intelligibilité absolue de la logique transcendantale demeure sans droit tant que sa provenance réelle n'a pas été clairement élucidée. Or elle peut l'être avec assurance parce que, d'une certaine manière, la prédonation passive sur laquelle elle s'appuie possède elle-même des caractéristiques structurales qui la relient aux concepts et aux opérations de la conscience transcendantale. En un sens, l'expérience passive et antéprédicative à partir de laquelle se constitue la logique comme discours de vérité ressortit, elle aussi, au logique. On doit donc dire : il y a *du* logique avant *la* logique. Et tout le travail de la phénoménologie génétique consiste à dévoiler ce logique prélogique qui déborde, par le bas, la logique au sens traditionnel, c'est-à-dire formel. Pour Husserl, qu'il y ait la possibilité effective d'une genèse de la logique, signifie aussi que le transcendantal lui-même, qui n'existe qu'en tant que logique, peut exister également comme genèse. Du point de vue génétique donc, le transcendantal ne peut que naître du transcendantal. Ce qui représente la logique, dans sa capacité de constituer de manière ultime et évidente l'objet de connaissance, ne s'oppose plus directement à la genèse de cette même constitution, sinon comme l'aboutissement du processus à ce qui est en train de s'effectuer comme processus. Mais comment avancer ici la conservation d'un sens logico-transcendantal de l'originaire tout en le maintenant comme simple point de départ d'un développement logique en puissance ?

La solution originale que Husserl propose dans les *Leçons sur la logique génétique* de 1921 consiste à *pluraliser* d'une certaine façon le logico-transcendantal. Il s'agit pour lui de montrer que plusieurs niveaux logiques peuvent coexister dans l'expérience subjective, prise comme une totalité dynamique. Dans la phénoménologie génétique, Husserl ne fait pas autre chose en un sens que d'attribuer directement au transcendantal divers modes d'être. Grâce à l'extension de la subjectivité vers la vie passivo-sensible, il détermine plusieurs formes de transcendantalité qu'il articule de manière génétique, que ce soit celle *inférieure* de la synthèse passive, qui est désormais présentée comme « genèse transcendantale », ou bien sûr celles *supérieure* des opérations logiques et catégoriales principales qui, jusqu'à présent, accaparaient à elles seules toute la transcendantalité dont la subjectivité constituante était capable. D'un geste quasi identique à celui qu'effectue Platon dans le *Sophiste*, Husserl introduit ainsi le devenir dans l'être, fait du transcendantal lui-même, de l'intelligibilité inconditionnelle, une genèse nourrie d'être et de non-être, du même et de l'autre. Non pas certes la simple genèse empirique et énigmatique du non-transcendantal au transcendantal, du contingent au nécessaire, préconisée par Locke et Hume, et qui signifierait en fait la mort certaine de toute idée de transcendantalité, mais, à rebours de toute dérivation psychologique, une véritable génération du transcendantal. De la même manière que Platon renvoie dos à dos Parménide et Héraclite en associant le devenir aux essences, le non-être à l'être, Husserl essaie de sortir de l'opposition, fondamentale pour lui, entre Kant et Hume, entre transcendantalité et genèse subjective, en conservant d'un côté la pure transcendantalité comme condition absolue et non empirique de possibilité de l'expérience, tout en faisant droit à une genèse de l'esprit qui ne soit plus réduite à une simple « déduction transcendantale » ni à une dérivation psychologique.

Tel est le sens fondamental qui gouverne de part en part le développement historique de la phénoménologie génétique à partir des années vingt : œuvrer au dépassement de l'idéalisme et de l'empirisme, du transcendantal statique et du génétique empirique. Mais la réalisation même de cette ambition est des plus périlleuses. Car Husserl doit à la fois vraiment s'assurer d'un côté que les opérations inférieures de la passivité possèdent effectivement un sens transcendantal, et non simplement empirique, et d'un autre côté, qu'il s'agit bien là dans cette déduction génétique du catégorial à partir de l'esthétique d'une authentique genèse, d'un devenir en bonne et due forme. En un mot, l'analyse de la passivité ne doit pas simplement nous convaincre de la possibilité d'une genèse du transcendantal, mais que cette genèse est bien en elle-même transcendantale. Deux dangers menacent ainsi constamment sa démarche. Soit de *manquer* complètement le caractère transcendantal de l'origine (et par conséquent d'effacer celui aussi des opérations supérieures), à savoir retomber dans les impasses sceptiques, de type humien, du constat d'existence d'une simple genèse psychologique, incapable de se justifier de manière radicale selon les principes qu'elle met en jeu ; soit de *conserver* telle quelle la transcendantalité des opérations logiques ainsi exhibées, mais de perdre du même coup la genèse même de leur production étagée, c'est-à-dire, sous couvert de présenter un devenir du logique, d'effectuer en fait un simple jugement analytique, qui présuppose de manière tautologique une logique originelle pour en tirer plus aisément une logique formelle tout identique. À ce compte, une généalogie de la logique mal menée peut aussi bien aboutir à une destitution du transcendantal qu'à l'impossibilité de toute genèse. À une pseudo-transcendantalité ou à une parodie de devenir.

Voilà, dans toute sa complication, la difficulté que rencontre Husserl dès lors qu'il entreprend de procéder à un dévoilement génétique et systématique des « synthèses passives ». La meilleure manière pour lui de répondre à cette question récurrente revient à montrer dans toute sa clarté comment la sphère passive possède déjà une légalité transcendantale qui, tout en étant distincte de la légalité formelle des opérations logiques, n'en est pas moins, elle aussi, constituante. Il lui faut étendre de manière massive les prérogatives des catégories kantiennes à la sphère sensible et passive, c'est-à-dire accorder à la sensibilité elle-même la capacité de constituer par soi des objectités qui ne soient pas simplement des agrégats instables de qualités évanescentes, mais des unités formées sur lesquelles s'édifierait ensuite l'objet cognitif comme tel. La véritable gageure de la phénoménologie génétique consiste en fin de compte à poser l'existence d'une *Gesetzmäßigkeit* propre à la sphère sensible, à savoir à accorder une forme d'apodicticité aux composants de la sensibilité : les données hylétiques de la conscience passive. Mais où trouver dans la passivité cette structuration *a priori* et universelle de la sous-conscience qui la soustrairait immédiatement à l'empirique et au contingent ? En d'autres termes, en quoi la sphère passive n'est-elle pas une simple liaison fortuite entre différentes données sensibles, une agrégation arbitraire parce qu'aléatoire, mais recèle ici une signification proprement transcendantale, c'est-à-dire apodictique ? À cela, Husserl répond dans les *Analysen* par l'introduction du « principe d'association » [1] qui vient représenter cette *légalité matérielle* de la synthèse passive, laquelle peut seule constituer la sphère sensible en autre chose que la simple réceptivité chaotique d'affections rhapsodiques. Mais, même si cette promotion de l'association en tant que loi *a priori* de la subjectivité constituante est décisive, la partie n'est pas gagnée pour autant. Car il est encore difficile de voir, à ce simple stade, comment l'association, comme « principe de toute genèse passive », peut garantir effectivement une légalité *a priori* et universelle.

Traditionnellement, le concept d'association renvoie en effet à des analyses purement psychologiques, issues en grande partie de la philosophie empiriste du XVIIIe siècle (Locke, Hume, Hartley, etc). De ce point de vue, que Husserl connaît bien pour l'avoir de nombreuses fois étudié, commenté et critiqué, l'association est généralement considérée comme étant une loi quasi physique et naturelle de la conscience, en ce qu'elle rassemble sous différentes conditions (ressemblance, contiguïté, etc.) les données perceptives ou sensibles en unités d'expérience. Telle est, par exemple, la définition que donne Hume du principe d'association dans le *Treatise*, comme ce « principe d'union », cette « force calme » [2] qui joint sans cesse les idées entre elles selon diverses qualités de connexion. Cette loi associative, ainsi déterminée comme principe de connexion de l'esprit

1. À la vérité, peu d'aspects de la genèse passive ne sont pas associatifs, si ce n'est la retentionnalité temporelle qui n'est pas liaison du passé et du présent, mais le devenir passé du présent.

2. Hume, *Traité de la nature humaine*, Livre I, I, IV, tr. fr. A. Leroy, Paris, Aubier, 1983, p. 75.

avec lui-même, correspond, selon Husserl, à « une forme de la causalité psychophysique et objective, une espèce de loi selon laquelle, dans la vie psychique de l'homme et de l'animal, le surgissement des reproductions et des ressouvenirs est causalement déterminé » [1]. Étant donné en effet que la réduction phénoménologique met entre parenthèses toute relation réelle (*real*) entre les données sensibles et nous, de même que « toute réalité et toute causalité objectives » [2], la phénoménologie ne peut, en première approximation, considérer que de manière strictement négative le concept d'association exposé par les philosophies empiristes et naturalistes. La suspension de toute position d'être lui interdit toute appréhension positive de cette connexion indissoluble qui se donne comme une loi de la réalité psychique. Rien n'est donc plus éloigné à première vue de la science eidétique de la phénoménologie constituante et transcendantale que le principe associatif des phénomènes naturels.

Toutefois cette disqualification ne saurait être définitive. Quand bien même l'association repose sur une base interprétative erronée, le naturalisme objectiviste, elle n'en possède pas moins, selon Husserl, un intérêt certain pour les recherches phénoménologiques. Ce point est essentiel pour saisir l'intelligibilité même de la démarche génétique de la phénoménologie. Husserl estime à présent qu'une nouvelle approche du phénomène associatif est nécessaire. Malgré sa condamnation sans appel des sous-entendus théoriques et méthodologiques de la pensée empiriste, il considère que le discours phénoménologique peut se réapproppier ce qui se donne manifestement comme le concept le plus emblématique de l'empirisme, à savoir le principe d'association. En dépit de la mauvaise réputation de l'associationnisme, Husserl envisage donc la possibilité effective de récupérer à son profit le principe philosophique fondamental d'un courant de pensée qu'il a, par ailleurs, toujours attaqué sans réserve, même s'il pouvait en même temps reconnaître parfois la profondeur de ses interrogations. Comment un tel revirement de situation a-t-il pu se produire et pourquoi ?

Premièrement, Husserl n'affirme jamais, pour sa part, que le concept phénoménologique d'association destituerait définitivement le concept psychologique ou psychophysiologique analogue. Il indique simplement que, par « association », il entend désormais tout autre chose qu'une pure loi causale de la nature psychique. Par là, il veut se placer à un autre niveau explicatif. En prenant appui directement sur les acquis de la réduction transcendantale, Husserl met simplement en garde le lecteur qui aborde ses textes contre la confusion possible entre les deux acceptions phénoménologique et psychologique du principe associatif.

1. Hua. XI, p. 117.
2. *Ibidem*.

Deuxièmement, si une réduction phénoménologique bien conduite invalide en totalité l'emploi sensualiste du concept d'association dans la sphère des événements naturels et psychophysiques, elle n'en supprime pas pour autant son *sens* général. La signification intentionnelle de l'association demeure, alors même que son fondement naturel et réel est suspendu par l'*époché*. Husserl insiste clairement sur ce point capital dans les *Analysen :* grâce à la réduction phénoménologique, dit-il, il ne « reste pas rien de l'habituelle psychologie de l'association des Temps Modernes » [1]. L'*eidos association* subsiste malgré la dépréciation de son application au champ des événements naturels. Conformément à sa vocation déréalisante et anti-naturelle, la réduction phénoménologique ne discrédite d'un côté l'association qu'*en tant que* simple loi causale de la nature, mais elle la restaure pour ainsi dire d'un autre côté en tant que principe d'union des simples phénomènes immanents. De l'association, quelque chose demeure donc dans la sphère réduite. C'est ce « reste », ce résidu de signification qu'il faut à présent interroger.

Compte tenu de la nature anti-psychologiste de l'analyse phénoménologique, il y a gros à parier que l'association ne subsiste pas dans l'œuvre de Husserl *à l'identique*. À dire vrai, il peut sauvegarder le principe associatif, parce qu'il lui fait subir une véritable mutation. Son sens se voit en effet transfiguré de fond en comble. Avec l'approche eidétique dit-il, ce concept « prend un tout nouveau visage, une nouvelle définition ». Husserl ne cesse ainsi de le proclamer dans les *Analysen :* tout change avec la prise en compte du caractère eidétique de l'association. Mais qu'est-ce qui change [2] ?

Tout d'abord ceci : la connexion associative ne saurait être une simple loi de la causalité psycho-physique qui dirige de manière quasi mécanique, sur le modèle de la nécessité naturelle, les événements de la sphère consciente, après les avoir préalablement réduits à des atomes psychiques, isolés les uns des autres. Elle n'est pas non plus un effet de l'imagination

1. *Ibidem*, p. 118.

2. Cette question mérite d'être posée, ne serait-ce que parce que de nombreux phénoménologues ne suivent pas Husserl dans sa réhabilitation ou dans son sauvetage du concept d'association, considérant sans doute que ce concept porte avec lui une histoire trop lourde de sous-entendus et apparaît comme en soi anti-phénoménologique. Nous pensons en particulier à Merleau-Ponty et à sa charge au début de la *Phénoménologie de la perception* contre le principe d'association (peut-être cette critique de l'associationnisme chez Merleau-Ponty provient-elle de sa lecture attentive et souvent admirative de Bergson qui, dans *Matière et Mémoire*, attaquait en règle lui aussi la validité philosophique du principe associatif dans l'explication des phénomènes de l'esprit ?). Nous essaierons de montrer que tout l'effort de Husserl consiste de ce point de vue à *phénoménologiser* le principe d'association en vue d'en faire une connexion perceptible et sensible. Dans les *Méditations Cartésiennes*, il note à ce sujet que la nouvelle conception phénoménologique de l'association doit rester étrangère « à un regard prisonnier de la tradition », *op. cit.*, p. 129.

habituelle sur les données des sens – ce que Hume nomme un « certain *feeling* de l'esprit » qui le pousse à associer diverses idées sous la pression invisible de la croyance et de l'habitude – qui ordonne de manière quasi accidentelle des séquences d'expérience en événements (re)connaissables. Pour Husserl, l'association représente avant tout un « concept fondamental de la phénoménologie transcendantale », en tant qu'elle est une loi d'essence nécessaire et apodictique de la subjectivité constituante. Son domaine n'est donc plus celui de la causalité et de la facticité naturelles, directement observables dans les sciences objectives, mais plutôt celui du champ transcendantal de la conscience constituante. Dire ainsi de l'association qu'elle possède *per se* une signification transcendantale, c'est tout d'abord la soustraire, grâce à l'épochè, à la « région de la chose matérielle », région constituée, factice et secondaire, pour la *re-situer* au niveau plus originel du développement génétique de l'intentionnalité, c'est-à-dire au niveau même où s'opèrent les premiers développements de la « constitution originaire » (*Urkonstitution*). C'est la raison pour laquelle l'association est, note Husserl à ce sujet, « le principe universel de la genèse passive » [1], car la « genèse passive » représente l'ensemble synthétique et dynamique des degrés et des échelons les plus originaires de la constitution. En tant qu'elle est une « genèse passive », l'association a donc partie liée, selon le schéma même des *Méditations Cartésiennes*, aussi bien à la constitution des « synthèses originaires de la temporalité » qu'à « la configuration sensible selon la coexistence et la succession » [2]. Toutefois cette transformation historique pour capitale qu'elle soit n'en reste pas moins problématique.

Avec une certaine franchise non dénuée de modestie, Husserl reconnaît que la phénoménologie « n'a que très tardivement trouvé un accès à l'étude de l'association » [3]. Longtemps la présentation sensualiste lui apparaissait comme l'unique interprétation possible de l'association, et cette unanimité la disqualifiait tout aussi unanimement. L'horizon de pensée empiriste que le concept d'association traînait constamment derrière lui semblait donc interdire à Husserl toute reprise positive dans le travail phénoménologique. À ce sujet, il écrit dans un manuscrit inédit daté de 1921 :

> La manière dont l'association possède une signification constituante universelle, je ne l'ai percée à jour que très tardivement, bien que je

1. Selon l'expression des *Méditations Cartésiennes*, *op. cit.*, p. 128 [113]. Dans le même ordre d'idées, Husserl déclare dans *Expérience et Jugement* que « le phénomène de genèse associative est ce qui domine cette sphère de prédonation passive [*das Phänomen der assoziativen Genesis ist es, das diese Sphäre der passiven Vorgegebenheit beherrscht*] », *op. cit.*, p. 87 [77].
2. *Méditations Cartésiennes*, p 127 [112].
3. *Ibidem*, p. 129.

> l'eusse déjà reconnue dans les premières années passées à Göttingen comme un titre pour une loi universelle de la genèse et qui fonctionne toujours avec elle [1].

À la lecture de ses réflexions, il convient de se demander comment Husserl a pu opérer une telle transformation, à savoir comment il a pu d'abord se défaire du modèle empiriste et traditionnel de l'association pour élaborer ensuite un concept propre, tout à fait inédit, qui s'intègre parfaitement aux exigences de la phénoménologie transcendantale. Car si, pour Husserl, en 1921 et après, « il est évident, d'un point de vue phénoménologique, que l'association ne désigne pas simplement une normativité empirique », mais « d'abord une rubrique très vaste désignant une normativité intentionnelle essentielle de la constitution de l'ego pur » [2], l'évidence de cette proposition s'estompe quelque peu, à partir du moment où l'on s'attache à regarder de plus près les nombreuses hésitations historiques qui ont parsemé toute la période de Göttingen concernant la validité même de ce concept.

Même après sa réhabilitation capitale du début des années vingt, on peut estimer que le concept d'association conservera pour Husserl, du point de vue de la phénoménologie de la constitution, une certaine secondarité. Peut-être est-ce le symptôme des souvenirs encore longs à se dissiper des premières dénégations de la phénoménologie statique ? On peut lire en effet dans les *Analysen* que l'association n'est tout compte fait, pour la recherche phénoménologique de l'*Urkonstitution*, qu'un « thème possible » parmi d'autres, et, en aucun cas, l'expression aboutie d'une loi phénoménologique absolument certaine, laquelle aurait déjà trouvé sa place fixe dans le système achevé et clos des connaissances. Cela ne veut toutefois pas dire que l'association, telle que la dévoile la recherche phénoménologique des *Analysen*, est dépourvue de tout caractère nécessaire et rigoureux, et par là évincée de la connaissance assurée. Cela signifie simplement que le dévoilement des lois associatives du développement de la subjectivité absolue se fait en même temps que le dévoilement même de cette genèse et qu'en cette matière particulière la science phénoménologique ne peut absolument pas se prévaloir d'une quelconque antériorité vis-à-vis de l'objet qu'elle étudie. Ils naissent quasi simultanément. Au regard de l'achèvement du processus génétique qui culmine dans l'autoposition de l'ego, la recherche phénoménologique n'est dès lors pas assez « avancée

1. Ms A VII 13 (1918), p. 187 : « Die Art, wie Assoziation universale konstitutive Bedeutung hat, habe ich sehr spät durchschaut, obschon ich sie schon in den ersten Göttingen Jahren als einen Titel für eine universale und immer mitfungierende Gesetzlichkeit der Genesis erkannte ».

2. *Méditations Cartésiennes*, *op. cit.*, p. 129 [114].

[*so weit*] » [1], comme l'indique Husserl, pour dire de manière absolument certaine ce que sont ces lois et en quoi elles consistent véritablement.

Néanmoins, si la recherche phénoménologique n'est pas encore assez « avancée » pour instituer définitivement l'association comme loi absolument certaine de la subjectivité, et non simplement comme un « thème possible » de recherche, elle l'est assez pour « préfigurer » de manière générale les divers modes légaux dans lesquels elle s'exprime. La possibilité d'une description phénoménologique des structures de la légalité associative reste donc ouverte. Mais avant de voir quels sont ces principes associatifs et quels rôles effectifs ils jouent dans la constitution originaire passive, nous devons tout d'abord nous interroger sur leur *tardive* compréhension dans la pensée husserlienne. Cela revient à se demander quels furent les principales entraves théoriques à une révélation phénoménologique du principe d'association. Comment cette *percée* de la signification proprement constitutive de la connexion associative a-t-elle pu s'effectuer jusqu'à ce qu'elle soit, tout de suite après la première guerre mondiale, c'est-à-dire à l'époque même où Husserl a amorcé le « tournant génétique » de la phénoménologie, pleinement reconnue et acceptée comme validité d'essence ?

Les obstacles à un emploi phénoménologique proprement positif de l'association sont de plusieurs ordres, mais ils tiennent tous cependant à la définition traditionnelle de ce principe. Ils s'inscrivent d'abord dans la réprobation générale de Husserl pour une méthode d'analyse de la conscience exclusivement psychologique et naturaliste. Cela est, depuis les *Prolégomènes*, bien connu et nous n'y reviendrons pas. Il s'avère ainsi que si la phénoménologie n'a compris que très « tardivement » le véritable sens transcendantal de l'association, c'est parce qu'elle n'avait considéré celui-ci, en particulier dans les *Recherches Logiques* [2], que sous un mode d'explication causaliste, tout entier fondé sur une théorie *atomiste* des phénomènes conscients. Pendant longtemps, l'association ne fut aux yeux de Husserl que cette simple forme de liaison contingente et arbitraire des vécus. À bien des égards, il fait de Hume, et non de Locke, le *père* naturel de

1. Hua. XI, p. 119.

2. Il est à remarquer que si Husserl prend en considération la théorie humienne de l'abstraction dans les *Recherches Logiques* et ce dans le cadre d'une interrogation sur la possibilité des significations générales, c'est déjà, et surtout, au regard des thèses associationnistes de ce dernier : « à ce point de vue, ce qui importe ce ne sont pas tant les arguments dirigés par Hume contre la théorie des idées abstraites que bien plutôt les considérations de psychologie associationniste qu'il lui rattache », cf. *Recherches Logiques*, II, 1, (IIe Recherche), p. 218 [186]. Il avance également, un peu plus loin dans la recherche, que l'échec patent de Hume concernant la signification correcte des idées générales est directement imputable au fait qu'il « s'égare dans les rapports génétiques qui confèrent au nom une relation d'association avec les objets de sa classe », p. 219 [187].

la théorie de l'association, présentée comme une « sorte de loi empirique », comme une « gravitation intrapsychique », à savoir calquée sur le modèle de l'attraction physique de Newton [1]. Dès lors, c'est à lui seul qu'il s'en prend le plus souvent lorsqu'il dénonce les méfaits de la théorie associationniste de l'esprit.

Dans le concept humien d'association, longuement exposé dans les premiers chapitres du *Treatise*, Husserl ne réprouve pas simplement le caractère mécanique de l'association qui lie de manière plus ou moins fortuite, et sans la moindre expression d'une légalité nécessaire, des vécus de conscience isolés et abstraits, qui formerait ensuite par accident des complexions aléatoires de data sensibles, et qui, de ce fait, relèverait de la plus pure « déformation naturaliste » [2], mais il condamne surtout le fait qu'elle ne soit présentée que comme une liaison fictive et irréelle qui semble faire son entrée sur la scène de la conscience selon la simple fantaisie du moment et, en tout cas, sans que l'on puisse lui assigner un véritable principe directeur de liaison [3]. Selon Husserl, on ne peut jamais

1. Cette expression des *Méditations Cartésiennes* (p. 129 [114]) se réfère directement à Hume qui effectue la même comparaison dans le *Treatise :* « Il y a là une espèce d'*attraction* qui, trouvera-t-on, a dans le monde de l'esprit d'aussi extraordinaires effets que dans le monde de la nature et qui se révèle sous autant de formes et aussi variées. », *Traité de la nature humaine*, *op. cit.*, p. 77. Dans les Leçons de 1924, Husserl reprend cette comparaison entre l'association et l'attraction physique, cf. *Philosophie première*, t. 1, p. 247 [172]. Husserl dans ce même passage retourne l'argument humien contre lui-même. La loi de gravitation naturelle possède une histoire, celle de son élaboration, « où est donc l'histoire correspondante pour la psychologie » de l'association ?

2. Les *Méditations Cartésiennes*, *op. cit.*, p. 129 [114]. Pour une fois, nous citons la traduction de Pfeiffer et Lévinas, cf. Paris, Vrin, 1986, p. 68.

3. Cf. *Philosophie première*, t. 1, p. 245 [170-171]. Les lois associatives et inductives sont dans le système humien « établies non pas à leur tour dans une évidence absolue, mais plutôt dans une absolue irrationalité ». De ce fait, simplement basée sur la valeur inductive du principe d'association, l'entreprise humienne de fondation ultime de la connaissance « perd tout sens ». Husserl montre également le caractère fictif du principe d'association dans sa critique de la théorie humienne de l'abstraction dans les *Recherches Logiques*. En effet, si, selon Hume, l'abstraction est possible c'est parce que l'on peut à tout instant ranger les divers phénomènes singuliers selon des « sphères de ressemblances », ressemblances qui sont comme des moments arrachés à ces objets, mais des moments qui ne sont en rien inhérents à ces objets ; le moment blancheur d'un objet, ici en l'occurrence celui d'une boule, peut être tantôt associé avec tel autre moment de blancheur de tel ou tel autre objet. De même chaque objet comprend une infinité de moments divers qui s'enlèvent sur lui, de telle sorte que « les aspects ou moments différents, inséparables les uns des autres, d'un contenu intuitif, comme la coloration, la forme, etc., que nous croyons cependant appréhender comme quelque chose d'existant en lui, ne sont, à la vérité, rien du tout en lui », *Recherches Logiques*, t. II, 1 (IIe Recherche), p. 227 [194]. Aussi les divers moments associés, c'est-à-dire les prétendus contenus partiels abstraits comme la blancheur, qui ne font l'objet d'aucune intuition directe, mais qui restent pour autant appréhensibles, ne sont que « de simples fictions *cum fundamentum in re* » (*ibidem*). Mais peu à peu ce *cum fundamentum in re* va devenir un *sine fundamentum in re*. Si les moments qui constituent les sphères de ressemblance ne sont rien « dans l'intuition concrète elle-même » mais de simples fictions, a fortiori le sont tout autant

par conséquent saisir les modalités des lois associatives « dans une évidence rationnelle »[1]. À l'en croire, la raison profonde de la connexion associative reste toujours inexorablement cachée et insaisissable, alors même qu'on en reconnaît nécessairement sur un autre plan la force d'attachement. C'est justement cette absence de raisons directement assignables à sa manifestation qui, selon Husserl, fait que la liaison associative est immédiatement rapportée à l'imagination, à savoir à la faculté de *déréalisation* par excellence. La source de la disqualification de l'association dans la compréhension des opérations fondamentales de la conscience représentative consiste à dire, pour Husserl, pendant toute la période de Halle et dans les premières années passées à Göttingen, que la liaison associative, telle qu'elle est exposée par Hume dans le *Treatise*, révèle en fait un caractère par essence *fictif* et *irréel* (« fiction » et « irréalité » sont d'ailleurs les termes que Husserl va employer le plus communément pour qualifier cette loi d'association encore bâtarde). Il ne s'agit pas pour Husserl d'instruire à la hâte le procès de l'imagination, mais de montrer simplement que les lois fondamentales de la constitution des objets par la subjectivité connaissante ne peuvent être celles de la faculté imaginante, même associative[2], étant donné le mode d'être fictif et irréel qui est le sien. Approfondissons la nature de ces griefs.

Par *Irréel,* Husserl veut indiquer ici, d'un côté, que l'association comme connexion n'est absolument pas *fondée* dans le contenu réel du phénomène qui se présente à la conscience. L'approche éidétique des contenus de conscience implique au contraire que l'attribut possible qui qualifie une essence doit être nécessairement fondé dans cette essence ; par conséquent, la liaison de l'attribut à son substrat d'essence est *eo ipso* une liaison de fondation. En ce sens précis, l'association n'est pas un principe à proprement parler déterminant qui relèverait de la chose même ou de l'un de ses attributs fondamentaux. Mais elle est inversement une simple liaison d'analogie, justiciable en définitive d'aucun *fundamentum in re*, si ce n'est celui bien sûr de l'inclination affective qui nous pousse à la rapporter à cette chose. Les divers rapprochements que l'association effectue entre les données conscientes restent donc extrinsèques à leur nature interne. *Fictif*

les relations d'association qui les composent ensemble. Comme on le voit, la relation d'association est dite *fictive*, car elle n'associe que des éléments eux-mêmes fictifs, c'est-à-dire ces moments qualitatifs abstraits des objets intuitifs sur lesquels ils s'enlèvent.

1. *Ibidem*. Selon la belle expression de M. Malherbe, l'association est pour Hume « le manque de raison d'où naît la raison », *La philosophie empiriste de David Hume*, Paris, Vrin, 1992, p. 136.

2. On peut remarquer le chemin parcouru par Husserl lorsque, dans *Expérience et Jugement*, il reprendra à son compte la distinction humienne des relation de faits et des relations d'idées pour justement déterminer le statut du principe passif d'association, *op. cit.*, p. 219 [215]

veut dire pour lui, d'un autre côté, que l'association ne peut faire l'objet que d'un discours en fin de compte hypothétique. Le caractère fictif de la relation associative découle ici en ligne directe de son irréalité. Il ne peut donc la légitimer. À suivre le raisonnement de Husserl, on comprend aisément que, n'étant pas fondée dans l'essence du contenu qu'elle qualifie, l'association ne peut dès lors qu'être référée à la simple faculté de combinaison libre : l'imagination. Faute d'entretenir un lien d'inhérence avec les entités qu'elle met en connexion, la liaison associative est donc ni d'essence, ni fondative.

Pour qui accepte les règles d'analyse phénoménologique de la consciente constituante, l'association doit donc être rejetée en bloc comme un possible principe explicatif, d'une part parce qu'elle est trop *réelle* (*real*), du fait précisément qu'elle ne se rapporte, dans sa naturalité pourrait-on dire, qu'à des phénomènes strictement matériels et chosiques qu'elle relie selon des lois causales et empiriques, appartenant au monde constitué, et d'autre part parce qu'appliquée aux phénomènes psychiques qu'elle met en relation elle est trop *irréelle*. Ce double rejet appelle un éclaircissement. Si, dans les *Leçons pour une phénoménologie de la conscience intime du temps*, Husserl refuse, entre autres arguments, la théorie brentanienne de l'*origine du temps* dans et par l'« imagination » (*Phantasie*) et ensuite la connexion nouvelle qu'elle instituerait entre les data internes, c'est justement parce que les « associations originaires » [1], produites par l'imagination et censées expliquer la connexion du présent et du tout juste passé, ne peuvent réaliser, entre deux vécus temporels, dit-il, aucune « liaison effective ». Aussi se reduisent-elles toutes à un pur *fictum,* à quoi rien ne répond véritablement dans l'être. De la sorte, elles ne créent qu'une simple « apparence » (*Schein*) de liaison, non une liaison « effective » (*wirklich*). En 1905, Husserl considère donc encore l'association comme un lien imaginaire, sans réelle consistance phénoménale, et il ne s'est pas cru obligé, même sous l'influence respectable de Brentano, de tenir sur elle un autre discours que celui qui était de mise par exemple dans les *Recherches Logiques*.

Mais ne peut-on dire par ailleurs que les corrélations entre vécus et objets intentionnels sont tout aussi irréelles que leurs prétendues liaisons associatives dans la conscience temporelle ? Comment dissocier ici une bonne et une mauvaise irréalité ? Pour ce faire, arrêtons-nous un instant sur ce terme d'irréalité qui, chez Husserl, possède plusieurs acceptions. Quel est tout d'abord le sens de l'*irréalité associative ?* Est-elle de même ordre que l'*irréalité immanente* des contenus de conscience, dégagée pour la première fois dans *L'idée de la phénoménologie ?* Un bref examen de détails

1. *Leçons pour une phénoménologie de la conscience intime du temps*, *op. cit.*, p. 19.

nous convainc du contraire. En premier lieu, l'irréalité des relations associatives de combinaison ne peut pas équivaloir à celle du phénomène immanent envisagé comme un objet intentionnel, puisque la propre mise au jour de la *survivance* intentionnelle de l'objet au sein de la conscience immanente n'est pas encore tout à fait atteinte en 1905. En d'autres termes, en *dis*-qualifiant l'association de fictive et d'irréelle, Husserl a simplement en vue le fait qu'elle est, par principe, dépourvue de toute nécessité interne et qu'elle opère sans loi. Pour ce qui touche ainsi aux relations entre vécus, les liaisons associatives sont donc dites « fictives » et « irréelles », car rien ne motive réellement leur accomplissement. Dans leur incertitude, elles semblent se dérouler au gré de leur fantaisie. On peut bien décrire, ajoute Husserl, les diverses formes qu'elles revêtent au cours de leur effectuation, mais les « raisons » de ces apparitions sous telle ou telle figure nous restent à jamais cachées.

En un sens, Husserl fait ici directement droit à la conception humienne du principe d'association. L'auteur du *Treatise* considère en effet que les effets de la connexion associative sont partout manifestes, mais que « ses causes sont pour la plupart inconnues » [1]. C'est même cette absence de causes et de raisons directes qui, selon Husserl, pousse Hume à résoudre les connexions associatives « en qualités originelles de la nature humaine », et à résorber par suite la régularité phénoménale en une simple fréquence de temps (la naturalisation des lois de la subjectivité constituante révélant ici l'incapacité de Hume d'en rendre compte d'un point de vue purement phénoménologique). Or, constate Husserl, les diverses « qualités » associatives qui fondent les relations de conscience à conscience, Hume ne prétend pas vraiment les « expliquer » [2]. Là est le sens même de son scepticisme.

1. *Treatise*, I, I. IV. Ce refus ou cette mise entre parenthèse du principe de *raison ultime* est depuis Bacon l'un des leitmotivs méthodologiques de la philosophie expérimentale. On le retrouve notamment chez Newton, inspirateur de la démarche humienne, dans son traité d'*Optique*. Concernant le caractère causalo-physique du principe d'association, Husserl est dans sa réprobation quelque peu injuste avec Hume. Ce dernier n'a que très peu recours à des hypothèses physiologiques pour expliquer les connexions associatives – une seule fois, à notre connaissance, Hume fait mention d'une explication physique de l'association à partir de la contiguïté cérébrale des esprits animaux : « je noterai donc que l'esprit est doté du pouvoir d'éveiller toute idée à son gré ; que, par suite, quand il dépêche les esprits dans cette région du cerveau où l'idée est placée, ces esprits éveillent toujours l'idée, quand ils circulent exactement dans leurs traces propres et qu'ils furettent dans la cellule qui appartient à l'idée. Mais leur mouvement est rarement direct et dévie naturellement un peu de côté ou de l'autre ; pour cette raison les esprits animaux tombant dans des traces voisines présentent d'autres idées associées en place de celle que l'esprit désirait voir tout d'abord », *Treatise*, I, 2, V, *op. cit.*, p. 131. Ce reproche s'adresserait plutôt à la théorie physiologiste de Hartley dans son *Explication physique des sens, des idées, et des mouvements tant volontaires qu'involontaires*.

2. *Ibidem*. Les liaisons associatives sont par conséquent constatables dans leurs effets et leur emploi, mais non par elles-mêmes.

Dans l'ordre de l'analyse, il s'en tient au simple enregistrement de quelques principes explicatifs qui, en eux-mêmes, demeurent inexpliqués et inexplicables, puisqu'il ne peut pas s'assurer clairement de leur provenance. D'une certaine façon, l'irréalité de l'association n'est presque rien à comparaison de son irrationalité foncière. Faisant volontairement pièce d'un fondement inconditionnel des principes associatifs, Hume s'expose au reproche de non scientificité des règles de liaison (qu'il établit tout de même du point de vue pratique ou empirique), car, pour le point de vue eidétique de la phénoménologie, l'observation d'une simple régularité phénoménale ne suffit pas à en faire une loi régulière et nécessaire de la conscience. Pour Husserl, l'embarras sceptique de Hume est clairement compréhensible. C'est justement parce qu'il ne voit dans l'association qu'une simple liaison quasi mécaniste et une pure causalité sans *ratio essendi* qu'il en perd le sens. Ayant promu l'association comme jonction fortuite de data et comme simple effet de l'imagination et de l'habitude (*custom*) conjuguée sur la sensibilité, il ne peut que la rapporter à une obscure *origine qualitative* dans la nature humaine qui n'est ici, sous sa forme mythique, que l'asile de l'ignorance. La conclusion n'est donc pas difficile à tirer : l'associationnisme est, en tout point, un « fictionnalisme [*Fiktionismus*] » [1] intégral, à savoir une théorie qui prétend rendre compte d'un ordre qu'elle ne peut comprendre ni expliciter.

Étant donné que la phénoménologie génétique fait un abondant usage du principe associatif, il reste à voir maintenant de quelle manière Husserl va pouvoir répondre à sa propre et double dénigration ? Contre le motif de la réalité ou de la « naturalité » de l'association qui fait d'elle une simple loi causale de la nature, Husserl tente de promouvoir peu à peu dans ses écrits une acception *antinaturelle* de la liaison, notamment dans les *Ideen II,* où il pose l'association comme étant une « motivation de sens » [2] et, ce faisant, une « loi de l'esprit ». Contre le motif de l'irréalité fictive, il s'évertue ensuite à montrer que l'association a, en elle-même, un sens phénoméno-

1. *Philosophie première*, t. 1, p. 254 [178]. L'associationnisme est doublement un *fictionnalisme*. En premier lieu, parce que Hume, de l'aveu de Husserl, considère toute science objective et naturelle comme une fiction; en second lieu, parce que les principes explicatifs de la nature qu'elle soit physique ou psychologique reposent eux aussi sur un fondement irrationnel et fictif : l'association inductive produite par l'imagination. Il est vrai que pour Hume les principes d'ordre ne relèvent pas du réel lui-même, mais de l'imagination, c'est-à-dire de cette fiction régulière qui constitue l'expérience. Cependant, cette légalité fictive rencontre aussi le réel en ce qu'elle peut toujours conduire à des inférences causales vis-à-vis de l'expérience. Elle ne peut donc totalement s'affranchir de cette connexion avec ce qui a été effectivement senti.

2. *Ideen II*, p. 316 [229]. Si la motivation comme loi de l'esprit a un « tout autre sens » que la causalité, c'est parce qu'elle est justement motivation de sens. La motivation comme structure inférentielle de type « parce que » ne concerne pas des événements naturels, mais des entités intentionnelles.

logique authentique et restituable, c'est-à-dire qu'on peut la considérer sans contradiction comme une connexion phénoménale et directement visible. Par *irréalité* de le liaison associative, Husserl n'entend pas bien sûr à ce stade « l'irréalité intentionnelle » de l'objet qui *in*-existe dans la sphère immanente de la conscience comme pure apparition de sens, mais le caractère simplement imaginaire et fantaisiste de ce processus qui, après avoir abstrait et séparé les éléments phénoménaux, les associe ensemble selon la « transition coutumière de l'imagination » [1]. C'est donc la mise en place systématique dès 1907 de la réduction phénoménologique qui autorise, par ricochets pour ainsi dire, une approche positive du concept d'association, désormais libéré du poids naturaliste de la conception empiriste.

La réhabilitation tardive mais capitale du principe d'association dans la phénoménologie génétique ne signifie pas que Husserl reprenne entièrement à son compte les analyses humiennes. Tant s'en faut. Le concept d'association est certes retrouvé, mais parce qu'il est de fond en comble rénové, transformé. Husserl parle d'un concept « traditionnel » d'association, « mais en en changeant le sens » [2]. De quel changement s'est-il agi là? La modification phénoménologique du sens associatif implique tout d'abord l'abandon complet et définitif de la conception atomiste des data de conscience qui sous-tend constamment la théorie classique de l'association [3]. Husserl purifie l'association de tout élément matériel ou causal qui la rabaisse à un mode d'explication mécaniste des phénomènes psychiques. Au demeurant, il indique très clairement que le concept humien n'est finalement que le symptôme d'une « dénaturation naturaliste » du concept transcendantal authentique d'association, une sorte de traduction imparfaite et naïve dans le domaine mondain d'une opération fondamentale de la conscience immanente, de sorte que la phénoménologie, dans sa phase génétique même d'auto-explicitation de la subjectivité, peut apparaître comme le moment véritablement « historique » de *restauration* du sens originel de l'association sous la forme nouvelle de la « motivation de sens ». Husserl se fait fort de démontrer que les diverses lois de l'association,

1. Suivant la célèbre expression de L'*Enquiry concerning human understanding*, VII, II. Si l'association peut devenir un « thème général de description phénoménologique et non pas seulement de psychologie objective », cela est lié au fait que l'indication « est quelque chose qu'il est possible de montrer du point de vue phénoménologique », *Expérience et Jugement*, *op. cit.*, p. 88 [78]. C'est la reconquête phénoménologique de l'irréalité qui ouvre la porte à une restauration du principe associatif. Si l'irréalité devient un sujet de description pure, les lois de connexion irréelles aussi.

2. *Expérience et Jugement*, *op. cit.*, p. 87 [77].

3. Si Merleau-Ponty est resté constamment sourd à cette réhabilitation husserlienne du concept d'association, c'est peut-être parce qu'il n'a pas su dissocier l'associationisme de l'atomisme des data. La question de savoir comment, de son côté, Husserl peut sauver le principe d'association, tout en laissant à l'écart la théorie atomistique des data de sensation est en elle-même loin d'être résolue.

mises en valeur par Hume, contiennent des *prémisses* de vérité et, par conséquent, qu'il leur manque « simplement d'être formulées correctement en termes purement immanents » [1].

Mais, plus que sur le nouveau sens du principe associatif, il convient de s'interroger en fin de compte sur les raisons profondes qui poussent Husserl à restaurer certes sous une forme modifiée une théorie qu'il avait auparavant constamment rejetée. Quel intérêt fondamental le principe d'association peut-il bien représenter pour la recherche phénoménologique pour qu'il impose à son fondateur une totale révolution de pensée ? L'enjeu doit assurément être à la hauteur de cet important renversement. Beaucoup de commentateurs ont souligné avec à propos ce revirement théorique. Peu en ont cependant cherché les raisons ultimes. À cet égard, on ne peut que regretter qu'une question semblable ne soit pas posée dans le travail, par ailleurs remarquable, d'Elmar Holenstein : *die Phänomenologie der Assoziation*. Tentons par conséquent de rendre compte des motifs philosophiques qui ont pu conduire Husserl à remettre au premier plan de l'analyse intentionnelle un principe aussi disqualifié que pouvait l'être celui de l'association.

Il nous semble que deux facteurs principaux peuvent, dans une large mesure, expliquer le nouvel éclairage que Husserl donne au principe associatif. Il est tout d'abord évident que la découverte vers 1907 de la réduction phénoménologique dans sa puissance de mutation de l'objet naturel en objet intentionnel et de la percée au jour corrélative de l'inexistence intentionnelle de la transcendance phénoménale au sein même de l'immanence de la conscience permettent maintenant de penser de manière positive la liaison associative en dehors du registre naturaliste et objectif et, partant, de l'appliquer aux vécus de conscience, sans risquer de ce fait une véritable *métabasis eis allo génos*. Toujours grâce à la réduction, l'*irréalité* peut prendre un tout autre sens (perspective qui, avant 1907, était formellement exclue). À présent, elle n'est plus systématiquement synonyme d'une pure fiction, née de la combinaison libre et non-fondée de l'imagination, mais elle peut coïncider également avec une détermination interne de l'apparition comme telle. De ce fait, que l'association soit effectivement *irréelle*, dans la mesure où elle n'est pas réellement fondée dans l'essence, n'empêche pas sa reconnaissance effective à un autre niveau à savoir dans le domaine de pureté descriptive aménagé par la réduction phénoménologique. La validation générale de la signification authentiquement phéno-

1. *Philosophie première*, t. 1, p. 247 [172]. Comment nous allons le voir, les principes associatifs avancés par Husserl ne sont, sur bien des aspects, que la reprise des *qualités associatives* de Hume. D'une certaine manière, Husserl tient Hume pour l'auteur de la formulation la plus claire et la plus complète des principes associatifs, même s'il en a manqué le sens transcendantal et *a priori*.

ménologique de l'association peut déjà assurément tenir de cette transfiguration du sens de l'irréalité.

Ensuite, et cet état de fait est bien connu, la « percée » du sens phénoménologique de l'association est directement contemporaine du tournant génétique de la phénoménologie. Il y a là loin d'une simple coïncidence historique. Dans les *Recherches Logiques*, le principe humien d'association était disqualifié en raison même de l'éviction corrélative dans l'analyse logico-eidétique du point de vue génétique [1], lequel n'était assimilé alors qu'à un simple mode d'explication psychologique et empirique des données de conscience. Même saisies de manière négative, association et genèse étaient déjà rapportées l'une à l'autre. Partant, on peut légitimement penser que la mise au jour du point de vue phénoménologique génétique et transcendantal est le fait principal qui convie la pensée de Husserl à une redécouverte positive du principe associatif [2]. La transfiguration de la genèse, d'un développement factuel à une constitution graduelle du sens, a eu en somme pour conséquence directe la révélation de la forme légale associative. Pour Husserl, le principe humien de la genèse (l'association en tant qu'accomplissement naturel de l'imagination) demeurait en cela *obscur*, car la genèse n'était saisie elle-même que comme une genèse empirique et historique. Mais à partir du moment où le sens transcendantal de la genèse est atteint avec clarté, tous les obstacles réels à une institution transcendantale de la connexion associative tombent d'eux-mêmes.

À dire vrai, cette restauration capitale du principe d'association n'est pas tout à fait contemporaine de l'inflexion génétique de la phénoménologie vers 1917-18. Dès les leçons de 1907 à Göttingen sur « l'élucidation de l'essence de la donation empirique », regroupées sous le titre *Chose et*

1. *Recherches Logiques*, t. II, 1, (IIe Recherche), p. 222 [190] : « pour en revenir à l'analyse génétique de Hume, elle ne saurait assurément prétendre être une théorie parfaite et définitive, car il lui manque, comme base, une analyse descriptive suffisante »

2. Il reste bien sûr la solution de facilité qui consisterait à dire que si Husserl fait un emploi constant à partir de 1918 du « principe d'association », c'est parce que la phénoménologie dans son ensemble, et en particulier son versant hylétique et génétique, ne s'est jamais totalement dégagée d'une manière de pensée fortement marquée par l'empirisme. Aussi la persistance de la théorie des impressions originaires sensibles, des contenus hylétiques, de l'association de ces contenus, etc., s'expliquerait tout simplement par une survivance problématique, car inexplicitée, de schémas d'interprétation empiriste. Toutefois cette solution ne peut prétendre à une quelconque validité que si Husserl lui-même n'est pas conscient de cette influence, que si cette dernière s'accomplit en quelque sorte à son insu ; or de nombreux textes attestent tout au contraire que Husserl reprend plus ou moins à son compte ces diverses doctrines (les impressions originaires, la doctrine traditionnelle de l'association, etc.) en toute connaissance de cause. Aussi la simple théorie d'une influence historique imposante n'explique rien, et comme telle, elle ne peut être, ou paraître, une solution envisageable dans la question de la *réhabilitation* de l'associationnisme, à savoir ici de l'*associationnisme transcendantal*.

Espace[1], Husserl propose déjà en effet un concept non psychologique d'association. Une certaine positivité de la connexion associative y est de surcroît affirmée. Procédant à l'analyse eidétique des vécus constitutifs des objectités spatiales, Husserl découvre en effet que ceux-ci ne sont pas les seuls à entrer en fonction dans la formation d'une représentation de chose. Se lient constamment à eux des sensations kinesthésiques, sensations de mouvements corporels, « qui rendent l'exposition possible sans s'exposer elles-mêmes »[2]. Or, note Husserl, le mode de liaison des sensations « présentatives » (*vergegenwärtigend*) (les impressions sensibles au sens fort) aux « sensations kinesthésiques » qui, continuellement, les accompagnent et permettent leur extension quasi infinie, ne peut être fondé dans l'essence des vécus de ces sensations, car rien du point de vue *eidétique* ne peut rattacher par exemple un mouvement oculaire à une image donnée. Il ne peut donc relever de la constitution réelle des vécus associés, ni de leur complexion interne. Aussi cette union corporelle d'une « sensation d'exposition » et d'une kinesthèse ne peut-elle être en retour qu'associative, c'est-à-dire, déclare aussitôt Husserl, « inessentielle »[3]. Selon le schéma explicatif proposé, les sensations kinesthésiques sont liées aux présentatives non de manière *essentielle*, mais de manière *fonctionnelle* par simple « fusion associative ». La liaison associative désigne très exactement une liaison non réelle, non fondée dans l'essence des contenus. Mais, en vertu même de ce que l'on sait sur la nature fictive et contingente de l'association, déterminer la liaison des sensations présentatives et des kinesthèses sur des motifs si incertains n'est-il pas inquiétant pour la phénoménologie descriptive de l'expérience chosale? Examinons ici l'effort déployé par Husserl pour répondre à cette question.

Sans s'inquiéter outre mesure de cette entremise du principe associatif dans la constitution de la perception sensible, Husserl fait au contraire remarquer qu'« il appartient à l'association en tant que telle des états de choses phénoménaux consistant en lois d'essence »[33]. À l'opposé donc de Hume, l'association n'est pas ici d'*idées*, mais d'*essences*. Même si elle représente encore une liaison inessentielle et d'une certaine manière *a posteriori*, l'association possède ses propres lois. Dans son cas, précise Husserl pour la première fois, il ne s'agit donc plus d'un « fait génético-psychologique », mais du « fait phénoménologique d'une certaine co-appartenance et d'un certain renvoi d'un terme à l'autre, de telle façon que la position de croyance de l'un motive celle de l'autre »[4]. Sa position semble donc avoir évolué par rapport à ce qu'il soutenait deux années

1. *Chose et Espace*, trad. J. F. Lavigne, Paris, PUF, 1989.
2. *Ibidem*, p. 191.
3. *Ibidem*, p. 216.
4. *Ibidem*, p. 218.

auparavant dans les recherches sur la temporalité interne de la conscience. À présent, l'association est manifestement reconnue comme appartenant à bon droit aux lois eidétiques de formation de l'expérience.

Cependant, malgré cette tentative méritoire de reconnaissance, la valeur opérante du principe associatif dans l'analyse constitutive reste encore très limitée. En soi, l'association consiste encore simplement en la *connexion*, dans la synthèse générale du temps, de séries de vécus, ici les vécus de sensations et de kinesthèses, dans une même « expérience continue » [1]. En aucun cas, Husserl n'ose envisager la possibilité d'une association posée comme règle d'ordonnancement des diverses objectités apparaissant dans les vécus. Si les data visuels et les kinesthèses sont associativement rattachés les uns aux autres et sont devenus corrélatifs dans une séquence de perception, « ils ne sont pas rattachés une fois pour toutes » [2], cette restriction indiquant clairement que le principe de liaison relève ici d'une simple probabilité d'expérience. Bien qu'il reconnaisse le principe associatif comme basé sur une légalité nécessaire, Husserl ne fait pas tout à fait justice à l'apodicticité même de cette connexion subjective. L'association reste pour l'heure une simple loi formelle de constitution d'une succession constante. Elle ne possède pas encore le statut défini d'une loi dirigeant la formation des data sensibles. À bien des égards, l'avancée de 1907 reste trop timide pour changer fondamentalement le sens du principe associatif.

En résumé, la réhabiliation progressive du principe d'association de 1907 à 1917-18 repose sur deux aspects primordiaux :

1) L'association n'est plus selon Husserl une liaison *insensée*, au sens où les connexions naturelles n'ont pas en elles-mêmes de fondement défini, comme l'affirmait par exemple Hume dans le *Treatise*, mais elle devient à proprement parler une véritable « motivation de sens » qui est co-extensive aux opérations de la conscience. Husserl oppose à présent à la simple association empirique qui lie de manière factuelle les événements du domaine de la nature, l'association transcendantale qui, en tant que motivation intentionnelle et principe *a priori* des synthèses immanentes de la temporalité, régit le pur domaine des phénomènes de l'esprit.

2) En tant qu'indication et renvoi signifiants, l'association se révèle directement intentionnelle [3]. Que deux éléments subjectifs puissent en effet

1. *Ibidem*.

2. *Ibidem*, p. 217.

3. Le reproche constant qu'adresse Husserl à Locke et à Hume de ne pas avoir perçu le fonctionnement intentionnel de l'esprit devient ici plus d'autant plus vif et amer qu'avec la connaissance effective du principe d'association ils possédaient les éléments descriptifs et théoriques pour arriver à une telle révélation. Est-il nécessaire d'indiquer ici que Husserl conçoit le concept phénoménologique d'association comme une sorte de purification rationnelle du concept empiriste. Dans l'article « Phénoménologie » de 1927 pour

s'associer indique, en régime réductif, qu'il existe entre eux une certaine liaison intentionnelle, constitutive d'un sens, à savoir l'état de choses même de la relation. D'un bout à l'autre du développement de l'intention, l'association se manifeste par conséquent comme ce qui, dans la visée, s'attache à ce qui est encore simplement préfiguré, indiqué, « présumé » (*vermeint*). La connexion associative est donc à la fois constitutive d'un sens et soustraite par cela même à la réalité factuelle. Son « irréalité » ne correspond donc plus à celle de la fiction imaginaire ou de la liaison infondée, mais désormais à celle de l'intentionnalité constituante. Autrement dit, l'analyse phénoménologique a transmuté l'association de non-sens en sens, de réalité naturelle en irréalité intentionnelle, de fiction invisible en connexion « perceptible » (*fühlbar*).

Cependant, si le principe humien d'association subit dans le langage phénoménologique une transformation générale qui en modifie complètement le sens et la portée, il n'en conserve pas moins dans cette mutation transcendantale quelques caractères originels. Comme le souligne avec raison Richard T. Murphy « l'affinité entre Husserl et Hume en ce qui concerne les degrés inférieurs de la genèse passive et de l'association est remarquable » [1]. Il est clair que, pour Husserl comme pour Hume,

l'*Encyclopedia brittanica*, il présente en effet la phénoménologie dans son ensemble comme une théorie génétique qui « traite de la théorie générale des associations, des découvertes de Hume, purifiées et fondées en raison », article traduit et publié en français dans *Notes sur Heidegger*, Paris, Éd. de Minuit, 1994, p. 92.

1. Richard T. Murphy, *Hume and Husserl, Towards a radical Subjectivism*, Den Haag, Nijhoff, Phaenomenologica 79, 1986, p. 84. Nous ne suivons cependant pas entièrement l'auteur, lorsqu'il essaie de montrer comment le tournant génétique de la phénoménologie s'effectue sous l'influence directe de la théorie humienne des associations. Prise à la lettre, cette thèse masque en effet l'aspect essentiel de la recherche husserlienne, à savoir qu'elle propose une acception proprement transcendantale de la genèse, point qui l'opposera toujours aux formulations humiennes. Husserl considérera, même après 1920, que les tentatives de description humienne de l'organisation de la conscience ne sont dans leur ensemble qu'un essai avorté pour comprendre le procès génétique de l'objectivation au sein des opérations subjectives égoïques et pré-égoïques. Dès lors, on ne peut pas affirmer, comme le fait Murphy, que les analyses psycho-inductives de Hume fournissent une approche "valable" de l'analyse génétique censée dévoiler les lois de la constitution passive. Ce serait par là ignorer la transformation transcendantale qu'accomplit Husserl concernant la conception et la formulation mêmes de ces lois. Si, en 1901, Husserl considère en effet que les analyses humiennes ont une certaine pertinence du point de vue de la psychologie empirique, en 1920/21, dans les *Leçons sur la logique génétique*, il revient sur son appréciation : le point de vue génético-transcendantal est clairement distingué d'une analyse génético-psychologique. Si en outre Husserl estime positive la signification génétique du principe humien pour sa propre théorie des synthèses constitutives passives, il n'en indiquera pas moins tout au long de ses travaux les différences fondamentales qui le séparent d'un tel type d'analyse encore naturaliste. Husserl ne se convertit donc pas à la théorie humienne de l'association, mais il la corrige à la fois de sa naturalité et de son « absolue irrationalité », *Philosophie première, op. cit.*, t. 1, p. 245. Aussi Husserl se fait-il fort de formuler les lois d'association « correctement en termes immanents » (*ibidem*, p. 247). Husserl pense qu'en transformant

l'association représente une loi ou un principe régulateur des phénomènes psychiques. Et cette convergence de vues est loin d'être ici négligeable. Ils s'accordent donc tout deux sur le caractère légal, et non fortuit et contingent, des liaisons associatives – même si pour Hume cette légalité associative reste pour l'essentiel *inexplicable*, elle n'en a pas moins valeur de principe. En second lieu, l'association se présente toujours comme une connexion non-réelle entre les objets liés, à savoir comme une pure production de l'expérience subjective (l'intentionnalité fonctionnant de manière transcendantale pour Husserl et l'« imagination coutumière » pour Hume).

Malgré cette proximité indéniable, certaines différences se font jour. En premier lieu, Husserl voit toujours dans le principe d'association une « loi d'essence *a priori* ». L'*a priorité* de l'association équivaut au caractère apodictique et nécessaire de la « loi d'essence », vis-à-vis du caractère simplement présomptif du principe humien d'association, lequel ne repose en fait que sur la simple fréquence d'un phénomène par nature contingent, ou plus exactement que sur la *force de l'habitude* qui modifie un événement répété en une croyance. En second lieu, l'association est toujours présentée, *avant* comme *après* sa réhabilitation tardive, comme une liaison subjective qui n'est absolument pas fondée dans l'essence des contenus qu'elle apparie. Si l'association n'est pas, de ce point de vue, une liaison réelle, elle ne représente pas non plus une « liaison d'essence » ou « fondative ». Ce point doctrinal exige une explication plus précise.

Pour Husserl, ce qui est associé dans la liaison ne l'est pas en fonction d'une « unité d'essence » des contenus et dans une relation de « co-appartenance concrète » (*sachlich*). À cet égard, il n'y a d'« unité d'essence » entre deux éléments phénoménaux que lorsque l'essence d'un contenu phénoménal quelconque implique nécessairement l'essence d'un autre contenu phénoménal, comme par exemple la couleur implique l'étendue. Mais Husserl indique justement que cette relation nécessaire n'est pas une association. L'« unité d'essence » consiste plutôt, explique-t-il, en une liaison fondative entre deux entités qui reposent dans une co-appartenance concrète. Ce qui nous intéresse ici, à beaucoup près, dans cette analyse husserlienne, c'est que cette « unité d'essence » particulière repose principalement sur des connexions non-associatives, comme les relations de

l'*irréalité fictive* de l'association humienne, qui n'a aucun équivalent réel dans les phénomènes liés et qui n'est pas une « connexion inséparable », en *irréalité immanente*, il évitera par là l'écueil du *fictionnalisme*, puisque le caractère associatif sera à présent fondé sur une régulation eidétique. Ce faisant, il révèle une inconséquence profonde dans la théorie humienne, à savoir que les associations ne peuvent être des principes de liaison que si elles sont soutenues par des inclinations du sujet à croire à telle ou telle répétition ou à poser telle ou telle liaison. Ce qui est donc *principiel* dans l'association, ce n'est pas pour Hume le caractère associatif lui-même (les qualités de ressemblance, de contiguïté, etc.), mais la propension interne du sujet à y succomber.

« cause à effet », de « tout à partie », de « partie à partie ». Cela ne veut pas dire pour autant que l'association soit inversement fondée sur rien. Si elle n'est pas fondée sur l'essence des contenus, elle reste quand même fondée sur les contenus eux-mêmes, à savoir sur leur mode de donation respectif, sur leur *quomodo* (les contenus associés n'entretenant pas alors entre eux des relations d'essence). Ce nouveau type de relation fondative que dégage ici Husserl implique en fait à la fois une certaine indépendance des deux contenus liés et leur dépendance, puisque leur relation correspond bel et bien à des éléments constitutifs. C'est pourquoi l'association est en général qualifiée par Husserl de liaison d'un « genre extérieur à l'essence [*von außerwesentlicher Art*] »[1].

N'étant pas *concrètement* fondées sur l'essence des choses, les liaisons associatives, comme par exemple les relations de similitude et de ressemblance, ne sont donc pas des « relations de réalité ». C'est la raison pour laquelle, déclare Husserl dans *Expérience et Jugement*, « la tradition (Hume, etc.) les compta au nombre des relations d'idées ». Suivant la distinction humienne, Husserl oppose ici aux « relations de comparaison » (relations d'idées auxquelles reviennent les associations comme telles) les « relations de connexion » (les relations de réalité).

> Au contraire des relations de similitude et de ressemblance, les relations de réalité *présupposent des intuitions reposant sur une connexion réelle*, intuitions qui sont appelées, *au sens étroit qui est le sens propre, des intuitions liantes*[2].

C'est parce qu'elle est d'une part absolument indifférente aux relations de réalité et d'essence, parce qu'elle peut lier le réel et l'irréel en une unité intuitive élargie, et parce qu'elle se rapporte d'autre part aux synthèses les plus originaires de la temporalité intime, que l'association représente dans le champ phénoménal la liaison de conscience la plus universelle. Elle lie ce qui est le plus épars, le plus isolé, le plus éloigné. Si tout lui est indifférent du point de vue de l'essence concrète, rien du point de vue du contenu ne lui est ainsi étranger. Si différente et singulière que soit une objectité se manifestant, elle ne peut qu'apparaître sur un fond de familiarité, sans cesse fourni et rappelé par les connexions associatives, créatrices des affinités du divers. *Lato sensu*, l'association n'est rien d'autre, remarque Husserl, que « la synthèse en général ». Cette universalité de l'association, il l'affirme à de nombreuses reprises : « rien ne peut tomber comme en pluie dans ma vie,

1. Hua. XI, p. 390. Au sujet de cette liaison associative, Husserl ajoute qu'elle est « eine nicht im Wesen gründende Verbindung ».

2. *Expérience et Jugement*, *op. cit.*, p. 224 [221]. Nous traduisons ici *Ähnlichkeit* par « ressemblance » plutôt que, comme le fait Denise Souche-Dagues, par « analogie ». L'analogie nous semble en effet être un terme trop fort et ayant derrière lui une histoire trop lourde pour convenir ici. En outre Husserl emploie également le terme allemand *Analogie*.

rien ne peut m'échoir, rien ne peut m'arriver qui ne convienne à l'unité de connexion »[1]. Or cette *unité de connexion*, distincte de l'unité d'essence, c'est principalement l'association originaire qui la fonde. Comme l'indique Husserl dans les *Leçons sur la logique génétique*, cette association équivaut à « toute conscience liante qui est fondée dans une conscience séparée et qui relie en une conscience d'ordre supérieur »[2].

Si, par conséquent, Husserl tient tant au concept d'association et qu'il en opère la transfiguration philosophique à partir de 1917, c'est que ce principe, nonobstant ici l'atomisme psychologique qui lui était habituellement associé, lui permet de décrire en fait, par sa plasticité même, les différents enchaînements noético-noématiques qui traversent la vie de l'ego pur, de trouver en cela une régularité *a priori*, seule capable de dévoiler la conscience fonctionnante comme instance transcendantale et rationnelle. En un mot, l'association phénoménologique est à la sphère esthético-sensible ce que les catégories kantiennes sont à la conscience logique et catégoriale : la marque d'une légalité transcendantale. Après avoir ainsi fourni à la forme catégoriale une matière intuitive (l'intuition catégoriale de la VIe des *Recherches Logiques*), Husserl, comme par un mouvement de balancier, accorde à présent à la matière intuitive, sensible, des formes quasi catégoriales : les lois *a priori* de l'association qui, sur bien des points, constitueront le fondement opératoire des fonctions catégoriales elles-mêmes. Que la sensibilité ait, selon Husserl, à présent la faculté non seulement de donner lieu à une formation intuitive pure selon l'espace et le temps, mais aussi de présider à une synthèse légale et fixe des multiples affections qui se donnent en elle, il n'y a pas lieu de trouver ici cette coïncidence de l'esthétique et du logique monstrueuse. Elle découle directement du caractère transcendantal que Husserl accorde à toutes les composantes de la subjectivité pure, parce que réduite, dont font partie, au même titre que les actes et noèmes, les données sensibles comme les matériaux hylétiques. En développant une logique génétique, qui prend son origine réelle dans l'expérience passive, Husserl se démarque fortement ainsi de la délimitation kantienne de la sensibilité à la simple donation affective, à l'« intuition aveugle », aveugle parce qu'en fait inapte à se déterminer elle-même et à se lier à d'autres intuitions du même type pour former autre chose qu'une « rhapsodie » d'impressions. Avec l'association transcendantale[3], les données passives de la sensibilité hylétique reçoivent

1. Hua. XI, p. 408.

2. Hua. XI, p. 391.

3. Bien entendu, le fait d'accorder un statut *a priori* dans un premier temps, puis transcendantal dans un second temps aux lois fondamentales de la passivité antéprédicative ne laisse pas de modifier en profondeur les acceptions traditionnelles de l'*a priori* et du transcendantal. Car si le projet de la phénoménologie génétique consiste à vouloir dévoiler les conditions de

une capacité de formation et de synthétisation, naguère réservée à la seule spontanéité égoïque, c'est-à-dire, en langage phénoménologique, au moi des actes et des prises de position.

On comprend dès lors mieux l'attachement théorique de Husserl au concept d'association, attachement tel qu'il provoque une révolution de pensée dans son approche même du principe humien : l'association représente pour lui l'unique manière de récupérer cette intentionnalité *en excès* (qui n'est après tout que le régime normal de l'intentionnalité elle-même), de rendre compte avec souplesse des multiples débordements de sens qui transcendent la simple corrélation noético-noématique; de déterminer en cela les diverses possibilités eidétiques de visée de sens, d'indications et de transferts associatifs qui échappent constamment à la simple constitution d'un noème signifiant comme objet pôlaire. C'est également la mise au jour des diverses modalités d'essence de cette conscience liante, de cette *Zusammenhangsleben*, qui rend effectivement possible la compréhension génétique de l'unification logique de l'objet. Il va sans dire que, si la passivité n'était pas constamment ordonnée par des liaisons associatives légales, l'unité des objets ne serait pas possible ou resterait, aux yeux de Husserl, ce qu'elle est encore pour Kant : une sorte de miracle permanent dont l'entendement est le faiseur incrédule. Par conséquent, on peut dire que l'analyse des synthèses passives, et du principe associatif qui en régit par là le déroulement graduel, concerne principalement la possibilité d'apparition d'une objectité unitaire ou en voie de l'être. La phénoménologie

possibilité de l'expérience objective sous le mode originel d'une donation véritablement intuitive, c'est-à-dire les soumettre elles-mêmes à une forme d'expérience pure et supérieure, l'expérience transcendantale, c'est que, d'une certaine manière, la possibilité de l'expérience ressortit elle-même à une forme d'expérience, par conséquent que le transcendantal ne se tient plus en surplomb par rapport à l'expérience, mais n'est après tout que l'expérience envisagée dans sa pureté même, affranchie du cadre naturel et empirique qui la dissimulait à elle-même. Husserl en est bien conscient : on ne peut pas naïvement décréter que la sensibilité possède, elle aussi, une légalité transcendantale qui rend possible, comme les catégories et les dispositions logiques de l'entendement, la connaissance de l'objet, sans croire par là que cette attribution nouvelle laissera indemne ce que l'on a pu établir à propos du transcendantal. Mais il prend le risque de poser en principe la possibilité d'une telle passivité transcendantale, laquelle se manifeste de manière expresse dans la loi d'association. Cela se peut parce que, pour lui, le transcendantal possède un tout autre sens que celui qu'il pouvait avoir dans la philosophie de Kant. Dans la perspective critique, est transcendantal ce qui permet la simple possibilité de l'*expérience de la connaissance*. Le transcendantal ne se rapporte pas à la relation entre la connaissance et les choses qui forment ses objets, mais entre la connaissance et la « faculté de connaître ». Dans la perspective phénoménologique, est transcendantal ce qui permet la possibilité de la *connaissance de l'expérience*. Or cette possibilité, cette conditionnalité, est elle-même une expérience particulière, celle du sujet transcendantal qui constitue l'essence du monde.

génétique doit offrir une clarification « des lois eidétiques de l'association qui régulent la constitution passive ou préconstitution des objets » [1].

Comme l'explique en détail Husserl dans *Erfahrung und Urteil*, le phénomène de la « genèse associative » est justement « ce qui domine cette sphère de la prédonation passive ». Dans ce contexte, le terme d'association désigne dès lors « une forme appartenant par essence à la conscience en général, comme forme des lois de la genèse immanente » [2]. Si l'association est décrite comme une genèse, c'est parce qu'elle relève d'emblée des « synthèses de la conscience interne du temps », mais aussi, trait caractéristique trop souvent oublié, parce qu'elle exhibe également des propriétés dynamiques et cinétiques. Les *termini* associés ne le sont pas simplement parce qu'ils appartiennent à une liaison associative et simultanée qui les caractériserait de l'extérieur, mais parce qu'ils produisent *ipso facto* cette liaison constituée. Associer signifie en général rassembler divers contenus de conscience en une unité supérieure; mais l'initiative de l'unification associative revient aux contenus noématiques eux-mêmes, c'est-à-dire aux sens objectaux qui les caractérisent (de ce point de vue, nous sommes loin du principe d'association humien qui s'élucide avant tout sous le signe de la succession temporelle et habituelle des contenus, et non sur une force associative immanente aux contenus eux-mêmes). Dans le terme de *genèse*, il s'agit donc d'entendre cette dynamique interne à l'association et aux contenus qui la fondent. Il ne peut donc y avoir d'association statique; ceci est une contradiction dans les termes. L'association est génétique ou n'est pas.

Pour preuve, voici le témoignage de Husserl lui-même : lorsqu'il recherche, en une vision rétrospective et unificatrice, dans les textes qui relèvent de la phénoménologie statique, le « noyau de la phénoménologie génétique » [3], il fait explicitement référence au chapitre 4 de la première *Recherche Logique* qui traite justement de l'association à la fois comme phénomène d'« indication » et comme « connexion sensible ». Les textes des années vingt, c'est-à-dire ceux de la période privilégiée des analyses consacrées à la phénoménologie génétique, ne feront que venir confirmer cette parenté sans cesse réaffirmée : l'association est « une forme et une loi de la genèse immanente » de la conscience. Mais c'est aussi et surtout à ce titre une « genèse passive », c'est-à-dire une *synthèse passive*. Il n'y a pas ici à se méprendre : l'association est dite *passive*, dans la mesure où sa

1. Richard T. Murphy, *Husserl and Hume*, *op. cit.*, p. 64

2. *Expérience et Jugement*, p. 87 [78]. Récapitulant dans une lettre à A. Pfänder ses travaux depuis les *Ideen*, Husserl définit la « phénoménologie de l'association » comme « la théorie des opérations constitutives de la passivité [*Theorie der konstitutiven Leistungen der Passivität*] », cf. lettre du 6. I. 1931, *Husserl Briefwechsel*, *op. cit.*, Bd. II, p. 180.

3. *Expérience et Jugement*, *op. cit.*, p. 87-88 [78].

capacité de synthétisation des données ne ressortit pas à un pouvoir de l'entendement et de la conscience logico-eidétique. Dans sa grande partie, la synthèse associative appartient, affirme Husserl, à « l'intellect passif » [1]. Elle est donc *passive*, en ce que l'intention qui la meut comme tendance vers l'élément visé à associer ne résulte pas directement d'un acte volontaire de l'ego, mais appartient à une relation spécifique pré-égoïque qui s'établit entre les deux noèmes qui entrent ainsi en connexion. Il faut donc reconnaître à la sensibilité passive un pouvoir de synthèse. Il y a ainsi une composition du sensible qui excipe d'une propre autorité passive : la composition sans concept.

Étant donné que la passivité ne se réduit pas à la constitution originaire, mais enveloppe également la conscience thétique sous la forme de la passivité secondaire (mémoire, habitus, sédimentation, etc.), Husserl désigne par conséquent l'« association » comme la synthèse la plus universelle du champ de la conscience transcendantale. C'est notamment le cas dans les *Vorlesungen* de 1921 mais aussi dans les années trente : « la vie est entourée par une légalité d'essence universelle de la passivité : la synthèse de l'association » [2].

LES DIFFÉRENTES LOIS D'ASSOCIATION PASSIVE

De la reconnaissance du principe transcendantal de l'association, qui fait de la perception dans le présent vivant autre chose qu'une simple agrégation de data séparés, découle la question plus particulière des différentes modalités de son effectuation dans l'expérience originaire du sujet. Quelles sont les formes fondamentales de l'association qui entrent en jeu dans la formation des unités concrètes et perceptives et qui sont nécessairement requises pour expliciter clairement l'unité synthétique des corrélâts intentionnels ? Notre propos n'est pas ici d'analyser de manière exhaustive les lois générales de l'association ni de proposer un tableau panoptique de leurs propriétés [3], puisque d'exhaustivité et de tableau il n'y a pas, mais de dévoiler en quoi ces lois associatives interviennent directe-

1. Ms. A VII 13, p. 188. « Genèse, association et passivité sont chez Husserl trois termes liés à un même problème », E. Holenstein, *Phänomenologie der Assoziation*, *op. cit.*, p. 26.

2. Ms. C 3 III (mars 1931), p. 11 : « das Leben ist umspannt von einer universalen Wesensgesetztmäßigkeit der Passivität : der Synthesis der Assoziation ». Cette même idée est reprise quelques feuillets plus loin, p. 28 : « ichliche Aktivität setzt Passivität voraus – ichliche Passivität – und beides setzt voraus Assoziation, und auch Vorbewußtsein in Form des letztlich hyletischen Untergrundes ».

3. Il est à remarquer que jamais Husserl ne prétend dresser une liste définitive des connexions associatives légales.

ment, au sein de la passivité la plus originaire, dans la constitution des groupes sensibles et, partant, dans l'édification de l'homogénéité du champ impressionnel; en quoi par suite elles spécifient de manière concrète la synthéticité pré-catégoriale; en quoi enfin elles peuvent permettre de rendre compte de la formation de l'« en soi » des objets, de leur identité permanente comme noyau de sens et d'être.

De ces lois associatives, nous ne retiendrons dès lors que celles qui prennent effectivement part à la constitution des « unités pré-affectives » à l'intérieur de la sphère vivante du présent de perception. Or ce n'est pas là forcément qu'œuvrent de manière constante les principes associatifs. Husserl lui-même reconnaît cet état de fait : habituellement, l'association signifie le fait de *rappeler quelque chose* de plus ou moins semblable, elle a donc partie liée à l'évocation ou au souvenir. Elle reste ainsi étrangère à la constitution intrinsèque de la présence perceptive. Mais où se situe la véritable associativité de l'esprit? Dans la constitution de la présence ou dans le rapport d'un présent actuel à un présent passé ou à venir? Comme nous y invite E. Holenstein [1], on doit classer les différentes associations que l'on rencontre dans l'analyse husserlienne en deux grands groupes proéminents : les « associations originaires », celles qui entrent en fonction dans la constitution de l'homogénéité sensible, dans la configuration d'objectités disponibles pour la conscience, les lois de la succession et de la coexistence; mais aussi les « associations reproductives » qui, comme opérations du « rappeler quelque chose », rassemblent plus généralement les éveils, les anticipations, les indications inductives.

Puisque toute l'analyse des synthèses passives de l'homogénéité est placée sous le signe de l'exclusion totale des synthèses temporelles, nous ne devons étudier pour l'heure, remarque Husserl, que les *associations originaires* qui, indépendamment de toute « évocation » (*Weckung*) du passé ou de toute anticipation du futur, indépendamment de l'association *reproductrice* et *inductive*, prennent immédiatement part à la constitution impressionnelle du présent. Pour pouvoir atteindre ces « synthèses d'homogénéité », dit-il, nous devons en outre mettre hors jeu « tout acte d'imagination et de pensée [*jederlei Phantasieren, jederlei Denkakt*] ». Qu'est-ce à dire? Pourquoi cette nouvelle précaution? Que faut-il donc entendre par cette exclusion de l'*Einbildungskraft?* En fait, justifie ici Husserl, l'analyse des synthèses constitutives de l'homogénéité sensible se situe de manière quasi exclusive dans le champ de « l'unité synthétique

1. *Phänomenologie der Assoziation*, *op. cit.*, p. 32 : « Husserl unterscheidet zwei große Gruppen von Assoziationen, die "Assoziationen im gewöhnlichen Sinn", die zu Wierdererinnerungen, "Gegenwartserinnerungen" und Zukunftserwartungen führen, und dieVerschmelzungen von affektiven und voraffektiven Einheiten innerhalb der impressionalen Sphäre der lebendigen Gegenwart ».

continue du présent vivant fluent», à savoir dans la sphère de la présence perceptive immédiate, puisque c'est là, en toute rigueur, que les premières formes objectales font leur apparition. Les recherches portent donc sur le maintenant impressionnel de la donation *en chair et en os* et sur sa structuration perceptive et, à un degré d'immanence plus inférieur, hylétique. Or, le propre de l'activité imaginaire est précisément de dépasser ce cadre de la présence de l'impression vivace [1]. Elle propose des situations dans lesquelles les objectités présentifiées n'ont plus de lien effectif avec une expérience réelle, entée sur le présent vivant. Les vécus de l'imagination sont par conséquent sans lien réel avec les perceptions. Cela veut dire, constate Husserl, que,

> tandis que toutes les perceptions s'unissent en une unité du point de vue des objectivités visées en elles, et sont référées à l'unité d'un seul monde, les objectivités imaginaires tombent en dehors de cette unité, ne s'unissent pas de la même manière aux objectivités de la perception en l'unité d'un monde visé comme le même [2].

On conçoit donc aisément ici que les analyses centrées sur la constitution associative du présent impressionnel et vivant impliquent la mise entre parenthèse de ce débordement imaginaire.

Toutefois Husserl décrit cette présence associative, ainsi libérée de la reproduction et de la figuration, de manière assez particulière. Avec les «synthèses de l'homogénéité», nous nous situons, allègue-t-il, dans le domaine de la *pré-affection*, à savoir dans une organisation synthétique des saillances en unités associatives avant même que ces multiples unités composées ne viennent directement *affecter* le moi réceptif. Les couches les plus originaires de la formation de l'unité se situent donc en deçà de l'affection, en deçà de l'excitation et de la stimulation possibles que les objectités ainsi préconstituées exercent continûment sur le moi. Elles s'effectuent sans aucune «opération» [3] de l'affection, en dehors de tout *intérêt* égoïque pris à leur existence. En effet, toutes les unités plurales affectantes avec lesquelles le moi entretient un dialogue particulier dans la

1. Les recherches sur la constitution de l'homogénéité du présent vivant (qui est le «phénomène génétique le plus universel», Hua. XI, p. 137) impliquent donc l'exclusion de la forme «la plus générale» de l'association, à savoir celle du «rappeler quelque chose»: l'association reproductive. Aussi l'analyse portant sur les synthèses associatives de l'homogénéité, malgré son caractère originaire, n'est-elle pour la recherche phénoménologique que seconde dans le temps, car «la doctrine de la genèse des reproductions et de ses formations, c'est la doctrine de l'association au sens premier et propre du terme», c'est-à-dire *pros émas*, (Hua XI., p. 117).

2. *Expérience et Jugement*, *op. cit.*, p. 200 [195].

3. Hua. XI, p. 159. Les principes associatifs originaires qui interviennent dans la structuration du présent impressionnel sont «des lois pré-affectives de la formation d'unité» (*voraffektiven Gesetzmäßigkeiten der Einheitsbildung*), *ibid.*, p. 154.

sensibilité présupposent qu'un *travail* d'organisation et d'unification ait été « déjà accompli » [1]. Que des couleurs fusionnent ensemble dans un champ sensible, lui-même unifié selon les lois d'enchaînement de l'ordre local, « tout cela, dit Husserl, c'est l'affaire de la formation d'unité », et il est clair que « l'affection n'a rien à voir là-dedans » [2]. Que conclure de ces déclarations ? Tout d'abord l'idée que le champ associativement ordonné et structuré de la passivité originaire précède nécessairement le domaine de l'affection, tout comme les synthèses « pré-affectives » précèdent par essence les « impositions » (*Eindringlichkeiten*) affectives qui s'exercent sur le moi réceptif.

Par suite, indique Husserl, ce qui est associé dans la simultanéité du présent vivant perceptif de manière éventuellement unitaire « peut affecter parce qu'il est lié », mais il est faux de dire « qu'il est lié parce qu'il peut affecter » [3]. La liaison précède donc l'affection, de sorte que la synthèse passive du présent vivant s'effectue ici antérieurement à toute relation à une conscience égoïque. C'est la liaison passive des éléments saillants en unité sensible qui permet ensuite la mise en relation affective de cette dernière avec une instance égoïque capable de la recevoir et de l'éprouver, et non l'inverse. L'affection n'est qu'une force de rapport, non de liaison. Si elle relie des liaisons, elle ne les lie pas. Elle se contente de mettre en relation des unités déjà préconstituées dans le présent vivant, mais non de pourvoir à leur unification concrète. Ainsi l'affection présuppose nécessairement comme stade initial des objectités constituées et liées dans des synthèses unifiantes d'homogénéité. On comprend donc que l'une des tâches les plus importantes des *Analysen zur passiven Synthesis* soit de circonscrire de manière précise le champ de la passivité pré-affective et de le distinguer avec exactitude de celui de l'affection. L'éviction de toute contribution de l'affection dans l'*Einheitsbildung* n'est pas sans rendre plus ardue la tâche d'une description des formations pré-affectives. Car il reste évidemment à éclaircir pour Husserl comment le sujet philosophant peut se reporter à des opérations qui l'excluent doublement, à la fois comme moi *actif* et comme moi *affecté*. L'analyse génétique des synthétisations passives originaires doit s'enraciner dans un sol pré-catégorial mais aussi, ce qui est plus original encore, pré-réceptif. Comme nous aurons l'occasion d'y revenir, cette précession absolue des synthèses

1. *Ibidem*, p. 160. Si « tout ce vers quoi s'oriente le regard thématique est en premier lieu prédonné » (*alles, worauf unser thematischer Blick such richtet, ist zunächst Vorgegebenes*, cf. ms. A VII 13, p. 10), c'est donc vers cette prédonnée au regard que l'analyse doit se tourner sans pouvoir bien entendu reposer sur ce même regard thématisant.

2. *Ibidem*, p. 161. Dans la deuxième partie de notre étude, nous exposerons les problèmes liés à cette mise à l'écart problématique de l'affection dans la formation des premières unités hylétiques.

3. *Ibidem*, p. 390.

associatives pré-affectives sur les affections constitue l'une des thèses les plus complexes, et les plus discutables, des *Leçons sur la logique génétique*.

À y regarder de plus près, il y a là plus qu'une simple thèse sur les stades inférieurs de la genèse passive. Par cette *sous-position* d'une unification pré-affective du présent vivant, c'est-à-dire d'une constitution d'un « Soi » de l'objet, son *Selbst*, avant toute relation à un Moi, Husserl s'aventure en quelque sorte en *territoires inconnus*. L'analyse génétique, détachée ici de toute relation effective et affective à une instance égoïque de reconnaissance, se meut dans un domaine originaire quasi autonome, comme si elle faisait de la conscience prédonatrice une *chose en soi*. Entre les synthèses passives originaires et l'implication réceptive du moi, l'affection apparaît comme un simple point de passage, l'intermédiaire obligé entre l'organisation absolument pré-égoïque et le moi réceptif. Mais au stade pré-affectif, il n'existe pas à proprement parler de véritable pré-donation de l'objet ou des éléments objectaux originaires, car il n'y a pas, en réalité, d'instance constituante capable de recueillir ce don. Non sans que cette idée soit ici difficile à admettre pour Husserl, il doit donc reconnaître que la *Vorgebung* ne peut commencer effectivement qu'avec l'affection, à savoir avec ce stade supérieur de la synthèse passive, et la réception passive du moi. Il y a bien dans la passivité pré-affective d'essence associative une pré-constitution d'unités détachées, mais cette constitution primitive reste *pour nous* anonyme, non rapportée au moi. Elle figure une sphère autonome de sens qui échappe par principe à toute appréhension ou affection du moi. On comprend à partir de là que ce domaine de la passivité pré-affective corresponde à l'« inconscient », ce titre général que Husserl juge parfois, étant donné sa renommée nouvelle, avec circonspection, mais qu'il ne manque pas néanmois de revendiquer pour définir cette sphère de la passivité originaire.

Mais revenons à ce qui précède ici la répercussion affective de ce qui est originairement constitué, à savoir à la structuration complexe du champ passif de la présence perceptive. Le plus souvent, il est à peine besoin de le rappeler, les synthèses passives reposent sur un unique *fundamentum relationis* : l'association[1]. Si Husserl fait preuve dans ses analyses génétiques d'une certaine originalité en conférant aux lois associatives de la sensibilité passive un statut transcendantal (il donne d'une certaine manière aux principes humiens « de la nature humaine » les prérogatives transcendantales des catégories kantiennes, faisant des lois de l'association passive

1. Cette équivalence du passif et de l'associatif restera un trait caractéristique de toute la phénoménologie de la genèse, jusqu'aux derniers textes de la *Krisis*, cf., p. 411 : « La passivité en général est le domaine des liaisons et des fusions associatives dans toutes lesquelles le sens jaillissant est formation d'ensemble passive ».

des catégories pour ainsi dire esthétiques), il est en revanche plus conservateur quant à la conception même de la nature de ces lois. Dans leurs grandes lignes, il reprend tout simplement les principes habituels que la tradition philosophique a reconnus et exposés, et ce depuis le *Péri mnémes kai anamnéseos* d'Aristote [1], à savoir: ressemblance, contraste et contiguïté. Ainsi, les liaisons associatives « les plus générales entre des objets détachés et qui sont déterminées quant à leur contenu sont manifestement la ressemblance, ou plutôt la similitude, et la dissemblance, ou pour le dire de manière plus prégnante: les liaisons de l'homogénéité et de l'hétérogénéité » [2].

Examinons à présent ces diverses formes légales de l'association qui vont constituer pour le sujet des schèmes d'expérience typique, en essayant de voir à quels problèmes d'organisation des données hylétiques elles doivent répondre. Dans son effort constant pour se déprendre du schéma empiriste et atomiste de la conscience, signalons que Husserl s'attache avant tout à démontrer que l'effectuation des lois d'association ne nécessite pas la donation préalable d'éléments déjà constitués et isolés, mais que cette dernière n'est en fait possible que par l'entrée en fonction de ces mêmes lois. En conséquence de quoi, l'analyse phénoménologique commence par le repérage de ces relations primitives, de ces connexions initiales qui, seules, permettent de supposer un sens naissant. En dehors ou en deça de ces liaisons originaires, rien n'est saisissable, si ce n'est un « chaos » [3] inarticulé. Toutefois l'articulation du champ originaire n'est pas telle qu'elle fournirait toutes faites des unités objectives séparées. L'innovation principale de la doctrine husserlienne de l'association tient ici précisément au fait que la « liaison » (*Bindung*) doit être posée comme originaire, non seulement parce qu'elle qualifie des données primitives, mais aussi parce qu'elle appartient à une originarité qui n'est pas moins archaïque que celle des éléments qu'elle relie. Husserl ne demande pas autre chose à l'*Urassoziation* que d'être véritablement première. C'est la raison pour laquelle il rappelle, comme une injonction méthodologique fondamentale, que toute « l'analyse des phénomènes associatifs attire précisément l'attention sur le fait que la conscience ne doit pas être nécessairement conscience d'un objet pour soi » [4]. Qu'est-ce à dire ? Avant tout ceci : le dévoilement des principes de la médiation associative ne doit

1. « De la mémoire et de la réminiscence » (*De memoria et reminiscentia*), traité regroupé avec huit autres dans les *Petits traités d'histoire naturelle*, plus connus sous leur nom latin de *Parva Naturalia*. Trad. fr. R. Mugnier, Paris, Les Belles Lettres, 1965. Aristote y détermine en effet que ce qui provoque la réminiscence est une chose semblable (*omoios*), contraire (*énantios*) ou voisine (*suneggès*), *ibid.*, 451 b, tr. fr., p. 58.

2. Hua. XI, p. 129.

3. *Ibidem*, p. 414.

4. *Ibidem*, p. 120.

pas présupposer la formation achevée d'objets disponibles pour soi, d'unités de signification stables, mais doit constamment s'effectuer à partir de simples singularités détachées. D'où une nouvelle formulation d'un même problème : les règles de la combinaison associative doivent déjà valoir là où un tel objet *für sich* n'est pas encore discernable ni saisissable.

a) Ressemblance et similitude

Les premières liaisons associatives et synthétiques qui ont lieu entre les différents objets détachés sont « manifestement la ressemblance [*Ähnlichkeit*], à savoir la similitude [*Gleichheit*], et la dissemblance » [1]. On peut premièrement constater l'absence de référence à la contiguïté et à la causalité. Nous reviendrons plus loin sur la signification particulière qu'il faut accorder à cet oubli. En retour, la ressemblance se voit promue comme principe tout puissant de la liaison. C'est toujours en effet, selon Husserl, la ressemblance qui, à l'intérieur du divers sensible, fournit à la synthèse associative « son point d'appui le plus proche » [2]. Elle noue des liaisons entre les vécus, jette sans cesse des ponts entre des affections hétérogènes, notamment celles qui appartiennent à différents champs sensibles, bref, elle déploie une puissance de connexion générale, sans laquelle un monde ne pourrait advenir comme phénomène. De l'aveu même de Husserl, « le vague principe d'association par ressemblance et contraste conserve, à travers nos analyses de la structure nécessaire du présent vivant, un sens incomparablement très riche et très profond [*einen ungleich reicheren und tieferen Sinn*] » [3]. À la différence de la tradition philosophique, Husserl procède cependant dans les *Leçons sur la logique génétique* à une extension du concept de ressemblance au-delà de la simple sphère de la reproduction temporelle. Cette « extension » couvre ainsi le domaine plus méconnu des liaisons associatives cachées qui constituent de manière originaire l'homogénéité générale du présent vivant impressionnel. Loin d'être la simple évocation à distance du simple *a* éveille *b*, la ressemblance possède un fondement plus réel dans le présent impressionnel lorsqu'elle constitue par exemple l'élément interne de l'organisation des data sensibles, comme des taches de couleurs qui se rassemblent et fusionnent ensemble en se détachant d'un arrière-plan hétérogène avec lequel elles forment contraste, ou lorsqu'un son modifie graduellement son intensité tout en conservant

1. *Ibidem.* On retrouve cette même détermination dans *Expérience et Jugement :* « Homogénéité et hétérogénéité sont donc le résultat de deux modes fondamentaux et différents d'unification passive », *op. cit.*, p. 88 [79].

2. *Philosophie de l'arithmétique*, *op. cit.*, p. 260.

3. Hua. XI, p. 180.

une identité de contenu avec lui-même. C'est toute la systématicité interne du principe associatif qui est ici repensée :

> J'ai à peine besoin de dire que, par ce moyen, les traditionnelles lois de l'association par ressemblance, contiguïté et contraste dans leur vérité éclairante, mais encore vague et tout à fait incompréhensible, reçoivent grâce à la vision de l'essence [*durch Wesenseinsicht*] un sens intelligible et précis [1].

Cette *transfiguration* phénoménologique des principes traditionnels de l'association qu'opère Husserl dans les *Analysen zur passiven Synthesis* aboutit ainsi à une promotion générale de la « liaison de ressemblance » (*Ähnlichkeitsverbindung*).

Afin que l'association puisse effectivement intervenir dans le champ de la présence, et non plus dans celui de l'évocation du passé ou de l'anticipation du futur, il faut qu'elle soit par conséquent véritablement *originaire* et opératoire dans les éléments primordiaux du présent vivant perceptif. Aussi Husserl s'attache-t-il à montrer que, contrairement aux associationnistes, la synthèse associative de ressemblance ne succède pas aux éléments objectaux qu'elle joint. Chaque liaison de ressemblance, basée sur une synthèse de coexistence, ne forme pas non plus « un élément de liaison après-coup » [2]. La synthèse associative, et c'est là que se situe la spécificité même du concept husserlien vis-à-vis de la tradition psychologique et empiriste, ne fait pas son apparition après l'expérience première des *sense-data*, elle « est là en unité avec l'existence de deux éléments ». On ne peut pas présupposer l'existence d'objets séparés et distincts avant toute liaison, car la distinction, ce que Husserl nomme le « détachement », n'est justement possible que par les principes associatifs de la ressemblance et du contraste. Si, par conséquent, deux données ressemblantes surgissent dans le présent vivant, elles n'existent pas dans un premier temps séparément, et ensuite seulement deviennent, dans la composition, synthèse; mais, « qu'elles se ressemblent signifie que, dans une telle synthèse, elles apparaissent comme coexistentes » [3]. À l'envi, Husserl insiste sur ce point : dans la liaison de ressemblance, « le fondant et le fondé sont inséparables

1. Hua. XI., p. 181.

2. *Ibidem*, appendice XVI, p. 397. Cf. également l'appendice XVII, p. 398 : « partout où nous trouvons déjà des data détachés dans une conscience, data que nous appréhendons dans des rapports de ressemblance, nous trouvons précisément ces data liés dans la sensibilité sur un certain mode qui se nomme liaison de ressemblance ». Inversement, remarque Husserl, là où « un groupe de contenus nous est donné dans une liaison de ressemblance avant le déroulement singulier et la mise en relation mutuelle qui les tient ensemble, là se trouve la possibilité idéale (possibilité d'essence) de l'appréhension de ressemblance reliante, dans laquelle se constituent pour nous les rapports de ressemblance relatifs aux paires du contenu; c'est-à-dire qu'ils amènent ceux-ci originellement à la donnée ».

3. *Ibidem*, p. 397.

l'un de l'autre, sont nécessairement un»[1]. C'est justement parce que la *liaison de ressemblance* se produit ici de manière immédiate que Husserl peut fonder sur elle sa description générale du champ homogène du présent vivant.

Mais quel est précisément le trait caractéristique majeur de la liaison de ressemblance? Toute ressemblance, indique Husserl, crée entre deux données objectales une «unité de parenté» qui peut posséder elle-même divers degrés de perfection selon le stade plus ou moins avancé du fusionnement des éléments en question. Cette «unité de parenté» indique qu'un phénomène rappelle automatiquement un phénomène similaire avec lequel il peut former par suite un schème commun, un type à présent répétable. Le stade ultime de cette affinité en expansion est proprement atteint lorsque les données parviennent effectivement à la «similitude» (*Gleichheit*). Par là, Husserl désigne une «ressemblance [*Ähnlichkeit*]» complète et parfaite, dans la mesure où nul élément hylétique ne vient compromettre ou gêner la fusion totale des deux termes associés. Dans la liaison de similitude sensible qui est la clause principielle d'une possible unification identificatrice des données en groupes ou en objets supérieurs, l'élément *a* vient recouvrir parfaitement l'élément *b*, de sorte que les deux ne font plus qu'*un*, sont *un*. Tout objet ou élément détaché dans un champ homogène peut par conséquent être «pareil» (*gleich*) à un autre, ou simplement «ressemblant» (*ähnlich*), si, en lui, effectivement des éléments ou des parties s'opposent partiellement au recouvrement total dans le même.

> Phénoménologiquement parlant, on distingue la similitude (dans ce sens de simple répétition) de la simple ressemblance qui s'écarte graduellement de cette similitude, à travers la manière dont, dans la réciprocité et la «superposition» en esprit [*geistigen "Überschiebung"*] qui se produisent dans la «comparaison», le recouvrement paraît[2].

Par cela même qu'elles couvrent le champ du présent, du passé et du futur, les différentes liaisons de ressemblance et de similitude sont, pour Husserl, des liaisons «universelles» qui agissent au sein de la sensibilité «avant toute saisie singulière et toute mise en relation»[3].

1. *Ibidem*.

2. Hua. XI, p. 402. Il est à remarquer que Husserl propose ici une idée non pas numérique, mais figurative de la similitude. Deux données hylétiques sont *pareilles*, si toutes leurs parties se recouvrent parfaitement dans une unité sans faille. Que l'identité logique puisse être génétiquement fondée sur cette *Gleichheit* toute figurale, sur cette similitude phénoménale, et non sur une conception mathématique de l'égalité, reste extrêmement problématique et le silence de Husserl sur cette difficulté majeure n'est pas pour atténuer les interrogations naissantes.

3. *Expérience et jugement*, p. 227 [224].

En vue d'éclaircir ce processus fondamental du recouvrement de toutes les données par ressemblance, Husserl fait souvent appel, dans ses descriptions explicatrices, à un processus de « fusion » (*Verschmelzung*) entre les éléments hylétiques associés. Celui-ci possède un sens bien particulier : il désigne en général soit l'acte de fusionner comme tel, soit le résultat du fusionnement. En vertu de la ressemblance qui est la leur, les contenus sensibles fusionnent jusqu'à ce qu'ils atteignent « l'unicité du contenu » [1], c'est-à-dire jusqu'à ce qu'ils amènent la constitution d'une nouvelle objectité stable. Dans la liaison de ressemblance, la *Verschmelzung* porte l'accent sur « l'unification » concrète des contenus afférents aux différentes données hylétiques immanentes. Elle représente une connexion de conscience qui se fonde d'emblée « sur la particularité de la teneur » [2], puisqu'elle doit aboutir à la confection d'un nouveau contenu. Aussi, Husserl emploie-t-il rarement seul le terme de « fusion ». Il lui préfère l'expression plus précise de « fusion de contenu » [3]. Qu'elle soit « à distance » ou « de proximité », la fusion correspond toujours à la « concrétion » [4] ou « concrescence », c'est-à-dire à l'*unification concrète* des contenus hylétiques dans un tout indépendant, à la production d'une unité singulière (il va de soi que, dans le cas de la fusion *à distance*, les éléments cherchant à fusionner ne peuvent constituer un contenu unitaire. En ce sens, la fusion immanente repose essentiellement sur la contiguïté des données). C'est la « formation d'unité » par excellence, « l'unification constitutive, la fusion en *un* objet » [5]. C'est grâce à elle en effet que le processus de recouvrement des éléments parvient à une « unité réelle dans laquelle le ressemblant peut devenir avec le ressemblant un datum réel étant pour soi » [6]. Ainsi, la fusion en acte s'achève définitivement, lorsque les deux contenus en fusion atteignent la concrétion véritable, c'est-à-dire lorsqu'ils créent par leur union un nouveau contenu original, une sorte d'individualité sensible.

Au demeurant, tout recouvrement par ressemblance ne conduit pas forcément à la similitude complète, au fusionnement de ses différents

1. Hua. XI, p. 131. Dans sa qualification générale de la « fusion », Husserl insiste avant tout sur le fait que celle-ci se rapporte exclusivement aux « contenus » (*Inhalte*) ou aux « teneurs » (*Gehalte*) sensibles et à leurs relations internes, cf. « fusion intime (concrescence) », p. 158, « fusion-en-soi », p. 159, etc.

2. *Ibidem*, p. 161.

3. Sur cette *inhaltliche Verschmelzung*, cf. *ibidem*, p. 131, p. 140.

4. *Ibidem*, p. 139. On peut également faire remarquer que Husserl multiplie sans cesse les expressions qui ont trait à la concrétude pour qualifier la *Verschmelzung;* elle est dite tour à tour « réelle » (*reell*), « concrète » (*konkret*), « de la chose même » (*sachlich*), etc. Cette surenchère a pour but principal de la distinguer de la simple synthèse associative de liaison qui ne constitue pas cette unification réelle des contenus, mais se contente de les associer.

5. *Ibidem*, p. 165.

6. *Ibidem*, p. 415.

membres par une sorte d'interpénétration réciproque et totale. Il n'est ici que de considérer le cas de l'association par « couplage » [1] (*Paarung*), dans lequel, selon Husserl, le recouvrement se contente simplement de produire des paires, des groupes et des couples qui sont associés par des « membres-ponts » sans jamais réaliser à aucun moment le fusionnement de ce qu'il associe en une unité concrète et singulière, la concrétisation. Dans la *Paarung*, il n'y a donc pas de fusion à proprement parler, mais juste une *tendance à la fusion*, fusion à distance donc qui est freinée par la dissension des éléments différents. Les éléments associés dans le recouvrement de leurs aspects similaires coexistent seulement séparés dans une paire ; néanmoins chacun conserve pour soi l'intégrité de son contenu propre. En résumé, tout recouvrement peut être soit *accouplant*, soit *fusionnel*. De la même manière, chaque liaison associative engendre soit des unités objectales supérieures, des contenus hylétiques, soit de simples combinaisons (paires, groupes, ensemble, etc.). Ce que la fusion introduit de nouveau par rapport à la simple association par couplage, c'est précisément la formation concrète, par les éléments liés et associés, d'un élément unique et inédit, l'objet concret, à savoir l'apparition d'un contenu original, grâce au « mélange [*Mischung*] » [2] des contenus. Avec elle, nous semblons donc atteindre l'opération première de la formation passive des unités objectales, l'*Urobjektivation*. Toutefois la similitude résultant de la fusion, c'est-à-dire la ressemblance parfaite et achevée, n'est, comme le note Husserl, qu'une « idée, une limite idéale [*eine Idee, eine ideale Grenze*] » [3], à savoir : la congruence totale des éléments.

Dans sa gradualité, toute liaison de ressemblance peut donc être « consciente comme liaison de similitude ou comme simple liaison de

1. Toute association ne provoque pas *eo ipso* un fusionnement des éléments liés, mais peut, au lieu de créer un nouveau *concretum*, former une paire, un couple. C'est sur cette association non fusionnelle par couplage que Husserl fonde l'« appréhension analogisante du corps d'autrui », cf. *Méditations Cartésiennes*, *op. cit.*, § 51, p. 161 [142]. Cf. Didier Franck, *Chair et corps, sur la phénoménologie de Husserl*, *op. cit.*, § XII « Accouplement et ressemblance », p. 129-138 et Natalie Depraz, *Transcendance et Incarnation, Le statut de l'intersubjectivité comme altérité à soi chez Husserl*, Paris, Vrin, 1995, p. 139-144. Dans ses *Conversations avec Husserl et Fink*, D. Cairns rapporte ces propos de Husserl, *op. cit.*, p. 114 : « L'appariement, *Paarung*, désigne une association passive fondamentale, dans la simultanéité, puis dans la succession. Il y a appariement d'objets, séparés l'un de l'autre ».

2. *Ibidem*, p. 413. Dans son exposition de la *Verschmelzung*, Husserl fait explicitement référence dans un des *Beilagen* des *Analysen* à Carl Stumpf : « Rappelons-nous Stumpf et sa présentation de la fusion qui, comme il l'a avancé, se rapporte directement à notre point. La fusion est une conscience de la pluralité [*ein Mehrheitsbewußtsein*], donc quelque chose qui empêche le détachement » *ibidem*, p. 399. Dès les *Recherches Logiques*, Husserl soulignait les « recherches si instructives de Stumpf sur ces faits remarquables du *fusionnement* », exposés dans sa *Tonpsychologie*, cf. *op. cit.*, t. II, 2 (IIIe Recherche), p. 29 [246].

3. Hua. XI, p. 401.

ressemblance »[1]. De là découle son universalité de fonctionnement et d'expansion uniforme. À la différence de la similitude, l'*Ähnlichkeit* est en effet susceptible de *différents degrés* d'« intimité » (*Innigkeit*) et de fusion concrète. Plus les éléments ressemblants fusionnent les uns avec les autres, plus la ressemblance se rapproche de la limite idéale que figure pour elle la similitude totale. Autrement dit, la liaison de ressemblance est par essence dynamique. Husserl repère cette gradualité cinétique par exemple dans le « phénomène d'accroissement progressif »[33] d'intensité d'un son. Dans la contituité temporelle d'un même son, chaque moment est, quant à son contenu, strictement pareil aux autres, et pourtant le son peut toujours modifier, au cours de la synthèse de son développement, son intensité. Comment expliquer que le son puisse être à la fois pareil et différent ? Cette modification constante d'intensité, déclare Husserl, ne devient en vérité compréhensible que par l'intervention de la « liaison de ressemblance », car, dans la cas de la pure similitude, « le phénomène d'accroissement fait défaut [*fehlt das Steigerungsphänomen*] »[2]. C'est dire, d'une autre manière, que les diverses moments qui composent la ressemblance partielle induisent des rapports objectaux en soi beaucoup plus complexes que ceux de la congruence achevée, relevant de la pure et simple similitude. Dans la liaison de ressemblance, se trouvent toujours des moments qui ne viennent pas effectivement se recouvrir les uns avec les autres, mais ils font sécession, se séparent et par là se différencient. Par conséquent, partout où la similitude totale fait défaut, « le contraste va de pair avec la ressemblance [*geht Hand in Hand mit der Ähnlichkeit Kontrast*] »[3].

Bien sûr, tout ne fait pas contraste dans la ressemblance. Aux degrés de la « liaison de ressemblance » correspondent parallèlement des degrés inverses du non-fusionnement des différents éléments qui sont censés être ressemblants, à savoir les degrés du contraste. Le contraste lui-même ne peut apparaître comme tel que sur le « fond » ou encore sur le « sol » d'une homogénéité préalable. En ce sens, il n'est pas une « privation »[4] mais, dit Husserl, *ein konträre Gegensatz*. Dans la liaison de ressemblance, les

1. *Ibidem*, p. 131.

2. 33. Hua. XI, p. 396.

3. *Expérience et Jugement*, *op. cit.*, p. 87 [77]. Cette complexité est censée en fait expliquer de manière génétique rien de moins que les liaisons logiques d'identité et de négation comme biffage d'une équivalence présupposée. Certes ce rapport à l'objet comme unité objective n'existe au sens fort « que dans l'explication active et dans l'identification qui l'accompagne, mais il devient visible que c'est déjà dans la passivité du degré inférieur que les synthèses en question sont déjà en préparation », *ibidem*, p. 133.

4. Cf. ms. D 7 (été 1917, Bernau), « Sinnliche Einheiten und Affektion », p. 13. Dans ce long manuscrit qui préfigure sur bien des aspects les *Vorlesungen zur genetische Logik* de 1921, Husserl tente de ramener en effet les propositions fondamentales de la logique (égalité, différence, négation...) à ces effectuations passives de la ressemblance et du contraste, lesquelles sont nommées *fundamentum relationis* de toute conscience logique.

divers éléments non-congruents se détachent de la communauté immédiatement formée par les éléments similaires (ce qui suppose du point de vue temporel que le fusionnement par ressemblance soit plus immédiat que le contraste par dissemblance, étant donné que ce dernier ne peut apparaître comme tel que par rapport à l'existence du premier processus déjà constitué comme point de référence). En somme, toute ressemblance possède par devers soi « deux formes »[1] : tantôt elle est aspiration à la similitude, tantôt rejet dans la dissemblance. Cette duplicité fait d'elle l'une des synthèses passives et associatives les plus énigmatiques. En comparant des choses ressemblantes, on trouve donc aussi bien, constate Husserl,

> le recouvrement synthétique en *un quelque chose de commun*, donc de même, mais aussi le conflit synthétique des aspects particuliers de ce quelque chose de commun, aspects qui, dans le recouvrement, se refoulent les uns les autres[2].

Le processus du recouvrement est ici essentiel pour comprendre dans le détail comment peut advenir une chose telle que la fusion. Il y a recouvrement, lorsque l'élément A vient *se superposer* à l'élément B et le « recouvre (*verdeckt*) » littéralement, de sorte que ce dernier disparaît par là sous le premier. Souvent Husserl décrit ce recouvrement comme une superposition, voire une substitution, à savoir que si A est identique à B dans le recouvrement, c'est qu'il ne fusionne pas en fait avec lui, mais se substitue tout simplement à lui[3]. Aussi le recouvert est-il vu « tout entier à travers le recouvrant ». Le recouvrement équivaut donc à une sorte d'identification passive de l'objet avec lui-même qui le constitue en unité durable et repé-

1. Hua. XI, p. 397.

2. *Ibidem*. En ce qui concerne le rôle de la synthèse passive de recouvrement dans l'édification des significations pré-catégoriales, c'est-à-dire des sens perceptifs eux-mêmes, nous partageons l'analyse de Donn Welton lorsqu'il écrit à propos de la prescription d'un sens à toute donnée hylétique : « But what we now find is an aesthetic motivation immanent to the appareance and based on the homogeneity and heterogeneity of its complex : the "apprehension" is there in a "modified" form as associations which create tendency, allurement, and anticipations according to a style which is both given and indeterminate. The appareance as a hyletic complex is organized in a particular way in and through temporal, kinaesthetic and associative syntheses. It is in this interconnection of syntheses and hyletic complexes that aesthetic senses are generated » (Donn Welton, *The origins of meaning*, *op. cit.*, p. 243).

3. Par où l'on peut voir que les deux opérations fondamentales de la constitution de l'homogénéité de l'objet dans la passivité, à savoir le fusionnement et le recouvrement, possèdent en dernière instance des propriétés fonctionnelles relativement différentes. Si la fusion aboutit effectivement au mélange des deux éléments similaires, la *Deckung*, elle, semble reposer sur leur simple substituabilité dans l'espace (et donc impliquer ni mélange, ni compénétration). Le processus de recouvrement, qu'il soit passif ou actif, pose que A et B sont identiques si tout ce qui appartient à A peut être attribué à B, sans que la vérité de B en soit altérée. Expression moderne du principe leibnizien *eadem sunt quorum unum in alterius locum substitui potest, salva veritate*, *Philosophische Schriften*, VII, Berlin, 1875, p. 219.

rable. Il suffit pour s'en convaincre d'examiner comment Husserl explique la naissance de l'identité d'un contenu à partir du recouvrement de ses parties similaires : « le recouvrement sans conflit, le recouvrement de similitude ne retient quant à son contenu, au moment même où il advient par superposition, plus rien de la dualité, plus rien de la séparation. Dans la fusion de l'une et de l'autre conscience s'est effectuée une fusion de contenu, précisément celle qui conduit à une unicité du contenu commun ». Dans cette perspective, ce qui ne peut se recouvrir de manière totale avec les éléments plus ou moins semblables qui l'entourent se découvre (*aufdeckt*) alors comme dissemblant.

Il ne faut pas oublier ici que l'analyse husserlienne du recouvrement et de la fusion passifs dans les *Analysen* est commandée par la décision de rendre compte de la formation antéprédicative de l'expérience. Aussi essaie-t-il de montrer que c'est à partir de ce recouvrement des contenus hylétiques que devient possible, au niveau supérieur des relations logico-eidétiques, les actes d'identification et de recognition des objets d'expérience. La coïncidence sensible préfigure ainsi déjà les actions supérieures de la prédication logique :

> une synthèse passive de l'association, comme la fusion et le recouvrement, s'accomplit également avec l'activité de la simple réception et du développement particulier des moments affectifs de l'objet qui lui sont propres : c'est-à-dire l'objet lui-même et son moment considéré à part. Une synthèse active qui devient ensuite une synthèse prédicative se manifeste seulement lorsque la thèse de l'objet et celle du moment, qui repose avec lui unitairement et de manière purement passive dans l'unité de recouvrement, sont reliées dans la « synthèse de jugement » : ceci est *a*[1].

Déjà dans les *Recherches Logiques*, le *recouvrement* était présenté par Husserl comme une des opérations fondamentales de la connaissance de l'objet, à cette différence près qu'il qualifiait alors les simples vécus d'actes comme coïncidence de l'intention de signification et de l'intuition remplissante[2], et non les divers contenus hylétiques de la conscience. Mais dans les

1. *Ibidem*, p. 410.

2. Grâce au remplissement (*Erfüllung*) de l'intention par l'intuition donatrice, l'unité de recouvrement se manifeste, relativement aux deux vécus de conscience, comme « remplissement » et, relativement aux objets et aux contenus respectifs de ces actes, comme « vécu d'identité », « acte d'identification ». En tant qu'il est producteur d'unité, le recouvrement est la condition de possibilité originaire de tout acte de connaissance, c'est-à-dire, en fin de compte, de toute vérité effective. Selon Husserl, rien n'est donc moins révocable que cette implication originelle et directe de la *Deckung* dans le processus de l'identification cognitive, étant donné qu'il souligne expressément que « la connaissance en tant que résultat du processus de recouvrement est elle-même cette unité de recouvrement », *Recherches Logiques*, t. III, p. 48 [33]. En permettant la coïncidence immédiate ou à venir de l'intention de

Analysen, le recouvrement de ressemblance, élargi à tous les contenus de conscience, permet de comprendre la constitution passive de l'identité du *Soi* objectal et d'articuler de surcroît cette dernière avec l'identification logico-catégoriale dans les actes du jugement.

Tout comme la fusion qui l'accompagne, le recouvrement revêt aussi une double forme, comme dissimulation ou comme découvrement, similitude ou écart. D'une manière générale, Husserl conçoit les relations entre deux *data* comme celles entre un *datum* et le fond homogène sur lequel il s'enlève par écart : la manière dont l'élément dissemblant, dans le recouvrement de ressemblance, *se détache* de la communauté sensible formée par tous les autres éléments similaires est identique à la manière dont un *datum* peut se détacher du champ perceptif afférent. Il peut donc

signification et de l'intuition remplissante, de la visée anticipatrice et de la donation en personne, le recouvrement revêt ainsi la forme d'une authentique *adequatio rei et intellectus*. L'identité objective n'est pas le produit de la « réflexion comparative et médiatisée par la pensée », mais elle se donne à même le recouvrement des vécus comme un nouveau vécu « inexprimé et non conçu ». De ce fait, serait déjà présente en germe dans les *Recherches Logiques* l'idée centrale de la phénoménologie génétique, à savoir que les multiples opérations supérieures de la sphère logique de validité reposent sur le fondement synthétique d'une *Deckung*, plus précisément cette *unité de recouvrement* qui n'est pas un acte mais le résultat d'un acte. Ce point ne fait que renforcer, si besoin en était, la valeur pré-logique des multiples synthèses associatives de la sphère passive. Il est à remarquer toutefois que Husserl *relativise* aussitôt cette co-implication du recouvrement synthétique et de l'activité de connaissance. En effet, dans l'*Addendum* de cette même *Recherche Logique*, il note que, dans le recouvrement, « l'acte d'identification n'est, à vrai dire, pas encore pleinement constitué », *Ibidem*, p. 51 [26]. C'est dire d'une autre manière que, si élémentaire soit-elle, l'unité de recouvrement vécue comme coïncidence n'est pas totalement apte à fonder l'unité de connaissance, à savoir l'identification. Quelles sont les raisons de ce recul subit ? En quoi ici la simple coïncidence est-elle en retrait de l'identification logique ? En fait, si la *Deckung* ne correspond pas entièrement à un acte de connaissance, et ne peut équivaloir en cela à une synthèse véritablement identifiante, c'est parce que le remplissement de la signification intentionnelle par l'intuition donatrice qui constitue et fonde cette *Deckung* a lieu le plus souvent sans l'assentiment actif et volontaire de la conscience. À la vérité, la conscience ne peut faire de son propre chef que tel ou tel acte de signification, telle ou telle intention, soient remplis par une intuition particulière. Bien qu'il soit initié par une position d'acte, le remplissement se fait en quelque sorte *de lui-même*. Aussi, par cela seul que la conscience ne décide pas totalement de sa production, le remplissement recouvrant ne peut-il instaurer qu'une sorte d'identification passive, pré-logique, « l'unité de recouvrement », mais nullement un *acte d'identification* propre, reposant sur un jugement positionnel. Ce dernier nécessite, pour ce faire, la reconnaissance active du sujet conscient, lequel peut juger que l'intuition donnée correspond bien à l'intention prescrite. À cet égard, Husserl affirme sans hésitation qu'on ne parvient effectivement à l'unité de connaissance véritable que « dans la réflexion sur l'unité de remplissement », *ibid.*, p. 52 [36], c'est-à-dire que dans l'activité évaluatrice et positionnelle qui prend en compte le résultat du recouvrement et qui en examine sous toutes ses facettes la validité cognitive. Du point de vue de la phénoménologie statique des *Recherches Logiques*, il n'est pas aisé néanmoins de comprendre qu'un acte puisse donner lieu au connaître sans être lui-même immédiatement reconnu comme un acte de connaissance authentique.

affirmer que tout contraste apparaît sur un « sol d'homogénéité ». Est contraste, l'action seconde de résister à l'homogénéisation du contenu, soit dans un contenu ressemblant, soit dans l'uniformité du champ. Si une saillance se détache effectivement du champ perceptif, c'est parce qu'elle a originellement repoussé un possible recouvrement de similitude avec le fond homogène qui l'enveloppe tout entière, c'est parce qu'en elle divers éléments objectaux ont *contrarié* le fusionnement effectif dans le même. Aussi, les termes de *Abhebung*, *Kontrast*, *Heterogenität*, *Inkongruenz*, *Fremdheit*, *Unähnlichkeit* – constamment employés par Husserl dans ses analyses sur la formation de l'unité sensible pour décrire ce qui gêne et contrarie toute mise en commun associative – sont-ils en fin de compte quasi synonymes. On comprend à présent que, dans le cas précis de la similitude parfaite, « il ne reste plus rien de la saillance [*so weit nichts von Abgehobenheit*] » des phénomènes originaires, puisqu'il ne peut y avoir de détachement que dans et par le contraste. Tout se passe donc comme si les diverses saillances phénoménales qui se manifestent pour la première fois dans le détachement étaient entourées par une double homogénéité, celle *originaire* du champ et celle *finale* de la communauté de similitude, dans laquelle elles disparaissent et se perdent de concert. Bien entendu, cette double homogénéité reste purement *idéale*, à savoir le résultat d'une abstraction réflexive.

Toujours donc en deçà de la similitude parfaite (laquelle signifie désormais que l'identité peut être ici donnée dans une véritable intuition sensible) la ressemblance crée, soit en tant que synthèse de liaison, soit en tant que synthèse de fusion, des groupes, des paires, des ensembles eux-mêmes fondés sur des composants élémentaires communs et semblables. Les groupes de ressemblance reposent sur l'identité d'un même membre (ou de plusieurs) que Husserl appelle, pour cette raison, le « membre-pont »[1]. Ce dernier forme pour ainsi dire une *arche* reliant les éléments affins susceptibles de constituer une unité cohérente. Un triangle rouge peut former avec d'autres triangles différents un groupe de ressemblance « triangle » et d'un autre côté, avec d'autres figures rouges, un groupe de ressemblance « rouge » – la liaison de ressemblance s'établit donc comme vraiment indépendante des contenus concrets qu'elle assemble. Ceci étant dit, ce qui étonne tout d'abord dans l'analyse husserlienne de la constitution passive de l'objectivation et des multiplicités sensibles, non seulement en comparaison avec les théories traditionnelles analogues, mais aussi au regard du développement interne de la phénoménologie génétique, c'est la place tout à fait prédominante qu'elle octroie à la ressemblance, présentée comme une sorte de résonance universelle de tout avec tout. Il n'y a pas le

1. *Ibidem*, p. 123.

moindre domaine de la formation passive où elle n'intervient pas. Sans elle, « nul monde ne pourrait être là » [1]. De sorte que Husserl en vient même à se demander si une association est pensable, « au cas où nous abandonnerions la relation de ressemblance », ou plutôt si un éveil associatif serait effectivement possible « autrement que sous la médiation d'un éveil de ressemblance [*unter Vermittlung einer Ähnlichkeitsweckung*] » [2]. Il va sans dire que cette hypothèse reste sans suite. Husserl insiste en général sur la nécessité de la ressemblance dans la formation des premières liaisons antéprédicatives. Elle représente, dit-il dans l'appendice XVIII des *Analysen,* la *résonance* universelle de toutes les objectités constituées dans le présent vivant impressionnel : « c'est une loi universelle de la conscience que, de chaque conscience particulière, c'est-à-dire de chaque objet particulier, émerge une résonance ; et l'unité de ce qui résonne, c'est la ressemblance » [3].

Ce privilège insigne de la ressemblance se comprend si l'on tient compte du fait que la méthode réductive répudie tout recours à un type d'explication causale comme à un usage trop généralisé de la contiguité spatiale, laquelle nécessiterait aussitôt une analyse des conditions non plus phénoménales mais physiologiques de la liaison associative (relation de contiguité à peine évoquée par Husserl, notons-le, dans les *Analysen*). Avec la mise sous l'éteignoir de la causalité et de la contiguité [4], c'est donc par compensation que la ressemblance se voit confier le *leadership* dans les diverses manifestations du principe d'association. Son omnipotence dans le domaine du ressouvenir comme dans celui de l'ordonnancement des champs sensibles confirme également que l'analyse de la formation de l'homogénéité s'attache avant tout aux caractères figuraux des données sensibles. Il n'y a, au vrai, de rapport de sens que se phénoménalisant [5].

1. *Ibidem*, p. 406.
2. *Ibidem*, p. 123.
3. *Ibidem*, p. 406. « La résonance, c'est l'association par ressemblance. le terme d'association convient dans la mesure où une unité passivo-sensible est produite ».
4. Si l'explication mécaniste de l'association ramenait la ressemblance à la contiguité, c'est-à-dire à la contemporanéité des sensations et à leur coexistence matérielle, l'explication phénoménologique procède inversement : elle voit dans toute relation de contiguité une unité fondée dans une ressemblance minimale. Deux éléments sensibles constituent une relation, non pas parce qu'ils sont proches, mais parce que leur ressemblance les fait se rapprocher comme synthèse à distance. Le rapprochement est donc un cas particulier de la ressemblance qui s'exerce à distance. Si toute association est une liaison perceptible (*fühlbar*), c'est avant tout à la ressemblance qui résonne en elle qu'elle le doit. Cf. *Expérience et Jugement*, p. 88 [78] : « *toute association immédiate est une association selon la ressemblance* » (trad. fr. modifiée).
5. On perçoit déjà ici toute l'ambivalence primitive des objectités intentionnelles qui sont à la fois sens et phénomène, signification et manifestation. Malheureusement, l'étude de la formation de l'homogénéité originaire du présent impressionnel renforce ces ambiguités et n'est d'aucun secours valable pour trancher le débat qui oppose les partisans d'une théorie perceptive du noème (Gurwitsch) et ceux d'une explication purement sémantique du noème

Cela implique que toute teneur de sens se lie à une autre similaire par une relation visible que fonde à chaque fois la ressemblance. Si familiarité il y a, celle-ci concerne avant tout le contenu apparaissant des objectités saillantes. Deux données forment ainsi une association de parenté lorsqu'elles ont une « teneur quidditative » [1] (*Wasgehalt*) ressemblantes. Mais comment une essence peut-elle ressembler à une autre essence ? Que veut dire qu'il y ait ressemblance des contenus en soi des objets ? Toujours est-il que chaque *unité d'apparition* porte à chaque fois en elle une *unité de signification*, et l'analyse husserlienne oscille sans cesse entre le plan *figural* de la ressemblance perceptible et le plan *sémantique* de l'identité eidétique.

La description phénoménologique du processus de ressemblance dans les *Analysen* laisse par conséquent voir un aspect essentiel de la théorie husserlienne de l'association, à savoir que c'est dans les synthèses passives inférieures de la conscience que se constitue une unité objectale, le « Soi » de l'objet, et plus particulièrement dans le « recouvrement » de l'objet avec lui-même. La ressemblance constitue à elle seule la première manifestation dans la passivité de la « synthèse d'identification » qui, au stade supérieur de la pensée catégoriale, deviendra recognition. Si la ressemblance est ainsi mise en avant par Husserl dans la constitution associative du présent vivant et de son homégénéité, c'est parce qu'elle rend donc avant tout possible et pensable la formation graduelle de la « mêmeté [*Selbigkeit*] » des saillances qui émergent de manière multiple du champ de conscience. La constitution de l'*en soi*, c'est-à-dire du *Selbst* de l'objet dont il y aura « donation en personne [*Selbstgebung*] », s'effectue grâce à l'entremise de l'*Ähnlichkeit* qui compose, à elle seule, une identité durable de l'objet. En vertu des rapprochements qu'elle opère, la ressemblance fonde pour ainsi dire l'identité passive de l'objet avec lui-même, c'est-à-dire lui garantit une sorte de permanence et de mêmeté typiques dans les différents modes de conscience et de donation qui le pluralisent. Elle est le réquisit essentiel d'une genèse de l'*en soi* de l'objet dans les couches inférieures de la prédonation passive, en ce qu'elle préconstitue, antérieurement à tout acte d'identification véritable, l'identité constante et durable d'une synthèse d'aspects similaires, posée, grâce à elle, comme une unité objectale.

Mais il est à noter que ne peut se produire une telle *mêmeté* des objectités originaires et des saillances sensibles que s'il existe par ailleurs conjointement la possibilité de les reproduire telles quelles à chaque instant dans

(Follesdal). En effet, l'objectité originaire se donne comme un signe pourvu de sens, comme une intuition porteuse d'une unité objectale qui précisément fonde sa signification. Donn Welton propose l'idée médiane d'un « sens perceptuel » qui résiderait dans le caractère intentionnel des data hylétiques formant une unité objectale stable, cf. *The Origins of meaning*, *op. cit.*, p. 233-245

1. *Ibidem*, p. 130.

les modifications de l'expérience passée ou imaginaire. C'est ce à quoi s'attache également la synthèse associative de la ressemblance, mise en avant par Husserl : fonder dans l'éveil et le ressouvenir passifs la *reproductibilité* expériencielle de l'objet. Entre autres bénéfices de cette promotion générale de la liaison de ressemblance dans la constitution passive de l'objectivation, le non des moindres consiste, pour Husserl, dans l'articulation plus aisée avec la sphère des opérations logiques, articulation qui reste, rappelons-le, le but essentiel des *Leçons sur la logique génétique*. Ce privilège des connexions de ressemblance fait ainsi sens, si l'on replace le projet même d'analyse intentionnelle de la sphère passive dans la volonté d'asseoir les actes cognitifs et, parmi eux, plus particulièrement la fonction principielle de l'identification sur une base anté-prédicative – ce qui serait assurément plus difficile avec la simple relation de contiguité qui, si elle a effectivement une grande valeur pour la psychologie expérimentale, est de peu d'intérêt pour le logicien. Dans cette perspective fondationnelle, le lien constitué par la ressemblance purement figurale en tant que « familiarité » (*Verwandtschaft*) de l'objet avec et comme *Soi* peut déjà prédessiner à grands traits la liaison d'identité à l'œuvre dans tout jugement de reconnaissance ou dans toute comparaison logique. Bien évidement, la ressemblance, comme effet de la synthèse passive, ne peut pas fonder l'identité définitive de la saillance en un pur et simple objet de connaissance. À cet égard, Husserl prend bien soin de faire la distinction entre ressemblance passive et active. Dans les *Analysen*, il constate ainsi que :

> la liaison de ressemblance a, généralement parlant, deux formes :
> la forme originaire préalable à la superposition, dans la pure coexistence passive.
> la forme de la « fixation » [*Fixierung*], réalisée par le sujet, de l'un puis de l'autre élément, à l'occasion de quoi intervient la superposition du contenu : le rayon du regard du moi concerne non seulement le premier élément, mais aussi (a-t-on le droit de dire : en même temps conscient de manière impressionnelle et rétentionnelle ?) le second [1].

Aussi, dans l'investigation génétique des liaisons de ressemblance, faut-il toujours prendre garde, prévient Husserl, de ne pas introduire implicitement des « appréhensions objectives » qui risquent de fausser la teneur phénoménale des éléments semblables, en les transformant en simples corrélâts d'actes du moi. Il existe donc bien une forme supérieure de la liaison de ressemblance qui est liée à la comparaison active, mais cette « action », comme la nomme Husserl, ne peut, en aucun cas créer la concordance et la discordance des éléments hylétiques. Tout discours qui touche à la question de la formation d'un contenu objectal nous renvoie par

1. *Ibidem*, p. 397.

conséquent toujours « à la connexion de ressemblance » [1]. Il s'ensuit que toute unité objectale se présente en premier lieu comme une « unité d'affinité ». Par conséquent toute liaison de ressemblance entraîne une « conscience d'identité » [2].

Toutefois la constitution de l'identité durable d'une objectité, son *Selbst*, peut-elle vraiment se suffire d'une liaison aussi instable que peut l'être la ressemblance [3] ? Comment tirer génétiquement de la simple ressemblance passive la relation d'identité qui institue l'objet en quelque chose de spécifiquement déterminable ? Qu'en est-il de cette prétention de la ressemblance d'assurer les premiers moments de la formation des unités objectales ? Dans sa tentative de dévoilement de l'objectivation originaire, Husserl considère manifestement la ressemblance comme le processus fondamental de constitution de l'identité naissante d'un objet. Mais ne fonde-t-il pas par là même l'identité numérique d'un objet, le fait qu'il soit *un* objet, sur la simple identité qualitative de cet objet, le fait qu'il est telle ou telle apparence, qu'il ressemble à lui-même plus qu'à un autre ? On peut douter ainsi que l'identité qualitative (la ressemblance) d'une objectité soit suffisante pour constituer son identité numérique. Deux objets peuvent être identiques du point de vue qualitatif, c'est-à-dire purement semblables du point de vue de leur être et de leur propriété internes, et pourtant être différents, être numériquement deux. Or, force est de constater que, dans le champ de la hylè passive, cet aspect des choses n'est jamais envisagé par Husserl. Dès que deux objets donnés font montre d'une quelconque similitude, ils doivent, selon lui, fusionner totalement dans un objet unique dans un recouvrement total. En un mot, toute ressemblance doit en principe conduire à une congruence complète. La présupposition du fusionnement général des données hylétiques lui interdit l'idée, pourtant tout à fait plausible, d'une coexistence possible dans le champ de conscience de deux objets qui seraient en même temps parfaitement identiques du point de vue qualitatif et numériquement différents. Ainsi Husserl subordonne entièrement l'identité numérique à l'identité qualitative. Et cela est d'autant plus surprenant qu'il prétend parler ici en « logicien », et fonder génétiquement les opérations logiques supérieures de leurs *analoga* dans la passivité. Comment va-t-il pouvoir dès lors faire dériver de la simple ressemblance qualitative l'identité numérique des différents objets ?

1. *Ibidem*, p. 397.

2. *Ibidem*, p. 201.

3. Dans le manuscrit A VI 34 (1931) Husserl souligne que « cette unification qui s'accomplit de manière passivo-associative, et la constitution de l'unité, n'est pas l'identification en tant qu'acte de "l'entendement" » (aber diese passiv-associativ sich vollziehende Einigung und Konstitution von Einheit ist nicht Identifikation als Akt des "Verstandes", p. 40), mais que cette dernière en revanche s'effectue sur un soubassement déjà présupposé », à savoir la liaison de ressemblance pré-affective.

De toute évidence, la simple ressemblance à soi ne peut pas être un critère entièrement valable de la fondation d'identité d'une objectité. La ressemblance reste un rapport et, en tant que tel, elle est soumise à une variation permanente de ses paramètres. La similitude peut être certes le signe de l'identité, mais pas forcément son fondement. Qui plus est, la liaison de ressemblance est une opération de la subjectivité passive. Elle ne relève donc pas des contenus eux-mêmes comme une propriété interne de leur essence. Comment, dans ce cas, parler de ressemblance entre des contenus d'essence et mettre ensuite sur le même plan *ressemblance sensible* et *eidos ?* Il faut se rappeler que toute synthèse associative ne crée entre les éléments associés « aucune liaison réelle » qui scellerait, de manière quasi matérielle, leur union. A fortiori en va-t-il de même pour la qualité *princeps* de l'association : la ressemblance. Husserl ré-affirme avec vigueur à cette occasion le caractère purement intentionnel ou irréel de la relation associativo-passive: « on a de bonnes raisons de croire que lorsqu'on parle d'objets réels la simple ressemblance ne crée pas entre eux une liaison réelle (*real*). Que deux hommes se ressemblent, par exemple par leur nez, ne produit entre eux aucun lien réel » [1]. Le caractère *irréel* de la ressemblance ressortit directement, comme nous l'avons vu, à l'irréalité même de la liaison associative. C'est cette *extra-concrétude* qui lui autorise les rapprochements les plus inédits et les plus lointains que Husserl rassemble dans la résonance universelle. Quand bien même la ressemblance serait une liaison non-réelle, elle reste toutefois une liaison de contenu à contenu (car elle n'est pas, comme pour Hume, un simple effet subjectif de l'imagination, si affermi soit-il par la croyance habituelle). Elle est donc en quelque sorte extrinsèque aux contenus, mais intrinsèque à leur expérience, car elle ne provient pas d'une appréhension intellectuelle. Comment peut-elle dès lors garantir non plus ici l'unité mais l'identité des objectités qu'elle associe? Car si l'on peut concevoir aisément que l'association fonde bien des relations constantes entre des objets, on a du mal, par contre, à accepter l'idée qu'elle puisse intervenir en propre dans la constitution de l'objet en tant qu'essence invariante.

Sous peine de décevoir nos doutes, Husserl ne voit jamais dans la ressemblance un écueil au processus d'objectivation. Au contraire, l'invariance eidétique du *Selbst* de chaque objectité découle directement de la ressemblance qu'il possède avec lui-même. En tant que telle donc, la ressemblance consiste en une certaine *puissance d'homogénéisation* des données du champ de conscience, une force de coalescence et de cohésion qui, déjà dans la passivité, apprésente des unités objectales. Par ce geste,

1. *Ibidem*, p. 129. La ressemblance est certes une connexion *sensible*, mais aussi une « connexion subjective constituée dans le sujet comme forme de liaison des objets subjectivement constitués », cf. Hua. XI. p. 406.

Husserl compense l'exclusion de la contiguïté et surtout de la causalité qui auraient pu, elles aussi mais sur un autre plan, assurer une assise interne de l'objet. La ressemblance est ainsi plus l'impulsion vers la mêmeté que son résultat, plus force que semblance. L'aspect dynamique est ici essentiel pour Husserl. C'est lui qui vient en réalité cimenter [1] une liaison associative qui, en tant qu'elle reste extra-concrète et réellement étrangère à l'essence des contenus appariés, pouvait apparaître comme fortuite. De même que pour Hume la *croyance* vient renforcer les liaisons associatives en leur conférant cette « force calme » de l'habitude qui les lie, la tendance à l'homogénéisation fait pour Husserl de la ressemblance plus qu'un simple rapport figural entre des données intuitives. C'est ici l'inclination pulsionnelle (une forme inférieure de l'intentionnalité passive) à s'associer selon la ressemblance qui confère à toute formation d'unité une certaine constance dans la durée et la liaison. Les transitions associatives sont fondées dans une intentionnalité tendancielle de toutes les objectités qui, sans cesse, s'appellent l'une l'autre, se répondent et ont une *propension* (naturelle pour Hume, et intentionnelle pour Husserl) à se réunir sous la forme de *touts unitaires* ou de *configurations stables*. Sans cette force d'assimilation constante, la ressemblance resterait une simple relation imaginaire, et non une propriété intrinsèque aux données antéprédicatives elles-mêmes. Mais comment cette irrépressible tendance à l'association par ressemblance peut-elle faire droit en même temps à la différenciation interne des données hylétiques qui entrent en relation, car être soi, n'est-ce pas aussi n'être pas autre que soi, donc se différencier ?

b) Contraste et écart

Il est clair tout d'abord que la ressemblance ne peut rendre compte à elle seule de la formation de l'unité sensible dans la passivité. L'homogénéisation antéprédicative ne peut se comprendre en effet sans faire intervenir directement dans ce processus d'unification le pendant de la ressemblance, à savoir le contraste. L'échec relatif de la ressemblance est peut-être même la clef pour saisir ce que sont la « saillance » et son fonctionnement passif, et par suite les « éléments génétiques originaires ». Nous l'avons vu, le contraste est continuellement présenté par Husserl comme un « écart » (*Abstand*) qui surgit au cours de la fusion *à distance* de tous les data sensibles appartenant à un même champ. En ce sens, il équivaut au « détachement » (*Abhebung*), à la « séparation » (*Sonderung*) d'un élément sensible,

1. Dans le même sens où, dans l'*Abstract*, Hume parlait des lois associatives comme d'un « cement of universe ».

inassimilable par la communauté des autres éléments identiques. De ce fait, L'hétérogénéité devient « étrangèreté » [1] (*Fremdheit*) du contenu faisant écart. Plus le détachement de cet élément saillant est fort, plus le fusionnement mutuel est empêché. Ceci suppose une force affective propre à la saillance qui l'affirme bien au-delà de la communauté sensible en tant que dissemblable effective. L'« être-pour-soi » (*Für-sich-sein*) de la saillance est donc toujours le résultat immédiat d'un « affecter-pour-soi » [2] (*Für-sich-Affizieren*) du contenu. On pourrait alors dire que si la ressemblance constitue le caractère *en soi* du contenu, puisqu'elle en détermine le rapport à soi comme invariance, le contraste fonde pour sa part le caractère *pour soi* du même contenu. Ceci dit, la simple ressemblance n'est pas suffisante pour constituer une objectité en unité invariante et identique. Il faut nécessairement la penser comme liée à un contraste, à savoir à une contre-ressemblance constitutive. Aussi l'écart représente-t-il d'une certaine façon la première forme d'individuation du contenu, du Soi, puisqu'en faisant irruption dans le champ homogène et en se séparant des contenus co-donnés, il conduit à la particularisation :

> C'est ici que, de toute évidence, se trouvent le commencement de la particularisation et de la division internes dans la passivité et, par là, la présupposition requise pour l'explication des traits caractéristiques et des parties internes dans l'activité et, en fin de compte, dans l'activité judicative [3].

Mais il y a plus : si la ressemblance subit dans son effectuation une certaine gradation, faite de multiples nuances d'intensité, le détachement en tant que pur contraste n'admet en revanche aucun degré. La saillance se détache ou non, fait contraste ou non. En tant que simple écart, elle n'est pas susceptible *de plus ou de moins*. Ce qui fait sécession de l'homogénéité se donne immédiatement comme différent. Si minime soit l'écart, il suffit pour fonder la distinction du contenu dissemblant vis-à-vis du groupe ou du champ d'où il se détache. En conséquence, tout écart est qualificatif (au contraire de la ressemblance). Dès qu'un élément d'une totalité sensible

1. *Ibidem*, p. 131. Didier Franck se demande si dans cette *Fremdheit* constitutive de la connexion associative il n'y aurait pas déjà la présence remarquable d'une altérité : « Si l'association opère selon la parenté et l'étrangèreté, n'implique-t-elle pas autrui ? Comment comprendre le sens de cette *Fremdheit* si l'autre n'est pas donné ? », *Chair et corps, sur la phénoménologie de Husserl*, Paris, Éd. de Minuit, 1981, p. 79. Toute l'explicitation profonde dans la cinquième des *Méditations Cartésiennes* du rapport à autrui dans les *Paarungen* incessantes de chair à chair et dans les ressemblances passivement instituées ne peut en cela que lui donner raison.

2. *Ibidem*, p. 400.

3. *Ibidem*, p. 133.

met en échec l'homogénéisation constante et pulsionnelle de toutes les co-données, il provoque la séparation et la distinction de celle-ci et ne peut alors manquer de se faire remarquer comme distinct. Cette thèse audacieuse, avancée par Husserl, semble devoir nécessairement entraîner la conséquence suivante : le détachement d'un datum s'effectue de manière non-intensive, en un coup d'œil.

Toutefois, cet état de choses est dans sa globalité difficilement compatible avec la gradualité même de l'affection qui met en relation cette saillance avec le moi réceptif. Si toute saillance est issue d'un écart de certaines de ses parties intuitives, alors elle devrait automatiquement exciter le moi et l'affecter sur le champ. Or, tel n'est pas généralement le cas. Nombreuses sont les objectités saillantes qui, tout en se détachant, restent en définitive complètement imperceptibles. Dès lors, le contraste, le détachement contre-distinct des autres saillances émergeant dans la champ, n'est pas suffisant pour provoquer une affection sur la réceptivité égoïque. Et pourtant le contraste comme condition du détachement paraît entraîner une telle répercussion affective. Nous aurons à résoudre cette énigme lorsque nous nous intéresserons de plus près à l'affection elle-même.

Si Husserl ne laisse pas d'opposer continûment à l'homogénéité le contraste, il considère toutefois ce dernier comme un « phénomène de la sphère de l'homogénéité [*ein Phänomen der Homogenitätssphäre*] » [1]. N'y a-t-il pas là, à première vue, quelque chose de paradoxal ? En quoi le contraste peut-il en effet participer de l'homogénéité qu'il nie ? Et de quelle homogénéité peut-il bien s'agir ici ? Est-ce l'homogénéité générale originaire du champ ou l'homogénéité « secondaire » [2] produite par les synthèses associatives de similitude et de ressemblance ? En fait, explique Husserl, tout ce qui se détache se sépare de cette communauté première du fond homogène, tout en lui appartenant : « tout ce qui est détaché pour soi dans un champ est détaché de quelque chose appartenant à ce même champ. Cela donne un certain concept fondamental de séparation [3] ». Le contraste

1. *Ibidem*, p. 134. Cf. également, p. 139.

2. On perçoit clairement la différence entre l'homogénéité originaire du champ et l'homogénéité constituée par les liaisons de ressemblance dans ce passage des *Analysen :* « Si nous considérons un champ pour soi, nous avons, abstraction faite de l'homogénéité générale, pourtant des liaisons d'homogénéité particulières (...). Plus grande est la *ressemblance*, qui est homogénéité, plus forte est une unité de groupes de cette sorte, plus elle est unité de saillance ».

3. Hua. XI, p. 138. Cf. également, p. 139 : « À une pluralité homogène de groupes appartient les deux choses : fusion concrète et contraste ». Le contraste fonde le « chacun pour soi », tandis que la fusion associative à distance instaure le « l'un pour l'autre » (*ibid.*).

ne désigne pas dès lors le pur et simple phénomène de séparation du datum, mais l'unité à *deux faces* que ce datum singulier, saillant et séparé, forme avec le champ originaire dont il est issu. C'est pourquoi il y a, ajoute ici Husserl, dans tout contraste « quelque chose de la fusion, quelque chose qui unifie de manière homogène les data concrets » [1]. Toute dissemblance est *bi-frons*, une « ressemblance dans l'écart » [2].

À l'autre bout de la liaison par ressemblance se trouve donc le contraste qui se manifeste de manière descriptive par l'absence ou l'empêchement réel d'un fusionnement entre les éléments mis en relation. D'autre part, conformément au schéma général de sa théorie de la négation, Husserl considère que tout « conflit » ou toute « dissemblance » n'est que le *biffage* d'une ressemblance pré-existante; et conséquemment que tout contraste présuppose nécessairement une homogénéité native dont il n'est en réalité que l'écart rétrospectif, le démarquage postérieur. Cependant, on peut se demander si la théorie de la secondarité du contraste, continûment mise en valeur par Husserl dans les *Analysen*, est valable pour toutes les liaisons synthétiques de la passivité. En effet, tout élément hylétique qui est « mis en relief » pour venir fusionner avec un autre élément plus ou moins ressemblant ne le fait qu'à partir d'un contraste premier avec l'arrière-plan même dont il se détache : « le non-semblable s'enlève sur le sol d'une communauté [3] ». Or, nous l'avons vu, Husserl affirme en général que toute synthèse d'homogénéité présuppose par essence le « détachement » comme condition minimale d'effectuation. Ne s'ensuit-il pas dès lors que toute liaison d'homogénéité, à savoir de ressemblance et de parenté, présuppose une hétérogénéité plus originaire que celle qui est à chaque fois à l'œuvre dans le non-recouvrement des éléments associés ? Ne tournons-nous pas ici dans un cercle [4]? À ce stade de notre analyse, nous ne pouvons pas

1. *Ibidem* p. 139. On retrouve ce constat sur la primauté du similaire dans *Expérience et Jugement :* « il demeure dans tout contraste quelque chose qui est de l'ordre de la parenté et de la fusion », p. 86 [76].

2. *Expérience et Jugement*, p. 228 [225].

3. *Ibidem*, p. 88 [78].

4. On retrouve ici la même circularité dans la détermination des liaisons associatives universelles. En effet, Husserl déclare d'un côté que la ressemblance et la dissemblance (l'écart) sont les connexions les plus générales qui soient entre des objectités détachées. Mais d'un autre côté, il explique le détachement et la formation unitaire de chaque objectité se mettant en relief dans le champ à partir de ces mêmes lois. Il semble donc constamment présupposer les relations qu'il cherche à analyser, ou plutôt, dans son analyse régressive, il ne sait pas exactement où situer de telles relations.

encore répondre de manière entièrement satisfaisante à cette question. Seule l'étude des conditions affectives de cette séparation nous fournira, peut-être, un élément de réponse plus complet car, comme nous l'avons laissé entendre, la compréhension satisfaisante de l'*Abstand* ne peut se produire qu'avec la clarification définitive du processus de l'affection [1].

1. Hua. XI, p. 412 : « Le contraste est une union affective du contraire, de ce qui se sépare à l'intérieur d'une liaison connectante sur le fond d'une continuité ou sur le fond d'une synthèse de ressemblance de l'incohérent comme contraste du discontinu ». Tout ce qui dans le champ se détache peut fonctionner de manière affective. Si tout contraste présuppose une mise en œuvre de l'affection, comment les lois d'unification de l'homogénéité peuvent-elles être nommées « pré-affectives » ?

CHAPITRE III

LE RÔLE DE L'AFFECTION DANS LA FORMATION DE L'UNITÉ SENSIBLE

LE PHÉNOMÈNE DE L'AFFECTION

Ce qui se constitue dans le présent vivant de manière unitaire en tant qu'objectité, grâce aux opérations pré-affectives et passives (lois associatives et formes d'ordre), ne représente néanmoins qu'un *moment* dans le processus de la « formation de l'unité ». Si dans la conscience les données hylétiques s'organisent pré-réceptivement en groupes pour *elles-mêmes*, elles n'existent pas encore pour *la conscience*. Tout est déjà pré-constitué dans la pré-affectivité, mais ce « tout » ne vaut encore pour *personne*. Pour pénétrer le caractère propre de la genèse passive, il ne suffit pas en réalité de s'en tenir à cette simple formation pré-objectivante de la passivité, il faut également se demander comment elle peut entrer ici en relation avec le moi conscient. La constitution passive ne sera donc véritablement génétique qu'à la condition expresse d'être rapportée à sa nature subjective : l'ego affecté.

Aussi une « nouvelle direction de recherche » [1], indique Husserl, est-elle encore possible. C'est celle qui va précisément rendre compte de la manière dont le moi prend conscience des multiples unités hylétiques constituées dans la passivité. Cette nouvelle *Forschungsrichtung*, Husserl la nomme « affection ». Loin de toute résonance émotionnelle, l'affection signifie tout d'abord pour le sujet que l'implicite devient explicite, que le latent se transforme en patent. L'affection n'indique pas pour Husserl une impression troublante qui modifierait mon humeur, mais le simple fait de ressentir un *effet* provoqué par quelque chose, sans savoir si cet effet est à ce

1. Hua. XI, p. 148.

titre d'ordre affectif ou cognitif. Dans l'affection, il n'est nullement question dans un premier temps d'émotion. Si la conscience constitue simultanément en partie des « objets explicites » [1] (à savoir ceux qui sont effectivement détachés et qui nous affectent) et des « objets implicites » (non-affectifs), l'éveil affectif peut, en fonction de certaines circonstances, faire à tout moment que l'implicite puisse devenir « à nouveau explicite » [2]. Si les objectités originaires constituées n'exerçaient pas, par ailleurs, une telle force affective et n'émettaient pas des *stimulations* vers le moi, cette « constitution passive » risquerait de demeurer une simple hypothèse, totalement séparée d'une expérience phénoménale de la subjectivité transcendantale. Aussi l'affection est-elle présentée par Husserl comme cette force d'éveil qui peut, à chaque instant, transformer l'inactuel en actualité thématisable par le moi. Tout ce qui se constitue comme objectité peut m'affecter. Dès lors, s'il n'y a d'un côté d'affection que de l'objet, il ne peut y avoir d'un autre côté d'affection que *pour un sujet*. Affecter, c'est toujours affecter un sujet et seul le sujet peut être affecté; il n'est dans sa forme primitive que cet être-affecté lui-même. Les objectités, elles, affectent, mais ne sont pas affectées.

> Par là, nous comprenons l'excitation conforme à la conscience, l'attrait spécifique qu'un objet exerce sur le moi; c'est un attrait qui se détend dans la conversion du moi et qui, de là, se poursuit dans l'aspiration à une intuition donatrice en personne qui dévoile de plus en plus le soi de l'objet, donc à la prise de connaissance, à la considération plus précise de l'objet [3].

Examinons en détail ce processus général de l'*Affektion* (ou plus précisément de l'*Affizierung*) à travers ses trois moments fondamentaux : ce qui affecte (l'affectant), l'excitation (l'affection proprement dite), et le moi qui est *touché* dans sa réceptivité passive (l'affecté).

a) L'affectant

Pour qu'il y ait affection, il faut qu'il y ait au préalable *quelque chose* qui affecte. Dans le cadre des *Analysen zur passiven Synthesis*, l'affectant est défini comme ce qui a été constitué auparavant de manière pré-affective en tant que « saillance » dans le champ hylétique. En un certain sens,

1. *Ibidem*, p. 149.

2. L'éveil (*Weckung*) ne signifie ici rien d'autre que « de rendre l'implicite à nouveau explicite », cf. *ibidem*, p. 173.

3. *Ibidem*, p. 148-49. Remarquons que Husserl inscrit d'emblée l'affection dans le processus cognitif de l'objectivation, c'est-à-dire de la saisie de l'objet en personne.

l'*Etwas* qui affecte est toujours envisagé par Husserl dans l'horizon du *Gegenstand überhaupt*. Le quelque chose qui attire à soi est par essence un objet en général. Il possède dès le simple stade hylétique la structure de l'objectivité, à tel point qu'il est destiné lui-même à devenir un « objet (*Objekt*) » au sens logique du terme. Aussi seul ce qui « se tient en face (*Gegen-stand*) » du moi, affirme Husserl, peut-il l'affecter effectivement. Sans l'affection, « il n'y aurait absolument aucun objet, ni aucun présent articulé de manière objective »[1]. À partir de là, « des unités affectives doivent se constituer afin qu'un monde objectif en général puisse se constituer dans la subjectivité »[2]. Mais la proposition vaut aussi en sens inverse : sans objectité, sans un quelque chose qui se présente là comme objet, il n'y aurait absolument pas d'affection. Dès lors on peut se demander s'il n'y a d'affection que de l'objet ou de ce qui a le caractère de l'objet. Peut-il y avoir une affection de l'« environnement » (*Umgebung*) général d'où se détachent les objectités saillantes ?

Toutes ces questions relatives à la nature interne des affections objectivantes, force est de constater ici que Husserl ne se les pose habituellement pas tant il semble pour lui évident que l'événement affectif et ses éléments (l'excitation, la force affective, l'éveil, etc.) ne peuvent de ce point de vue que s'inscrire dans le cadre étroit de l'objectivation. Que nous soyons affectés, ou susceptibles de l'être, signifie que nous sommes toujours déjà inscrits dans la sphère du *Gegen-stand*. Le « détachement » (*Abgehobensein*) qui qualifie à tous égards la saillance particulière définit parfaitement, de ce point de vue, l'être même du *Gegenstand*. Pour faire face, pour tenir tête au sujet, il faut se détacher, saillir, prendre du relief. À l'instar de l'action, l'affection est toujours déjà prise dans les rets de l'objet et ne peut s'en échapper. Autrement dit, la *Gegenständlichkeit* détermine ici en tout point le sens général de l'*Affektivität*. Husserl affirme ainsi que toutes les affections (et même celles qui ne relèvent pas des données sensibles qui sourdent dans le présent impressionnel, mais plutôt des sentiments, des pulsions, qui composent aussi la hylè sensible) sont directement liées à la « structure objectale du champ de la présence vivante »[3].

1. *Ibidem*, p. 164.

2. *Ibidem*.

3. Hua. XI, p. 159. Dans ce même paragraphe, Husserl définit les affections au sens large comme les « éveils de quelque chose d'objectal par quelque chose d'objectal ». On ne saurait mieux dire que l'affectif ne trouve son sens que dans le cadre de l'objectivité et nulle part ailleurs. Commentant ce texte, Anne Montavont souligne que « le datum de sensation qui affecte le sujet a déjà un *sens minimal*, sinon comment pourrait-il éveiller son intérêt et motiver son agir » (nous soulignons), cf. « le phénomène de l'affection dans les *Analysen zur passiven Synthesis* », Alter n° 2, Paris, 1994, p. 122. Mais si l'affection possède un sens pour le sujet, c'est parce que toute signification, qu'elle soit ici logique ou affective, est entée sur l'objectivité. Il n'y a de signification que d'objet, de même que l'objet n'existe qu'à travers

L'inscription de l'affection dans l'horizon de l'objectivation primaire entraîne la conséquence suivante : attendu que l'affection est toujours comprise comme affection d'un *Gegenstand*, il ne peut y avoir pour Husserl, au niveau hylétique, d'auto-affection du sujet. Que le sujet ne puisse s'affecter lui-même veut dire qu'il est toujours affecté par *autre chose* que lui, par quelque chose qui se tient là *en face*. L'affection est donc toujours ici hétéro-affection ou contre-affection. Seul ce qui est *Ichfremdes* peut affecter le moi [1]. Seul ce qui n'est pas moi peut affecter le moi. Or ce qui est directement « étranger au moi » tout en lui étant familier, c'est la « hylè originaire », la matière sensible du sujet au sein de laquelle peuvent rejaillir les données immanentes qui viennent justement l'exciter, le stimuler. En un sens, la « hylè originaire » qui forme le point d'émergence de la subjectivité possède la structure duelle objet/sujet. Par conséquent on peut avancer ici, avec Husserl, que l'objectivité saisie comme structure d'opposition au sujet ne paraît pas être une prérogative exclusive du discours logique et prédicatif. La *Gegebenheit* à son niveau le plus inférieur, à savoir en tant qu'affection, est sans cesse entrelacée à l'objet [2] et à sa structuration typique.

Mais peut-on dire pour autant que ce qui affecte ici le moi soit déjà, à l'origine, un objet ? S'il n'y a d'affection que du *gegenständlich*, il est vrai également que Husserl répugne à nommer *objet* ce qui excite de manière originaire la réceptivité du moi. L'emploi du terme « saillance » dans les *Analysen* a cet insigne avantage de mettre l'accent sur l'acte du *se détacher* plus que sur le contenu même de ce qui se détache, comme si, par ce choix, Husserl réduisait en quelque façon l'élément objectal à son mode de donnée premier : le détachement. Dans l'important chapitre XVII d'*Expérience et Jugement*, il décrit longuement « ce qui s'enlève d'un arrière-plan homogène », ce qui à proprement parler exerce l'excitation affective, comme un « objet » qui plus est « intentionnel », mais il ajoute aussitôt, en note [3], que le terme d'« objet » est dans ce cas « employé improprement », car, à la vérité, aucun objet n'est véritablement constitué par là. Pour qu'un

une teneur de signification. Le *sens minimal* de l'affection, pour reprendre ici l'expression d'Anne Montavont, correspond donc à son objectivité minimale.

1. Cf. Ms C 6, p. 5 : « La hylè originaire est le noyau de ce qui est étranger au moi ». Aussi la donnée hylétique immanente est-elle ce qui est en premier étranger au moi. Cf. également le Ms M III 3 III 1 II (1918), § 33, p. 31.

2. Husserl parle à ce sujet de la « structure objectale infrangible du présent vivant impressionnel », cf. Hua. XI, p. 163 : « die unzerbrechtliche gegenständliche Struktur der impressionalen lebendigen Gegenwart ». Même expression, p. 159 : « la structure objectale typique de tout présent vivant ».

3. *Expérience et Jugement*, *op. cit.*, p. 91 [82] : « Il faut, à ce propos, rappeler une fois de plus que lorsqu'on parle ici d'objet (*Objekt*, *Gegenstand*), le mot est employé improprement. Car, comme on y a déjà insisté à plusieurs reprises, on ne peut parler d'objet au sens propre du mot dès le domaine de la passivité originaire ».

quelque chose comme un objet soit véritablement constitué, il faudrait nécessairement qu'un certain travail de thématisation et de position, opéré par le moi des actes, soit véritablement mis en route dans les opérations logiques. Or, l'affection, se situant toujours en deçà de l'activité du moi, ne peut recevoir ici la qualification objective ni l'un de ses principaux traits caractéristiques. Cette restriction du sens objectal de l'affection dans *Expérience et Jugement* ne contredit-elle donc pas les affirmations constantes des *Analysen zur passiven Synthesis* pour lesquelles l'affectant ne peut agir que dans le champ de l'objectivation ? Par quel étrange retournement de situation l'affection ne serait-elle que *de* l'objet sans pouvoir en assumer le nom ? Pourquoi Husserl recourt-il à un terme dont il reconnaît qu'il ne convient pas ? Pourquoi persiste-t-il à parler d'objet alors que les conditions de l'objectivation véritable font ici défaut ? Est-ce par facilité ou par un préjugé grossièrement logiciste qui le pousse à interpréter toute donnée, et même les données originairement hylétiques enfouies dans la sensibilité, sous la forme d'une objectité de connaissance ?

Nous ne souscrivons ni à l'une ni à l'autre de ces objections. Si, selon nous, Husserl continue à parler d'objet en deçà même de la sphère logique, c'est parce que le sens d'objet déborde de beaucoup le cadre des actes strictement objectivants. Il y aurait donc un sens à parler d'objet en dehors des opérations thétiques du moi qui transforment ce sens primitif en un thème, en un élément de la prédication. Il y aurait donc aussi une forme originaire d'objectivité non-thématique [1], non seulement parce que, dans

1. Si le *Gegenstand überhaupt* transcende le domaine de *l'Objekt*, entendu comme simple substrat d'un jugement prédicatif, du point de vue logique puisqu'il accorde l'objectité aux états de chose catégoriaux qui ne sont pas justement de simples *Objekte*, il le transcende aussi du point de vue pré-logique, puisque les objectités originaires possèdent le caractère d'objet, alors même qu'elles ne sont absolument pas reconductibles à des *Objekte* proprement dits. L'objectité se donne comme summun genus de la logique, non plus formelle, mais transcendantale. En ce sens, l'universalité de la catégorie de l'objectité est confirmée par les *Sachverhalten* catégoriaux, comme par les *Gegenständlichkeiten* hylétiques, passivement formées. À tous les échelons de la logique transcendantale génétique, la valeur de vérité de la catégorie de l'objectité s'atteste. Or, cette persistance de la “catégorie” de l'objectité dans l'analyse généalogique montre que l'objectité a un sens en dehors de l'ontologie formelle, étant donné que la phénoménologie génétique s'expose précisément comme dépassement de l'ontologie formelle. Bien entendu, une objectité hylétique originaire a peu de choses en commun avec un état de chose catégorial, si ce n'est ce qui fait que l'objectité est objectité, à savoir la présence insuppressible d'un sens discernable et identifiable. Nous nous rangeons, de ce point de vue, au jugement de J. F. Courtine qui, dans son article « L'objet de la logique » (publié dans le recueil collectif sous la direction de J. F. Courtine, *Phénoménologie et Logique*, Paris, Presses de l'École Normale Supérieure, 1996, p.9-31), énonce cette universalité étonnante de l'*Urgegenständlichkeit* vis-à-vis de tout objet conçu comme simple substrat formel susceptible d'une intuition et expose comment le cadre de l'objet éclate par l'entrée en scène effective des états de chose catégoriaux et eidétiques qui, en tant que pur foyer de signification, sont aussi comptés au rang des *Gegenständlichkeiten*. À cet égard,

une perspective génétique, elle préfigure l'objectivité logique à la fois comme thème et thèse, mais aussi parce qu'elle possède en soi, par avance et de manière ici tout à fait indépendante de la thématisation objectivante, un authentique sens d'objet. Encore une fois la question de l'essence des objectités originaires revient sur le devant de la scène. Elle est capitale car, avec elle, il y va du sens même de toute la genèse des objets supérieurs qui s'édifient sur ces premières saillances.

Dans *Expérience et Jugement*, Husserl interprète d'emblée ce qui affecte comme une « donnée sensible » appartenant au monde, sol de toute expérience possible. Ce sont donc à proprement parler des choses du monde prédonné (des « objets spatiaux individuels » [1]) qui excitent notre affectivité : substrats colorés, sonores, etc. L'affection est ainsi d'emblée mondaine, ou plus exactement d'une donnée mondaine (car jamais à la vérité Husserl ne dit du monde en général qu'il affecte). Le monde est ainsi envisagé comme le réceptacle de multiples *data* sensibles, abstraction faite du sens que ces *data* ont soit pour autrui soit pour moi-même envisagé comme autre (c'est-à-dire pour *mon* passé, *ma* mémoire, ou pour *mon* avenir, *mes* attentes, etc.). En revanche, dans les *Analysen zur passiven Synthesis*, l'affection relève plutôt des données hylétiques immanentes de la sensibilité sans que ces dernières se rapportent à un monde constitué comme tel. Le domaine de la prédonation n'est pas le monde, mais la sensibilité originaire, la hylè subjective. Cette nuance est d'importance. Elle montre que l'analyse de la passivité, qui était menée dans les années vingt dans le sens d'une clarification de la subjectivité transcendantale, est réinterprétée en 1938, lors de la rédaction de l'introduction d'*Expérience et Jugement*, dans le sens d'un dévoilement des rapports constitutifs du sujet et du monde de la vie.

Étant donné que la forme caractéristique de l'objet (c'est-à-dire ici la référence à un sens) lui appartient indissociablement, l'affection vient corroborer par suite la structure corrélationnelle de type noético-noématique de la conscience intentionnelle. Comme l'affirme Husserl :

> L'affection est noétiquement un mode de l'intentionnalité constitutive et noématiquement un mode de l'unité intentionnelle, c'est-à-dire de l'objet qui, éventuellement, est conscient comme étant dans un mode d'être [2].

J. F. Courtine remarque que l'objectité abrite en elle « une richesse encore peu exploitée ou explorée de sens multiples et hautement différenciés », p. 31.

1. *Expérience et Jugement*, *op. cit.*, p. 83 [73].

2. Ms C 10, (1931), « Das gehört zum Komplex der urtümlichen Gegenwart », p. 15 : « Die Affektion ist noetisch ein Modus der konstitutiven Intentionnalität und noematisch ein Modus der intentionalen Einheit, bzw., des Gegenstandes, der eventuell als seind in einem Seinsmodus bewußt ist ». Cf. également *Idées II*, p. 304 [219] : « le sujet est sujet d'un "pâtir"

On pourrait à première vue s'étonner ici de cette résurgence de la corrélation qui ne semblait valoir que pour les actes égoïques proprement objectivants. Quel sens y a-t-il donc à parler de noèse et de noème, alors même que l'activité fonctionnelle du moi est, pour un temps, mise hors jeu? La corrélation fondamentale de la vie intentionnelle dépasserait-elle le cadre des actes positionnels? Mais que seraient alors ces noèses *non-égoïques?* Toutefois ce n'est pas tant ici la persistance de cette structure principielle qui est source d'étonnements que la distorsion effective que lui fait subir Husserl dans le processus affectif. Car, à la vérité, la corrélation noèse/noème est, dans l'affection, quelque peu particulière. En effet, la préséance de l'affectant sur l'affecté implique celle du noème affectif sur la noèse (si tant est qu'il ait là quelque chose comme une noèse). L'objet qui affecte, appelons-le le noème affectant, reçoit donc une signification en dehors de toute maîtrise noétique appréhensive (même s'il la suscite, l'appelle et, littéralement, la provoque). En droit, le noème possède un sens qui transcende sa constitution noétique, même si cette transcendance n'a de sens que pour elle (on verra en quoi la constitution active n'est peut-être pas impuissante à restituer la richesse des objectités passivo-affectives). Que les deux pôles principaux de l'affection (l'objectité excitatrice et le moi réceptif) puissent être interprétés selon le schéma fondamental de la corrélation noético-noématique nous incline à penser que les diverses relations qui se font jour en elle ne sont pas unilatérales. En d'autres termes : dans l'affection, c'est la noèse (que l'on peut identifier ici à la conversion attentive du moi, à sa prise d'intérêt dans la chose) qui est le corrélât du noème affectif, non le contraire. C'est elle qui est visée, et non qui vise ou anticipe. Et la relation intentionnelle peut, dans certains cas, valoir dans les deux sens, et le noème affectif apparaître comme le succédané de la noèse appréhensive.

En mettant au jour ainsi une sorte d'intentionnalité *inversée*, l'affection vivace approfondit le sens de la corrélation : elle montre que le *co-* de la corrélation signifie une réciprocité de la constitution qui peut s'accomplir à la fois de manière passivo-affective et de manière logico-active, et ce sans que les deux directions entrent ici en contradiction. Dans le processus affectif, tout se passe *comme si* l'intention originaire émanait de l'objet affectant pour se diriger ensuite vers le sujet réceptif ainsi interpelé. Le

ou d'un "être actif", il est passif ou actif par rapport aux objets qui sont présents pour lui sous forme de noèmes, et nous avons des "actions", partant des *objets sur le sujet* ». Ces actions qui partent des noèmes sont des affections excitatrices; l'affection est donc déjà noématique. Mais comment l'ego peut-il être passif face à ce qu'il constitue : le noème? Comment un noème peut-il affecter avant que d'être constitué par l'activité égoïque? Là encore, il semble bien que la constitution active ne soit qu'un cas particulier du régime général qui est celui de la vie intentionnelle.

rayonnement intentionnel peut s'effectuer de l'objet au sujet. Par suite, la *Zuwendung*, progressive ou instantanée, du moi à l'affection fonctionnerait ainsi comme une sorte de remplissement intuitif de cette intention affective, conformément au schéma de l'intentionnalité objectivante, élaboré dans les *Recherches Logiques*. L'intentionnalité affective ne signifie donc pas seulement que l'affection éveille dans le moi une intention passive dirigée vers l'affectant, mais que l'affection elle-même est, avant toute conversion de l'ego, une intention, qu'elle possède en cela le caractère de l'« être-dirigé-sur » (*das Gerichtetsein*), trait fondamental de toute intentionnalité. En retour, le moi affecté fait office de simple point de fuite des intentions affectives. C'est ce que semble confirmer d'ailleurs un texte des *Amsterdamer Vorträge* de 1928 : « le pôle égoïque n'est pas seulement point de rayonnement de mes actes égoïques mais aussi foyer de mes affections » [1]. Dans l'affection, le moi n'agit pas ainsi comme un *Ausstrahlungspunkt* des intentions actives, mais il se tient plutôt comme un *Einstrahlungspunkt*, comme le foyer des visées affectantes qui se détachent du champ hylétique. Il n'est donc plus ce qui vise, mais ce qui est visé. Il n'est plus le pôle d'où partent les actes, mais au contraire le pôle où convergent les affections passives. Cette idée d'un moi-pôle de convergence des affections passives, à laquelle conduisent les analyses husserliennes de l'intentionnalité affective, non seulement autorise une interprétation inversée de la corrélation intentionnelle, mais redéfinit la nature même de la polarisation. Celle-ci n'est plus dans la vie affective, pour le dire en une formule, une *Zentrierung* centrifuge, mais centripète [2]. Partant, l'ego centralisateur se manifeste dans l'intentionnalité affective comme *terminus ad quem* et non plus comme *terminus a quo*.

1. Husserliana IX, *Phänomenologische Psychologie. Vorlesungen Sommersemester 1925*, éd. par W. Biemel, 1962, p. 315.

2. On retrouve cette idée d'une relation centripète entre le moi et ce qui l'affecte dans le ms. A VII 13, p. 33 : « l'unité d'apparition continuellement motivée est pour le moi "quelque chose de donné", elle l'est jusqu'à ce que le moi intervienne de manière centripète (non pas attiré de "l'extérieur") … » (Die kontinuierlich motivierte Erscheinungseinheit ist für das Ich "Gegebenes", sie ist es, ehe das Ich zentripetal (nicht von "außen her" gezogen) eingreift …). Il est intéressant de noter que, dans le processus affectif, le moi n'est pas « attiré de l'extérieur », exorbité ou extasié, mais un simple point de convergence des excitations hylétiques qui sourdent des divers champs sensibles. C'est dire d'une autre manière que l'ensemble de l'excitation affective n'est pas pour lui un dehors vers lequel il se tourne, mais une forme d'intériorité qui n'est pas encore sienne et qu'il a à prendre en charge sur le mode de l'attention et de l'intérêt. Elle est également formulée avec clarté dans les *Ideen II*, *op. cit.*, p. 158 [105] : « Souvent, sinon toujours, nous trouvons là [dans le rapport intentionnel] des rayonnements à proprement parler doubles, une sorte d'aller et retour : des rayons vont du centre par les actes jusqu'aux objets de ces derniers, puis font le chemin inverse, des objets jusqu'au centre, dans de multiples chassés-croisés de leurs propriétés phénoménologiques ».

Toutefois un examen de la corrélation affective entre la saillance et le moi réceptif nous prévient assez vite contre une telle interprétation de la corrélation noético-noématique en *contre-intentionnalité*. Décrire la relation de l'affection au moi sur le patron même de l'intentionnalité, tout en inversant son cours, impliquerait *de facto* la transformation de l'affectant en une véritable activité de visée et celle du moi réceptif en un objet visé. L'affectant jouerait ainsi le rôle de la noèse et l'affecté, le moi, celui du noème. Sans même la développer plus avant, on aperçoit immédiatement l'absurdité de cette conséquence. Pendant le cours de l'affection, le moi passif et affecté reste toujours *sujet* des excitations et des impulsions affectantes, et non leur objet, quand bien même il en recevrait des intentions. Jamais en effet Husserl ne présente le moi affecté comme l'objet d'une intention affective dirigée vers lui, de même qu'il ne décrit jamais l'affection comme étant une intention vers le moi. Il n'y a donc d'intentionnalité affective proprement dite que lorsqu'une objectité affectante éveille *en moi* l'affection d'une autre objectité corrélative et non le *moi* comme *intentum*. Si Husserl nomme parfois « intentionnelle » l'affection, ce n'est donc pas parce qu'elle serait dirigée vers le moi, mais parce qu'elle éveille associativement en moi et à travers moi d'autres affections analogues. Le moi est bien visé dans l'affection, mais ce n'est pas lui en vérité qui, comme tel, est visé, mais ce qui *en lui* peut répondre à ces diverses excitations. Il est simplement le lieu central où aboutissent les multiples intentions affectives, non leur objet intentionnel. L'affectant, tout en affectant, reste l'unique objet de l'intentionnalité.

Toutefois si la relation affective ne peut être décrite à la lettre comme une *contre-intentionnalité*, cela ne signifie pas pour autant que, dans l'affection, n'ait pas lieu une sorte de *réciprocité* de la corrélation intentionnelle, en retrait de la spontanéité effective du moi. Nous avons vu au contraire que l'intentionnalité proprement passive de l'affection *éveille* l'intentionnalité thématique du moi aperceptif sur le modèle même d'un incessant *chassé-croisé*. En fait, la relation intentionnelle peut, sous certaines conditions que Husserl détermine justement dans la vie affective originaire, fonctionner dans les deux sens, sans que cette alternance ne modifie en rien le rôle constamment central du moi. Lui seul reste le fondement unique de la visée intentionnelle, que celle-ci puisse être positionnelle (centrifuge) ou affective (centripète). Au lieu de parler dans le cas de l'affection éveillante d'une « contre-intentionnalité », il faudrait mieux invoquer une « co-intentionnalité » qui aurait toujours pour pivot le moi des actes et des affections.

b) Le moment de l'affection

Mais qu'est-ce que l'affection en tant qu'affection ? Quels sont donc les ressorts cachés de ce processus qui transforme des objectités constituées passivement en affections ? Ce que l'on peut souligner d'emblée, c'est que Husserl rapporte illico l'affection à un processus, non à une nature particulière. Affecter veut dire : « se détacher d'un entour qui est toujours coprésent, attirer à soi l'intérêt, éventuellement l'intérêt de connaissance » [1]. En ce sens, l'affection consiste en « l'être détaché » (*Abgehobensein*) lui-même de la saillance. Toutefois, à y regarder de plus près, cet « être détaché » lui-même forme plutôt la condition de possibilité de l'affection que son événement [2]. Aussi Husserl définit-il parfois la manière dont *cela* se détache effectivement comme une « excitation » (*Reiz*). Mais il ne faut pas entendre ici cette *excitation* à la manière de ce que la psychologie behavioriste peut concevoir sous le nom de stimulation physique excercée de manière causale par des processus naturels. Cette excitation affective n'appartient pas à la nature, indique Husserl; elle est par essence « *bewußtseinsmäßig* », à savoir *conforme à la conscience* et ne relevant que d'elle (le suffixe *mäßig* signifiant ici l'appartenance et la conformité). En cela, l'affection n'est rien de plus qu'un simple « état de conscience ». Nulle causalité psycho-physique n'est requise pour rendre compte de son effectivité [3]. Comme « *modus excitandi* du moi » [4], souligne ici Husserl, l'affection appartient sans reste à la subjectivité :

> Subjectif au sens originaire du terme, l'ego « passif » (en un second sens) l'est aussi, en tant qu'il est l'ego des « tendances », celui qui subit des excitations provenant des choses et des apparences, celui qui est attiré et se laisse tout simplement entraîner [5].

Pour renforcer le caractère subjectif de l'affection et l'éloigner ainsi de la causalité naturelle, Husserl la rapporte souvent au phénomène de « la motivation ». En tant que motivation, elle appartient au règne de l'esprit, non à celui de la nature :

> Mais si nous nous plaçons sur le terrain du rapport intentionnel entre le sujet et l'objet, du rapport entre la personne et son monde environnant, le

1. *Expérience et Jugement*, *op. cit.*, p. 33 [24].

2. Cf. Hua. XI, p. 149 : « Avant tout l'affection présuppose le détachement ». Nous reviendrons plus loin sur les relations complexes entre le détachement (*Abhebung*) et l'affection.

3. Aaron L. Misraha a raison d'indiquer que Husserl ne voit pas « la relation entre le stimulus hylétique et la réponse initialement involontaire de l'ego en termes de réflexe neurologique comme, par exemple, le réflexe dit *orienté* de Pavlov », cf. « Husserl und Freud : time, memory and the unconscious », *Husserl Studies* 7, 1990, p. 39.

4. Expression des *Analysen zur passiven Synthesis*, Hua. XI, p. 416.

5. *Ideen II*, *op. cit.*, p. 297 [213].

> concept d'excitation prend alors un sens fondamentalement nouveau. Au lieu de la relation causale entre choses et hommes en tant que réalités naturelles, entre en jeu la relation de motivation entre personnes et choses ... [1].

L'affectant ne *cause* donc pas l'affection excitatrice, mais la *motive*. Exception faite de la causalité naturelle, qu'est-ce qui, cependant fait ici que l'excitation est excitation? En quoi l'excitation est-elle effectivement une « force affective »? Car, malgré sa non-naturalité, l'excitation, note Husserl, est bien une « force » (*Kraft*) dans la mesure où elle se détache plus *fortement* des autres affections qui coexistent avec elle dans le champ perceptif. On pourrait dire, d'une certaine manière, que l'intensité de la force est uniquement fonction de sa qualité formelle, de son degré de détachement. L'origine de la force des affections ne serait donc pas pour Husserl naturelle, mais structurelle, c'est-à-dire ressortissant aux lois de la formation homogène du présent vivant. Mais est-ce le fait de se détacher de son entour qui confère à la saillance une certaine intensité, d'où part l'excitation affective, ou bien est-ce, au contraire, la vivacité propre à l'élément sensible qui le fait ressortir du champ général comme affectant? À la lecture des textes, notamment des *Analysen*, Husserl ne nous donne pas l'impression de douter longtemps de sa réponse. La plupart du temps, il donne une définition purement figurale ou formelle de la force. Plus une objectité se présente comme une figure tranchée et délimitée, plus son affection est forte. Elle est avant tout, dit-il, « fonction du contraste ». Son insistance (la gradation de son intensité) n'est redevable que du détachement : « l'insistance est conditionnée par le mode, plus ou moins net, du s'enlever-sur » [2]. Ce n'est donc pas le *stimulus* lui-même qui détermine l'ampleur de la force affective exercée sur l'ego, mais le degré de contraste de la saillance affectante.

Au vu de cette analyse, on peut ainsi affirmer que la puissance affective, et ses multiples degrés, tire sa force exclusivement des relations formelles et figurales qui structurent le champ du présent vivant, et non d'une quelconque qualité intensive, propre à chaque objectité. La « *Lebendigkeit* » (vivacité) des affections, dont parle Husserl dans les *Analysen*, procède des formes d'organisation du champ de conscience. Certes des sentiments associés aux affections, comme ceux de plaisir et de peine,

1. *Ibidem*, p. 266 [189]. Rappelons que la motivation est définie comme « la loi structurale de la vie de l'esprit » (*ibid.*, p. 305 [220]).

2. *Expérience et Jugement*, p. 90 [80]. Certes, déclare Husserl dans les *Analysen*, dans le processus de l'*Affizieren*, « nous devons également admettre des préférences pulsionnelles, originairement instinctives » (Hua. XI, p. 150), mais là encore ces déterminations de la hylè affective, ici au sens du *Gemüt*, accompagnent ou renforcent l'imposition affective, mais ne la constituent pas originellement.

peuvent intervenir dans l'accentuation affective, venir renforcer ou inhiber « l'excitation objectale », lui donner un écho vivace au sein de la sensibilité ou l'atténuer, mais ils ne la fondent pas. Husserl considère que les sentiments, les instincts et les pulsions accompagnent l'affection, plus qu'ils ne la provoquent, reléguant ainsi dans une position subalterne les modalités de la vie affective. D'une certaine manière rien n'est affectif (au sens du sentiment et de l'émotion) dans l'affection telle que la décrit Husserl dans les *Analysen*. Elle ressortit entièrement à un procédé de mise en relief qui, il est vrai, suscite des réactions affectives, sans pour autant en être. Dès lors seul ce qui se détache peut évoquer pour moi certains *Gefühle*, mais, étant donné leur caractère latéral, ces derniers se contentent simplement d'augmenter (ou d'inhiber) la puissance affective de l'excitation, sans jamais la constituer. Seules en définitive les « données sensibles qui se *détachent* franchissent le *seuil* et obtiennent de force la saisie » [1]. Aussi étrange que cela puisse paraître, l'intensification est conditionnée par la différenciation perceptive [2] (mais il ne s'agit pas ici de la différenciation du contenu, c'est-à-dire la spécification, car dans l'accroissement de la force affective, le contenu reste identique et ne varie pas, mais de la différenciation formelle de l'objectité dans le champ perceptif).

Nous n'avons pour l'instant mis en lumière qu'un aspect de l'affection, à savoir la nature de la force excitatrice. Dans le processus de l'affection lui-même, nous devons cependant distinguer :

> 1) La tendance qui précède le cogito, *la tendance en tant qu'excitation* du vécu intentionnel d'arrière-plan, et ses différents degrés de force. Plus forte est cette affection, d'autant plus forte la tendance à s'y abandonner, la tendance à opérer la saisie. Comme on l'a déjà démontrer, cette tendance a deux côtés :
> a) *L'insistance*, l'attrait que le donné exerce sur le Je ;
> b) Du côté du Je, *la tendance à s'y adonner,* l'être-attiré-par, être-affecté du Je lui-même. De ces tendances *antérieures* au cogito, on distingue :
> 2) L'orientation-vers comme *action qui résulte* de la tendance, en d'autres termes la transformation du vécu intentionnel d'arrière-plan par laquelle il devient un cogito en acte [3].

L'objet affectif ne peut exciter le moi que si celui-ci, de son côté, peut se laisser affecter et entraîner dans l'affection. L'affection serait nulle si, de

1. Ms L I 5, p. 34 : « …daß sich aber nur "abhebende" sinnliche Daten "über die Schwelle" erheben und schließlich das Erfassen erzwingen ». Cf. Hua. XI, p. 149. Seuls les objets qui, au cours de circonstances favorables, parviennent au *détachement* entrent en ligne de compte du point de vue affectif.

2. Cf. Hua. XI, p. 149 : « À la gradualité du contraste est liée une gradualité de l'affection … ». L'énergétique phénoménologique peut être ainsi ramenée à une simple analyse descriptive des facteurs figuraux.

3. *Expérience et Jugement*, p. 91-92 [81].

son côté, le moi ne se laissait pas lui-même ravir par elle. Husserl nomme cette propriété du moi : « affectivité » ou « pâtir ». L'affection est dite *passive* en ce sens qu'elle se rapporte à un moi déjà lui-même passif, purement réceptif dans son *Affektivität.* Il faudrait presque parler ici d'*affectibilité*, c'est-à-dire non pas tant le fait d'être affecté que de pouvoir l'être. Cette ouverture passivo-réceptive de la subjectivité à elle-même et à l'altérité (l'objectivité affective) peut correspondre à ce que Henri Maldiney, dans *Penser l'homme et la folie*, a thématisé sous la nom de « transpassibilité » :

> La passivité du moi à l'égard de ce qui peut l'apprendre à lui-même est une première esquisse de la transpassibilité. [1]

Et plus loin :

> Nous sommes passibles de l'imprévisible. C'est cette capacité infinie d'ouverture, de celui qui est là "attendant, attendant, n'attendant rien", comme Nietzsche à Sils Maria, que nous nommons *transpassibilité* [2].

Nous avons dit précédemment qu'il n'y a pas chez Husserl le phénomène d'auto-affection du moi, que l'affection est toujours la stimulation exercée sur le moi par un *aliquid* qu'il n'est pas. Le moi ne s'ouvre véritablement à lui-même que parce qu'il s'ouvre corrélativement à un « non-moi ». Le sujet ne se découvre qu'exposé à l'affection, de même que l'affection elle-même ne se dévoile que dans son exposition au moi. Mais comment le moi réceptif se comporte-t-il à présent face à ces affections multiples qui l'assaillent ?

c) L'affecté

Il n'y aurait nulle affection, s'il n'y avait pas corrélativement un sujet pour l'accueillir. Soucieux de décrire la manière dont le sujet se constitue lui-même dans la genèse de l'objectivation, Husserl présente cette ouverture du moi à l'étrangèreté de l'affection sous divers aspects. Le moi passif, celui qui vit dans l'affection, peut tout d'abord ne pas répondre à

1. Henry Maldiney, *Penser l'homme et la folie, À la lumière de l'analyse existentielle et de l'analyse du destin*, Grenoble, J. Millon, 1991, p. 378.

2. *Ibidem*, p. 419. Maldiney précise que cette « transpassibilité consiste à n'être passible de rien qui puisse se faire annoncer comme réel ou possible. Elle est une ouverture sans dessein ni dessin, à ce dont nous ne sommes pas *a priori* passibles. Elle est le contraire du souci », *op. cit.*, p. 421. Cette dimension mystérieuse de la subjectivité passive est totalement absente chez Husserl. La passivité du moi n'est passible que d'une seule chose : les objets ou pré-objets qui se présentent à elle. En ce sens, elle n'est que souci, prise d'intérêt aux choses en tant qu'objets. Il n'y a pour elle d'autre possibilité (ou passibilité comme l'écrit Maldiney) que de l'objet. La passivité n'est donc pas, comme pour Maldiney « transpassibilité à l'égard du Rien » (p. 422), mais moment fondamental de la préconstitution des objets et d'un monde.

l'excitation passive, rester sourd à ses avances, soit parce que celle-ci est *trop faible*, soit parce qu'il est lui-même pris dans une autre affection *plus forte*. Ainsi bon nombre d'affections passent souvent inaperçues à l'attention passive du moi. Seules certaines affections particulières, constate Husserl, « prennent effectivement la parole » (*kommen merklich zu Worte*)[1]. Que se passe-t-il lorsque le moi donne un écho favorable à l'affection, lorsqu'il se laisse aller à la sollicitation et y répond ? Nous nous trouvons alors dans le cas précis de la « conversion (*Zuwendung*) » du moi à l'affection. Cette conversion indique d'abord que le moi se tourne vers l'affectant, s'oriente vers lui. Celle-ci peut à son tour prendre deux formes :

a) le moi peut *se laisser vivre* dans l'affection passive, ne pas y répondre directement, mais s'abandonner à elle. Sa réponse consiste alors à un *ne pas agir*.

b) Il peut aussi éventuellement se tourner vers elle dans ce que Husserl nomme « l'attention thématisante » : le moi découvre alors dans l'affection un élément particulier qui suscite son intérêt ; cet « intérêt » forme, à son tour, le premier moment d'une « prise de connaissance » (*Kenntnisnahme*) véritable de l'objet qui affecte. Par conséquent, toute conversion du moi à une affection est sans cesse sous-tendue par un intérêt que le moi découvre dans l'affectant. Si l'affection est du point de vue de l'affectant seulement fonction du contraste, elle est du point de vue de l'affecté, de sa réception par le moi, constamment liée à des intérêts pratiques et affectifs. D'une certaine manière, Husserl reprend ici l'idée développée par W. James dans ses *Principles of Psychology* d'un fondement de l'attention perceptive dans la prise d'intérêt du sujet. L'affection « éveille » (*weckt*) quelque chose en moi qui me pousse à me convertir selon mon degré d'intéressement. Aussi la conversion réceptive du moi à l'affection sous la forme de l'attention intéressée est-elle déjà, indique Husserl, un « niveau inférieur de l'activité ». Mais comment le moi passif dans l'affection peut-il, en tant qu'il est réceptif, être aussi actif ? Où se situe la ligne de démarcation franche entre la passivité et l'activité, eu égard au rôle que peut jouer ici le moi dans l'affection ?

Pour éclaircir ce point précis, nous pouvons nous reporter aux indications mêmes de L. Landgrebe, l'éditeur d'*Expérience et Jugement*, qui, dans une lettre de 1952 adressée à J. Wahl, en réponse à son article « Notes sur la première partie d'*Erfahrung und Urteil* de Husserl », publié dans la *Revue de Métaphysique et de Morale* au sujet d'un reste de sensualisme chez Husserl, souligne que « pour lui [Husserl] la différence entre l'activité (réceptivité à son étage inférieur et spontanéité à son étage supérieur) et la

1. Cf. ms. C 10, *op. cit.*, p. 8.

passivité n'est pas relative, mais absolue» [1]. L. Landgrebe ajoute à ce propos que Husserl comprend «la réceptivité, c'est-à-dire la perception elle-même comme un mode de l'activité et en distingue la pure passivité de l'affection». Cette bipartition radicale que propose Landgrebe (tout en remarquant que celle-ci «amène de grandes difficultés») a pour prime conséquence le rejet complet de la réceptivité du côté de la seule activité. Mais alors comment nommer l'accueil par le moi des objectités affectantes? N'est-ce pas là aussi une forme de réceptivité? Si la passivité n'est que de l'ordre de l'affection, pourquoi Husserl persiste-t-il à nommer le moi réceptif *moi passif?* En outre, il semble difficilement compréhensible ici que le moi purement affecté soit déjà un moi spontané, même sous une forme inférieure. C'est la raison pour laquelle d'ailleurs Husserl lui réserve en général le nom de «pré-moi» (*Vor-Ich*) [2]. Faisant fond sur une extension indéfinie du moi, Husserl décrit parfois ce pré-moi comme «l'antichambre» (*Vorzimmer*) [3] du moi véritable. L'interprétation de L. Landgrebe, pour louable qu'elle soit (en ce qu'elle permet de comprendre l'existence au sein de la spontanéité d'une couche de «passivité relative» [4]) tend à dissimuler l'*Affektivität* du moi. Entre la simple affection et la réaction répondante, il y a «le fait de pâtir de la part de quelque chose, le fait d'être déterminé passivement par quelque chose» [5].

Sur ce point, Husserl n'est donc pas aussi affirmatif que son assistant. Dans *Expérience et Jugement*, il indique pour sa part que «la distinction entre passivité et activité n'est pas inébranlable» [6], et partant que ces termes ne doivent pas être définis une fois pour toutes, mais que ce sont des instruments modulables d'une description de la genèse du sens qui doit être, elle-même, sans cesse recréée. Si, par ailleurs, Husserl signale que la réceptivité est une «forme inférieure de l'activité», c'est surtout parce qu'il se place à présent dans une perspective génétique qui redéfinit de fond en comble les premières distinctions entre passivité et activité. En effet,

1. Cf. «Lettre sur un article de J. Wahl», *Revue de Métaphysique et de Morale*, 57, 1952, p. 283.

2. Hua. XV, p. 598. Cf. également Ms. C III, p. 47: «Zu diesem ichlichen Leben gehört das Affiziertsein, vom Affizierenden mehr oder minder hingetrieben sein, engezogen sein und antwortend hinhören, also sich zuwenden und sich mit dem Vorgegebenen, sich in seiner Weise lebendig-vorichlich in der Unterschichte Konstituierenden beschäftigen» (à cette vie égoïque revient l'être affecté, le fait d'être plus ou moins entraîné, attiré et de répondre par l'écoute, donc de se convertir à et de s'occuper du préalablement donné qui se constitue à sa manière pré-égoïque-vivante dans la couche inférieure).

3. Hua. XI, p. 166. Dans le ms. D 7 (1917), l'objectité affectante est également dite frappant plus ou moins fort à la «porte de la conscience [*die Bewußtseinspforte*]» (p. 10).

4. Sur cette question, voir la recension par N. Depraz de *Faktizität und Individuation* de L. Landgrebe, in Alter n° 3, 1995, p. 416-419.

5. *Ideen II*, *op. cit.*, p. 302 [217].

6. *Expérience et Jugement*, p. 126-127 [119].

dans les textes des années 1910, c'est-à-dire ceux relevant de la phénoménologie statique pure, Husserl interprète toujours la réceptivité comme une forme de passivité, opposée à la spontanéité librement activable de l'ego. « Nous sommes affectés passivement de manière purement réceptive » [1]. Or l'une des avancées les plus manifestes de la méthode génétique, c'est qu'elle ré-introduit une certaine forme de continuité entre la réceptivité passive (l'affection) et la spontanéité logique (l'attention), de sorte que, comme l'affirme avec à propos E. Holenstein, la réceptivité envisagée comme un pivôt devient double :

> le concept de passivité réceptive revêt donc pour Husserl une double existence. Par réceptif, il n'entend pas seulement le fait de recevoir involontairement des impressions, mais aussi et surtout l'acte de saisir ces pré-données impersonnelles en vue d'une information et d'une explication plus précises [2].

C'est l'engagement plus ou moins actif du moi dans l'affection qui décide en quelque sorte de la nature même de l'expérience réceptive.

Le relativisme des tendances affectives

À la gradualité de la réponse du moi, correspond inversement une « gradualité de l'affection ». Toutes les affections n'affectent pas de la même manière ni au même degré :

> Une unité pour soi exerce sur le moi une excitation, une affection, une tendance à la conversion qui est une tendance soit satisfaite, soit insatisfaite. La tendance insatisfaite possède une gradualité dans l'occupation du moi sur le mode de l'affection, tendance à la conversion plus ou moins forte (…) [3].

Alors que l'ego réceptif peut plus ou moins décliner l'invitation affective selon les degrés de son intérêt, l'affection subit elle-même une variation de son intensité qui n'a rien à voir avec celle de l'*affectibilité*

1. Ms. M III 3 I 1 II, § 33 (oct./nov. 1911), p. 81 [cité par E. Holenstein, tr. fr., *op. cit.*, p. 48], manuscrit faisant partie du recueil des textes de la période de Göttingen, assemblé par L. Landgrebe sous le titre de *Studien zur Struktur des Bewußtseins*.

2. Cf. *Phänomenologie der Assoziation*, trad. *op. cit.*, p. 48. Husserl reprend cette définition de la réceptivité comme *niederste Form der Aktivität* dans les *Analysen*, cf. Hua. XI, p. 409.

3. « Eine einheit für sich übt auf das Ich einen "Reiz", eine Affektion, eine Tendenz der zuwendung, die entweder ungesättigte oder gesättigte Tendenz ist. Die ungesättigte hat eine Gradualität der Inanspruchnahme des Ich in der Weise der Affektion, der stärkeren oder der schwächeren Zuwendungstendenz … », ms. D 7, *op. cit.*, p. 10.

simple du sujet. Cet état de fait appartient directement à l'essence de l'affection; il renvoie à ce que Husserl nomme, dans la seconde partie des *Analysen*, le « relativisme des affections » [1]. Il faut comprendre ce relativisme comme une *relativité*, celle de chaque affection particulière selon des degrés différents d'intensité, d'accroissement et de force. Plus cette intensité est forte, plus l'affection exerce une « insistance [*Nachdruck*] » excitatrice sur le moi passif et réceptif. Dans l'absolu, cette intensité a pour point de départ un supposé *degré zéro* de l'affection qui correspond à une « vivacité » affective nulle que Husserl nomme « l'inconscient ».

La plupart du temps (c'est-à-dire en régime perceptif), une affection tire son origine d'une impression originaire saillante dont elle extraie son intensité relative [2]. En aucun cas, une impression originaire ne peut posséder une affection nulle, étant donné qu'elle participe au moins au « relief affectif général » (*affektives Gesamtrelief*) du présent vivant. Le possible *degré zéro* de l'affection ne peut donc correspondre qu'aux représentations vides qui ont rétentionnellement sombré dans un passé lointain et inaffectif. Il faudrait ainsi distinguer les affections originaires, issues du présent impressionnel vivant, des simples affections dérivées, secondaires qui s'éveillent à partir de cet « horizon affectif nul » qu'est l'inconscient. Mais cela ne suffit pas pour autant à dédouaner le présent vivant et les affections originaires qui en émergent de la possibilité d'une inconscience originelle. Car, à la vérité, il semble difficile de dire si l'excitation qui sourd du présent vivant est produite ici originairement ou de manière secondaire. Il reste que Husserl décline plus volontiers le mode d'existence de l'inconscient au passé, car, comme il l'indiquait déjà dans les *Vorlesungen zur Phänomenologie des inneren Zeitbewußtseins*, « c'est une véritable absurdité que de parler d'un contenu inconscient qui ne deviendrait conscient qu'après coup » [3]. Tout élément du présent vivant, même s'il n'est pas immédiatement saisi comme thème, relève de la conscience. Dès lors, ce qui est *ausser-thematisch* n'est pas forcément pour cela *unbewußt*. Pour ce qui est de l'inconscient proprement dit, il faut, indique Husserl, se tourner vers les zones désertées de la conscience rétentionnelle et de l'oubli. Voilà qui permet pour l'heure de nous en tenir à cette idée : seules, à la vérité, les représentations vides du passé peuvent être réduites à une complète inefficacité affective dans cette « nuit de l'inconscient » [4]. Il y a de

1. Hua. XI, p. 151.

2. Cf. Hua. XI, p. 168 : « La source originelle de toute affection réside et ne peut résider que dans l'impression originaire et sa prope affectivité plus ou moins forte ».

3. *Leçons pour une phénoménologie de la conscience intime du temps*, *op. cit.*, p. 160. Le même jugement est repris dans les *Analysen*, Hua. XI, p. 388 : « au regard du présent originaire, on doit dire que l'*inconscience* est en lui conscience ».

4. Expression que Husserl emploie très fréquemment, notamment dans le manuscrit C 10 (1931), p. 3.

toute évidence une « poussée » de l'affection, et le propre du processus affectif est justement que l'on ne peut s'en délivrer par une action simple. Husserl insiste sur ce point : « l'affection ne cesse pas avec la conversion » [1] du moi. La gradualité que présuppose nécessairement le développement dynamique et temporel de l'affection n'est pas pour elle accidentelle, mais elle est « inhérente à l'être même de l'affection ». Même dans le cas idéal où l'affection ne serait pas freinée par d'autres affections concurrentes et où elle pourrait donc directement exciter le moi réceptif, elle devrait encore transiter par divers stades progressifs d'accomplissement.

Aussi Husserl distingue-t-il dans les *Analysen* la « tendance à l'affection » de l'affection « effective » [2] (*wirklich*). À proprement parler, la tendance affective reste toujours à l'arrière-plan de la conscience du présent vivant; elle n'est pas consciente comme objet ni thème, mais possède la puissance affective nécessaire pour devenir consciente et passer ainsi le *seuil* de ce qui occupe momentanément le devant de la scène. Toutefois, « il se peut faire que la tendance affective n'atteigne pas le moi » [3] et par suite qu'elle reste, en son état, une simple tendance éveillée mais non encore assouvie. Dans tous les cas, l'attrait affectif est toujours susceptible d'un « accroissement » (*Steigerung*) [4] significatif. L'affection qui atteint réellement le moi et force sa conversion attentive reçoit en retour de sa part une sorte de « privilège » (*Bevorzug*), de faveur. Cette préférence est elle-même fonction de sa force propre et de l'attente du moi, mais aussi « du plaisir et du déplaisir » qu'elle provoque en moi, c'est-à-dire qu'elle relève en dernière instance de la sphère des sentiments, des instincts et des pulsions vitales qui, co-appartenant à la hylè impressionnelle, s'immiscent dans toute affection objectale et forcent souvent la décision passive, l'acquiescement [5]. Il n'y a donc pas toujours d'affection effectivement perceptible.

Si l'affection ne parvient pas toujours effectivement dans « l'antichambre du moi » pour éveiller son intérêt, c'est parce qu'elle est souvent elle-même préalablement freinée dans son déroulement par des affections concurrentes. Cet « empêchement » (*Hemmung*) est l'une des figures les

1. Hua. XI., p. 419.
2. *Ibidem*, p. 149.
3. *Ibidem*.
4. A. Montavont fait fort justement remarquer que cette gradualité de l'affection permet à Husserl de penser une continuité entre la sphère pré-affective et la sphère affective, cf. « le phénomène de l'affection », *op. cit.* p. 127. Toutefois, il faut se demander aussi s'il n'existe pas une *coupure* plus ou moins franche qui introduit une forme de discontinuité entre le néant affectif et la première manifestation de l'affection, et ce dans la mesure où Husserl note à de nombreuses reprises que le surgissement même de l'affection à partir de ce néant affectif reste énigmatique, quand bien même il serait pris dans un processus progressif et continu.
5. Dans le même ordre d'idées, Husserl rappelle que la hylè impressionnelle est toujours en cela entrelacée avec la hylè affective (au sens du *Gemüt*), *ibidem*, p. 150.

plus caractéristiques de la vie passivo-affective. À l'instar du contraste, l'empêchement trouve sa raison d'être dans la non-compatibilité des contenus de sens véhiculés par l'affection. Si les affections entrent en conflit, s'opposent et se repoussent effectivement, c'est d'abord parce qu'elles ne peuvent pas toutes parvenir à former une synthèse associative de ressemblance stable, satisfaisante [1]. Ce « conflit » (*Widerstreit*) naissant aboutit généralement à un véritable « refoulement » (*Verdrängung*) dans l'inconscient des affections les plus faibles ou les moins efficaces. Un bruit puissant comme une explosion soudaine et brutale, selon l'un des exemples favoris de Husserl dans les *Analysen*, rejette aux franges du champ de conscience les affections plus faibles alors en vigueur. Il met ainsi pour un temps « sous l'éteignoir » (*hinunterdrückt*) les affections précédemment opérantes :

> Les contrastes extrêmes sont des contrastes si forts, ils produisent un détachement si puissamment efficace, qu'ils couvrent pour ainsi dire tous les contrastes concurrents. Il existe donc quelque chose comme une concurrence possible et une sorte de recouvrement des tendances affectives par une tendance particulièrement plus forte [2].

Peu de commentateurs ont signalé que ce conflit des affections est en fait induit par la structure même du champ de conscience. Selon celle-ci, le moi ne peut être véritablement affecté que par une seule affection particulière à la fois, de sorte que l'attention répondant à cette *mono-affection* se convertit en une thématisation, elle aussi, unique [3]. Le moi ne peut se diriger (dans l'attention) ou ne peut être dirigé (dans l'affection) que vers un seul objet thématique à la fois. Aussi les multiples affections rayonnantes à partir de l'inconscient ne peuvent-elles toutes accéder en même temps à l'attention. Si les affections entrent en concurrence et se répriment mutuellement, cela tient au fait que le champ de conscience est organisé de telle sorte qu'il n'accepte qu'un seul thème à la fois et rejette en marges les données qui ne peuvent être centrales. Le seuil qui sépare conscience thématique et conscience passive passe donc par la reconnaissance d'une seule unité objectale. L'advenue à la conscience apparaît comme une sorte

1. Inversement, les affections peuvent se lier ensemble et former des unités affectives plurielles. Dans ce cas, la force d'une affection se transmet à d'autres affections semblables ou compatibles. Ici, interviennent les lois d'association par ressemblance qui constituent la propagation de l'affection sous la forme d'un éveil affectif.

2. Hua. XI, p. 149

3. L'horizon peut aussi co-affecter, ainsi que le note Husserl dans *Expérience et Jugement :* « Lorsque nous dirigeons notre regard sur l'objet pour le contempler, il y a toujours à l'arrière-plan pour la conscience son entourage objectif co-affectant... » (p. 178 [172]); mais il ajoute aussitôt que la puissance de cette affection latérale est « moins intense » que celle de l'objet, qu'elle ne pénètre pas jusqu'au *Je* ni ne le contraint à se tourner vers elle.

de *goulot d'étranglement* pour la multiplicité infinie des significations originaires ou modalisées, disponibles à l'arrière-plan de la conscience. Celles-ci se tiennent à l'orée de la conscience, en attente d'une ouverture vers « la porte du moi » [1] qui leur permettrait alors d'accéder à l'effectivité.

Dans les *Analysen*, Husserl multiplie les concepts devant rendre compte du tiraillement perpétuel des affections : répression, refoulement, mise sous l'éteignoir, inhibition, etc. La notion générique de *refoulement* nous révèle en outre comme son analogon freudien que nous ne pouvons connaître quelque chose de l'inconscient [2] qu'au moyen de ces opérations répressives. Sans elles du reste, l'insconscient resterait à jamais une pure construction rationnelle. Au demeurant il semble que pour Husserl seule l'effectivité du refoulement puisse rendre compte de l'existence présumée de l'*Unbewußt* sous la forme du degré zéro de l'affection. C'est donc ici le conflit même des affections qui nous prouve *a contrario* l'existence d'un stade pré-conscient où les affections restent en repos en dehors de toute conflictualité. Sans que le moi ne puisse intervenir, il y a du sens qui échappe tout d'abord à son attention, du sens qui peut rester à jamais éteint ou indisponible pour lui. Du sens lui est sans cesse soustrait, mais par les affections porteuses de sens elles-mêmes.

> Plusieurs affections peuvent se rencontrer dans le moi, des lâches et des intenses, des affections différentes d'objets, de « sens », de « propositions » différents, se freinent, se dérangent, se trouvent dans un conflit affectif [3].

Les sens eux-mêmes portés par les affections se répriment. Ce n'est donc jamais le moi qui refoule *volontairement* dans la sous-conscience les affections non-satisfaisantes [4] qui lui font face. La répression primaire ne doit donc pas être considérée comme une réponse défavorable de l'ego, mais comme une réaction des unités hylétiques elles-mêmes, co-affectant dans le champ du présent vivant. Le refoulement est ici une conséquence structurelle du champ de conscience lui-même, dans lequel l'ego n'inter-

1. « *Die Pforte des Ich* », expression du ms. A VI 12 I, p. 17.

2. La proximité de vue avec Freud est, sur ce point, assez étonnante. Nous pouvons en effet lire dans la *Métapsychologie :* « l'essence du refoulement ne consiste qu'en ceci : mettre à l'écart et tenir à distance du conscient ».

3. Ms. A VI 27, p. 16 : « Es können mancherlei Affektionen im Ich zusammentreffen, schlaffe und intensive, verschiedene Affektionen, solche verschiedener "Gegenstande", "Sinn", "Sätze", hemmen sich, stören sich, stehen in affektivem Widerstreit ».

4. Cf. Thomas Seebohm, « The new Hermeneutics, other Trends, and the human sciences from the standpoint of transcendantal phenomenology », in *Continental Phenomenology*, Duquesne University Press, Pittsburgh, 1985, p. 85-86 : « Les refoulements qui constituent l'inconscient ne sont pas des actes intentionnels de l'ego, mais quelque chose qui lui arrive (...) L'ego n'est pas le maître sur son propre champ hylétique. Il peut tout à fait y succomber ».

vient pas encore comme décideur. Certes les préférences pratiques ou affectives qu'exprime le moi passif peuvent à tout moment impliquer la mise sous l'éteignoir des excitations rejetées ou favoriser tel type d'affection, mais il reste que cette mise à l'écart n'est pas le résultat d'une décision délibérée, mais celui d'une instinctivité passive du moi. Inversement, le privilège accordé à telle ou telle affection est souvent le fruit d'un *intérêt passif*. Ce n'est donc pas forcément l'affection la plus forte du point de vue de l'intensité intrinsèque qui l'emporte, mais celle qui retient au mieux l'intérêt du moi qui vit auprès d'elle [1]. Comme le dit Husserl dans *Expérience et Jugement*, une affection puissante ne m'affecte pas si je suis, par ailleurs, passivement « engagé » dans un intérêt perceptif accaparant. Le « refoulement » est donc à la fois fonction du conflit des affections entre elles (refoulement intra-affectif) et fonction des intérêts instinctifs du moi qui peuvent à chaque instant venir contrecarrer les excitations affectives (refoulement extra-affectif).

Il est difficile ici de résister à la tentation de faire un rapport direct entre la théorie husserlienne du « refoulement » des affections dans l'inconscient avec les développements contemporains de la psychanalyse freudienne. Du point de vue de la phénoménologie de la passivité, le rôle dévolu au refoulement dans la constitution d'une unité de la conscience immanente n'est pas très éloigné de sa détermination topique. Husserl lui-même fait littéralement le rapprochement dans un manuscrit inédit des années trente : « tout ce qui est recouvert, toute validité recouverte, co-fonctionne de manière associative et aperceptive, ce que la méthode freudienne présuppose et rend possible » [2]. Ce n'est pas non plus un simple hasard si l'une des rares références husserliennes à Freud concerne justement sa théorie du « refoulement » (ou du recouvrement). Malgré sa connaissance très partielle et imparfaite du corpus freudien [3], Husserl remarque immédiatement la portée significative d'un tel concept. Il en tire tout de suite des conclusions intéressantes pour sa propre conception d'une conscience stratifiée. Dans ce même texte, Husserl développe en effet l'idée déterminante selon laquelle les affections refoulées ne perdent pas, contrairement à ce que l'on pourrait penser, leur validité et leur efficacité affectives. En effet, la mise

1. Husserl refuse par conséquent de procéder à une quantification à la Fechner de la force affective des « impressions inconscientes » et à une détermination mesurée d'un possible seuil d'affectivité effective.

2. Ms. E III 10, p. 3 : « Alles Verdeckte, jede verdeckte Geltung fungiert mit assoziativ und aperzeptiv, was die freudsche Methode ermöglicht und voraussetz ».

3. Comme Holenstein nous l'apprend (*op. cit.* p. 321), la bibliothèque de Husserl ne comprenait que deux courtes œuvres de Freud, *De la psychanalyse* (1909) et *Auto-exposition* (1936). Aucun de ces deux livres ne présente des marques de lecture ; en revanche Husserl a souligné de nombreux passages de l'*Essai d'une présentation de la théorie psychanalytique* (1913) de Jung, et notamment les passages qui concernent la théorie du refoulement.

sous l'éteignoir d'une affection par l'affection privilégiée par le moi n'annule pas sa puissance affective :

> Mais l'affect est seulement recouvert, tiré vers le bas, mis sous l'éteignoir et pourtant là encore il reste efficace comme tout ce qui est recouvert et mis sous l'éteignoir [1].

Le refoulement de l'affection n'entraîne donc pas automatiquement l'affaiblissement corrélatif de sa puissance affective. Bien au contraire, l'affection peut résister et persévérer dans son effort vers la « satisfaction [*Befriedigung*] » (à savoir la conversion du moi). Son refoulement peut même avoir pour conséquence une augmentation réelle de sa puissance affective, comme si la répression dont elle est victime augmentait en retour sa propre force. Dans l'appendice XIX des *Analysen*, Husserl déclare ainsi que « la vivacité s'accroît dans le conflit comme de manière analogue dans n'importe quel contraste [*die Lebendigkeit wird im Streit erhöht, wie analog im sonstigen Kontrast*] ». La grande différence avec la théorie de Freud reste néanmoins que le refoulement ne modifie en rien le contenu de sens de la donnée (saillance, ressouvenir ou représentation) réprimée, mais il laisse, selon Husserl, intacte la signification objectale qui y était enveloppée. Le refoulement n'affecte que le *quomodo* de l'objet, non l'objet lui-même. Si le refoulé phénoménologique demeure imperceptible, il n'est pas transformé en autre chose par le refoulement.

Fors ce lien bien ténu avec Freud, qui nous oblige à dire en fin de compte que l'inconscient phénoménologique n'a que peu de lien direct avec son homonyme psychanalytique, c'est plutôt avec Herbart que la proximité de vue sur le processus du refoulement est la plus grande [2]. Dans sa *Psychologie als Wissenschaft*, Herbart montre en effet que la conséquence notable de l'empêchement (*Hemmung*) d'une représentation est la modification immédiate de cette même représentation « en une aspiration

1. Ms. E III 10. Ceci montre bien que la venue à la conscience n'est pas fonction de l'intensité affective, de même que sa disparition n'est pas due à un affaiblissement de cette même force. À la question de la perceptibilité, Husserl donne une réponse gestaltiste et non mécaniste.

2. Tout ce développement est, en de nombreux points, redevable à l'interprétation de E. Holenstein dans *Phänomenologie der Assoziation*, *op. cit.* Sur l'influence du vocabulaire herbartien sur Husserl, cf. Bernhard Rang, « Einleitung des Herausgebers », Hua XXII, p. LIII, note 2, et Manfred Sommer, *Lebenswelt und Bewußtseins*, p. 34. Sur l'influence de la pensée de Herbart sur Freud, cf. Maria Dorer, *Die historischen Grundlagen der Psychoanalysis*, Leipzig, 1932. Il semble que Freud comme Husserl puisent leur vocabulaire dans la langue de Herbart, de sorte que les rapprochements ultérieurs entre les deux penseurs trouvent leur origine dans cette connaissance commune de l'école herbartienne plutôt que dans une influence directe et réciproque.

vers la représentation »[1]. Le résultat de cette gêne consiste en une tension vivace qui s'insinue entre toutes les aspirations subjectives à la représentation. C'est donc le refoulement de la force qui est à l'origine de cette force saisie comme tendance, aspiration, effort; paradoxalement, pour qu'une force puisse s'actualiser, il faut qu'elle ait été préalablement réprimée. La similitude entre les deux penseurs ne s'arrête pas là. Comme Husserl, Herbart indique que le refoulement des représentations est le résultat direct de la limitation du champ de conscience. Selon lui, deux représentations congénères ne peuvent atteindre en même temps et sous le même rapport le champ du regard de la conscience sans qu'il ne se produise un conflit qui aboutira immanquablement au refoulement de l'une d'elles. Bien entendu, la psychologie de Herbart ne prend jamais en compte le caractère génétique des intentions passives affectives, il s'en tient à une simple description empirique de ce qui s'offre à la conscience éveillée et thématisante. Cependant l'analyse phénoménologique n'a pas le monopole de la description des phénomènes et la validité purement informative de l'analyse herbartienne n'est pas ici contestable. Bien souvent, Husserl métamorphose en un sens purement transcendantal ce qu'il apprend à l'écoute des psychologues naturalistes.

AFFECTION ET FORMATION D'UNITÉ OU LE *CIRCUS VITIOSUS* DE LA PASSIVITÉ

Sans cesse l'analyse de la passivité, menée dans les *Analysen*, présuppose qu'avant l'affection quelque chose puisse préalablement se constituer. Pourtant cette distinction du pré-affectif et de l'affectif n'est pas sans

1. Cf. Johann Friedrich Herbart, *Psychologie als Wissenschaft*, *op. cit.*, t. I, p. 278. Dans les tout premiers textes husserliens sur l'intentionnalité, on retrouve quasiment trait pour trait la doctrine de Herbart sur le refoulement des représentations. Cf. « Intuition et représentation. Intention et remplissement » (1893), § 5, *La représentation comme phénomène de gêne* (*Hemmung*), in *Articles sur la logique*, trad. J. English, PUF, 1982. C'est l'empêchement d'une représentation intuitive qui crée en elle, comme en creux, une tension intentionnelle dirigée vers l'objet et l'intuition donatrice de cet objet. Est alors déclenchée une certaine *excitation* à poursuivre l'objet en personne. C'est par conséquent la frustration du déroulement habituel de la représentation intuitive qui suscite un intérêt pour l'intuition manquante. L'empêchement est l'origine même de la visée intentionnelle, en ce qu'il rend possible par le sentiment de manque et d'insatisfaction qu'il provoque, la tension vers l'objet. Nous suivons ici les conclusions de Karl Schuhmann, in « Husserls doppelter Vorstellungsbegriff : die Texte von 1893 », *Brentano Studien* 3 (1990/91), p. 119-136. Dans cet article, Schuhmann souligne par ailleurs les limites d'un tel rapprochement, en ce que l'aspiration intentionnelle à la représentation est, pour Husserl, prise dans une structure téléologique générale de la conscience, ce qui est totalement absent des analyses plus empiriques et descriptives de Herbart.

poser problème, notamment au regard de cette préséance des synthèses pré-affectives. En effet ces mêmes synthèses pré-affectives qui président à la formation d'unité possèdent aussi, en tant qu'elles reposent sur les lois du détachement et du contraste, un sens affectif. En un mot, l'affection présuppose la formation d'unité pré-affective (la saillance ou unité de sens figurée dans le détachement et le contraste) qui présuppose à son tour l'affection. Husserl indique ainsi que « la liaison effective, la formation d'unité effective présupposent toujours et nécessairement la force affective, c'est-à-dire la différenciation affective »[1]. Pour affecter, le quelque chose doit déjà être unifié comme saillance; mais pour être unifié comme saillance dans le détachement et la mise en relief, unification que nous avons étudiée dans la première partie de notre étude, il doit passer par l'affection, par la relation au moi. Il semble bien que nous ayons affaire ici à une sorte de *cercle vicieux* de l'objectivation dans la passivité.

C'est en tout cas l'avis d'Anthony J. Steinbock qui, dans *Home and Beyond*, fait lui aussi remarquer cette circularité problématique de l'affection chez Husserl :

> Des unités affectives se constituent en nous affectant simultanément. Mais comment une unité de sens peut-elle *être* affective en vue d'être constituée par l'ego? Ne sommes-nous pas en train de tourner en rond dans des cercles? Si la constitution de sens présupposait l'affection, la véritable constitution de sens ne devrait-elle pas en quelque manière présupposer le fait que le sens était déjà constitué de sorte qu'il pourrait exercer une force affective sur moi en vue d'être constitué[2]?

1. Hua. XI, p. 172. Cette présupposition de l'affection est continuellement manifeste dans les *Analysen*, cf., p. 175 : « la liaison n'avait généralement lieu que grâce à la force affective ». Les concepts directeurs censés rendre compte de la formation des « objectités originaires » (*Urgegenständlichkeiten*), à savoir principiellement l'*Abhebung* et le *Kontrast*, ne sont en eux-mêmes intelligibles que référés à une hylè impressionnelle qui est, de par sa structure ternaire, déjà hylè affective. La théorie d'une formation pré-affective de l'unité serait à la rigueur possible si cette unité n'était pas précisément une unité hylético-sensible. Dans le cas inverse, elle devient totalement contradictoire.

2. Anthony J. Steinbock, *Home and Beyond, Generative Phenomenology after Husserl*, Evanston, Northwestern University Press, 1995, p. 153 : « Affective unities are constituted by being simultaneously affective on us. But how can a sense-unity *be* affective in order to be constituted by the ego? Aren't we just turning around in circles? If sense constitution did presuppose, paradoxically, that sense was already constituted so that it could exert an affective force on me in order to be constituted? ». Toutefois, Steinbock tranche un peu trop rapidement, selon nous, l'indécision entre l'affection et la formation d'unité, en avançant comme unique solution exclusive la gradualité de l'affection elle-même (« There are non sense-unities, to say nothing of objects, that are merely neutral, simply "for themselves". They are at the same time for the subject, affecting the subject, as propulsive or repulsive », p. 155) Selon lui, il ne peut y avoir d'unités de sens neutres, c'est-à-dire existant pour elles-mêmes et non-référées à l'affection vivace qui les met en rapport avec le moi réceptif (« Since there is no neutral constitution, and in fact, non constitution of objects at all without affection,

Y a-t-il des unités de sens qui peuvent parvenir à l'être en dehors de l'affirmation affective? L'affection n'est-elle que la «répartition de la force affective [*Verteilung affektiver Kraft*]» sur ce qui est déjà différencié ou est-elle l'élément différenciateur? En général, Husserl part du raisonnement suivant: pour affecter, *il faut être*, c'est-à-dire *être* au préalable porteur d'une signification objectale, c'est-à-dire constituée par les synthèses passives pré-affectives. Or, et c'est là que son analyse se prend les pieds dans le tapis de l'indécision, il s'avère souvent incapable de décrire ces synthèses pré-unifiantes sans faire appel aux conditions mêmes de l'affection: le détachement et l'intensité. Le détachement pourrait-il être, d'un côté, simple condition de la formation d'unité et, de l'autre, condition de l'affection? Pourrait-il y avoir, comme Husserl se hasarde à l'écrire, un détachement d'un côté dans l'«être-pour-soi» (*Für-sich-sein*) et un détachement de l'autre côté dans l'être-pour-moi (*Für-mich-sein*)? Même si cela s'avère être le cas, cela ne résoudrait toujours pas la question d'une préséance de l'un sur l'autre. Pour le dire de manière ramassée: qui de l'affection ou de la formation d'unité est la première?

Dans le chapitre 34 des *Analysen*, «le problème des rapports entre l'affection et la formation d'unité» [1], Husserl tente d'aborder de front ces questions. Essayons de reconstituer, autant que faire se peut, le cheminement sinueux de sa pensée. «À titre d'essai», il se demande tout d'abord si les diverses lois passives d'association ne seraient pas ici de simples *conditions de possibilité* de la formation d'unité, tandis que l'*avoir lieu* de l'unification impressionnelle n'interviendrait qu'avec l'entrée en lice réelle de l'affection. Cette question est à première vue surprenante car, au regard de ce que nous ont appris les analyses sur les synthèses pré-affectives, l'affection ne peut elle-même constituer l'unité de son contenu; si elle affecte comme *une*, c'est parce qu'elle dépend par avance des conditions d'unification qui ressortissent précisément aux synthèses unificatrices comme la concrescence et le contraste. Livrée à elle-même, l'affection paraît être incapable de produire l'unité du contenu qu'elle

even the elemental living present is, as primordially constituted, essentially an "affective unity"», p.156). Or, ce relativisme de l'affection ne résout pas fondamentalement le problème, car il prend appui sur un degré zéro de l'affection que l'on doit bien considérer comme non-affectif; il laisse donc ouverte la possibilité d'une constitution non-affective. Si Steinbock conclut ausi vite à une présence co-originaire de l'affection dans la constitution passive, (et à l'impossibilité corrélative d'une constitution neutre) c'est selon nous non seulement parce qu'il lit, *diachroniquement*, les *Analysen zur passiven Synthesis* à partir des manuscrits des années trente sur le présent vivant, mais aussi *synchroniquement* parce qu'il passe justement sous silence le problème récurrent de la gradualité zéro, c'est-à-dire de l'inconscient.

1. Hua. XI, p.159. La question reste donc ouverte de savoir si ces objectités unitaires «sont déjà là grâce à l'affection» (*ibid.*).

enveloppe, et c'est pourquoi elle est directement dépendante des lois de l'association originaire. Husserl poursuit néanmoins son raisonnement. Il en vient à proposer une distinction plus subtile entre deux niveaux de la formation d'unité: «les fusions inconditionnellement nécessaires» qui s'accomplissent *avant* l'affection et les «fusions ou formations d'unité qui sont en premier lieu redevables de l'affection» [1].

Selon ce schéma, les fusions du premier genre concerneraient la forme du présent vivant, c'est-à-dire le champ temporel et les champs sensibles locaux, tandis que les fusions affectives, elles, s'appliqueraient aux «unités particulières constituées» dans ces champs. Ainsi l'affection n'interfèrerait directement que dans la production originelle des unités de sens. Cherchant en quelque façon à résorber l'abîme structurel entre le non-affectif et l'affectif, Husserl tente de dévoiler au sein des élements originaires de la formation des unités hylétiques une signification pré-affective. Toutefois, il fait aussitôt remarquer que l'unification continue des données de sens est «l'affaire de la teneur elle-même» (*das ist Sache der Gehalte selbst*) [2] et que l'affection n'est en rien concernée ici par ce travail de synthétisation. L'interprétation originelle de l'affection comme simple mise en rapport des unités hylétiques et du moi réceptif est ainsi confirmée: «l'affection ne produit pas les rapports qui se fondent dans la particularité des teneurs» [3]. Toujours en retard sur la constitution unitaire du présent vivant, l'affection présuppose que les différentes conditions de l'homogénéité figurale aient été préalablement remplies. Nous voilà donc revenu à notre point de départ: à la stricte délimitation entre sphère pré-affective et affective.

1. *Ibidem*, p. 159-160.

2. *Ibidem*, p. 160.

3. *Ibidem*, p. 161. Si Husserl refuse cette intervention originelle de l'affection, c'est parce qu'il ne peut y avoir d'*Affizierung* que là où quelque chose affecte le moi, c'est-à-dire que là où quelque chose est perceptible. Or, des unités hylétiques se constituent, lors même qu'elles ne sont pas données dans le champ attentionnel du moi. C'est, peut-être, pour cette raison qu'au début du § 35 des *Vorlesungen zur genetische Logik*, Husserl opère une nouvelle distinction «sous le titre d'affection». Celle-ci peut à présent soit désigner «la vivacité changeante d'un vécu», soit la «perceptibilité elle-même», à savoir le moment où elle excite réellement le moi. Et Husserl d'ajouter en complément: ce qui est ici important, c'est «le caractère de vivacité changeant» de l'affection, «indépendamment de la signification qu'elle a pour le moi» (p. 167). Autrement dit, il s'essaie déjà à penser l'affection comme intensification d'un vécu (ce degré de vivacité) en dehors de toute relation au moi, de telle sorte que la «perceptibilité nulle» (*ibid.*) n'équivale pas à la vivacité nulle, ou encore à l'affection nulle: «si nous faisons abstraction du comportement du pôle égoïque, il nous reste la différence de vivacité» (*ibid.*). Mais comment concevoir ici une affection abstraction faite de son rapport au moi?

En dépit de ces mises au point, Husserl ne renonce toutefois pas à poursuivre l'hypothèse d'une affection « originaire », sinon précédant les synthèses associatives, tout du moins contemporaines d'elles :

> Mais peut-être en est-il ainsi que tout constitué concret et singulier, tout constitué dans un détachement pour soi et non premièrement par l'affection, affecte tout d'abord nécessairement à quelque degré [1].

Selon cette nouvelle interprétation, les synthèses de ressemblance et de contraste qui constituent les unifications de premier degré ne pourraient effectivement entrer en action que *grâce* à la puissance « reliante » (*verknüpfend*) de l'affection. La formation d'unité ne pourrait être posée comme *unification* que dans la perspective d'une *Uraffektion* des éléments liés. Qu'est-ce à dire ? Que la force inhérente à l'affection créerait d'elle-même le *liant* de l'unification, qui cimente les données hylétiques disparates en paires, groupes, ensembles, etc. ? Que les liens tissés par les associations passives ne tiendraient comme liens que grâce à la solidification affective ? Comme on le voit, Husserl tâtonne, affirme et nie dans le même temps ce qu'il soumet à interprétation. La suite du texte semble toutefois lever le doute initial :

> Ce que nous venons d'essayer de formuler comme interprétation possible ne résiste cependant pas à un examen rigoureux et s'avère donc intenable. Le découpage que nous avons fait entre la constitution des objets du niveau supérieur et des objets se constituant dans la singularité originaire n'est pas justifié, car il est tout à fait inconcevable que la toute première fusion puisse être produite par l'unité de l'affection [2].

En vérité, la formation pré-affective, constituée par recouvrement et fusion associatives, est d'elle-même compréhensible et l'adjonction du processus affectif n'éclaire en rien sa genèse. Là encore Husserl semble faire marche arrière et revenir à ses premières conclusions concernant une constitution passive pré-affective [3]. La supposition d'une affection originaire est ici expressément déclarée « intenable » (*unhaltbar*) [4]. Pour que l'affection puisse entrer en scène et se propager sous la forme d'un éveil affectif, il faut nécessairement que les conditions de l'unité des données sensibles soient par avance remplies et assurées, c'est-à-dire que les synthèses de passage, de ressemblance et de concrescence aient fait leur

1. *Ibidem.*
2. *Ibidem.*
3. *Ibidem*, p. 162. Il est en effet, déclare Husserl, tout à fait incompréhensible d'attribuer aux fusions associatives, constitutives des premières objectités, une quelconque affection, ne serait-ce que parce que ces opérations sont « compréhensibles par elles-mêmes ». En cela, l'introduction du processus affectif ne serait d'aucune aide explicative.
4. *Ibidem*, p. 161.

œuvre. Comment parvenir néanmoins, à la lueur de cette affirmation, à unifier « ces deux motifs que sont l'affection et la formation d'unité » ?

Husserl suggère alors que toutes les unités hylétiques originaires se constituent premièrement « pour soi », au niveau pré-affectif, de manière *neutre*, selon l'expression judicieuse d'Anthony J. Steinbock [1], puis valent ensuite effectivement « pour le moi », et ce précisément dans et par l'affection graduelle. Le *pour soi* relèverait de la tendance à l'affection et le *pour le moi* de l'affection effective. Cette nouvelle proposition repose sur la conviction que l'affection a déjà son mot à dire dans la coordination passive originaire. Les données hylétiques premières ne seraient donc pas dépourvues de puissance affective, mais celle-ci ne vaudrait encore *pour personne*, si ce n'est pour elle-même. Il faudrait donc, poursuit Husserl, présupposer des « unités affectives hylétiques » qui interviennent directement au niveau de l'homogénéité du présent vivant immanent. La pré-affectivité consisterait dès lors en une affectivité non exercée, potentielle. En conséquence, le passage du pré-affectif à l'affectif serait celui d'une transition douce d'une affectivité *kat'auto* à une affectivité *pro émas*.

Toutefois, cette ultime tentative d'introduire dans la passivité originaire une production affective paraît là encore sans issue. Comme le reconnaît Husserl avec dépit, « l'universalité de cette proposition semble risquée » [2]. Elle l'est, d'une part, parce que toutes les affections ne sont pas tout d'abord immédiatement perceptibles par le moi. Il y a des unités constituées qui n'affectent pas, sans pour autant ne plus être des synthèses effectives. Cette distinction du « pour soi » et du « pour le moi » implique d'autre part que le domaine pré-affectif puisse valoir en dehors de toute relation affective à un *ego*. Mais alors on ne comprend plus très bien comment une unité constituée en dehors de l'affection peut tout d'un coup gagner en puissance affective et passer ainsi au stade véritablement excitatif. De même que devient absolument inintelligible une *affection pour soi*, une auto-affection qui ne serait pas léguée au moi. L'émergence d'une affection à partir d'un néant affectif est justement dans ce schéma explicatif, ne manque pas d'oberver Husserl, « ce qui résiste à la compréhension » [3]. Nous reviendrons ultérieurement sur cette inintelligibilité de la gradualité affective.

Toutes ces analyses extrêmement difficiles sur la délimitation du pré-affectif et de l'affectif dans les *Analysen* mettent clairement en jeu la

1. Cf. *Home and Beyond*, *op. cit.*, p. 153.

2. Hua. XI, p. 163.

3. *Ibidem* : « Mais que quelque chose puisse tout simplement gagner en force affective là où rien de la sorte n'était disponible, que quelque chose qui n'était absolument pas là pour le moi, un pur néant affectif, puisse avant tout devenir quelque chose d'actif, c'est là précisément ce qui résiste à la compréhension ».

possibilité dangeureuse d'une « constitution de sens » à jamais restituable par le moi, d'unités de sens constituées avant moi, sans moi et peut-être non pour moi. Accepter la précession d'unités de sens sur les affections, c'est *ouvrir la porte* à une constitution de sens radicalement non-égoïque qui ne serait plus articulée aux autres stades de la genèse passive. Poser en outre une synthéticité non-affective, c'est supposer de la part de Husserl un domaine constituant qui échappe totalement, non seulement à l'*emprise* de l'ego, mais aussi à sa simple *réceptivité*, à la possibilité pour lui d'amener un jour cette préconstitution à l'intuition. L'indépendance de droit de la sphère pré-affective vis-à-vis de l'affectivité égoïque est ainsi le problème majeur qui empoisonne les *Analysen*. C'est cette même idée qui pousse Husserl à présupposer une affection opérante comme moment essentiel dans la formation d'unité, au détriment de l'autonomie affichée d'une synthétisation associativo-passive – l'affection présente pour Husserl cet avantage insigne : elle est un mode relatif à l'égoïté, un mode passif certes, mais un mode constant de l'*Ichbeteiligung*. Faut-il admettre que le moi puisse être exclu de cette constitution ordonnatrice de la passivité?

Si l'analyse intentionnelle s'en tient à une gradualité stricte de l'affection, elle peut éviter, note Husserl, « de faire des substructions incompréhensibles » [1], en posant un domaine *pré-affectif* absolument séparé de toute liaison affective; car, en fin de compte, n'est-ce pas l'affection seule qui nous permet d'apprendre quelque chose sur les unités pré-affectives? Qui nous dit qu'au-delà de l'affection il y aurait effectivement du sens constitué ou à constituer? En vertu de sa valeur de témoignage, Husserl peut donc se croire fondé à poser l'affection comme la *ratio cognoscendi* de toute formation d'unité, même s'il sent bien par ailleurs qu'elle n'en est pas totalement la *ratio essendi*. À cet effet, la mise en place d'une théorie de l'« affection graduelle » peut être regardée dans son ensemble comme conjuratoire : par la description des différentes modalités de l'affection, il s'agit pour Husserl de *se prémunir* contre l'hypothèse d'un sens constitué qui serait en soi irrécupérable par la conscience, d'un niveau de constitution irréductible aux autres phases de la genèse. De ce point de vue, l'affection progressive joue le rôle de *garantie de phénoménalité*.

Mais le cercle vicieux de l'affection n'est pas pour autant déjoué. L'insidieuse question réapparaît :

> S'il est exact de dire que le cours de l'affection et la modification de l'ensemble du relief affectif dans le présent vivant dépendent de types de déroulement et de connexion des objectités, qui se sont constitués chaque fois en lui, cela ne veut pas dire pour autant que ces objectités existent déjà de leur côté avant toute affection. Il n'est pas exclu et il est même au

1. *Ibidem*.

> contraire très probable que l'affection joue déjà son rôle essentiel dans la constitution de toutes les objectités, de telle sorte que, sans elle, il n'y aurait absolument aucun objet, ni de présent objectivement articulé [1].

Avec ces quelques lignes, il nous semble assister à un véritable retour de l'aporie. Husserl semble de nouveau soutenir ce qu'il avait, quelques paragraphes plus haut, considéré comme *unhaltbar* (intenable). Il faut à présent examiner, selon lui, examiner si l'affection n'est pas *a contrario* une condition essentielle de la « réalisation de toute synthèse constitutive », si une *Lebendigkeit* affective n'est pas déjà nécessaire aux multiples fusions unitaires pour qu'elles puissent effectivement se détacher et produire par le contraste ainsi réalisé des objectités articulées en unités, en groupes, en paires, etc. En effet, chaque présent vivant possède toujours un certain « relief affectif » [2] que forme la synthèse des affections des données hylétiques particulières qui pénètrent ce champ. Ce relief affectif montre qu'il existe dans le « présent vivant » une certaine forme d'affectivité originaire, tout à fait contemporaine des synthèses hylétiques. Par ces remarques, Husserl paraît contredire le sens de toute la leçon précédente. Notre trouble est extrême.

Ces multiples tatonnements de l'analyse husserlienne ne sont pas toutefois anodins, mais ils sont révélateurs de la difficulté extrême de penser une affection originaire et constitutive des premières unités de sens. Il n'est point étonnant dès lors que Husserl conclue sa leçon en insistant sur cette « énigme » du devenir conscient, devenir pris entre l'inconscient pré-affectif et l'affection *bewußtseinsmäßig*, tant les liens entre la formation d'unité et l'affection sont loin d'être, pour l'instant, éclaircis. Seule une « théorie radicale », indique ici Husserl, pourrait permettre de jeter quelque clarté dans cette transition si difficilement saisissable. Mais est-elle pratiquée dans les *Analysen zur passiven Synthesis ?* On pourrait légitimement croire que la leçon suivante qui porte précisément sur la « gradualité de l'affection » va venir démêler l'écheveau de la relation entre l'unification hylétique pré-affective et l'affection. En effet, penser un passage progressif du pré-affectif à l'affection proprement dite permet à première vue de sortir de l'opposition trop nette entre le *pour soi* et le *pour moi*. Or, comme on va le voir, et contrairement à ce que soutiennent des commentateurs aussi avisés de la phénoménologie génétique qu'Anne Montavont ou Anthony Steinbock, l'introduction de cette *gradualité de l'affection* ne

1. *Ibidem*, p. 164. Si l'on se place donc au niveau élémentaire, c'est-à-dire au niveau de la formation homogène du présent vivant, alors « le problème de l'affection ré-apparaît » et en particulier celui de savoir si « l'affection n'est pas une condition essentielle de la réalisation de toute synthèse constitutive » (*ibid.*, p. 165). Cf. également *ibid.*, p. 170 : « la force affective positive est la condition fondamentale de toute vie dans la liaison et la séparation mobiles ».

2. *Ibidem*, p. 164.

résout en rien la question de l'originarité d'une unité de sens indépendante du sujet affectif. En effet cette *Gradualität* présentée ici comme salvatrice ne peut elle-même prendre sa source, comme en convient d'ailleurs Husserl, que dans un « degré-zéro » de l'affection : l'inconscient. Toute gradation nécessite un point-zéro qui devra, lui, être exempt de toute affectivité. Dès lors, loin de régler le problème, la théorie de la gradualité ne fait que le repousser à sa limite insaisissable : le néant affectif. Comme nous allons le voir, le passage à la limite ne résout en rien la question de la circularité de l'affection, il en radicalise plutôt le caractère problématique.

Sans anticiper sur la suite de nos analyses, nous pouvons cependant affirmer que, pour pouvoir effectivement traverser l'aporie de la circularité affective et ainsi concevoir positivement la co-originarité du constitutif et de l'affectif, il faudrait que Husserl présupposât une affection originaire qui soit à la fois une véritable affection excitant le moi passif et une association originaire. Or, l'affection telle qu'elle est décrite dans les *Analysen* est absolument incapable de jouer ce rôle unifiant, pour l'heure uniquement réservé aux pures associations pré-affectives. Elle reste simple excitation d'une donnée déjà là, vitalité des saillances. De là il suit qu'elle n'intervient qu'à un niveau supérieur (mais encore passif) de l'objectivation. En revanche, une affection originairement unifiante [1] pourrait tout à fait permettre à Husserl de résoudre le problème de la préséance alternative du non-affectif et de l'affectif, en réconciliant par là puissance affective et formation d'unité. Elle rendrait plus compréhensible la gradualité de l'affection elle-même, laquelle ne passerait plus, de manière mystérieuse, d'un néant affectif à une force affective, mais simplement d'une affection originaire (refoulée ou non) à une affection dérivée.

C'est cette possibilité diaporématique que l'appendice XXI des *Analysen* « Affection sensible multi-rayonnante. Groupe sensible – objectité proprement collective » [2] laisse clairement entrevoir. Revenant sur la difficulté de penser une affection à l'origine unificatrice, Husserl note, dans ce texte dense et parfois décousu, que l'on peut « tout à fait se représenter l'instinct comme produisant la cohésion » [3]. Que vient faire ici l'instinct ? Avant toute saisie de l'ego, indique Husserl, l'instinct, compris dans ce cas comme « une sorte d'anamnèse et d'aperception obscure d'arrière-plan » [4], unifierait les diverses forces affectives, de telle sorte

1. Husserl signale que l'affection doit jouer un rôle essentiel dans la formation d'unité, mais il n'indique pas précisément lequel. Est-ce, comme il l'écrit, « l'unité de cohésion » (*Die Einheit der Zusammengehörigkeit*) ?

2. *Ibidem*, p. 417. Margot Fleischer, l'éditeur des *Analysen zur passiven Synthesis*, nous apprend que ce court texte est immédiatement contemporain des leçons, comme si le problème soulevé dans le *Haupttext* avait tout de suite exigé d'importants compléments d'analyse.

3. *Ibidem*, p. 418.

4. *Ibidem*.

qu'elles constitueraient entre elles un véritable rapport de « résonance », créeraient une sorte de communauté affective concordante. C'est grâce à cet instinct affectif dont l'intention *inhérente* est dirigée « vers le tout » et vers l'unité résultante que Husserl peut légitimement parler à présent d'une « unité synthétique de l'affection » (*synthetische Einheit der Affektion*) [1] sans risquer de retomber dans le cercle du synthétique pré-affectif et de l'affection. En se faisant instinct, l'affection recouvrerait un pouvoir de synthèse que le simple processus de l'excitation ne lui donnait pas [2].

Malheureusement Husserl ne développe pas la solution d'une affection originaire et instinctive qui, seule, aurait pu mettre un terme au cercle de la passivité pré-affective et affective dans les *Analysen zur passiven Synthesis*, mais il s'en tient ici simplement à quelques remarques faites à titre d'essai.

1. *Ibidem.*

2. Ce sera dans le Manuscrit A VII 13 de St. Märgen d'octobre 1921 que Husserl développera l'idée d'une synthétisation originaire et affective de la sensibilité dans l'intentionnalité instinctive de la pulsion.

CHAPITRE IV

LA PHÉNOMÉNOLOGIE DE L'INCONSCIENT

DU NON AFFECTIF AU NON EFFECTIF

L'aspect le plus problématique de la théorie du relativisme des affections dans les *Analysen zur passiven Synthesis* reside dans le fait qu'elle nous oblige en fin de compte à penser une couche passive originelle qui pourrait ne pas être relative à l'affection, un domaine de sens pré-affectif où les teneurs de significations subsisteraient elles-mêmes en dehors de tout effectuation affective. Ce « néant affectif », « degré zéro de l'indifférenciation [*das Null der Unterschiedslosigkeit*] » [1], correspond à ce que Husserl nomme, parfois avec une certaine retenue dans le ton, l'« inconscient ». Avec le concept d'*Unbewußt*, nous nous situons donc dans les profondeurs ultimes de la constitution passive de la subjectivité transcendantale, aux limites de toute analyse phénoménologique. Faisons droit tout d'abord à la conception spécifique de l'inconscient développée dans les *Analysen*, pour ensuite élargir notre point de vue à d'autres aspects fondamentaux de l'« intentionnalité inconsciente ». En tant qu'il forme un « horizon affectif nul » [2] (*affektiver Nullhorizont*), l'inconscient renvoie tout d'abord, pour Husserl, à l'ensemble des synthèses hylétiques et pré-affectives du présent vivant, c'est-à-dire à l'absence du contraste affectif :

> L'excitation zéro n'a, pour le moi, aucun « détachement » au sens égoïque qui forme le mode négatif de l'attention (...). Ce qui se détache pour le moi a sa présupposition, son corrélât dans ce qui se détache

1. Hua. XI, p. 165
2. Hua. XI, p. 166.

> objectalement; ce qui ne saille pas pour le moi (l'inconscient là pour moi) dans ce qui ne saille pas dans la chose (la confusion du contenu) [1].

Il forme ainsi l'horizon d'homogénéité dans lequel des saillances peuvent poindre. Tout ce qui est organisé dans le champ de la présence vivante n'affecte pas pour autant le moi réceptif, mais peut rester à l'arrière-plan de la conscience comme un horizon vide, non-efficient. Est inconscient, ce qui est là, mais non *pour moi*. Dans cette perspective, l'inconscient représenterait la généralisation du concept d'horizontalité sous l'aspect d'une simple et pure absence d'affectivité. Seraient inconscients ainsi le co-visé, l'implicite, l'envers de la conscience thétique [2]. Au sein même de chaque présent originairement perceptif, résiderait, à chaque fois comme une frange, un *halo* de simples pré-indications.

> En d'autres termes, tout ce qui est proprement apparaissant n'est apparaissant-de-chose que parce qu'il est enveloppé dans et imprégné par un horizon intentionnel vide, que parce qu'il est entouré d'un halo de vide conforme à l'apparition [3].

Pour cette raison, l'inconscient ne saurait être autre chose que ce « vide qui n'est pas un néant, mais un vide à remplir, une indétermination déterminable » [4]. Cette première interprétation n'est pas toutefois entièrement satisfaisante. Outre le fait que le co-visé affecte constamment le moi attentif, tout l'effort de Husserl consiste précisément ici à résorber l'écart entre le pré-affectif et l'affectif, c'est-à-dire, de ce point de vue, à faire de l'inconscient un simple « pré-conscient », voire le « devenir-conscient » [5] où toutes les données devenues inconscientes peuvent à tout moment revenir sur le devant de la scène consciente. Si les éléments hylétiques originaires qui s'organisent en unités objectales possèdent un sens affectif, il est alors peu probable que l'inconscient, en tant que « domaine affectif nul », puisse seulement correspondre à la couche pré-affective du présent vivant. Il faut, semble-t-il, chercher ce « tréfonds

1. Ms. C 10, *op. cit.*, p. 8 : « Null-Reiz hat für das Ich keine "Abhebung" in dem ichlichen Sinn, der den negativen Modus der Aufmerksamkeit ausmacht (…). Die ichliche Abhebung hat ihre Voraussetzung, ihr Korrelat in der gegenständlichen; die ichliche Unabgehobenheit (das "Unbewußt" für mich da) in der sachlichen Unabgehobenheit (das inhaltliche Verschwimmen) ».

2. Cf. Paul Ricœur, *De l'interprétation*, Paris, Seuil, 1965, p. 398 : « la première inconscience que la phénoménologie révèle est celle de l'implicite, du co-visé : le modèle de cet implicite – ou mieux du co-impliqué – c'est dans une phénoménologie de la perception qu'il faut le chercher ».

3. Hua. XI, p. 6.

4. *Ibidem*.

5. C'est la raison pour laquelle certains commentateurs attentifs ont vu dans l'inconscient husserlien un simple préconscient au sens freudien du terme. Cf. Ricœur, *op. cit.*, p. 412 : « l'inconscient de la phénoménologie, c'est le préconscient de la psychanalyse … »

universel » ailleurs que dans les coulisses horizontales de la conscience du présent vivant perceptif, réduite de manière abstractive à la simple impression originaire. Ce n'est pas que l'inconscient doive dorénavant perdre son caractère horizontal pour pouvoir être conçu ici (la dimension horizontale reste au plus haut point essentielle à sa compréhension [1]) mais l'horizontalité ne suffit pas à elle seule à définir ce que Husserl cherche à penser sous le nom d'inconscient.

Beaucoup plus évocatrice est pour nous la nouvelle description phénoménologique que propose Husserl dans les *Analysen*. L'inconscient y est alors présenté comme le stade *ultime* de la régression des rétentions en un fonds de non-intuitivité absolue et radicale. L'inconscient est donc ici plus vertical qu'horizontal. Ce point mérite une explication. Chaque « impression originaire », remarque Husserl, décline progressivement en rétention dans le *toujours-plus-passé*, puis s'affaiblit et perd finalement la force affective que seul lui conférait précédemment son rattachement à la « vivacité » du présent vivant, et s'évanouit en une « représentation vide » (*Leervorstellung*) [2]. Dans ce trajet vers le passé, le processus rétentionnel correspond à un « processus d'appauvrissement constant ». Si d'une part « la source originelle de toute affection réside et ne peut que résider dans l'impression originaire et dans son affectivité plus ou moins grande » [3] et si, d'autre part, cette même impression originaire est décrite par Husserl comme le « sommet pour ainsi dire de l'intuitivité la plus intensive » (*Höhenpunkt sozusagen intensivster Anschaulichkeit*) [4], il est aisément compréhensible que l'éloignement graduel de l'*Urimpression* entraîne à sa suite pour l'affection un affaiblissement corrélatif de sa force intensive. L'affection dégradée s'estompe en un simple *reliquat* de l'impression originaire qui demeure en tant que simple « représentation vide ». Husserl multiplie les termes décrivant ce déclin de l'impresssion affective, et ce à travers principalement deux champs lexicaux, celui, d'une part, de la « décadence » de la *force* (appauvrissement, affaiblissement, épuisement)

1. Cf. *Krisis*, p. 267 : « déjà dans le concept de conscience d'*horizon*, dans l'intentionnalité d'horizon, il y a toute sorte de modes fort divers de ce que l'on appelle, habituellement en un sens plus restreint du mot, une intentionnalité *inconsciente* (...) ». Du point de vue de l'immanence du présent vivant, il ne peut donc y avoir d'inconscient dans le présent, car le *lebendige Gegenwart* « est globalement une unité affective » (Hua. XI, p. 167).

2. Hua. XI, p. 169-170 : « Dès lors l'étirement (*Strecke*) de la rétention fraîche se transforme sans cesse en étirement de la rétention vide que l'on peut désigner comme la forme génétique originaire des représentations vides ».

3. *Ibidem*, p. 168.

4. *Ibidem*, p. 169. Husserl décrit la modification rétentionnelle comme le déclin de la « saturation » (*Sattheit*), correspondant au moment de l'impression originaire, jusqu'à la « nullité » dans l'inconscient.

et celui, d'autre part, de la perte de *clarté intuitive* (assombrissement, indifférenciation, obscurcissement, etc.).

> Chaque datum concret appartenant à la sphère du présent vivant sombre, comme nous le savons, dans le passé phénoménal, succombe à la mutation rétentionnelle et conduit par là nécessairement à un domaine affectif nul, auquel il s'incorpore et dans lequel il n'est pas rien [1].

L'inconscient apparaît ainsi comme le réceptacle ultime de toutes les « représentations vides » affectivement anesthésiées. Si l'inconscient est bien le lieu de l'« évidement » (*Entleerung*), il n'est pas pour autant nul (en un sens, le vide n'est pas rien). Il « désigne une vivacité nulle de la conscience et n'est en aucune façon, comme on va le montrer, un néant » [2]. Ce n'est donc un *néant* que du point de vue de l'affection et de son intensité. Sa nullité n'est en soi ici que *modale*, et encore l'est-elle sur un mode très particulier qui est celui de l'affection d'une saillance. Dans ce contexte, « à chaque présent revient en outre un arrière-plan ou bas-fonds de non-vivacité, d'inefficacité affective (le degré zéro) » [3]. L'inconscient correspond ainsi à la nullité affective complète à partir de laquelle des tendances affectives peuvent sourdre à chaque instant. Mais cette néantisation affective n'implique-t-elle pas toutefois la disparition consécutive du sens particulier porté par l'affection auparavant vivace ? Corrélativement à l'assombrissement de l'affection, ne se produit-il pas ici une disparition des contenus objectaux enveloppés dans ces données affectantes ?

Husserl le nie. À de nombreuses reprises, il écarte l'idée d'une suppression possible de la donnée objectale. Dans l'inconscient, affirme-t-il, le contenu intentionnel est à chaque instant « conservé » dans son identité permanente et inchangé. Ce qui relève de l'essence reste continuellement maintenu dans son identité, lors même que l'« assombrissement rétentionnel » est parvenu à son terme dans le degré zéro de la vivacité de conscience. C'est précisément cette permanence d'un sens identique à travers la *modification rétentionnelle* qui rend possible l'action de l'« éveil rétro-actif ». Si le sens pouvait effectivement s'altérer dans sa modification rétentionnelle puis pendant son séjour dans l'inconscient, la possibilité même d'un souvenir quelconque serait sérieusement compromise, attendu que ce qui serait alors remémoré n'aurait plus rien de commun avec ce qui avait été réellement vécu dans l'impression. Conscient ou inconscient, nous avons donc toujours affaire au même sens objectal.

1. Hua. XI, p. 167. La force affective se tarissant, le processus rétentionnel conduit immanquablement « à une identité vide qui a perdu sa différence spécifique » (*ibid.*, p. 174).
2. *Ibidem*.
3. *Ibidem*, p. 167.

Toutefois certaines formules de Husserl peuvent nous persuader du contraire. N'affirme-t-il pas en effet dans ces mêmes *Leçons* que le « sens objectal s'appauvrit en différences internes », qu'il se voile et « se vide » [1] inexorablement. N'ajoute-t-il pas également que la fin de ce processus coïncide alors avec une représentation vide qui « représente son contenu de manière totalement indifférenciée, contenu qui, quant à lui, a totalement perdu la richesse des propriétés intérieurement dégagées que l'impression originaire avait édifiée » [2]. À ce sujet, Husserl parle plusieurs fois d'un passé « vide de contenu » (*inhaltsleer*). Il semble donc que le contenu interne de sens n'essuie pas seulement une perte en force affective, mais aussi en différenciations internes, à tel point qu'il ne s'agit plus du même sens, mais d'un sens *sans contenu*. Mais si le sens perd son contenu, comment peut-il être rappelé tel quel dans le ressouvenir ?

En fait, il n'y a pas pour Husserl de contradiction majeure entre l'indifférenciation graduelle du contenu et la persévérance de son sens, car en vérité ce n'est pas le sens même qui s'assombrit et *s'indifférencie*, mais seulement son « mode de donnée ». La tombée rétentionnelle dans l'inconscient ne signifie pas par suite la « perte effective en différences objectales », mais seulement la perte de la différenciation particulière du mode de donnée (l'affection). En soi l'inconscient n'est pas *indifférencié*, il conserve, certes sous une forme inaffective, toutes les différences de sens préalablement constituées. Il demeure simplement *indifférent* à cette différenciation. C'est donc la relation à l'objet qui se brouille, non l'objet dans son *Soi-même*. Mais il faut alors retourner la situation : pourquoi la modification rétentionnelle ne menace-t-elle pas l'identité du sens ? Qu'est-ce qui, en elle, rend possible une telle conservation ? C'est parce qu'elle est, nous dit Husserl, et cela même jusqu'à son degré le plus bas, « une synthèse d'identification continue » (*eine kontinuierliche Synthesis der Identifikation*) [3]. Dans sa déclinaison totale, le processus rétentionnel passif demeure par conséquent « un processus de synthèses identifiantes au travers duquel passe la mêmeté du sens objectal » (*ein Prozeß der identifizierenden Synthese durch ihn hindurch geht Selbigkeit des gegenständlichen Sinnes*).

On comprend déjà mieux pourquoi l'« affaiblissement » affectif n'atteint pas réellement l'identité du sens ; il voile en fait simplement *pour un temps* sa donation possible à la conscience éveillée. C'est la « forme affective » du contenu de sens qui est sujette au dépérissement, non le contenu lui-même. Même si ce dernier reste affectivement indifférencié pour le moi, il conserve néanmoins ses différences internes :

1. *Ibidem*, p. 170.
2. *Ibidem*.
3. Hua. XI, p. 168.

> Par conséquent les différences qui relèvent du sens lui-même restent pour lui dans son identité à travers l'évanouissement rétentionnel continu. Son mode de passé se modifie, mais il ne se modifie pas lui-même [1].

C'est la raison pour laquelle, pourrait-on dire ici, l'inarticulation et l'indifférenciation ne concernent fondamentalement que le *quomodo* de l'objet, non son *quid.* Tandis que les différentes modalités noétiques ou affectives du sens s'obscurcissent, le sens objectal se maintient dans son identité invariable. En un sens, l'inconscient opère la dissociation totale de la quiddité et de la quoddité. La teneur de sens persévère en dehors de tout mode de donation possible. Mais le sens d'un objet n'est-il pas continûment défini, au moins depuis les *Recherches Logiques*, comme la manière spécifique dont le sujet connaissant se rapporte à lui, n'est-il pas exclusivement déterminé comme l'« objet dans le comment » [2] (*Objekt im wie*) que révèle tout acte objectivant ? Comment concevoir dès lors un sens objectal en dehors de son mode de donation, c'est-à-dire comment penser l'objet *qui est visé* (son *was*) séparément de l'objet *tel qu'il est visé* (son *als was*) ? Manifestement la théorie de l'inconscient esquissée ici par Husserl présuppose constamment l'existence d'une « matière de l'acte » en dehors de la « qualité de l'acte » [3]. Les divers contenus de significations qui reposent dans le néant affectif absolu semblent ainsi coupés de toute relation modale, qu'elle soit à cet égard active ou affective. L'objet inconscient est un objet *sans* le comment, un objet sans qualités.

Toutefois cette indépendance affichée du sens vis-à-vis de toute relation modale amène à se poser la question du statut particulier de ce noème inconscient : comment un sens noématique peut-il être conservé hors de toute relation intentionnelle affective ou active ? La conservation des sens noématiques dans les couches les plus inférieures de la passivité, à savoir dans l'inconscient, dans son « indifférenciabilité » complète, impliquerait que le noème ne fût plus un élément transcendant au vécu, mais une composante réelle du vécu. Pour que la théorie d'un inconscient comme « réservoir » [4] des sens objectaux ait une quelconque validité, il faut donc

1. *Ibidem*, p. 171. Par conséquent la rétention vide est « encore et toujours une sphère où est maintenue cette objectivité qui possède sa sphère de fondation originaire dans l'impression originaire » (*ibid.*, p. 170).

2. *Ideen I*, p. 444 [272], cf. également *Recherches Logiques*, t. II, 2 (Ve Recherche), § 17 « Le contenu intentionnel au sens d'objet intentionnel », p. 205 [400], *sq.*

3. Dans les *Recherches Logiques*, Husserl considère cette séparation impossible, car toute matière d'acte nous donne non seulement la relation à son contenu mais aussi la manière dont l'acte se rapporte à ce contenu, c'est-à-dire sa qualité. cf. t. II, 2 (Ve Recherche), p. 243 [436].

4. Hua. XI, p. 177 : « Que signifie ce degré zéro ? C'est le réservoir [*Reservoir*] permanent des objets parvenus, dans le processus du présent vivant, à une institution vivante. Pour le moi, ils sont enfermés dans ce réservoir, mais ils restent bien sûr à sa disposition ». Husserl

que Husserl remette en question le principe, formulé dans les *Ideen I*, de l'irréalité immanente du noème, de sa non-inclusion réelle dans les vécus de conscience [1]. Est-il prêt à renoncer à l'une des thèses les plus essentielles de la phénoménologie transcendantale? Il semble en tout cas que l'idée sous-jacente à la théorie de l'inconscient d'une intentionnalité passivo-hylétique l'y incite. Si les vécus hylétiques sont d'une part des composantes réelles du vécu et possèdent d'autre part la propriété insigne de l'intentionnalité, il y a de fortes chances pour que le corrélât intentionnel d'un vécu hylétique soit lui-même un autre vécu hylétique, et donc soit inclus réellement dans la conscience. C'est précisément ce qui se passe dans le ressouvenir. Aussi, dans un premier temps, Husserl ne peut-il faire autrement que de reconnaître que le noème passivement tempolarisé est un « moment réel du vécu » :

> Les souvenirs séparés temporellement peuvent-ils contenir leurs visés en tant que composantes réelles? Cela ne fait pourtant aucune difficulté. Chaque souvenir a son visé [*Vermeintes*], et le visé en tant que tel a la même place temporelle que le souvenir dans l'enchaînement vrai de ces souvenirs en tant que vécus surgissant dans le flux vécu vrai. Ainsi, il apparaît de nouveau qu'il n'y a aucune raison de dissocier le « noème » du vécu et de lui contester le caractère de moment réel [2].

Et Husserl de souligner en note : « je demeure ici en contradiction avec les *Ideen* et conteste que les unités noématiques, les sens objectifs, soient transcendants au vécu » [3]. Ce qui est le plus étonnant dans ce *retournement de situation* (car il s'agit ici d'une révolution au sein même de la corrélation intentionnelle), c'est que Husserl lui-même ne le trouve pas si étonnant. Cette modification ne fait pour lui « aucune difficulté » [4]. Ce qui est visé dans un ressouvenir est un contenu de sens sédimenté dans le passé qui est devenu un élément immanent de la conscience. Ce qui est visé n'est donc pas seulement l'identité d'un sens, c'est aussi à présent un contenu hylétique qui a sa place dans le flux immanent réel de la conscience : sédiment, ressouvenir, etc. Ce noème réellement immanent n'a ainsi d'autre existence que temporelle : l'éveil et l'éveillé appartiennent tous deux au flux immanent du présent vivant. Comment le noème du ressouvenir pourrait-il ne pas être ici un moment réel du vécu, alors que, tout comme ce qui le vise (le ressouvenir), il s'intègre lui-même dans l'ordre temporel, reçoit une place temporelle, s'individue dans le temps? C'est que, dans le cas précis

reprendra cette image du réservoir dans le manuscrit B III 9 (6. XII. 1931), p. 139 : « das Reservoir, in das alles Unterschiedene verfließt ».

1. *Ideen I*, *op. cit.*, p. 300 [179].
2. Hua. XI, p. 335.
3. *Ibidem*, p. 334.
4. *Ibidem*, p. 335.

du ressouvenir, ce qui est visé (*Vermeintes*) n'est pas uniquement une signification idéale qui flotte devant les yeux de la conscience, mais un élément qui s'intègre peu à peu dans le flux concret du vécu, qui devient membre interne d'une vie psychique. Il semble donc que ce soit l'évidence de son individuation temporelle qui conduise Husserl à transformer de manière spectaculaire le noème en moment réel. « Nous nommons tout ce qui est lié à un vécu de manière phénoménologico-temporelle un moment réel du vécu » [1], écrit-il à ce sujet. La temporalité propre au noème est, à ce titre, une temporalité qui s'incorpore réellement à la temporalité générale de la conscience. Husserl ne disait-il pas déjà dans les *Ideen I* que « par actes dirigés de façon immanente, ou plus généralement par vécus intentionnels rapportés de façon immanente à leurs objets nous entendons des vécus dont l'essence comporte que leurs objets intentionnels, s'ils existent du tout, appartiennent au même flux du vécu qu'eux-mêmes » [2]. À présent donc les expressions des *Analysen* paraissent peut-être un peu moins étranges. L'appartenance temporelle du noème au flux de conscience aboutit à sa *réalisation* hylético-temporelle. Relevant du courant de conscience où s'entremêlent vécus intentionnels et vécus hylétiques, le noème est en quelque sorte contaminé par sa proximité avec les composantes réelles et sa mise sur le même plan qu'elles. Du point de vue temporel, l'oubli est la preuve vivante que la signification idéale est tributaire de la disparition rétentionnelle des composantes hylétiques [3]. Le noème possède en cela une « forme temporelle » [4] qui lui est indissociable [5]. Or le noème du ressouvenir correspond à quelque chose de profondément enfoui dans la conscience du temps, il partage le même temps que le temps

1. Hua. XI, p. 394. Guido Küng, dans un article bref mais incisif, fait fort justement remarquer que les *Leçons sur la logique génétique* sont contemporaines des recherches husserliennes sur la temporalité contenues dans les importants *Manuscrits de Bernau*, rendant ainsi plus compréhensible la question de la temporalisation du noème, cf. « Das Noema als reelles Moment », in *Phenomenological Perspectives*, ed. par H. Spiegelberg, Den Haag, Nijhoff, 1975.

2. *Ideen I*, *op. cit.*, p. 122 [68]. Vu sous sa face immanente, l'objet intentionnel appartient à la même conscience que l'acte qui lui donne vie, donc à une même temporalité fluente.

3. L'arbre peut flamber « se résoudre en ses éléments chimiques », mais le sens d'arbre ne peut pas brûler, il demeure inchangé, car il est idéal et irréel (cf. *Ideen I*, p. 308 [184]). Le sens survit ainsi à la disparition de ce dont il est sens. Mais, dans le cas du ressouvenir, si les contenus hylétiques qui supportent la signification idéale disparaissent, comme dans le cas de l'oubli ou de l'amnésie, cette destruction entraîne automatiquement la destruction du sens. La perte du support hylétique implique la perte du sens. Cela confirme bien l'idée que l'objet du souvenir est également une composante matérielle du vécu.

4. Hua. XI, p. 312.

5. « Cependant, nous ne pouvons pas poser directement la question de la constitution noématique de l'objet abstraction faite de l'extension temporelle », Hua XI, p. 333. On peut lire plus loin dans la même page que « tous les objets concevables possèdent la capacité d'être éprouvé et avec elle une constitution temporelle ».

fluent des composantes réelles (noèses et données hylétiques). Dans le ressouvenir, la donnée hylétique ne fonctionne pas de surcroît comme un simple support sensible du sens, mais comme le contenu de sens lui-même. Les significations visées par les ressouvenirs ne sont donc pas comme celles visées par les noèses actuelles : elles décroissent en fonction du déclin des données sensibles.

Le danger qui guette néanmoins ce développement nouveau de la corrélation noético-noématique n'est-il pas que, de l'intégration temporelle du noème de ressouvenir dans la composition réelle du vécu, résulte une réification de sa signification idéale sous la forme d'un contenu de conscience ? N'assistons-nous pas par ailleurs dans ces pages à une retombée fatale de la signification idéale en un simple élément concret de la conscience ? Le noème n'est-il pas destiné ici à devenir une simple donnée « phansiologique » [1] ? À ce danger, Husserl peut répondre d'une part que la transformation, dans le cas du ressouvenir, du noème en une composante réelle de la conscience ne change rien au fait qu'il soit le terme visé d'un acte et non un contenu mental [2]. D'autre part, comme on l'a vu dans le cas de l'inconscient, la sédimentation passive par stratification des multiples sens objectaux ne menace en rien l'identité de la signification qu'ils portent. L'objet constitué et l'élément identique qu'il porte en lui ne sont plus vivants de manière constitutive, mais « le sens est encore là de manière implicite ». Ainsi le sens du noème n'est pas réduit à une simple partie du vécu temporel. Telle est la surprenante conclusion des *Leçons sur la logique génétique :* l'inclusion réelle du noème dans le vécu ne provoque pas automatiquement la facticité de son sens. Le noème prend bien sa place dans l'ordre du temps, mais cette individuation formelle ne met pas en danger l'identité de son contenu de sens qui, lui, reste idéal. Forme temporelle et contenu de sens doivent donc être soigneusement distingués sous peine de ne rien entendre à la *distorsion* (temporelle) qu'imprime ici Husserl au statut même du noème. C'est d'ailleurs parce que la forme temporelle d'un objet est en droit indépendante de son contenu de sens que Husserl peut conséquemment affirmer que l'analyse temporelle « fait abstraction de ce qui relève du contenu » [3]. Mais comment le noème complet peut-il être déterminé temporellement sans que cette détermination affecte le sens identique contenu en lui ?

1. Pour reprendre ici la terminologie de la *Bedeutungslehre* de 1908, cf. *Sur la théorie de la signification*, Paris, Vrin, 1995, trad. J. English, p. 53 [30], p. 179 [145], p. 184 [149].

2. Cf. Ms. B III 12 (1922), p. 79 : « nous désignons le visé en tant que visé de cet acte déterminé comme noème » (*wir bezeichnen das Vermeintes als Vermeintes dieses bestimmten Aktes als Noema*). Même s'il est intégré à l'immanence réelle de la conscience sous sa face temporelle, le noème n'est pas un élément phansique de la conscience.

3. Hua. XI, p. 128.

La conséquence directe de la séparation du contenu de sens et de la forme temporelle entraîne donc une nouvelle distinction beaucoup plus problématique : à savoir celle du noème et du sens objectal [1]. Seul, en fin de compte, le noème est en propre temporalisé, car seul il revêt une forme temporelle. Le sens objectal reste en cela indépendant des formes noématico-temporelles. Comme nous l'avons vu, toute la théorie de l'inconscient présuppose ce continuel maintien en prise du sens objectal en dehors de sa noématisation, de ses diverses modalisations de donnée (perception, imagination, souvenir) et d'être (certitude, vraisemblance, etc.). Comment le sens objectal peut-il encore signifier quelque chose au-delà même du noème qui le porte ? Husserl n'affirme-t-il pas que « le sens objectal identique, avec ses déterminations temporelles et ses qualités, est seulement donné dans des orientations et des perspectives temporelles toujours différentes, dans un comment noématique changeant » [2]. Pour clarifier le sens de l'*Unbewußt* phénoménologique, nous devons interroger à présent la nature particulière de ce sens objectal transcendant le noème.

Premièrement, l'idée de la distinction entre le noème et le sens identique n'est pas nouvelle, elle est déjà avancée dans le livre I des *Ideen :* le noème n'est pas le sens, mais possède un sens, grâce auquel il se rapporte effectivement à un objet [3]. Si l'on comprend le sens comme la signification présente dans le noème selon un mode de donnée propre, le sens est alors pratiquement synonyme de noème ; par contre si l'on entend par sens le « centre unificateur » du noème, à savoir sa « couche nucléaire » [4], point d'unité identique de toutes les noématisations, alors le sens doit être identifié avec l'objet X déterminable qui, en dernière instance, sert de support à toute noématisation. Or c'est bien à ce sens objectal séparé comme « noyau de sens » que nous avons affaire dans l'inconscient, et non au sens comme une signification noématiquement modalisée. L'incons-

1. Robert Sokolowski insiste lui aussi sur cette distinction du sens et du noème chez Husserl, mais d'un tout autre point de vue que celui que nous adoptons ici. Selon lui, le « sens » est simplement la signification contenue dans une proposition formulée dans l'attitude naturelle, tandis que le noème est ce même sens envisagé du point de vue de la réflexion transcendantale, comme sens du sens : « the word "noema" is only use from the transcendantal standpoint. It is not a sense or a concept or a proposition, not something taken as proposed. It is also not a structural part of an intentional act. It is the objective correlate of an intentional act or state, but it is this objective correlate as contemplated from the phenomanological point of view », cf. « Intentional analysis and the noema », in *Dialectica*, vol. 38, fasc. 2-3, Berne, 1984, p. 128.

2. Hua. XI, p. 332.

3. *Ideen I*, *op. cit.*, p. 436 [267]. Le sens est le pont qui relie le noème au pur quelque chose objectif, l'objet X. Le sens n'est donc pas le « moment suprêmement intime du noème », mais le passage à ce moment comme objet identique et déterminable. Il est ce même objet dans *un* comment, dans une noématisation effective.

4. *Ibidem*, p. 442 [272]

cient, pourrait-on avancer ici sans trop de risques, représente l'ensemble des objets X, des sens objectaux identiques qui transcendent à chaque fois les significations noématiques ponctuelles. C'est la conscience X (une conscience *indéterminée déterminable*) de tous les objets X indéterminés mais déterminables [1]. L'inconscient n'est pas de ce fait la non-conscience, son annulation, mais toute conscience de renvoi possible. Il est à remarquer à ce propos que les tout premiers chapitres des *Analysen* mettent expressément en relation directe l'horizon intentionnel vide de la conscience et la permanence de l'objet X. C'est, nous dit Husserl, l'inconscient comme *halo* de pré-indications vides qui dans le percevoir peut conserver « un X identique de la détermination » [2]. Au pôle objectal vide de l'X indéterminé déterminable correspond la conscience vide X, saisie en tant qu'« indétermination déterminable [*bestimmbare Unbestimmtheit*] » [3], selon l'expression révélatrice des *Analysen*.

Toutefois, on pourrait nous objecter ici, suivant à la lettre les analyses des *Ideen I*, que nous identifions un peu trop rapidement sens identique et objet X. En effet, jamais Husserl ne dit textuellement que sens et objet, comme « moment suprêmement intime du noème », sont équivalents *in toto*. Pour le noème aussi, il y a lieu de distinguer contenu (sens) et objet. En cela, le sens est toujours déterminé par des prédicats, tandis que l'objet X est seulement un objet déterminable, un « X vide porteur de sens ». Mais cette distinction du sens identique et de l'objet X, support du sens, n'est toutefois valable que pour une théorie des actes conscients, des noèses au sens propre. Dans l'intentionnalité inconsciente passive, la frontière même entre le sens identique et l'objet X s'estompe précisément parce que le sens identique devient lui-même l'indéterminé, se mue en ce X déterminable saisi comme substrat de toute déterminité possible. Si les analyses sur la logique génétique réduisent la distinction entre le sens et l'objet [4], c'est parce que l'intentionnalité passive ne se rapporte pas encore à un objet au sens propre du terme, mais seulement à une objectité saillante, à un sens

1. À la vérité, il faudrait faire ici une nouvelle distinction : l'objet X conscient est un déterminable indéterminé, tandis que l'objet X inconscient est seulement un « déterminé indéterminé ». L'objet X conscient dans un acte n'a jamais été déterminé ; en revanche l'objet X inconscient (l'objectité sédimentée) a été pour sa part déterminé, mais est à présent indéterminé et à chaque instant déterminable. Aussi le domaine des objets X conscients est-il beaucoup plus vaste que le domaine des objets X inconscients, lesquels ont dû être par avance expérimentés, donnés. Toutefois, cela n'empêche pas qu'ils recouvrent la même propriété, à savoir l'absence de toutes propriétés.

2. Hua. XI, p. 6.

3. *Ibidem*.

4. C'est seulement dans le cas unique de l'inconscient que le sens identique peut être identifié à l'objet X, car les déterminations prédicatives et les propriétés internes du sens disparaissent, deviennent latentes et vides, de sorte qu'il coïncide avec l'objet pur et simple, c'est-à-dire avec le support de l'identité.

d'objet encore fragile. Qui plus est, l'existence *amodale* du sens identique dans l'inconscient le fait quasiment équivaloir à l'objet X, car lui aussi vaut au-delà de toute noématisation effective, lui aussi se tient en retrait de la modalisation donatrice. Dans le cas précis de la sédimentation inconsciente, l'X signifie à la fois le sens identique et l'objectité pure à laquelle se rapportaient les intentions actives ou passives. Ici sens et objet inconscients se recouvrent donc.

On pourrait inversement soutenir que, si l'inconscient est l'ensemble des objets X, c'est parce que l'objet X possède déjà en lui-même, comme en creux, une certaine forme d'inconscience. N'est-il pas, comme l'énonce Husserl lui-même dans les *Ideen I*, l'« objet pur et simple » déterminable [1], recelant en lui des « indéterminations qui chaque fois restent en suspens et qui sont co-visées, impliquées sous ce mode dans la visée de l'objet ». L'objet X n'est-il pas ainsi le résultat de l'élargissement du sens d'objet aux horizons implicites et co-visés de toute conscience thématique ? L'idée même d'un X n'évoque-t-elle pas directement l'indétermination absolue de la sous-conscience inaffective ? L'objet X, c'est pour ainsi dire l'inconscience de l'objet, entendue comme cette zone de pure potentialité implicite, comme cet horizon infini toujours absent car à jamais déterminable. N'avons-nous pas là une définition convenable sous bien des aspects de l'inconscient ? En un sens, l'inconscient ne serait-il pas ici plus noématique [2] que noétique ? Il aurait ainsi plus partie liée à l'identité pérenne du sens qu'aux différents modes de donnée (puisqu'il les supprime) et à leurs composantes (noèses et données hylétiques).

LE DOMAINE DE L'INCONSCIENT EST-IL PHÉNOMÉNOLOGIQUEMENT ACCESSIBLE ?

Pour l'heure, en suivant pas à pas les analyses de Husserl, nous n'avons fait que prouver la simple possibilité de l'inconscient, non son effectivité. Jusqu'à présent, l'inconscient n'a été pour nous qu'une simple « représentation théorique » [3]. Rien ne nous indique qu'il soit plus qu'une simple supposition hypothétique. Il reste donc à fonder cette possibilité d'un point de

1. *Ideen I*, *op. cit.*, p. 443 [272].

2. Toutefois si l'on définit la noématique comme « une considération qui, dans l'orientation exacte du regard sur l'objet purement en tant qu'objet d'une conscience (ou en d'autres termes : dans l'orientation du regard sur le sens objectal), étudie en même temps les modes de donnée dans lesquelles cet "objet" se donne et dans lesquelles le comment des modes de donnée "noématiques" s'offre à l'objet lui-même comme objet de conscience » (cf. Hua. XI, p. 332), force est de reconnaître que l'inconscient est alors un cas limite de la noématique.

3. Hua. XI, p. 173.

vue phénoménologique, c'est-à-dire en fournissant avant tout une description de sa phénoménalisation. Or cette tâche n'est des pas plus faciles. Premièrement parce que la sphère inconsciente, comprise comme « stock » des sens identiques et disponibles, se caractérise dans son ensemble par sa non-donation absolue et par sa non-intuitivité totale. Ne faisant jamais à proprement parler l'objet d'une phénoménalisation directe, elle reste hors du domaine de la connaissance, exclusivement régie par le « principe des principes » de la donation intuitive. Autrement dit, il n'y a pas d'*Erfahrbarkeit* de l'inconscient, car il est justement le lieu où tout *Erfahren-sein* cesse. Une phénoménologie de l'inconscient doit donc accepter d'être, selon l'expression de G. Granel qui trouve ici sa pleine justification, une « phénoménologie sans phénomènes [1] ». Ce qui est à décrire ne se manifeste pas, reste en retrait de toute exposition directe et phénoménale. Deuxièmement, parce que l'autonomie théorique de l'inconscient par rapport au domaine conscient laisse toujours ouverte la possibilité d'une *irréductibilité* des deux sphères de sens, c'est-à-dire la possibilité d'une passivité radicale à jamais thématisable par le moi conscient. C'est pourquoi Husserl se doit de montrer à la fois la réalité de l'inconscient, mais aussi son accessibilité à une conscience connaissante qui peut, à tout moment, récupérer les sens sédimentés. Mais que savons-nous précisément de l'inconscient? Y a-t-il une donation possible de ce qui excède présentement toute donation? Pour employer les mots de Husserl dans *Analysen zur passiven Synthesis :* « d'où savons-nous que l'horizon vide de la rétentionnalité signifie encore une conscience de passé, et qu'est-ce que cela véritablement l'horizon vide » [2]? Cette même question est de nouveau posée quelques pages plus loin :

> Que cet horizon vide engloutisse toujours le rétentionnel, que chaque rétention sombre finalement en lui, d'où le savons-nous? Seul ce qui reste détaché est de nouveau saisissable. D'où sais-je cela? [3]

C'est à l'analyse intentionnelle comme *question-en-retour* sur les unités constituées qu'incombe en fait ce travail ardu de dévoilement des couches inconscientes du sujet. De même que seul le réveil nous apprend « quelque chose sur le sommeil » [4], seul l'éveil affectif peut nous enseigner ce qu'est ce néant affectif. Husserl va donc principalement emprunter le chemin de l'« éveil affectif » pour tenter d'accéder à ce tréfonds universel

1. *Le sens du temps et de la perception chez E. Husserl*, *op. cit.*, p. 47.

2. Hua. XI, p. 420.

3. *Ibidem*, p. 422. Signalons que ce problème de la réactivation éveillante des contenus de sens sédimentés dans l'inconscient est également traité dans le ms. B III 9, *op. cit.*, p. 139 : « Aber das Unbewußtsein, das Reich des Noch-nicht-affektiven und doch "Sedimentierten" – was weckt? »

4. *Ibidem*, p. 178.

qui se cache derrière chaque conscience d'acte. Tout ce que je connais des représentations vides et de leur horizon inconscient, je le connais, dit-il, « avant tout à partir de la reproduction » [1]. L'éveil « rétro-rayonnant » (*rückstrahlend*) et associativement reproductif ne signifie tout d'abord rien d'autre que « l'implicite redevient explicite ». À l'implication d'un sens caché, appartient par essence le phénomène originaire de l'éveil : « l'éveil est tout d'abord possible parce que le sens constitué dans la conscience d'arrière-plan est effectivement *impliqué* sous une forme non-vivante qui se nomme ici inconscience » [2]. Cela signifie par ailleurs que tout « sens caché », sédimenté dans les couches profondes de la sous-conscience, peut à tout instant être converti en une intuition plus ou moins donatrice par l'éveil affectif rétro-actif.

Comment s'opère cette évocation nommée « *re*présentifiante » ? Nous avons vu antérieurement que si le sens objectal s'obscurcissait sans cesse dans la rétention, c'est parce qu'il perdait inéluctablement de sa force affective; aussi le réveil des objectités implicites va-t-il simplement consister dans un premier temps à leur redonner cette puissance affective qu'elles ont (irrémédiablement ?) perdue. Cependant ce « simplement » ne va pas de soi :

> Mais que quelque chose puisse tout simplement gagner en force affective, là où rien de la sorte n'était disponible, que quelque chose qui n'était absolument pas là pour le moi, un pur néant affectif, puisse avant tout devenir quelque chose d'actif, c'est là précisément ce qui résiste à la compréhension [3].

Cette phrase (que nous avons déjà citée) cristallise en quelque sorte toutes les interrogations de Husserl sur le sens même qu'il convient de donner à ce « soi-disant inconscient ». De manière remarquable, Husserl perçoit ici la difficulté récurrente de penser un niveau de constitution qui ne prend sens que par ce qu'il est incapable de fonder. La position d'une zone de sens indépendante privilégie la thèse d'un *hiatus* radical entre l'originaire et le réflexif. Et ce n'est pas ici la *gradualité de l'affection* qui peut en quelque chose remédier à ce divorce réel. Si les « contenus inconscients », les « représentations vides », subsistent tels quels dans une viduité affective complète, on comprend alors mal comment ils peuvent subitement recouvrir une force qui leur a été progressivement ôtée et qui, de fait, ne leur est pas substantiellement inhérente, puisqu'ils peuvent tout à fait subsister sans elle sans que cela affecte en retour leur essence. Comment cette

1. *Ibidem*, p. 422.
2. *Ibidem*, p. 179.
3. *Ibidem*, p. 163. Même question, p. 421 : « Que signifie la ré-émergence à partir de l'arrière-plan ? »

absence complète d'affectivité se convertit-elle, comme par miracle, tout d'un coup en une affection véritablement excitatrice du moi réceptif ? La réponse à cette question n'est pas ici secondaire, mais elle gouverne en réalité toute la validité philosophique de la théorie de l'inconscient. Elle régit la possibilité d'une *réactualisation* des significations sédimentées dans la passivité secondaire du sujet.

Essayons de voir comment Husserl se tire de ce mauvais pas. La première solution au réveil affectif de l'inconscient qu'il propose consiste dans un « transfert affectif » [1] passant de l'éveillant à l'éveillé, du présent vivace au passé modalisé. L'impression originaire qui éveille [2], selon les lois associatives de la ressemblance, un contenu inconscient analogue transmet alors sa propre force affective au sens sédimenté et inaffectif qui l'accueille. Se produit alors, dit-il, une « communication affective » [3] de l'affection présente vers l'objectité déposée dans l'inconscient, de sorte que le contenu vide et mort redevient effectivement affectif, se revivifie. Comme dans un système de vases communiquants, l'éveil déverse sa force affective présente dans le contenu inconscient et y réactive la « teneur affective » devenue nulle. Alors seulement la représentation vide peut s'extirper du « brouillard » [4] de l'inconscient, se dégager peu à peu des nappes de l'obscurité intuitive, et redevenir plus forte et plus claire jusqu'à ce qu'elle se métamorphose, en son point même d'émergence, en un ressouvenir effectif : « la communication affective signifierait donc que chaque supplément de force affective d'un membre appartenant à ce qui est lié à distance par homogénéité et détachement augmente la force de tous les membres alliés » [5]. Husserl questionne cette transposition affective de la manière suivante :

> Comment, lorsque le second coup de marteau retentit, se produit la synthèse avec le premier dont l'intuition s'est entre-temps vidée ou est, en fait, entièrement vide ? Comment peut-elle être la synthèse de la succession de coups, tels qu'ils surgissent devant nous unis comme une paire similaire [6] ?

À cela, il répond :

> La réponse vient tout naturellement : même si le sens objectal et *un* est, du point de vue affectif, très imparfait, il est encore présent ici en tant que

1. *Ibidem*, p. 179.

2. Hua XI, p. 173 : « Un surcroît de force affective qui a évidemment son origine dans la sphère impressionnelle peut faire qu'une rétention totalement vide, voire pauvre en teneur affective, puisse de nouveau restituer ce qui est caché en elle en teneur de sens assombrie ».

3. *Ibidem*, p. 175.

4. *Ibidem*, p. 174.

5. *Ibidem*, p. 175.

6. *Ibidem*, p. 176.

> premier coup de marteau, certes atténué, et il peut donc entrer encore dans une communauté de sens avec le nouveau coup de marteau. Conséquence de cette communauté, un éveil affectif part en retour de la force affective du dernier coup de marteau vers ce qui est similaire du point de vue du sens. Certes, cela ne conduit pas à l'intuition, mais à un désassombrissement. Cela signifie qu'il possède à présent une force affective propre, à l'égal du nouveau coup de marteau, comme de celui qui est passé et qui a été ranimé [1].

Il est facile de voir que c'est la communauté d'un sens identique ou analogue qui fonde ici, par delà les abîmes de l'oubli et de la distance temporelle, la communauté affective de l'éveil et du rappel. L'éveil affectif est ainsi rendu possible par le principe même qui, dans chaque présent vivant, permet à chaque fois l'unification synthétique et la communication affective, à savoir la loi associative de la ressemblance et du contraste [2]. Toutefois, si cette communication affective rend bien compte de l'éveil de ces rétentions vides, qui « sont encore situées dans la vie éveillée ou à ses marges », dans une synthèse affective de proximité comme dans le cas de la série des coups de marteau, qu'en est-il en revanche de l'éveil des représentations vides lointaines, enfouies dans le passé ? Dans le cas des contenus de sens engloutis dans l'inconscient, et non plus en connexion avec le présent vivant, le transfert affectif devient lui-même problématique. Comment la force affective d'une impression originaire peut-elle traverser toute la vie du passé et cheminer à travers tous les souvenirs et les rétentions plus ou moins vides pour aller réveiller à distance un sens totalement inaffectif, car sous sa forme initiale elle est encore « un éveil à vide [*eine leere Weckung*] » ? Même si Husserl prend soin d'indiquer à ce sujet que l'union synthétique et affective à distance d'une représentation entièrement vide avec une représentation présente sous forme d'éveil affectif modifie le « caractère fondamental » des synthèses mises en jeu, on ne peut que s'interroger malgré tout sur la réussite de cette évocation à distance. Plus que d'une « modification », ne s'agit-il pas plutôt ici d'une annulation pure et simple ?

Pour que la communication affective *à distance* soit vraiment réalisable, ou à tout le moins possible, il faudrait présupposer, comme seconde solution, la présence dans les divers contenus inconscients d'une force affective minimale. Pour ce faire, on pourrait considérer que, le processus de la modification rétentionnelle étant infini, il y aura toujours un degré quelconque de force affective qui subsistera effectivement dans le contenu

1. *Ibidem.*
2. *Ibidem*, p. 180 : « la première synthèse qui est rendue possible par la communication affective, obtenue avec le transfert de la force affective, est naturellement celle de la ressemblance, devenue consciente de manière actuelle, de l'éveillant et du représenté vide (...) ».

qui sombre peu à peu. Ainsi à chaque degré du *naufrage* rétentionnel correspondrait un degré quelconque d'affection. L'infinité de la modification rétentionnelle signifiant par là l'infinité même du mode de l'affection, laquelle deviendrait par là non une quantité nulle dans son *terminus ad quem* (l'inconscient comme néant affectif), mais une quantité infinitésimale, assymptotique à « cette forme non vivante qui se nomme ici inconscient ». Le caractère intrinsèquement infini du processus rétentionnel rendrait ainsi concevable la survivance d'une force affective élémentaire, si infime soit-elle. Husserl se refuse néanmoins à envisager cette hypothèse, car il nie une telle régression à l'infini des rétentions :

> Précédemment j'étais d'avis que ce flux rétentionnel et cette constitution de l'être passé continuaient sans arrêt même encore dans l'obscurité complète. Il me semble néanmoins que l'on pourrait se passer de cette hypothèse. Le processus lui-même cesse [1].

Une seule conclusion s'impose : les rétentions s'achèvent vraiment dans un « degré zéro » inaffectif et indifférencié qui signifie par là leur indéniable finitude : l'inconscient. Au regard de notre problème de la *réviviscence* possible des contenus de sens inconscients, l'achèvement du processus rétentionnel a pour première conséquence l'impossibilité d'une survivance minimale de la force affective. En fin de compte, il renvoie dos à dos modification rétentionnelle et éveil affectif. Pour que l'éveil affectif puisse être opérationnel, même dans les couches les plus profondes du passé, et ce en insufflant de nouveau *la vie* à ces contenus « morts » que sont les représentations vides, il faudrait présupposer à l'arrière-plan de la conscience vivante une proto-affectivité inconsciente, non directement liée au moi réceptif et passif, mais cependant tout à fait efficace et opérante. Toutefois, accorder *mutatis mutandis* à l'inconscient une sorte d'affectivité spécifique, non relative à l'affectibilité du moi, entrainerait d'une part une redéfinition complète de la notion d'inconscient : il ne serait plus considéré de ce fait comme le domaine affectivement nul, mais comme le simple lieu de convergence des affections encore et toujours vivaces, mais non sélectionnées par l'ego attentif.

Dans certains textes inédits du *Nachlaß*, on trouve quelques occurrences de cette nouvelle conception de l'inconscient. S'y dessine peu à peu la représentation d'un inconscient comme *salle d'attente* des affections refoulées qui frappent aux portes de l'ego et pour lesquelles le refoulement n'est pas, en fin de compte, synonyme de perte d'efficacité affective. Dans

1. Hua. XI, p. 177. Pourtant dans l'appendice XXII, Husserl signale qu'il ne faut pas concevoir cette « infinité du passé comme une ligne claire ni comme close par un point d'horizon pour conclusion apparente », p. 423.

ce cas, Husserl parle alors d'un « arrière-plan affectif » [1] qui se caractérise par le fait notoire que les forces rayonnantes qui partent de ces objectités affectives n'atteignent pas le moi. « On pourrait donc avoir des affections qui se développent à partir de l'inconscient, mais qui restent à l'arrière-plan » [2]. Grâce ici à la réintroduction de forces affectives efficaces dans la conscience d'arrière-plan, l'éveil affectif des contenus inconscients perd en quelque sorte son caractère énigmatique; l'éveil ne signifie pas que le non-affectif redevient affectif, mais que l'affectif absolu, pour soi, devient affectif relatif, pour moi. Toutefois, lorsque Husserl parle d'un inconscient affectif comme cet arrière-plan vivace de la conscience où séjournent les affections refoulées ou non encore admises par le moi passif, il semble qu'il en restreigne la signification à la simple sphère du présent vivant. Aussi le *refoulement* dans l'inconscient des affections excitatrices qui sont en conflit pour la reconnaissance vivante ne correspond pas à un refoulement « dans la sphère cohérente du passé lointain » [3]. C'est pourquoi cette « mise sous l'éteignoir » des affections, si elle efface leur « intuitivité », ne supprime pas pour autant leur « vivacité »; les affections, même refoulées, restent encore efficaces. On aurait ainsi affaire à deux sortes de processus de *désintuition* non-contradictoires : le *processus rétentionnel* dans le passé lointain et finalement vide qui emporte également avec lui une perte de vivacité et donc de force affective, et le *processus du refoulement* qui, s'il conduit bien à l'inintuivité, reste toutefois continuellement vivace et affectivement puissant.

Cette mise au jour d'une forme d'inconscience affective lovée dans la conscience comme sa zone d'ombre est d'un point de vue rationnel à la fois satisfaisante et décevante. *Satisfaisante*, car elle a pour mérite principal de mettre l'accent ici sur le caractère dynamique, conflictuel et affectif de l'inconscient, ménageant ainsi une ouverture vers l'idée d'une affectivité originaire, conçue comme une pulsionnalité transcendantale; *décevante*, car cette inconscience affective ne vaut encore que pour la sphère étroite et limitée du présent vivant, pour la conscience et ses marges, et ne peut s'appliquer valablement à la sphère du passé lointain et englouti, et donc ne peut nous aider à comprendre l'éveil rétro-affectif des contenus inconscients enfouis dans le passé. Nous avons en quelque sorte affaire à deux concepts d'inconscient, l'un statique et l'autre dynamique :

1) l'inconscient comme « *passé* global indéterminé, indifférencié et complètement obscur » [4], comme ce fonds absolument inaffectif et caché dans lequel sombrent toutes les rétentions.

1. Hua. XI, p. 411.
2. *Ibidem*, p. 416.
3. *Ibidem*, p. 423.
4. *Ibidem*, p. 388.

2) l'inconscient comme *horizon* non-thématique de la conscience actuelle du présent vivant, horizon qui est, à chaque instant, véritablement affectif et exerce une sorte de motivation permanente sur le domaine de la saisie primaire de l'ego. Ou à deux concepts corrélatifs d'horizon vide :

> Conformément à cela, l'horizon vide dans lequel, grâce à le rétention, ce qui est nouveau pénètre à présent, a un autre caractère que l'horizon vide du trajet perceptif, avant qu'il ne fut entré en jeu originairement [1].

Husserl pose ainsi que l'ensemble des anticipations et des pré-indications de sens qui entrent dans le processus perceptif comme horizontalité vide est à distinguer de l'ensemble des sens enfermés dans la sédimentation passive. L'inconscient apparaîtrait ainsi comme le résultat [2], soit de la modification rétentionnelle d'une impression originaire, soit du conflit et du refoulement perpétuel des affections entre elles, porteuses de renvois intentionnels.

Dans le manuscrit C 10 (1931), Husserl thématise ce qui n'était encore en 1921 qu'une simple possibilité théorique. Après avoir défini l'inconscient comme ce qui « n'exerce et ne recèle en soi aucun appel [*keinen Anruf ausübt und in sich birgt*] », il distingue à présent deux sens de l'inconscient comme d'une part *ce qui n'affecte pas* et d'autre part *ce qui reste imperceptible* (tout en pouvant par là être affectif), et il fait alors observer que « du reste chaque présent vivant possède un arrière-plan qui se tient à l'extérieur de toutes les données thématiques, au sens 1) de ce qui est extérieur au thème, mais qui affecte encore de manière propre; 2) d'un arrière-plan d'affection-zéro » [3]. Toutefois cette pluralité sémantique de l'inconscient n'empêche pas une certaine communauté de sens donnée, ici sous le dénominateur commun du *non-détachement*. Husserl maintient l'idée d'un inconscient toujours relatif au détachement, même s'il en exprime l'annihilation. Par conséquent, on doit affirmer que « l'inconscient est partout, et même dans la sphère du présent, d'un style principiellement identique » [4].

1. *Ibidem*, p. 9.

2. Husserl évoque parfois une troisième forme d'inconscient qui correspondrait à une intuitivité indistincte et non-affective, comme un ensemble de data donnés dans le champ hylétique mais non coordonnés dans un détachement et sans force affective, cf. Hua. XI, p. 420 : « Une autre forme d'inconscient est ce qui est dès le début déjà indistinct, bien qu'il soit intuitif, la sphère perceptive – et déjà la sphère de l'impression originaire – qui est dans la force de l'affection propre. » L'inconscient ne serait pas ici l'inintuitif inaffectif (la rétention vide), ni l'inintuitif affectif (l'affection refoulée encore vivace), mais l'intuitif inaffectif (ce qui passe inaperçu).

3. Ms. C 10, *op. cit.*, p. 15 : « Aber zudem hat jede lebendige Gegenwart einen ausserhalb aller thematischen Gegebenheiten liegenden Hintergrund in den Sinne 1) des Ausserthematischen, aber noch eigentlich Affizierenden; 2) eines Hintergrundes der Null-Affektion ».

4. *Ibidem*, p. 422. Husserl ajoute ceci de significatif : « Et on mettra ainsi en rapport détachement et inconscience ». Sera ainsi inconscient ce qui ne peut parvenir au détachement effectif, c'est-à-dire au détachement affectif.

L'INCONSCIENT PHÉNOMÉNOLOGIQUE : PASSIVITÉ ABSOLUE OU PASSIVITÉ RELATIVE ?

Malgré notre essai d'éclaircissement, le sens phénoménologique de l'inconscient reste encore incertain et il demeure jusqu'à présent pour bien des phénoménologues une *quæstio disputata*. On peut tirer argument de cette indécidabilité provisoire pour soupçonner la validité de ce que l'ego réfléchissant nous enseigne ou prétend nous enseigner de l'inconscient, de sorte que, par une sorte de renversement de perspective, le sens de l'inconscient pourrait déborder de beaucoup la thématisation réfléchie qu'en opère le moi spontané. Ainsi l'on peut légitimement se demander si l'éveil affectif est *à même* de nous restituer toutes les significations sédimentées dans les couches profondes de la conscience et s'il n'y a pas dans ce degré zéro de la conscience d'acte *quelque chose* qui échapperait *constitutivement* à la donation de sens égoïque ? En d'autres termes, l'inconscient phénoménologique ne serait-il pas l'indice symptomatique d'une passivité radicale, jamais saisissable et constituable par le moi des positions d'actes [1] ?

Mais qu'essaie-t-on vraiment de penser sous cette notion de « passivité radicale » ? Quel sens doit-on accorder à une telle expression ? Pour saisir comment ce domaine de sens, supposé irréductible à toute appréhension égoïque, pourrait recevoir un sens phénoménologique, abandonnons, pour un temps, les analyses husserliennes et tournons-nous vers un penseur, tout à la fois continuateur et contempteur de la phénoménologie husserlienne [2], qui ouvre à la pensée philosophique la possibilité d'une telle passivité radicale du sujet : Emmanuel Lévinas. C'est principalement dans *Autrement qu'être ou au-delà de l'essence* que se fait jour ce thème récurrent d'une « passivité plus passive que toute passivité » [3]. Tour à tour, avec une surabondance de termes relevant d'un tour quasi hyperbolique [4], Lévinas

1. Par « passivité radicale », nous nous reportons à ce domaine d'« un passé global indéterminé, indifférencié et complètement obscur » (Hua. XI, p. 388), ou encore à une strate de l'expérience passive qui reste toujours au second plan et qui ne devient jamais ni affective, ni perceptible, et qui pourtant détermine d'une certaine façon la vie de l'ego.

2. Tour à tour, Lévinas se réclame de la phénoménologie et en sape les bases. Dans la préface de *Totalité et infini*, il indique que « la présentation et le développement des notions employées doivent tout à la méthode phénoménologique », tout en regrettant le fait que « la phénoménologie est une méthode philosophique, mais la phénoménologie – compréhension de par la mise en lumière – ne constitue pas l'événement ultime de l'être lui-même », cf. *Totalité et infini*, Den Haag, Nijhoff, 1961, p. XVI.

3. *Autrement qu'être ou au-delà de l'essence*, Den Haag, Nijhoff, 1974 (rééd. Livre de poche, coll. « biblio essais », 1990), p. 180, 181,

4. P. Ricœur a bien mis en lumière cet aspect hyperbolique, en parallèle avec le doute hyperbolique cartésien (même si son sens est ici inversé, puisque, dans le cas de Lévinas, il s'agit plutôt d'une affirmation hyperbolique (répondant à l'hyperbole du doute cartésien), à savoir celle de la présence originaire inexpugnable d'autrui), des injonctions éthiques de Lévinas, cf. *Soi-même comme un autre*, *op. cit.*, p. 388 *sq.*

évoque dans ses propos une « passivité extrême », « intégrale », « totale », « absolue », « sans fond », « illimitée », etc. Cette multiplication à l'excès des qualificatifs ayant avant tout pour but d'éloigner, autant que faire se peut, la passivité du couple polaire activité/passivité auquel s'alimente en gros, selon Lévinas, tout discours sur la subjectivité. Cette passivité « anarchique » est considérée à la fois comme un *reste* en deçà de la thématisation consciente et comme un *excédent* au regard de sa saisie par l'ego actif. Aussi n'est-elle pas susceptible d'une réappropriation par le sujet volontaire et réflexif, car elle le destitue précisément de ses prérogatives et de son *imperium*. N'ayant aucune commune mesure avec la conscience d'acte et avec ses multiples représentations objectivantes, elle apparaît donc entièrement *irréductible* à toute tentative de récupération par le même. Le moi ne peut donc la convertir en assomption, assumer dans une saisie ce qu'elle offre, recevoir cette donation. Bien entendu, Lévinas ne se place pas du point de vue purement gnoséologique qu'adopte la plupart du temps Husserl lorsqu'il parle des diverses formes de la passivité, mais il considère toutefois que cette « passivité absolue » n'est pas seulement une ouverture sur l'altérité d'autrui, mais aussi sur l'altérité du monde.

Si cette passivité non-thématisable est dite en cela « absolue », c'est parce qu'elle est déliée de tout rapport à l'ego constituant. Absolu signifiant ici irrelatif, ab-strait. Sans entrer dans les ramifications propres à la pensée lévinassienne, soulignons pour notre présent propos que notre auteur associe directement cette « passivité sans fond » à l'inconscient :

> le non-conscient est compris comme le non-volontaire de la persécution, laquelle en tant que persécution, interrompt toute justification, toute apologie, tout logos. Cette réduction au silence est une passivité en deçà de toute passivité matérielle. En deçà de la neutralité des choses, cette passivité absolue se fait incarnation, corporéité – susceptible de douleur, d'outrage et de malheur [1].

Et plus loin :

> C'est le sens de l'inconscient, nuit où se fait le retournement de moi en soi sous le traumatisme de la persécution – passivité plus passive que toute passivité en deçà de l'identité, responsabilité, substitution [2].

1. *Ibidem*, p. 193, (note). Toute l'œuvre de Lévinas est placée sous le signe de cette « obsession de la passivité », p. 182, et plus particulièrement *Autrement qu'être ou au-delà de l'essence* qui place en exergue cette réflexion célèbre de Jean Wahl : « Il y a quelque chose à dire, écrivait Novalis, en faveur de la passivité ».

2. *Ibidem*, p. 195 (note). Déjà dans *Totalité et Infini*, *op. cit.*, p. 215-216, E. Lévinas fait état dans la dimension temporelle de l'expérience de cette « passivité ultime qui se mue cependant désespérément en acte et en espoir – [qui] est la patience – la passivité du subir et cependant la maîtrise même ». Dans cette nouvelle forme de volonté qui conjugue épreuve et décision, « la passivité extrême devient la maîtrise extrême », *ibid.* Cf. p. 139 : « La souffrance

Le motif même d'une passivité inconsciente est continûment à rapprocher ici d'un « passé immémorial »[1] qui n'a jamais été présent, pas même dans quelque réminiscence ou ressouvenir profonds, (donc qui n'a jamais été conscient, puisque la conscience est, selon Lévinas, en cela entièrement rivée à la *présence à soi* comme à son bien le plus précieux et estimable). Ce « retard originaire », sans retour possible de la conscience sur cette passivité immémoriale qui nous enjoint sans que nous puissions la rejoindre, n'est pas sans évoquer ici le motif proprement husserlien de la *Nachträglichkeit*. Que la constitution du sens dans la thématisation consciente ait toujours lieu en effet *après-coup* vis-à-vis de la prédonation passive, cela veut-il dire de ce point de vue que la passivité pourrait excèder d'emblée sa récupération possible par le moi actif et objectivant ? Dans le délai originel de l'activité sur la passivité pourrait ainsi tout à fait intervenir l'idée d'une possible hétérogénéité absolue des deux domaines de sens. Revenons à présent à Husserl et essayons de voir si la possibilité d'une semblable passivité absolue, comprise tout à la fois comme *reste* et *excédent*, est bien à l'œuvre chez lui. L'exemple même de l'inconscient, comme une sphère de sens qui ne vaut pour personne, dénuée de toute polarisation activo-affective, peut à première vue accréditer une telle possibilité ou, à tout le moins, lui donner un écho favorable. En un sens, l'inconscient phénoménologique pourrait faire office de cette « passivité extrême » que pose Lévinas au-delà de toute saisie par l'ego.

Toutefois cette hypothèse ne résiste pas longtemps à l'épreuve des textes. Que les multiples significations qui sont sédimentées dans les couches de la *Vorbewußtsein* ne valent pas effectivement *pour le moi* sur le mode de l'affection relative n'implique jamais en réalité pour Husserl que le domaine de la passivité la plus inférieure puisse échapper aux rêts de la saisie identifiante du moi. Même si divers contenus de sens restent, au stade inconscient, en dehors de toute relation effective au moi, ils n'ont d'autre être qu'un « être pour moi » (*für-mich-sein*). Contrairement à la conception lévinassienne, tout dans la passivité est pour Husserl en soi récupérable, restituable. Les contenus de sens, même les plus enfouis dans le passé sans fond de « la nuit de l'inconscient », peuvent à tout moment faire l'objet d'une saisie. Bien sûr, tout n'est pas *effectivement* récupérable, ni de la même manière et avec la même aisance. Mais cette incapacité est ici simplement facticielle, non transcendantale. Elle ne concerne par ailleurs que l'écart de l'ego à lui-même. Ce qui se constitue déborde constamment celui qui le constitue. Mais cet excès du constitué ne signifie pas une insubordination vis-à-vis du constituant. En principe, la possibilité que le

de l'être recueilli qui est la patience par excellence, pure passivité, est à la fois ouverture sur la durée, ajournement dans cette souffrance ».

1. *Ibidem*, p. 25.

sens produit soit potentiellement ré-appropriable reste toujours ouverte. Rien donc dans les prédonnées passives ne paraît ainsi résister totalement à une récupération logique [1].

Mais tout est-il si aisément convertible du passé inconscient à la conscience thématisante, comme Husserl semble le penser ici ? C'est là « une question capitale » indique pour sa part E. Fink dans son travail de recherche de 1927, « Représentation et Image » [2], sous la direction de Husserl. Face à ce problème, il souligne qu'il est « absolument impossible d'épuiser par voie de souvenir la totalité du passé transcendantal » [3], et que le « se-perdre-dans-l'obscurité est le seul mode phénoménologique assignable de la fin de la subjectivité transcendantale du point de vue de son passé ». Cette chaîne des souvenirs « qui s'interrompt en se perdant dans une impénétrable obscurité » [4] est en quelque sorte soustraite à sa totale convertibilité en pur ressouvenir ou en connaissance reproductive. Qu'il soit par conséquent impossible d'*épuiser*, comme le prétend Eugen Fink, le passé conçu ici comme une passivité sédimentée, cela ne laisse-t-il pas la porte ouverte à la conception d'une archi-passivité, irréductible à sa reprise consciente ? En fait, le caractère effectivement inépuisable du passé ne codétermine pas forcément son irréductibilité. Aussi, le terme d'« inconvertibilité » qu'emploie E. Fink nous semble dans ce cas quelque peu excessif. Tout dans le passé, c'est-à-dire chaque donnée sédimentée, est convertible, sauf ce tout lui-même. L'incapacité d'accéder au tout du passé n'est en vérité qu'une inaptitude de fait, non de droit. Encore faut-il s'entendre sur ce terme de « tout du passé » ? Si le « tout du passé » est l'ensemble des sens devenus vides, alors toute reproduction de ces contenus sémantiques est à chaque fois possible et la passivité n'est plus irrévocable ; par contre, si l'on comprend le « tout du passé » comme l'horizon vide du passé lui-même, indépendamment des contenus inclus en lui, alors la question même de son rappel est insignifiante, car le ressouvenir ne cherche pas en effet à dévoiler cet horizon vide du passé comme tel, mais telles ou telles représentations vides sédiméntées en lui. Le problème donc de savoir si un semblable ressouvenir du passé global, de l'inconscient au sens de l'horizon infini du passé, est possible reste, aux yeux de Husserl, un problème peu pertinent,

1. Dans le § 36 des *Vorlesungen zur genetische Logik*, Husserl met clairement en évidence cette possibilité pour l'éveil associatif rétro-actif de restituer « le sens objectal identique dans sa différenciation explicite [*den identischen gegenständlichen Sinn in seiner expliziten Unterschiedenheit*] » de n'importe quel contenu ayant sombré dans l'inconscient. Par suite à chaque passé de conscience, même sous la forme de l'oubli total, de l'inconscience complète, appartient toujours « l'idée d'un vrai soi-même, l'idée du vrai passé de conscience en tant qu'idée de la donation en personne parfaite » (*ibid.*, p. 204).

2. Cf. *De la phénoménologie*, Paris, Éd. de Minuit, 1974, trad. D. Franck, p. 51.

3. *Ibidem*, p. 52.

4. *Ibidem*.

car ce *Leerhorizont* n'est qu'une simple structure de la conscience, et non quelque chose qui lui a déjà été donné dans l'impression originaire. Chaque ressouvenir n'est pas « remplissement de l'horizon rétentionnel vide du présent » [1], mais de ce qui vient tout juste de passer ou qui a déjà définitivement sombré dans le néant de l'indétermination. C'est dire d'une autre manière que la réactualisation des sens sédimentés est une tâche certes « infinie », mais non pas impossible. *A contrario*, E. Fink laisse constamment entendre que l'inconscient, comme le « se-perdre-dans-l'obscurité » des données de sens, marque la finitude du sujet transcendantal [2]; or, c'est l'infinité même du passé qui appelle l'infinité corrélative de l'œuvre égologique.

Il y a bien donc la présence d'une excédance des significations passives sur les significations actives, puisque l'inconscient (ici à la fois individuel et historique) contient toujours plus que le conscient, limité par la structure finie du champ attentionnel, mais cette excédence ne remet pas en cause la spontanéité du moi, dans la mesure où elle n'œuvre que pour elle. Rien de tel donc chez Husserl que ce « déficit » originaire qui fait de la passivité le lieu de la désappropriation du sujet actif et logique. Si l'inconscient est bien décrit comme l'« insaisi » (*das Unerfaßte*) [3], il n'est jamais cependant présenté comme l'insaisissable. Tout sens caché, enfoui, perdu est donc pour Husserl en droit élucidable :

> si enfermé que soit ce sens, si purement implicite qu'en soit notre co-visée, la possibilité évidente de l'explication, de l'élucidation et de la clarification lui appartient [4].

L'inconscient n'est pas la marque d'une autre expérience, mais un simple réservoir de toutes les expériences conscientes passées, sédimentées et prêtes à être réactivées. Comme on peut l'observer tout au long des *Analysen*, la passivité ne marque pas tant la possibilité d'une *déprise* du

1. Hua. XI, p. 423.

2. Il est évident que, du contraste entre l'infinité du passé et la finitude de la subjectivité transcendantale au regard de ce passé, ne peut que découler l'idée d'une probable excédence du passif sur l'actif. De ce point de vue, le texte de Fink irait dans le sens de l'interprétation lévinassienne de la passivité. Toutefois, Fink note dans le même chapitre que cette inconvertibilité totale ne doit pas être évidemment interprétée comme l'infaisabilité d'un « accès immanent au commencement » (p. 53). Fink perçoit bien la difficulté entre la perspective généalogique de la phénoménologie et son affirmation d'une finitude du sujet face à son passé originaire. Mais, à rebours, il n'est pas sûr que la meilleure manière de ménager ce possible accès au commencement soit de parler comme le fait ici Fink d'une *inconvertibilité* du passé sédimenté.

3. *Ibidem*, p. 421.

4. *Krisis*, *op. cit.*, p. 419.

moi que celle d'une *reprise* par le moi [1]. Le moi se perd sans cesse dans les objectités sédimentées qui s'échappent dans l'inconscient pour mieux se retrouver. Dans l'appendice XXII, Husserl déclare ainsi que le passé vide, devenu en cela pur inconscient n'est pas « un néant mystérieux [*ein geheimnisvolles Nichts*] » qui résisterait à l'analyse et donc à la prise. En outre le « domaine infini de l'oubli est un domaine de vie "inconsciente" qui peut toujours être éveillé de nouveau [*das immer wieder geweckt werden kann*] » [2]. La récupération reste donc sans cesse une possibilité effective et fait justement de l'inconscient un domaine non mystérieux. Si cette passivité d'un passé inconscient peut être dévoilée « en entier » par l'ego, c'est, souligne Husserl, parce qu'un « ressouvenir est toujours possible » [3]. Loin de supprimer toute restitution des contenus sédimentés, Husserl conçoit la passivité comme l'opération même qui, sous l'aspect de l'éveil passif, la rend tout d'abord possible. C'est dire, d'une autre manière, que la passivité œuvre elle-même, avant toute décision de l'ego, à son propre sauvetage. Aussi la « restauration des évidences » [4] et, parallèlement, la reconduction des formations de sens « jusqu'à la dimension dissimulée des archi-évidences qui les fondent » resteraient-elles des vœux pieux et, en fin de compte, impuissants, si le domaine tout entier de la passivité indiquait une telle destitution radicale de l'œuvre constituante de l'ego transcendantal. Force est au contraire d'affirmer avec Husserl que les multiples sens passifs enveloppés dans les couches profondes de la passivité secondaire sont *jure et facto* recouvrables.

Emmanuel Lévinas ne peut donc que constater à regret le fait que son propre concept de passivité/sensibilité, marqué par l'impossibilité d'un retour de la conscience, est ici fort éloigné de ce que livrent les analyses husserliennes : « le temps de la sensibilité chez Husserl est le temps du récupérable » [5]. Mais E. Lévinas ne voit dans cette alliance de la passivité et de l'activité qu'une simple *péripétie* de la théorie de la connaissance. Néanmoins cette coïncidence objective toujours possible dans la réactuali-

1. Lévinas observe justement que si cette *reprise intentionnelle* est à tout moment envisageable c'est principiellement parce que Husserl pense la passivité sur le « prototype de l'objectivation » (p. 58) ; mais il a tort, selon nous, d'interpréter l'intentionnalité objectivante qui a déjà cours dans la sphère passive comme une intentionnalité chosifiante. C'est bien effectivement le dénominateur commun de l'objet qui rend convertible le passif en logico-actif, mais cet objet n'est pas la chose réale, simple objet constitué d'une région de l'être particulière, mais le renvoi de toute intention à un sens visé. Dès lors, le risque même (dans la perspective éthique de Lévinas) d'une réification de la signification d'autrui est écarté, car l'objectivation au travail dans les intentionnalités passives n'est que le simple rappel d'une constitution de sens, sans décider par avance du contenu réal ou régional de ce sens.

2. Hua. XI, p. 422

3. *Ibidem*, p. 423.

4. *Krisis*, p. 414

5. *Autrement qu'être ou au-delà de l'essence*, *op. cit.*, p. 59.

sation du sens n'est pas quelque chose de *regrettable* pour Husserl, elle se montre au contraire comme l'élément fondamental de toute théorie de la vérité. Par conséquent, du point de vue husserlien, l'inconscient représente avant tout un élément structurel de la conscience qui fonctionne de manière essentiellement logique et qui rend à chaque fois possible les *retrouvailles* de la conscience avec elle-même dans l'identification des essences objectales. Il n'est pas saisi comme l'envers inappropriable de la conscience, mais comme son pourtour, son aire de jeu. C'est pourquoi la passivité inférieure ne contient en soi rien de *réfractaire* à la saisie prédicative. Tout au contraire, elle appelle cette saisie, la réclame et la convoque tout à la fois. Dans le manuscrit B III 9 de 1931, Husserl va même jusqu'à dire que c'est « chaque obscurité et manque de clarté [qui] anticipent déjà le processus ascendant [*aufsteigenden*] du devenir clair et évident ». La passivité n'*an-archise* pas l'ego ni ne l'*in-fonde* au sens lévinassien des termes. Elle n'est pas non plus *ex-ception* (hors de la saisie) à la constitution transcendantale, mais plutôt sa *sub-ception* (sous-saisie). Le projet généalogique de la phénoménologie de la passivité n'aurait plus de sens, si l'origine du sens même pouvait échapper à l'instance donatrice de sens, à savoir le sujet transcendantal et si aucune conjonction n'était ainsi possible entre les diverses couches de la genèse transcendantale du sens. Trop souvent l'on oublie que la « genèse passive » ne représente pas, pour Husserl, une constitution de sens comme telle, mais exhibe une simple pré-constitution de sens, le préfixe allemand *vor* signifiant ici le stade exclusivement *préparatoire* de la formation des significations logiques et sa dépendance envers les couches supérieures de la constitution. Aussi ne peut-on opposer terme à terme constitution passive et constitution active, car c'est en réalité le même sens qui circule en elles, une fois sous le mode d'une synthèse passive, l'autre fois sous celui de la synthèse prédicative et logique [1].

Si Lévinas met en lumière une « passivité plus passive que toute passivité », c'est parce qu'il supprime ce qui, dans la passivité, fait sa richesse même, à savoir la synthèse du sens, c'est parce qu'il la dépouille systématiquement des multiples *Leistungen* originaires (association, recouvrement, refoulement, etc.) qui fonctionnent en elle, et la laisse dans une nudité totale. Plus rien n'est dès lors *à l'œuvre* dans ce fond immémorial, plus rien ne travaille, ne s'associe ou ne se coordonne, car tout y est *insensé*. Pure exposition sans synthèse, pure vulnérabilité sans opérativité. N'est passivité en ce sens que le subir brut. Mais cette « passivité suprême » que

1. La nouvelle question qui s'ouvre à nous n'est donc plus celle d'une possible irréductibilité de la passivité à l'activité, mais pourquoi toute la sphère passive qu'elle soit ici purement hylétique ou affective est-elle d'emblée structurée par des significations qui ne trouveront leur expression supérieure, c'est-à-dire leur valeur épistémique définitive, que dans les opérations logico-eidétiques.

Lévinas cherche à penser dans l'exposition pure à l'altérité sans mesure ne se réduit-elle pas, en fin de compte, à la simple réceptivité? Réceptivité d'un type particulier certes, car il s'agit pour elle de recevoir dans l'injonction de la présence de l'autre et dans son « accusation » frontale ce qui, en fait, excède d'emblée toute capacité de réception, mais *réceptivité* tout de même dans l'impossibilité paradoxale de sa réalisation. Or, ce qu'il y a de primordial pour Husserl dans le concept de « synthèse passive », ce n'est pas tant la passivité elle-même que le *synthétique* qui y est, par essence, inclus. La passivité est prise en vue à partir de la synthèse, de l'association, du recouvrement. En un mot, elle est pure genèse, à savoir naissance et développement.

Reste encore à se demander, en écho respectueux aux doutes de Lévinas, si cette co-appartenance, affirmée dans la phénoménologie husserlienne, de la passivité et de l'activité sous le motif commun du sens identique n'appauvrit pas néanmoins la signification même de la passivité, réduite, par ce biais, à ce que Merleau-Ponty nomme les « bienséances de la conscience ». Tout serait du point de vue de Husserl récupérable, mais au prix d'un appauvrissement rédhibitoire et d'une formalisation logique qui écraseraient la richesse initiale de la vie sensible et passive. Que tout de la passivité soit convertible [1] et restituable est certes une possibilité phénoménologiquement fondée, mais que cette convertibilité en droit intégrale corresponde au sens même de ce qui réside dans la passivité, cela pose un tout autre problème, auquel nous devons à présent prêter attention. Considérons cette question de la rectitude de la conversion en terme de traductibilité. La conversion de l'affectivo-passif en logico-actif représente-t-elle en ce sens une traduction fiable de ce qui se joue dans les couches inférieures de la passivité? Ou y a-t-il au contraire un *déficit de sens* dans le passage aux opérations supérieures de l'identification? Poser le problème du point de vue de la traduction tendrait à supposer que la langue de la passivité soit autre que celle de la prédication et des prises de position actives. Le fait que Husserl lui-même présente souvent la sphère passive comme un domaine pré-linguistique pourrait tout à fait renforcer une telle hypothèse. Toutefois la subordination du passif à l'actif n'est jamais présentée par Husserl comme une véritable trahison, car la passivité n'est en fait assujettie ici qu'à ce qu'elle a elle-même préconstitué. C'est un unique *logos* qui structure les deux champs et les fait interagir l'un avec

1. Toute l'œuvre de Lévinas se révèle être une dénonciation constante de cette convertibilité logique. Cf. *Autrement qu'être ou au-delà de l'essence* (*op. cit.*, p. 185) où l'auteur parle d'une « passivité inconvertible en acte », « inassumable » par l'ego, au sens où il ne peut muer en assomption ce qui se donne sur le mode de l'accusation. Or l'examen des différents textes de Husserl consacrés à la genèse passive apporte un démenti formel à cette impossibilité de l'articulation du sens.

l'autre. Si le moi est constamment à l'écoute de ces prédonnées passives de sens, c'est parce que celles-ci sont déjà porteuses d'un sens qui possède d'emblée une validité pour lui et pour lui seul. Ce « bien propre » (*Habe*) qu'est la sphère passive pour l'ego doit devenir un « tout à moi ». Le fait qu'il y ait du sens, même sous des modalités passives de donnée, constitue l'argument phénoménologique fondamental pour justifier l'appariement de la passivité et de l'activité dans une liaison indéfectible.

L'important manuscrit C 3 III de mars 1931 expose, selon nous, de la manière la plus claire possible cette *inséparabilité* effective de la passivité hylético-affective et de l'activité, rendant par là caduque, à nos yeux, la notion d'une « passivité absolue », considérée en dehors de toute relation à une instance constituante :

> L'égoïque s'objective à travers la réflexion; il se temporalise dans une temporalisation originairement associative, comme on l'a déjà dit, en unité avec les couches hylétiques les plus inférieures et inséparable d'elles [1].

Et aussi :

> ou plutôt, le moi transcendantal est quelque chose de *relatif*, une structure égoïque vis-à-vis de ce qui est prédonné au moi et avec laquelle il se met à créer en tant que moi, à laquelle il s'occupe.

L'articulation indissociable de l'égoïque à l'hylétique est en quelque sorte plus originaire que leur existence séparée et indépendante, la relation plus antérieure que les termes distincts qu'elle relie. Il n'y a, dès lors, pour Husserl de passivité qu'exclusivement relative et transitive, que rapportée à cette activité qu'elle prédit et prédétermine tout à la fois, et qu'articulée à l'ego positionnel qui lui confère à la fois sens et « validité définitive » [2] (*Endgultigkeit*). Dans le rapport du moi comme pôle aux prédonnées passives et affectives, il s'agit de mettre au jour une structure d'altération dans le même, mais d'une altération qui, du point de vue du sens, ne remette pas en question la validité du même, mais en l'ouvrant à ce qu'il n'est pas lui permet de devenir autre qu'il n'est tout en restant ce qu'il est.

Toute la pertinence de la pensée husserlienne consiste à refuser par conséquent la division du même et de l'autre, à soutenir au contraire la distinction dans l'unité de l'immanence subjective. Il y a comme la struc-

1. Ms. C 3 III, p. 28 : « Das Ichliche objektiviert sich durch Reflexion; es zeitigt sich in der urassoziativen Zeitigung, wie schon gesagt, in eins mit und ungetrennt von dem untersten Hyletischen ».

2. Hua. XI, p. 101. La *Geltung* n'est pas ici à entendre comme la *Wertung*, la valeur. Dans la validité, la raison est tournée vers la donation en personne de ce qui est dans son évidence reconnue et fondée. Au contraire, la valeur indique ce qui doit être, ou ce qui est référé à un autre que soi comme le bien, le beau, etc.

ture d'une *dualité primitive* où le moi s'éprouve le « même comme distinct »[1]. En tant qu'*Ichfremdheit*, la hylè passive est *distincte* du moi sans en être totalement *séparée*, et ce même dans ses couches les plus profondes où s'effectue une constitution que Husserl nomme parfois « anonyme »[2]. Mais ce lien indissociable de l'égoïque et de la passivité hylétique ne vaut pas seulement dans la mesure où l'affection est de la partie, il vaut aussi – même si cette liaison est alors de degré zéro – en ce qui concerne l'inconscient, car les significations inaffectives n'ont de sens que pour ce moi par lequel elles ne sont pas encore polarisées. Si la hylè est « en un certain sens sans moi, son appréhension par laquelle elle est apparition de quelque chose de mondain est une opération du moi »[3]. Elle n'est pas tant ce qui dépossède le moi que ce qu'il a à reconquérir sans cesse. L'*Ichlosigkeit* de la passivité est en tout état de cause strictement relative aux diverses modalités de l'appréhension du moi, elle n'a pas de sens au-delà des opérations et des modalités de saisie du moi. Ce qui est *Ichfremdes*, c'est ce que le moi n'a pas encore constitué ou pu constituer. Penser (depuis la temporalisation originaire analysée dans les manuscrits inédits du groupe C jusqu'aux opérations de la prédication logique thématisées dans les *Leçons sur la logique génétique*) le pur ajointement du passif à l'actif prévient Husserl contre l'hypothèse même d'une *Urkonstitution* radicale (ici envisagée sous la figure de l'inconscient inaffectif), inappropriable par la constitution essentiellement logique du moi.

Cependant la co-relativité essentielle du couple passivité/activité ne veut pas dire que la relation soit de son côté purement symétrique. La sphère prédicative conserve en cela la prédominance, car elle seule est, en fin de compte, validatrice. C'est la raison pour laquelle tout ce qui est passivement constitué doit être aussi l'objet d'une évaluation de sens, vu que l'erreur et l'illusion peuvent résider dans ces prédonnées de sens non

1. Expression qu'emploie Maine de Biran dans sa détermination du rapport de l'ego à son corps propre qu'il éprouve dans la résistance à l'effort, sentiment qui fonde, là aussi, une altérité dans le même. Cf. *Marginalia*, Œuvres complètes, édition Azouvi, Paris, Vrin, 1995, t. XI-1, p. 15, note : « le sujet de l'effort commence à se sentir le même comme distinct du terme résistant ». Ce que Husserl cherche à penser dans ce lien indissociable de l'hylétique et de l'égoïque, ce n'est pas tant l'arrachement à soi que fait subir au moi la passivité, que la récupération de l'altérité par le moi, ce que nous nommerons *appropriation*. En effet, la hylè n'est jamais caractérisée par Husserl comme ce qui à proprement parler altère le moi, mais comme ce qui est originellement sans moi ou étranger au moi ; dès lors, elle ne le creuse pas de l'intérieur comme altération, c'est bien plutôt elle qui est, dès l'origine, rapportée au sens d'ego qu'elle préfigure. Elle représente ce qui, tout en étant distinct du moi, revient sans cesse au moi. Du point de vue gnoséologique (essentiellement retenu dans notre travail), c'est cette *récupération* de la hylè par le moi qui importe plus que la déportation du moi dans un domaine de sens qu'il n'est pas (encore).

2. Ms. A V 5 (1933), p. 2.

3. Cf. Ms. C 4, p. 9.

validées définitivement par le moi. Le *dissensus* qui pourrait exister alors entre la sphère passive et celle des actes positionnels doit plutôt être résorbé qu'exalté, car il y va là, par principe, de l'authenticité du savoir. L'erreur consiste justement en la dissension possible des deux domaines constitutifs. Refuser ici l'œuvre infiniment restauratrice du sens serait, selon Husserl, accepter comme *allant de soi* les différentes données passives, les formations sédimentées qui re-surgissent, volontairement ou non, à la conscience. C'est justement parce que l'erreur et l'illusion trouvent leur origine exclusive dans la passivité, que cette dernière doit être en toute rigueur subordonnée à une activité évaluatrice, soit d'infirmation, soit de confirmation. L'inconscient n'échappe pas à la règle. Si tout dans la passivité est par conséquent idéalement *résorbable*, c'est aussi parce que tout est idéalement *résolvable*. Ceci ne débouche pas sur une absolue transparence de la conscience à elle-même, loin s'en faut; mais l'opacité à laquelle est confronté désormais l'ego réfléchissant est tout autre que cette opacité, somme toute théorique, de l'immémorialité lévinassienne que rien ne peut éclairer (et surtout pas le sujet transcendantal des actes thétiques) ni appréhender.

Il va de soi que, pour Husserl, l'*hybris* philosophique serait ici de ne pas chercher à réactiver les sens sédimentés, à savoir soit de ne pas s'efforcer de les réveiller (l'oubli), soit de les accueillir tels qu'ils se donnent sans les réévaluer (le préjugé). Que peut-on attendre, dirait Husserl, de cette « immémorialité » passive, si ce n'est un renoncement à tout questionnement et investigation de sens ? Toutefois, dire que tout le sens est en soi ré-activable ne veut pas dire pour autant que ce tout n'est que pure ré-actualisation. Expliquons-nous. La *réductibilité* de la sphère passive à la *Wertnehmung* de l'ego pourrait laisser penser qu'il n'y a pas de passivité véritablement originaire, que tout ce qui se donne passivement à l'ego a toujours fait l'objet préalable d'une actualisation de son sens, que tout renvoie finalement à une première donation de sens active, secondairement sédimentée. Or, une passivité authentiquement originaire est possible sans pour autant qu'elle soit considérée par là comme une passivité absolue et radicale. Tout est en soi réappropriable dans la passivité non pas parce que tout a déjà été propriété de l'ego, mais parce que tout *ne vaut que pour lui*, n'a de sens qu'en vue de cette réappropriation. Cette nuance est d'importance. Que tout soit ainsi thématisable ne veut pas dire que tout a été déjà purement thématisé. Outre la sédimentation passive, Husserl maintient fermement tout au long de son œuvre l'idée d'une « passivité originaire », mais relative, celle qui précisément organise, par les lois de l'association originaire, la structuration du champ du présent vivant, c'est-à-dire celle qui prend part à la constitution des impressions originaires et à leur unification ordonnée. Ce que la mise au jour de la passivité « absolument » relative nous a ainsi permis de dégager, c'est la dépendance principiellement logique de l'inconscient vis-à-vis de la conscience – dépendance telle que l'inconscient pourrait bien être, pour Husserl, la figure la plus éclairante de la conscience. En somme, même la passivité la plus inférieure (l'inconscient) ne représente que l'une des possibilités de la conscience et donc peut à tout moment prendre son aspect.

DEUXIÈME PARTIE

L'EXPÉRIENCE ANTÉPRÉDICATIVE ET LA GENÈSE DE LA LOGIQUE

CHAPITRE PREMIER

LES PRÉSUPPOSÉS FONDAMENTAUX DE LA GÉNÉALOGIE DE LA LOGIQUE

> Wir schweifen also nicht etwa ab, sondern wir sind dabei schon Logiker, ohne es zu wissen. In unserer Methode aber müssen wir es vorher sein, um es wissen zu können. (*Analysen zur passiven Synthesis*, Hua. XI, p. 319)

GENÈSE DE LA LOGIQUE ET LOGIQUE DE LA GENÈSE

Jusqu'à présent nous avons simplement mis en évidence la structuration interne de la sphère passive qui nous a fait découvrir un domaine véritablement *donateur de sens*, en retrait de la spontanéité active du moi, mais nous n'avons pas encore *sondé* en profondeur, dans ses strates souterraines, cet ajointement extrêmement complexe qui se joue entre la genèse passive et la genèse logique. Nous devons à présent nous interroger sur la manière très particulière dont cette genèse passive peut venir *s'articuler* à la genèse active et fonctionner comme fondement des différentes opérations et évidences logiques supérieures. Car il ne suffit pas en vérité, pour Husserl, de montrer que la passivité possède ici une logique à part entière, basée essentiellement sur les lois *a priori* de l'association, il s'agit également d'indiquer comment cette *logique de la passivité* vient se lier à la logique elle-même, entendue désormais comme la réalité primordiale de la subjectivité active. C'est qu'en effet les synthèses passives, en vertu de leur valeur constitutive, sont directement partie prenante du procès logique. Elles en forment tout à la fois le « soubassement » (*Untergrund*) effectif et le premier moment. Pour cette raison, l'investigation de la sphère passive reste absolument privée de son sens, si elle n'est pas menée en vue de la « clarification » ultime de la logique elle-même.

Mais en quoi la genèse passive intervient-elle justement dans la fondation de la logique transcendantale? Apparemment, Husserl pense pouvoir concilier une analytique transcendantale de la passivité avec une dialectique transcendantale dans laquelle la passivité serait à présent prise en vue à partir de sa relation constitutive avec des opérations et des lois logiques qu'elle est censée préfigurer, voire fonder. Mais c'est une chose que d'exposer avec clarté la structuration ordonnée de la sphère passive, c'en est une autre que de vouloir fonder toute l'organisation logique de la pensée sur celle-ci. En tout cas, et quelle que soit la difficulté extrême de cette entreprise génétique, il ne s'agit pas ici pour Husserl de procéder à une simple analyse des différentes manières dont la passivité peut se coordonner à la genèse universelle de la subjectivité transcendantale, mais, comme le souligne F. Dastur, « de légitimer celle-ci et de ne pas la considérer comme un domaine d'évidences de rang inférieur à celles de la science » [1].

Il nous faut donc alors retourner la question dans l'autre sens : pourquoi la logique transcendantale nécessite-t-elle ce retour à la fois fondateur et à fonder dans une expérience antéprédicative passive? Cette logique, en tant que théorie de la science, n'est-elle pas par elle-même auto-fondative? Comment Husserl peut-il à la fois affirmer le caractère apodictique et universel de la logique, et lui présupposer originellement des antécédents fondationnels dans un domaine de sens qui ne semble pas, c'est le moins que l'on puisse dire jusqu'ici, garantir une universalité et une apodicticité de même facture qu'elle? La genèse de la logique, à savoir sa fondation dans la passivité, ne fait-elle pas plutôt courir à la logique le risque d'une véritable défondation? Ce n'est pas l'un des moindres paradoxes que nous rencontrerons dans notre investigation de la genèse de la logique dans la phénoménologie. Le tout premier étant, peut-être, la *circularité* de la généalogie de la logique [2], c'est-à-dire du projet de prise en compte de la logique à partir de sa genèse, ou plutôt, comme l'expression le signifie, à partir de la *logique de sa genèse*. Comment expliquer la genèse de la logique en prenant pour point d'appui cette même logique achevée? Comment décrire la naissance du logique à partir d'une logique qui ne se pose pas pour autant comme initialement logique? Afin de saisir cette *logique de la genèse de la logique* (traduction littérale de *généalogie de la logique*), il convient au préalable de déterminer ce que Husserl nomme la

1. Françoise Dastur, *Husserl, des mathématiques à l'histoire*, Paris, PUF, 1995, p. 37.

2. Sur le caractère contradictoire de la généalogie husserlienne de la logique, voir l'article pour le moins circonspect de Natalie Depraz, « La logique génétique husserlienne, quelle "logophanie" ? », in *Phénoménologie et Logique*, études réunies par Jean-François Courtine, Presse de l'É.N.S.-Ulm, Paris, 1996, p. 195-216.

« logique transcendantale prise au sens large », dont « la phénoménologie de la constitution » ne forme qu'une partie, l'autre étant réservée à « la généalogie de la logique formelle » [1]. Pour ce faire, il nous faut d'abord montrer en quoi l'étude de la logique transcendantale implique nécessairement une « question-en-retour » (*Rückfrage*) sur le fondement de son évidence particulière et de ses opérations principielles. Là se situe en effet le trait caractéristique de l'analyse généalogique husserlienne : l'« auto-éclaircissement » du logique *au sens large*, à savoir du concept de « logos » dans son extension la plus universelle, est l'acte qui va rendre possible l'étroite mise en rapport de l'étude de la constitution passive avec la « généalogie de la logique » proprement dite.

Dans la toute première introduction [2] aux *Analysen*, texte qui a également servi de référence pour l'introduction de *Logique Formelle et Logique Transcendantale*, Husserl définit pour la première fois la nature véritable de la logique transcendantale. Il part en premier lieu de la compréhension générale de la logique : il n'entend pas ici par *logique* une « science spéciale », théorique et normative de la pensée, ni même ce que le mathématicien a pu façonner au cours du temps en tant que « discipline mathématique spéciale ». L'art de penser n'est qu'un aspect possible de la logique, laquelle ne se réduit pas à une technologie. Par « logique », Husserl entend donc avant tout « une théorie de la science tout à la fois universelle et principielle » [3], c'est-à-dire une théorie qui soit capable d'édicter des normes valables pour toutes les sciences et, par suite, de rendre compte de la prétention de vérité de chacune de ces normes. Ce rôle de « *Wissenschaftslehre* » (de doctrine de la science), au sens exact où la comprenait Fichte et au sens particulier où elle définit à présent, selon Husserl, l'*a priori* de toutes les sciences possibles, la logique historique le tient en fait de la *dialectique platonicienne* elle-même. Cette logique universelle normative consiste principalement, selon encore une fois « la méthode socratique platonicienne », dans la volonté constante de mettre au jour les « formes d'essence de la connaissance et de la science authentique dans

1. *Expérience et Jugement*, *op. cit.*, p. 60 [51]. Malgré des différences importantes que nous ne manquerons pas de signaler (le rapport entre esthétique et logique transcendantale, l'aspect génétique de l'articulation, etc.), le projet husserlien peut ici encore se réclamer du criticisme kantien, et plus particulièrement de l'analytique transcendantale dans laquelle Kant se proposait également de « dessiner entièrement l'arbre généalogique de l'entendement pur » (*Critique de la Raison pure*, Bibliothèque de la Pléiade, Gallimard, Paris, 1980, p. 836).

2. Ce texte, extrait du manuscrit F I 37, qui est la véritable introduction aux cours sur la logique génétique du Wintersemester de 1920/21, c'est-à-dire aux *Analysen zur passiven Synthesis*, a été publié comme texte complémentaire dans le volume XVII des Husserliana, *Formale und transzendantale Logik*, p. 351-378.

3. Hua. XVII, p. 351.

toutes ses figures fondamentales » [1]. Comme telle, elle doit éclaircir toutes les opérations logiques qui servent de normes régulatrices dans l'accomplissement du vrai. Si elle veut être en définitive la « science ultimement auto-clarifiante », elle doit d'abord éclaircir son propre fondement. On doit doit donc garder ici à l'esprit que, lorsque Husserl entreprend de questionner la validité cognitive de la logique, ce n'est pas la simple clarification de quelques opérations logiques qui est en vue, ni même celle de leur origine historique, mais la valeur de vérité de la philosophie, en tant qu'elle exprime, dans la téléologie immanente de l'histoire, cette aspiration à l'*apodicticité absolue* du savoir.

À côté de cette compréhension de la logique transcendantale, héritée du projet platonicien, Husserl constate l'existence d'une « logique traditionnelle » ou logique d'école, ensemble de règles normatives qui dirigent l'accomplissement des opérations de vérité dans les différentes sciences, qui ne semble plus rien à voir en commun avec la tâche de *clarification ultime* du vrai. Ce constat est ici lui-même empreint d'une double *déception :* premièrement cette logique traditionnelle, qui était historiquement « le porte-flambeau de la méthode » [2], semble s'être réduite peu à peu à une simple « technologie » de la pensée correcte. Deuxièmement, chaque science particulière, en s'autonomisant dans son domaine d'objets et d'opérations, applique une méthodologie propre, une logique propre, qui rend totalement inepte et caduque la volonté de détermination d'une logique universelle. La logique est ainsi devenue soit *trop générale* comme logique formelle vide, soit *trop particulière* comme logique matérielle et régionale. Or, ces conséquences sont directement à l'origine de ce que Husserl nomme, avec un ton dramatique qui n'est pas déjà sans annoncer celui de la *Krisis*, « l'aspect tragique de la culture scientifique moderne » [3].

Cette « situation de détresse » a, selon lui, pour cause principale un « oubli », celui de la nature même de la logique et de son effectuation subjective, l'oubli de l'évidence originaire des principes normatifs qui ne sont plus considérés que dans leur application *pratique*. Les sciences particulières ont perdu, dit-il, le « vrai sens de leurs fondements » [4]. Il manque donc, regrette Husserl, « une science systématique fondamentale, qui procure à la subjectivité opérante la compréhension ultime de toute théorie, à partir des sources de la connaissance originellement donatrices de sens » [5]. Or c'est à la *logique transcendantale* qu'incombe la tâche de

1. *Ibidem.*
2. *Ibidem*, p. 353.
3. *Ibidem.* Cf. *Logique formelle et logique transcendantale*, introduction, *op. cit.*, p. 6 [3], et *Krisis*, *op. cit.*, p. 377 sur la « situation de détresse ».
4. Hua. XVII, p. 355.
5. *Ibidem*, p. 354.

combler ce « manque » et de satisfaire, avec une complétude entrevue mais jusqu'ici négligée, la prétention originelle de la logique, telle que l'entendait et la pratiquait Platon : atteindre un savoir que rien ne puisse mettre en doute et dont l'évidence parfaite rend vaine toute tentative de lui chercher plus avant des présupposés. La logique ne peut être dite en cela *transcendantale* que si elle respecte à la lettre cette exigence d'auto-clarification ultime et la mène à bout, que si elle devient pour de bon cette « théorie universelle de la science, la science de l'essence de la science authentique en général » [1].

Cette auto-clarification, cette logique de la logique pour ainsi dire, est, dit Husserl, « bi-face » [2] : il s'agit bien entendu de comprendre tout d'abord les normes logiques elles-mêmes, la manière théorique dont elles structurent la production des significations logiques, l'être-logique de la théorie, mais aussi et surtout – aspect, selon Husserl, trop souvent omis par les logiciens eux-mêmes – de comprendre la conscience vivante dans laquelle s'effectuent toutes ces opérations signifiantes : « l'*être-pour-nous* de la théorie » [3]. Dans cette recherche de la « science authentique », maîtresse de ses fondements et certaine de ses concepts principiels, il y va avant tout de l'« agir subjectif ». L'auto-clarification s'infléchit ici dans le sens d'une enquête sur les conditions de possibilité *subjectives* du vrai, car c'est la subjectivité opérante qui est le fondement même du sens et de la validité des productions logiques. C'est par conséquent en elle que doit être d'abord mis en lumière le caractère apodictique et définitivement valable qui confère à la logique sa véritable pertinence scientifique et son authenticité philosophique comme effort auto-vérifiant vers les vérités ultimes. La logique transcendantale doit donc se poser la question de son fondement dans la « vie subjective effectuante », sous peine de tomber dans la *naïveté supérieure* des sciences non-transcendantales. Car, en fin de compte, la *Selbstbesinnung* de la logique transcendantale revient à la *Selbstbesinnung* de la subjectivité transcendantale elle-même. Tout ce qui est logique prend

1. *Ibidem*, p. 371. Face à la simple logique formelle qui ne prend en compte que les lois universelles de la pensée dans son accord avec elle-même, à savoir la conformité logique, la logique transcendantale cherche à poser les règles d'un accord de la subjectivité constituante avec les objets possibles de la connaissance. Le caractère *transcendantal* de cette logique signifie qu'elle a trait à la connaissance possible d'un objet et à son usage valide. Mais cette logique transcendantale n'est pas la simple application de la *logique formelle* à un domaine d'objets précis, à une région ontologique, car elle ne serait alors qu'une simple méthodologie d'une science particulière. Elle se présente comme une analyse des conditions *a priori* de tout accord avec l'objet en général.

2. *Ibidem*. Cette analyse de la logique « à deux faces » sera précisée trois ans plus tard dans les leçons de *Philosophie première*, (t. I, p. 45 [31], 63 [44]), puis reprise dans *Logique formelle et logique transcendantale*, § 8, « la double face de la logique », *op. cit.*, p. 47-50 [29-31].

3. *Logique formelle et logique transcendantale*, p. 22 [13].

ainsi son sens dans la constitution logique subjective. Derrière chaque signification relevant de la sphère logique repose une expérience, c'est cette expérience subjective immanente de la *logification* qui intéresse tout particulièrement Husserl [1]. La logique comme science ne sera pleinement justifiée que lorsqu'elle sera *pour soi* ce qu'elle est *en soi*, c'est-à-dire lorsqu'elle parviendra à saisir dans une intelligibilité absolue ce qui la fonde (le *logos* primitif comme en soi) comme étant elle-même (la science en tant que *logos* pour soi).

Prendre en compte le *côté subjectif du logique*, c'est également, déclare Husserl dans l'introduction de *Logique Formelle et Logique Transcendantale*, effectuer un saut de la logique formelle à la logique transcendantale [2] (en effet, comme nous l'avons déjà vu, la logique formelle est scientifiquement incapable de questionner l'origine subjective de son sens). Seule donc une « clarification principielle descendant dans les profondeurs de l'intériorité qui effectue la connaissance et la théorie » [3] peut permettre de rendre intelligible la théorie *authentique* de la science que veut être la logique transcendantale. Et c'est l'*intériorité* de la « vie

1. C'est précisément cette dépendance constitutive de l'objet logique vis-à-vis de son instance subjective productrice qui, pour Cavaillès, semble fragiliser sa valeur de vérité. Pour reprendre l'expression de Cavaillès dans *Sur la logique et la théorie des Sciences* (Paris, Vrin, rééd. 1997), « le procès d'atteinte » (*ibid.*, p. 57) *déteint* sur l'entité qu'il touche, à savoir il en restreint le sens et la vérité à ce qu'il peut en comprendre. Toutefois dans la phénoménologie, l'indépendance eidétique de l'objet est garantie dans la mesure où justement la subjectivité constituante ne peut modifier à son gré sa validité interne ni sa signification évidente. Mais l'essence ne peut apparaître néanmoins qu'à la faveur d'une effectuation subjective qui la constitue comme vérité. Si Cavaillès s'en prend donc à la *subjectivation* husserlienne de la logique, c'est parce qu'il craint que cette dernière ne limite la compréhension de la logicité et du progrès même des enchaînements logiques à la capacité vécue du sujet. Si la « conscience est la totalité de l'être », si ce qu'elle « affirme n'est que parce qu'elle l'affirme » (*ibid.*, p. 69), alors la valeur du logique est immédiatement indexée sur la valeur de l'évidence subjective. Il n'y a « fondamentalement qu'une connaissance qui est la conscience » (*ibid.*, p. 70). Aussi « le problème posé par la logique se transforme en problème de la constitution transcendantale des entités objectives » (*ibid.*, p. 72). Or, selon Cavaillès, cette démarche met certes à plat les opérations et les motivations élémentaires subjectives qui accompagnent la production de raisonnements et de jugements mais laisse dans l'ombre « l'entité logique elle-même » (*ibid.*, p. 87). La portée logique du contenu réel est négligée au profit de l'acte logique. Cavaillès voit donc dans cette fondation subjective du logique « une abdication de la pensée » (*ibid.*, p. 89), dans la mesure où l'essence logique, infiniment ouverte, susceptible d'amélioration et de progrès, est bornée par les conditions subjectives de la reconnaissance et de l'évidence. Il y a une vie du logique qui vaut au-delà de la vie du sujet et qui ne peut être ramenée à elle. Mais on pourrait retourner l'argument à Cavaillès. Qui peut alors juger de cette limitation effective? Qui peut décider de la valeur de vérité non-subjective ou trans-subjective d'un raisonnement logique? N'est-ce pas présupposer, tout en la dénonçant, une instance subjective supérieure, une sorte de Dieu logique, pour lequel seul vaudraient les vérités logiques indépendantes?

2. *Logique formelle et logique transcendantale*, *op. cit.*, p. 23-24 [14].

3. *Ibidem*, p. 23 [14].

effectuante » constituante qui doit être placée sous le regard du phénoménologue. C'est pourquoi il convient de faire retour sur le lieu [1] où le vrai s'élabore et prétend valoir universellement : la conscience immanente dans son développement génétique et tendanciellement guidé vers la réalisation de l'absolu. Aussi le problème de savoir comment la vie subjective immanente constitue l'« être-vrai » à travers des formations logiques de sens, extrêmement complexes et graduelles, s'avère-t-il être « le problème le plus radical [*das radikalste Problem*] de la logique transcendantale » [2]. C'est la substance vivante comme sujet qui est l'être de la vérité ou, ce qui signifie la même chose, qui est le mouvement vers l'être absolument vrai et apodictiquement certain. Pour Husserl aussi, dans l'analyse du *logos* tout dépend de ce qu'on « appréhende et exprime le vrai non comme *substance*, mais tout aussi bien comme *sujet* [*sondern eben so sehr als Subjekt*] » [3]. En sorte que l'élément rationnel ne se livre que dans le retour aux conditions subjectives d'effectuation du vrai. Si la phénoménologie est donc « la science des *origines*, des *mères* de toute connaissance » [4] et la « matrice de

1. Déjà dans les leçons de *Philosophie première*, Husserl évoquait cette nécessité d'une « critique transcendantale » du « champ de l'être subjectif transcendantal » (t. II, p. 106 [76]) qui s'intégrait elle-même dans une recherche principielle du commencement des évidences apodictiques. C'était la valeur même de la subjectivité transcendantale qui était mise en question, radicalisant ainsi la réduction phénoménologique qui, jusqu'à présent, n'avait mis en doute de manière critique que la validité de l'expérience naturelle mondaine et la redoublant en quelque sorte au sein même du champ réduit, la retournant pour ainsi dire sur elle-même. À ce sujet, Husserl insistait sur la distinction importante entre la « réduction transcendantale » et la « réduction apodictique » (p. 112 [80]), indiquant par là que la subjectivité transcendantale atteinte dans le régime réductif ne devait pas encore être automatiquement donnée comme apodictique, mais devait faire l'objet, en tant que champ d'une expérience subjective quasi infinie, d'un examen critique.

2. Hua. XI, p. 208.

3. Selon l'expression célèbre de Hegel, « Préface » de la *Phénoménologie de l'esprit*, trad. J. P. Lefebvre, Paris, Aubier, 1991, p. 37.

4. L'idée des « Mères » de toute connaissance est d'origine goethéenne. Elle fait référence au récit des « mères » dans le *Second Faust*. Cette référence, rappelée dans la *Krisis* (« ce royaume des *Mères de la connaissance* que nul n'a encore foulé », p. 174), est distinctement explicitée dans les *Analysen zur passiven Synthesis*, où Husserl parle du « *Goethesche Mythos* » (mythe goethéen) qui nous permet de trouver le chemin vers les « mères de la connaissance », c'est-à-dire vers le « royaume de la pure conscience » dans son auto-élucidation radicale, de sorte que la phénoménologie tout entière n'est *nichts anders* que « la science des figures essentielles de la conscience en général, donc la science des origines matricielles » (p. 233). Ce qui, dans les *Ideen III*, possède un sens encore purement statique acquiert ici une significatoin génétique, en ce que ce *retour clarifiant* vers les origines matricielles du savoir s'inscrit dans un *Rückgang* vers la genèse passive elle-même. Déjà le *Second Faust* contient ce schème du *retour à l'originaire*, puisque Faust doit descendre dans l'Hadès pour aller chercher, non pas Eurydice, mais Hélène. Cette détermination des *Urelemente* de la sphère passive comme des « Mères de la connaissance » laisse en revanche ouverte la question des *Pères* de la connaissance. Ceux-ci, ou plutôt celui-ci, ne sera-t-il pas bientôt désigné comme étant l'ego pur, seul à même de reconnaître comme sien ce que la genèse passive, prenant ici un sens génératif, a engendré ? Husserl fait également référence au

toute méthode philosophique», c'est parce qu'elle s'attache ici principalement à la subjectivité vivante d'où sont issues toutes les formations de connaissance.

Or la subjectivité originairement constituante est, selon Husserl, celle qui se rapporte avant tout à la constitution de l'expérience, de sorte qu'effectuer une genèse de la subjectivité originaire revient à effectuer une genèse de l'expérience. C'est là où la tâche principale de la logique transcendantale a précisément partie liée avec la genèse passive. En posant la *question-à-rebours* vers la subjectivité constituante, prestataire de sens et de validités d'être, la phénoménologie déploie d'entrée de jeu «l'implication cachée» de cette conscience stratifiée, à savoir, proclame Husserl, une donation de sens «extrêmement pluriforme et complexe» [1] qui est, par avance, à l'œuvre avant que le moi spontané ne la prenne pour thème exclusif de son intérêt. S'ouvre ici, poursuit-il, le très vaste domaine d'une «vie pré-théorique» et «pré-langagière» [2], d'une «subjectivité voilée» [3] qu'étudient en détail les *Analysen zur passiven Synthesis* ainsi qu'*Erfahrung und Urteil*. En réalité, la logique formelle dans sa détermination des différentes formes catégoriales de l'objet en général ne tient pas compte du contenu objectal concret des termes liés. Elle laisse de côté l'ancrage dans l'expérience des constituants formels qu'elle emploie. Le formel ne peut accomplir sa mission de connaissance universelle que s'il est néanmoins compris dans sa relation avec le matériel qu'il compose.

Il est évident que sans la mise au jour d'une telle *Urkonstitution* passive des objectités matérielles, c'est-à-dire sans le dévoilement réel d'une *intentionnalité opérante* de manière passive dès les premiers stades de la vie intentionnelle et qui préconstitue des unités de sens de premier degré, le projet husserlien d'une auto-fondation de la logique n'aurait aucun sens, car c'est dans la genèse passive elle-même que va pouvoir être vraiment mis en évidence les fondements ultimes de la constitution transcendantale. Pour que du reste la logique ne soit pas simplement restreinte à la logique formelle, qui laisse pour sa part dans «une généralité indéterminée» les objets individuels de l'expérience, il faut mettre en œuvre un dévoilement de ces mêmes objets qui vont servir de noyaux syntaxiques aux mises en forme logiques. Partant, l'auto-clarification logique doit recevoir un sens proprement génétique comme «conversion rétro-active» (*Zurück-*

«Reich der Mutter» (règne des mères) dans une lettre à Alfred Metzger du 4. IX. 1919 et dans une lettre à Hocking du 3 VII 1920, cf. *Edmund Husserl Briefwechsel*, éd. K. Schuhmann, Kluwer, Dordrecht, *Husserliana Dokumente*, respectivement Bd. IV, p. 410 et Bd. III, p. 162.

1. Hua. XI, p. 276.
2. Hua. XVII, p. 373.
3. *Expérience et Jugement*, p. 56 [47]. Cf. également *Logique formelle et logique transcendantale*, p. 364-365 [242].

wendung) aux évidences premières ou, à tout le moins, aux premiers éléments objectifs qui rendent possibles ces évidences logiques fondamentales. Par ce changement, elle est apte à devenir une « généalogie », à faire retour aux éléments pré-logiques qui forment le sol d'une émanation de la pensée logique et conduisent à la mise en valeur de ce que Husserl nomme, dans une formule éclairante, le « *vorlogische logische* » [1]. Voilà pourquoi la « grande tâche de la phénoménologie transcendantale » consiste dans le « suivi systématique des couches de sens dans la fondation et dans le développement génétique » [2].

Nous allons donc étudier la généalogie de la logique, ce « retour du logos théorique à la vie de conscience pré-théorique donatrice de sens », en trois moments : *premièrement* l'analyse de ses présupposés fondamentaux ; *deuxièmement* l'étude des généalogies de la logique, étant donné les diverses voies régressives qui se succèdent et parfois se combinent dans l'analyse génétique, à savoir celle de l'évidence du jugement, celle de l'objet ou « ce sur quoi » du jugement, celle des opérations syntaxiques et logiques. Et enfin, *troisièmement*, la généalogie de l'erreur qui intervient comme le *contre-événement* toujours possible de la fondation logique et révèle de manière probante le caractère ambigu de la genèse logique, puisque, comme l'indique Husserl, le rationnel comme l'irrationnel « font bel et bien partie du thème spécifique de toute logique » [3].

L'ARCHÉOLOGIE PHÉNOMÉNOLOGIQUE

Il nous faut à présent approfondir le sens de la « généalogie de la logique », sous-titre que Ludwig Landgrebe a donné à *Expérience et Jugement*, mais que Husserl n'a jamais contesté ni désavoué. Il nous faut également, dans le même mouvement d'idées, tenter de dévoiler les sous-entendus principaux de cette généalogie, au premier rang desquels figure le problème d'une *Fundierung* de la logique dans la passivité. Avec le thème d'une généalogie de la logique, à savoir d'une enquête régressive vers les premiers éléments logiques, il y va pour Husserl d'une nouvelle inter-

1. Ms. A VII 13, p. 35 (note 1) : « Alle passiv konstituierten Einheiten unterstehen dem Gesetz möglicher "logischer Formung" und dann weiterhin alle durch Handlungen konstituierten Einheiten höheren Stufe ».

2. Hua. XI, p. 233.

3. Hua. XVII, p. 370. Il y va d'une nouvelle définition de l'esthétique transcendantale, telle que l'entend Husserl, élargie à présent du champ sensible spatio-temporel et perceptif, à la prise en compte de l'organisation prélogique de la sphère antéprédicative, sur ce point cf. V. Costa, « Transcendantal aesthetic and the problem of transcendantality », in *Alterity and facticity, new perspectives on Husserl*, Phaenomenologica 148, Dordrecht, Kluwer, p. 9.

rogation, après celle qu'avait ouverte en 1907 la mise en place de la réduction phénoménologique, sur le commencement même du savoir philosophique. Car le projet d'une *genèse* de la logique n'enveloppe pas simplement l'idée d'un *développement* de la logique, mais aussi celle de son *commencement*. En ce sens, la genèse du logique (la généalogie proprement dite) peut être définie comme la reconduction de la pensée à son lieu d'émergence, à ses principes premiers. Aussi peut-on concevoir cette généalogie comme une véritable « archéologie phénoménologique », selon le titre du manuscrit C 16 VI de mai 1932 [1]. Mais l'infléchissement archéologique des analyses ne date pas que des années trente.

Dès 1924, dans la trente et unième leçon de *Philosophie première*, Husserl, cherchant à définir ici « l'idée d'une science universelle de ce principe fondateur originaire de ce qui, au sens le plus rigoureux du mot, constitue le fondement originaire de la donation de sens et de la validité d'être de tout être vrai possible et de toutes les sciences possibles » [2], nomme « archéologie » cette science nécessaire, seule capable en soi de légitimer de manière absolue toutes les formations de sens et les sciences particulières. Celle-ci reçoit, en tant que « science des sources originelles [*Urquellenwissenschaft*] », pour tâche d'« explorer systématiquement ce sol originaire ultime qui recèle en soi toutes les origines de l'être et de la vérité » [3]. D'une certaine façon, l'archéologie est comprise ici comme une *philosophie première*, à savoir comme la science des *premiers principes*, du fondement originaire de toutes les validités et de tous les sens d'être, fondement qui est posé sans être encore cependant nommé (est-ce le monde comme *Urdoxa?* la subjectivité vivante?). La suite de la leçon vient nuancer quelque peu ce caractère absolument fondamental du « sol originaire ». Écoutons ici Husserl :

> une telle archéologie étant destinée à nous enseigner par la suite comment, à partir de cette source originaire de toutes les intentions et validités, toute espèce de connaissance peut être élevée à la forme rationnelle suprême et ultime, celle de la fondation absolue et de la

1. Ms. C 16 VI (mai 1932), « Phänomenologische Archäologie ».

2. *Philosophie première*, t. II, *op. cit.*, p. 39-40 [29]. Cette ambivalence du fondement peut se retrouver dans les deux termes constamment employés par Husserl de *Begründung* et de *Fundierung*. La *Begründung*, comme nous aurons l'occasion d'y revenir, définit plutôt le fondement comme *légitimation* absolue et justificatrice, tandis que la *Fundierung* elle indique un rapport de *présupposition* entre le fondant et le fondé, sans que cette fondation décide du sens du fondé ni ne le légitime en tant que tel (tel est le cas par exemple de la *Fundierung* de la représentation catégoriale sur la représentation perceptive dans la VIe des *Recherches Logiques*).

3. *Ibidem*, p. 40 [29].

justification absolue, de l'élucidation ultimement concevable du sens et de la démonstration de sa légitimité [1].

Ce fondement originaire, si fondement il y a, est donc présenté comme la condition de possibilité originelle, à partir de laquelle toute connaissance évidente peut acquérir la forme « suprême », celle de la fondation ultime qui, seule, peut lui accorder ou non la validité. En d'autres termes, le fondement originaire que l'archéologie a pour but de dévoiler est le *sol* sur lequel une fondation rationnelle peut s'élever, et non, comme une lecture rapide pourrait le faire croire, cette fondation elle-même. Husserl indique ainsi que le sol originaire n'est pas la fondation ultime de toutes les connaissances possibles, celle-ci étant, comme nous le verrons, la raison elle-même, mais sa présupposition nécessaire. L'archéologie n'est donc pas le science du *fondement* de la « validité définitive », mais la simple science du *sol* où s'érigera un tel fondement (faut-il encore dans ces circonstances la penser comme philosophie première ?).

Ce qui peut ici nous induire en erreur, c'est le fait que Husserl nomme également *fondement* ce sol originaire, de sorte que nous nous retrouvons en face de deux fondements, l'originaire et l'ultime, celui qui sert de « présupposition » originelle et celui qui constitue la connaissance achevée et définitivement valable. La même ambivalence, notons-le, leste la notion de connaissance absolue. Celle-ci est tantôt envisagée comme « évidence » pure dans la donation en personne, tantôt comme « absence de présuppositions ». C'est cette ambivalence entre ces deux acceptions du fondement comme *sol de présupposition* et comme *auto-justification* que nous allons tâcher d'expliquer. Mais il faut élucider tout de suite aussi les raisons pour lesquelles Husserl maintient une double fondation de la logique, à la fois dans l'expérience antéprédicative – que ce soit celle de la genèse passive des *Analysen* ou celle plus prégnante dans les années trente de la *Lebenswelt* –, et dans la validation rationnelle ultime que seul en définitive l'ego transcendantal peut délivrer.

Il faut bien avouer que, de ce point de vue, la 31e leçon d'*Erste Philosophie* ne donne pas une idée très précise de ce *sol originaire*, premier fondement de la science ultime. En première approximation, il semble ici que la « subjectivité transcendantale » joue ce rôle de source unitaire de toute connaissance en général, sans pour autant que Husserl s'attache vraiment à y distinguer diverses couches constituantes de vie. C'est principalement, et encore une fois, dans les manuscrits du groupe C que cette *stratification* multiple de la subjectivité transcendantale est systématiquement analysée sous toutes ses faces et par là que le sens de l'archéologie est considérablement enrichi par sa conception génétique. Remontons

1. *Ibidem.*

donc au manuscrit «*Phänomenologische Archäologie*» de 1932 qui précise, pour la première fois, les conditions d'une analyse régressive de toute connaissance. Qu'y lisons-nous ? Tout d'abord ceci :

> Question-en-retour sur la nature et à partir de la nature comme fil conducteur. Archéologie phénoménologique, l'extraction des constructions constitutives cachées, articulées dans leur édification, des constructions d'opérations de sens aperceptives, qui, en tant que monde d'expérience, sont pour nous achevées [1].

Ce mouvement de retour archéologique nous reconduit, dit Husserl, aux «éléments ultimes, aux *archai*» [2]. Mais celles-ci ne sont pas définies comme telles pour l'heure. Elles forment les points de départ qu'atteint le questionnement en retour. L'indétermination des *archai* ne doit pas être vue ici comme un oubli de l'analyse systématique, mais elle doit nous faire plutôt prendre conscience de la relative diversité phénoménologique de leur contenu. Tantôt, ce qui s'expose comme originairement premier se résout en un champ originaire : le «monde prédonné» d'*Erfahrung und Urteil*, le «flux du présent vivant» des manuscrits du groupe C, la *Lebenswelt* de la *Krisis*. Tantôt, il consiste, non plus en un domaine privilégié, mais en des entités originelles et singulières, prélevées sur ces divers champs. Là encore, chaque nouvelle étude généalogique revient, en fonction de ces points de départ, à des éléments premiers qui ne sont pas toujours pareils (dans les *Analysen* par exemple, ce qui était donné comme premier, c'était la sensation d'une saillance, dans *Expérience et Jugement*, les «substrats ultimes», les «objets individuels») et peuvent donc varier selon l'angle de vue adopté par l'analyse généalogique elle-même. Cette variabilité de l'*archè* nous amène donc à penser que l'originaire n'est pas fixé une fois pour toutes mais au contraire qu'il dépend d'une certaine manière de l'intérêt épistémologique qui sert de fil conducteur propre à la recherche archéologique. C'est la raison pour laquelle son nom et sa nature spécifiques peuvent constamment changer sans qu'ici l'unité même de la méthode de la *Rückfrage* soit mise en péril.

Mais en dehors de ce contenu variable, que faut-il comprendre par *archè ?* Est-ce le simple commencement historique du savoir, ou bien est-ce son principe, son origine déterminante, qui régule désormais tout son développement génétique jusqu'à l'auto-saisie véritable et définitive dans

1. Ms. C 16 VI, p. 1 : «Rückfrage zur Natur und von der Natur aus als Leitfaden. Phänomenologische Archäologie, das Aufgraben der in ihren Baugliedern verborgenen konstitutiven Bauen, der Bauen apperzeptiver Sinnesleistungen, die uns fertig vorliegen als Erfahrungswelt».

2. *Ibidem*. Déjà en 1924, dans les leçons de *Philosophie première*, Husserl posait la méthode régressive de questionnement comme devant remonter vers «les fondements originaires, les commencements originaires, vers les vrais *archai*», t. I, *op. cit.*, p. 243 [169].

la rationalité absolue ? À première vue, le projet généalogique de la phénoménologie transcendantale paraît mettre hors jeu tout recours aux simples commencements historiques ou psychologiques du savoir, pour s'attacher aux origines fondatives de celui. Si l'on consacre son attention à la suite du manuscrit C 16 VI, l'on s'aperçoit tout d'abord que Husserl procède à une confrontation en règle entre les deux pôles nécessaires de l'objectivation, à savoir le pôle-objet et le pôle-sujet. Et dans cette relation qu'il tient dès lors pour première, il apparaît que l'*arché* originelle consiste dans le *Gegenstandspol :* « tout ce qui est conscient pour moi dans le flux du présent vivant comme un objet (pôle-objet) est relié au moi original qui est toujours conforme à la perception » [1]. Outre sa nature objective, il est pour nous important de noter également que Husserl ne semble pas entendre ici l'*arché* comme un principe premier, mais seulement comme une *donnée première*, à partir de laquelle les opérations principielles vont pouvoir s'édifier. Ou alors, il faut considérer cette *archè* comme encore en attente d'une confirmation définitive par la subjectivité constituante. D'une certaine manière, l'élément *archaïque* ne serait pas entièrement *archéïque* (si l'on peut se permettre ce néologisme), au sens où il ne releverait pas de la légitimité apodictique qui caractérise tout principe. Et l'archéologie ne reviendrait pas alors à une « archologie » [2], mais serait simplement science des premières fois et non des principes.

Peut-être faut-il préciser à présent le sens phénoménologique du mot *principe ?* Selon Husserl, tout principe est entendu comme une « source de la justification absolue » [3]. Il est ce qui n'a pas besoin d'une validation ultérieure. Or, comme nous allons le voir, les éléments originaires de la sphère passive, atteints et dégagés par l'archéologie phénoménologique, ne peuvent, semble-t-il, se prévaloir d'une telle auto-légitimation pure. Même s'ils sont effectivement premiers dans le temps en tant que *proton* et même s'ils décident en quelque sorte du devenir qui naît à partir d'eux, ils ne peuvent légitimer entièrement les diverses étapes qui vont suivre. À la lecture des divers textes consacrés au thème d'une archéologie de la subjectivité transcendantale, on a le sentiment que Husserl voudrait donner à la recherche régressive le statut d'une philosophie première, mais qu'à chaque fois qu'il paraît atteindre le sol ultime de la recherche, il fait un pas de recul face aux implications générales que la légitimation conséquente de

1. *Ibidem*, p. 20 : « Alles, was im Strom der lebendigen Gegenwart für mich als ein gegenstand (gegenstandspol) bewußt ist, ist auf das originale Ich, das immerfort wahrnemungsmäßige, bezogen ».

2. Nous suivons ici la distinction, capitale ici pour notre propos, de l'« archologie », science des principes légitimants, et de l'« archéologie », sciences des premiers faits et des commencements, faite par P. Thévenaz, dans « La question du point de départ radical », *Problèmes actuels de la phénoménologie*, éd. par H.L. Van Breda, Paris, Desclée de Brouwer, 1952, p. 11.

3. *Philosophie première*, t. II, *op. cit.*, p. 40 [30].

l'originaire entrainerait. Dès lors, les *Urelemente* que dégage peu à peu l'archéologie phénoménologique demeurent toujours *à légitimer*, même si d'une certaine manière ils permettent aussi à la justification ultime et ultérieure de la logique de se préconstituer comme telle. Saillances affectives, substrats individuels, pôle-objets originels, quelles que soient ces *archai*, elles dévoilent toutes dans la passivité une « donation de sens » originaire qui, tout en étant donatrice d'évidences en soi natives, nécessitent aussi une *reprise* ultérieure par le moi des actes. Pour cette raison, Husserl considère en général que l'originaire n'est pas en soi l'« ultime [*Endliches*] », si par *ultime* on désigne précisément ce qui vaut définitivement et apodictiquement dans une évidence absolue. En ce sens, l'originaire ne peut se targuer ici d'aucune absoluïté, celle-ci étant exclusivement réservée à la fondation logique ultime, c'est-à-dire à l'auto-justification validatrice fournie par la Raison.

C'est pourquoi Husserl ne voit ici aucun inconvénient à affirmer que l'originaire est toujours le résultat corrélatif d'une « abstraction », c'est-à-dire à la fois d'une séparation et d'une sélection de ce qui est posé par l'esprit réfléchissant. L'« originarité [*Urtümlichkeit*] » qu'atteint la *Rückfrage* à travers le dévoilement de la genèse est, comme il l'écrit à la page cinq du manuscrit C 13 III, une « originarité reconstruite ». En effet, l'originaire représente avant tout pour Husserl un concept quasi fonctionnel et, comme tel, il est toujours le produit de la réflexion phénoménologique. *Abstraire* signifie l'*acte* par lequel le regard réflexif isole ce qu'il cherche à penser – cependant, l'*Abstraktion* n'est pas une opération inverse de la *Deskription* phénoménologique, c'est, en fait, une description critique, c'est-à-dire à la fois sélective et mesurée. C'est ce que Husserl indiquait déjà, comme nous l'avons vu, de manière décisive dans les *Analysen*[1], et qu'il ré-affirme avec force dans le manuscrit C 16 VI : l'*Urtümlickeit* est de prime abord inaccessible; non seulement parce qu'elle se rapporte aux plus bas niveaux de la constitution, mais aussi parce que des significations et des interprétations ultérieures viennent constamment la recouvrir. Pour accéder à l'originaire comme tel, seule une méthode abstractive, qui met de côté les idéalisations successives et dissimulantes qu'ont revêtues l'originaire et ses multiples figures historiques et culturelles, est requise. C'est la raison pour laquelle la méthode abstractive est directement solidaire d'un « démantèlement »[2] de ces couches de sens ultérieures qui cachent l'originarité même des *archai*.

La régression à l'originarité même de la genèse ne peut donc s'effectuer que grâce à un démantèlement abstractif. *Démanteler* signifie tout à la fois

1. Hua. XI, p. 128. C'est la raison pour laquelle la phénoménologie génétique est « explicatrice » et non plus seulement descriptive.

2. Nous traduisons « *Abbau* » par *démantèlement* plutôt que par déconstruction.

décomposer, trier et conserver. Avec l'*Abbau*, il ne s'agit pas pour Husserl, notons-le, de faire retour aux éléments originaires de la constitution génétique, car ceux-ci ne sont jamais donnés à la vérité comme des pures données évidentes qu'il conviendrait de recueillir dans leur simple nudité facticielle, mais sont premièrement inaccessibles, car recouverts par des idéalisations, par un « vêtement d'idées » [1]. Aussi le démantèlement implique-t-il à la fois le dévoilement des idéalisations masquantes, et parfois même trompeuses, et de manière conjointe la *re-construction* des différents éléments purs que l'on tient pour originaires dans une genèse du sens, posée, elle, comme valide et non idéalisatrice. De là il suit que l'*Abbau* est toujours liée à une *Aufbau*, à une édification étagée qui correspond, elle, à la phase véritablement *reconstructive* de la méthode archéo-généalogique. L'archéologie est par conséquent à la fois le démantèlement et la reconstruction, le déshabillage et le revêtement. En raison de son pouvoir de reconduction aux validités certaines, il faut voir en outre dans l'*Abbau*, nous dit Husserl, un effet de la « réduction radicalisée » [2] qui doit être exercée ici dans le dévoilement de la sphère subjective originaire : « je réduis systématiquement le présent fluent concret par un démantèlement » [3].

Mais la mise en pratique systématique de l'*Abbauanalyse*, et partant de la « réduction radicalisée », pose un autre problème que Husserl ne peut évacuer facilement : à savoir que, pour descendre vers un pré-monde constituant, supposé être vierge, le démantèlement regressif s'effectue toujours à partir d'un monde déjà constitué, d'un monde partiellement déjà investi de sens. C'est avouer d'une certaine façon que les divers présupposés originels ne prennent sens qu'à partir de ce qu'ils rendent effectivement possible. Dès lors le constat s'impose : « il est très difficile ici, reconnaît Husserl, de suivre la pure méthode et d'atteindre les purs

1. *Krisis, op. cit.* p. 60. *Ideenkleid* taillé dans « l'infinité ouverte des expériences possibles » que peut accomplir la subjectivité constituante et historique.

2. Ms. C 3 I, p. 3 : « Die Reduktion auf die lebendige Gegenwart ist die radikalisierte Reduktion auf diejenige Subjektivität, in der alles mir-Gelten ursprüngliche sich vollzieht, in der aller Seinssinn für mich Sinn ist als mir erlebnismäßig bewußter, geltender Sinn ». Cette « réduction radicalisée » permet de circonscrire le champ de la donation apodictique et adéquate au présent vivant originaire, pour y déceler les événements véritablement fondateurs. Elle est donc « réduction à la pure perception de soi; grâce à laquelle le but de la connaissance du soi pur se réduit à mon pur présent de soi, mon présent vivant, fluant de manière originaire » (cf. ms. C 7 II, 1932, p. 5). Il faut la percevoir comme une réponse directe aux doutes radicaux des leçons de 1924 sur la naïveté transcendantale possible de la voie cartésienne de la réduction.

3. Ms. C 6, p. 3 : « Die konkrete strömende Gegenwart reduziere ich systematisch durch einen "Abbau" ». En abstrayant les significations extrinsèques au sol originaire et en les mettant entre parenthèses, le démantèlement opère comme une réduction au sein même de la subjectivité transcendantale réduite.

produits » [1]. L'originaire se dérobe sous nos pas, à mesure que nous tentons de parvenir à lui. En effet, la *question-en-retour* risque à chaque instant de prendre pour l'originaire ce qu'elle a simplement transporté avec elle à son insu, et donc de poser comme *premier* ce qui n'est qu'un simple résultat ultérieur de la genèse elle-même. Rien n'est plus dangeureux pour l'*Abbau* que d'instaurer *par derrière* une ontologie de l'originaire, là où une simple analyse des significations premières est recherchée. C'est ce point que développe Husserl dans le manuscrit C 6 d'août 1930, précisément consacré à la méthode de l'*Abbau*.

> Premier commencement d'un démantèlement méthodique du présent originairement phénoménal, simultanément comme méthode du démantèlement du monde prédonné en tant que tel et de la question-en-retour vers les modes subjectifs d'apparition *au lieu de* la méthode d'une ontologie du monde d'expérience et de celle-ci comme fil conducteur transcendantal [2].

Cette méfiance vis-à-vis d'une ontologisation de l'originaire que peut parfois entraîner le démantèlement des significations est quelque peu étrange ici, car, d'un autre côté, c'est bien l'approche archéologique elle-même qui reconduit au *monde de la vie*. Ce que Husserl veut peut-être dire, c'est que les diverses données originaires qu'exhume l'*Abbau* ne sont pas forcément à comprendre comme des éléments intangibles d'un « monde donné » (et, à cet égard, même les analyses d'*Expérience et Jugement* indiquent clairement que le monde prédonné atteint n'est pas un monde concret donné dans sa singularité, mais la structure d'essence *a priori* de tous les mondes possibles), mais, à rebours, comme des éléments d'une reconstruction de sens [3], comme des lettres d'un alphabet logique. Il faut donc, poursuit Husserl, penser une « reconstruction de la genèse » [4], tout en évitant que celle-ci ne soit, en fin de compte, qu'une nouvelle idéalisation injustifiable.

1. Ms. C 17 IV (été 1930), « Zur lebendigen Gegenwart », p. 3 : « es ist sehr schwierig, hier die reine Methode innezuhalten und die reinen Ergebnisse zu gewinnen ».

2. Ms. C 6, *op. cit.*, p. 1 : « Erster Anfang eines methodischen Abbaus der urphänomenalen Gegenwart, zugleich als Methode des Abbaus der vorgegebenen Welt als solcher und der Rückfrage auf die subjektiven Erscheinungensweisen anstelle der Methode einer Ontologie der Erfahrungswelt und dieser als transzendantaler Leitfaden ».

3. L'idée même d'une reconstruction de la *Sinngenesis* à partir des éléments originaires dégagés par l'*Abbau* fait peser sur l'archéologie phénoménologique le doute de l'arbitraire, car quelle intuitivité, source et principe de toute évidence, peut-on alors accorder à cet originaire déconstruit et reconstruit ? N'est-il pas donné d'une certaine manière ? Si oui, à quoi bon la méthode de l'*Abbau* ? Ne peut-il être atteint directement, sans passer par le biais de la désidéalisation ?

4. Ms. A VII 13, p. 141.

LE DÉMANTÈLEMENT DES IDÉALISATIONS ET LE FONDEMENT ORIGINAIRE DE L'ÉVIDENCE

C'est à cette véritable gageure philosophique qu'il nous est donnée d'assister dans les premiers chapitres, si importants, d'*Expérience et Jugement*. Nul n'est besoin de rappeler ici en détail la démarche philosophique à l'œuvre dans ces textes célèbres rassemblés par Ludwig Landgrebe. Husserl y tente une généalogie de la logique qui prend pour fil conducteur premier « le concept de jugement prédicatif » [1]. Cherchant à formuler le rapport complexe entre les évidences perceptives originaires et les évidences prédicatives, Husserl fait ainsi appel à une méthode du « *Rückgang* » au sol originaire de toutes ces évidences fondatives [2]. Cette analyse régressive se veut aussi comme l'opportunité d'énoncer du point de vue phénoménologique une « nouvelle théorie du jugement ». En effet, la généalogie de la logique proprement dite permet à Husserl de formuler de nouvelles propositions concernant le statut philosophique du jugement, thème qui le préoccupe au moins depuis la rédaction de la cinquième des *Recherches Logiques*. Lorsqu'il confie à Landgrebe en 1928 la tâche de rassembler ses différents manuscrits de recherche sur la logique en vue d'une publication future, il considère tout d'abord ce travail comme une investigation théorique certes sur la logique transcendantale, mais surtout sur une « nouvelle conception du jugement » [3] qui lui est pour ainsi dire consubstantielle.

Toutefois, il ne suffit pas simplement de se tourner en arrière vers le monde perceptif des choses externes pour accéder aussitôt à ce *sol originaire* d'évidence des opérations logiques et, en l'occurrence du

1. *Expérience et Jugement*, *op. cit.*, p. 22 [13].

2. Nous étudierons dans le prochain chapitre cette fondation multiple des évidences supérieures dans les évidences originaires. Intéressons-nous pour l'instant simplement à la méthode regressive mobilisée par Husserl.

3. En juin 1928, Husserl sollicite, auprès de la *Notgemeinschaft der Deutschen Wissenschaft*, une allocation de soutien pour le travail de Landgrebe, travail qu'il présente alors comme la « production d'un essai complet et systématique d'une nouvelle théorie du jugement », cf. « Zu der Entstehung und den Ausgangsmaterialen von Ed. Husserl Werk *Erfahrung und Urteil* », D. Lohmar, in *Husserl Studies*, 13, p. 35, Dordrecht/Boston/London, Kluwer Academic Publishers, 1996. Plus généralement, Husserl nomme ces différents essais : *Logischen Studien*. En 1929, il rédige le texte de *Formalen und transzendentalen Logik* comme une sorte d'introduction à ces mêmes *Logischen Studien*. Toutefois, cet intérêt de Husserl pour l'*Urteilstheorie* ne date pas de la fin des années vingt. Comme nous le verrons plus loin, dès la période de Halle, Husserl s'attache à commenter de près les théories contemporaines du jugement (Sigwart, Brentano, etc.) et à indiquer ce qu'il trouve de *défectueux* en elles. Ce qui confirme encore une fois, si besoin était, que les analyses génétiques d'après 1920 retrouvent les premières recherches psychologiques et logiques de la période pré-phénoménologique, à savoir entre 1891-1897.

jugement prédicatif, car les subtrats individuels qui sont désignés comme les éléments originaires ne sont pas en cela livrés au regard comme des données pures et simples, ils possèdent « un horizon d'expérience » qui à la fois les révèlent et les dispersent dans cette révélation, c'est-à-dire qu'ils sont continûment imprégnés par des significations implicites, co-efficientes, que ce soient celles des autres susbtrats liés avec eux dans l'*horizontalité externe*, ou celles de leurs propres couches historiques de sens, sédimentées dans l'*horizon interne*. C'est un point doctrinal qui est peu souvent analysé mais qui mérite assurément une attention toute particulière : l'*Abbau* est justifiée par la structure horizontale même de l'originaire. C'est parce que, dit Husserl, le « monde prédonné », sol originaire de la *genèse de sens*, est un monde déjà aménagé par de multiples raisonnements, jugements et évidences déposés en lui par la tradition et qui forment une sorte de *Hintergrund* spirituel, déjà imbriqué dans une ferme contextualité signifiante, qu'il convient d'extraire ces mêmes effets de la *passivité secondaire* pour retrouver, sous leur écran, l'originarité constitutive et vierge des données sensibles. Pour accéder à l'originaire, il faut tout d'abord déblayer le terrain. Or, toute la difficulté réside ici dans cette décomposition de la constitution originaire et de sa sédimentation, car le monde de l'expérience originaire est toujours pour sa part « médiatisé par une idéalisation [*einer Idealisierung*] » [1].

Dans cette tentative de dévoilement de l'originaire constitutif, Husserl va du reste plus loin encore : non seulement l'expérience est directement investie par des significations logiques traditionnelles, mais sa vérité initiale est sans cesse *masquée* par cet horizon antérieur du sens. On assiste là à un véritable retournement de l'analyse. En effet ce à quoi conduit le « démantèlement » systématique de l'originaire, c'est, aux dires même de Husserl, la conviction tenace que les différentes sédimentations logiques qui se déposent en lui sont en fin de compte des idéalisations arbitraires, conventionnelles et, qui plus est, non-justifiées par la nature même des données originaires qu'elles recouvrent. Tout objet donné dans le monde de la vie n'est pas en effet un objet de la connaissance exacte, de même qu'il n'est pas déterminé par l'espace exact de la géométrie, etc. Aussi, ce que les sciences et le savoir traditionnel nous apprennent sur ce que l'on tient pour originaire, à savoir ici le monde naturel, ne correspond-il pas à sa quiddité. Au contraire, cela fonctionne comme un *schéma* opératoire et pratique, qui, dans son champ d'action, possède une certaine légitimité (son exactitude), mais qui ne peut prétendre en aucun cas fournir une vérité originaire quelconque sur ce qu'il étudie, car il néglige précisément de revenir à la

1. *Expérience et Jugement*, p. 50 [41]. Il est à noter que l'expérience originaire du monde de la vie « ne comporte encore aucune de ces idéalisations » (*ibid.*, p. 53 [43]).

situation originelle où les objectités qu'il prend scientifiquement en compte prennent naissance.

Husserl n'a pas dès lors de mots trop forts pour désigner cette « idéalisation » : « vêtement d'idées jeté sur le monde de l'intuition et de l'expérience immédiates [*ein Kleid von Ideen, geworfen über die Welt unmittelbarer Anschauung und Erfahrung*] » [1]. L'image du « vêtement », reprise de nombreuses fois dans la *Krisis*, indique bien ici la présence d'une production artificielle qui vient proprement recouvrir et dissimuler le corps naturel de l'originaire. Elle tend par suite à accréditer l'idée que les « activités logiques d'idéalisation et de mathématisation » substituent au réel, au monde de l'expérience *urtümlich*, un modèle logique général, mais non-fondé dans sa nature propre. Même si Husserl fait remarquer dans *Erfahrung und Urteil*, cherchant peut-être une porte de sortie, que la mise au jour des idéalisations n'implique pas automatiquement leur « dépréciation » [2], attendu que la genèse logique légitime fait également partie de ces évidences de degré supérieur, on ne peut toutefois ignorer la reprise de cette critique de l'idéalisation dans le *Krisis* qui aboutit alors à la ferme mise en garde contre la « mathématisation de la nature » [3], instituée par la pensée de Galilée, et qui confond le monde exact et le monde originaire. Mais, chose étrange ici, bien qu'elles dissimulent le *monde de la vie* effectuant, toutes les idéalisations médiatrices trouvent cependant leur fondement en lui. Car il s'agit bien pour Husserl de montrer en quoi ces idéalisations *voilent* le monde originaire, mais aussi comment ce monde originaire se laisse lui aussi dissimuler et, ce faisant, autorise les médiations idéalisantes.

On mesure ici toute la difficulté de la démarche généalogique engagée par Husserl, difficulté que l'on pourrait résumer en une formule : le développement de la genèse masque sa compréhension. À mesure que la genèse se déploie, elle s'efface pour ainsi dire elle-même et disparaît sous les interprétations successives qui cèlent son sens premier. Aussi, pour l'*archologue*, s'agit-il de saisir dans sa pleine évidence le sens d'une genèse qui n'a jamais eu lieu comme pure genèse, mais qui a toujours été dissimulée sous les oripeaux des idéalisations historiques. De ce point de vue, une généalogie de la logique achevée et tenue pour valide ne pourra pas se permettre de faire l'impasse sur un questionnement de fond concernant le travestissement problématique de l'originaire, ou plus

1. *Ibidem*, p. 52 [43]. Cf. également *Krisis*, *op. cit.*, p. 60 : « Le vêtement d'idées : "mathématique et science mathématique de la nature", ou encore le *vêtement de symboles*, de théories mathématico-symboliques, comprend tout ce qui, pour les savants et les hommes cultivés, *se substitue* au monde de la vie et le *travestit* ».

2. *Ibidem*, p. 54 [45].

3. *Krisis*, p. 39-43.

généralement sur la constitution génétique des méprises, des erreurs et des illusions. Le *démantèlement* des idéalisations arbitraires, leur évaluation systématique et leur authentification exacte, entre celles qui relèvent de la logique génétique et celles qui ressortissent à l'objectivisme naïf, entraînent nécessairement Husserl dans une *estimation critique* radicale de la constitution génétique.

Mais avant d'aller plus loin dans cette voie et d'aborder de front le problème central de la possibilité d'une fausse constitution génétique, il nous paraît utile de revenir à la *désidéalisation* effective que met en œuvre la généalogie et à la difficulté d'y distinguer les différents niveaux constitutifs. Car comment, en effet, peut-on proprement déconstruire d'un côté la genèse des significations successives et ce en la dépouillant progressivement des multiples idéalisations recouvrantes et, de l'autre, reconstruire cette même genèse comme un pur et simple développement en soi rationnel et véritablement constitutif des évidences et des formes logiques[1] ? Comment distinguer dans ce démantèlement une idéalisation impropre (l'objectivisme des sciences de la nature par exemple) d'une idéalisation légitime, à savoir celle de la genèse logique valide et fondée ? Si, comme le constate Husserl, le logicien lui-même « a superposé au donné originaire une idéalisation »[2], comment ne pas dès lors conclure à l'équivalence parfaite entre la genèse logique, celle des formes logiques valides, celle des évidences fondées, etc., et les idéalisations dissimulatrices, genèse logique qui ne serait ni plus ni moins fondée que celle de la mathématisation et du positivisme objectiviste ? En quoi la logique qu'il s'agit de reconduire à son

1. En fait, à la difficulté souvent rencontrée dans notre travail de distinguer de manière exacte la constitution originaire de la secondaire, s'ajoute ici celle de distinguer tout aussi correctement la constitution logique génétique de l'idéalisation scientifique. Bien entendu, Husserl ne veut pas dire que la constitution scientifique du monde n'aurait pas sa propre logique ; mais ce qu'il essaie avant tout de déterminer, c'est le fait que la généalogie de la logique n'est pas incompatible avec la position originaire du *monde de la vie*. Nous voulons dire par là que le fait de poser une sphère d'expérience, en deçà de toute idéalisation, n'est pas forcément un obstacle à la reconnaissance d'un développement logique à partir de ce même domaine pré-idéalisant. Si dans *Expérience et Jugement* les deux thématiques, celle de la logique génétique et celle du *monde de la vie*, peuvent se chevaucher parfois de manière confuse, il n'en va pas de même dans la *Krisis*, où la question-en-retour sur le *monde de la vie* a pour principal but de sauver la constitution objective du monde, vis-à-vis de l'objectivation illégitime (mais exacte du point de vue mathématico-formel) que représente la *mathématisation de la nature*. Mais il est vrai que dans les textes antérieurs à la *Krisis* et rassemblés par Landgrebe, on a souvent quelque peine à comprendre comment Husserl peut affirmer, d'un côté, que les idéalisations viennent recouvrir le monde de la vie jusqu'à le dénaturer et comment il peut, d'un autre côté, instituer le *monde de la vie* comme le coup d'envoi transcendantal de la logique génétique, car cette manière de procéder risque précisément de nous faire prendre la logique génétique pour une simple idéalisation comme une autre.

2. *Expérience et jugement*, p. 53 [43].

fondement antéprédicatif échappe-t-elle au grief de l'idéalisation travestissante ?

La difficulté est ici double : premièrement Husserl doit éviter de prendre la genèse logique, fondée sur le sol originaire, pour une simple idéalisation comme une autre. Mais deuxièmement, il doit montrer en quoi le démantèlement effectif des différentes formes d'objectivation scientifique et historique n'invalide pas le projet généalogique dans sa mise au jour d'une objectivation logique véritable. Car, en fin de compte, l'*Abbau* elle-même peut directement jouer contre l'analyse généalogique, en la destituant de son caractère certain et apodictique, puisqu'elle est censée servir de fondement aux apodicticités supérieures, pour la noyer dans l'incertitude et la présomptivité mêmes des idéalisations naïves. Afin d'éviter si possible ce dangeureux amalgame entre constitution logique et idéalisation voilante, Husserl doit absolument montrer qu'à la différence notoire des diverses idéalisations objectivistes et scientifiques, les formes logiques valides sont, elles, véritablement fondées dans le sol originaire ou, à tout le moins, qu'elles possèdent déjà un sens logique qui n'est pas idéalisé. Là se situe le *point capital* qui permet de fonder la pertinence et la portée véritables de la généalogie husserlienne : la logique génétique n'est pas, comme peuvent l'être les formes construites d'idéalisation, un simple *vêtement d'idées*, car, à leur différence, elle est déjà précisément *prescrite* par le fonctionnement légal de la sphère antéprédicative.

C'est par conséquent le *soubassement* antéprédicatif lui-même qui requiert une génétisation logique, tandis qu'inversement il n'implique pas nécessairement les autres formes d'idéalisations, car celles-ci, bien qu'elles soient aussi d'une certaine manière issues de lui, en dissimulent trop souvent sa nature essentielle. On a ainsi l'impression que Husserl cherche à dépouiller l'expérience originelle du monde prédonné de tous les attributs culturels, spirituels et historiques qui l'imprègnent, pour dégager la pure structure logique de ce monde, c'est-à-dire la pure structure d'*Urobjektivation* qui ne recouvre pas encore ses objets de tels prédicats idéaux, structure sur laquelle il va pouvoir ensuite construire la genèse logique véritable, à l'écart de toute idéalisation. Il convient donc de montrer également en quoi les formes logiques véritables ne sont pas identiques aux produits des activités d'idéalisation et de mathématisation de la nature originaire, en quoi elles ne possèdent pas ce caractère conventionnel et arbitraire qui caractérisent les médiations objectivistes. Ce qui permet ainsi de les différencier des constructions médiatrices de l'idéalisation objectiviste, c'est avant tout, selon Husserl, l'évidence que le *monde prédonné* possède lui aussi une structure logique incontestable :

> Notre monde de vie est, dans cette originaireté qui ne peut être mise en évidence que par la destruction de ces couches de sens, non seulement, comme on l'a déjà dit, un monde qui résulte d'opérations logiques, non seulement le domaine où les objets sont pré-donnés en tant que substrats possibles de jugements, thèmes possibles de l'activité de connaissance, mais c'est aussi le monde de l'expérience dans le sens très concret qui est habituellement lié au mot expérience [1].

Pour comprendre ici sa démarche, il faut rappeler que Husserl revoit l'introduction d'*Erfahrung und Urteil,* regroupant des textes écrits entre 1921 et 1925, seulement en 1936, c'est-à-dire au cours d'une période d'intenses recherches sur le *monde de la vie* quotidien et historique qui ont mis, pour un temps, entre parenthèses le questionnement sur le fondement de la logique transcendantale. Son problème est donc à présent d'intégrer le problème ancien d'une genèse de la logique avec le thème nouveau et préoccupant d'un dévoilement phénoménologique de la *Lebenswelt*. Deux recherches se chevauchent pour ainsi dire, celles des années vingt sur la « logique génétique », et celle des années trente, sur le « monde de la vie ». Comment concilier à ce niveau la généalogie de la logique avec le démantèlement des idéalisations scientifiques ?

La solution astucieuse qu'expose Husserl dans son introduction consiste à montrer que le monde prédonné de la *Lebenswelt* est lui-même par essence logique. C'est en effet parce qu'il résulte « d'opérations logiques », que le développement des opérations logiques, à la différence notoire de la sédimentation historique des idéalisations, n'est pas une dissimulation conventionnelle de l'originaire. Le monde de la vie s'avère donc être aussi une « formation » [2] légale et régulière dans laquelle nous trouvons des opérations logiques de signification qui n'ont rien en commun avec celles de la logique traditionnelle, lesquelles sont, pour leur part, déjà implantées dans « l'idéalisation de l'être en soi et déterminé en soi » [3]. Par conséquent la *désidéalisation*, mis en œuvre par l'*Abbau,* dévoile un *noyau logique* imbiffable du monde prédonné, qui ne relève pas de l'arbitraire de l'idéalisation : la formation logique de la sphère antéprédicative. Même si les idéalisations trouvent un sens possible dans le monde originaire de la vie, ce sens n'est pas automatiquement validé et fondé sur ce sol premier. En revanche, les formes logiques sont exemptes du doute et de la présomption qui planent sur les formes idéalisantes, car elles sont en vérité directe-

1. *Expérience et Jugement*, *op. cit.*, p. 60-61 [51-52]. Dans la *Krisis*, Husserl développe la structure *logique* et *a priori* du monde de la vie, cf. *op. cit.*, p. 158 *sq.*

2. *Krisis*, *op. cit.*, p. 129. Le monde de la vie est présenté dans son développement fluant comme une « formation de sens – en tant que formation d'une subjectivité universelle fonctionnant de manière ultime ».

3. *Expérience et Jugement*, *op. cit.*, p. 58 [49].

ment issues de l'organisation logique du monde de l'expérience originaire. Et c'est principalement ce fondement logique primordial et antérieur à toute dissimulation scientifique qui légitime la genèse logique de l'objectivation et, de surcroît, ne fait pas de celle-ci une nouvelle idéalisation objectiviste et artificielle. Seule en définitive une investigation approfondie du processus génétique de l'objectivation nous sauve de la retombée dans l'objectivisme naïf du positivisme. On mesure ici toute la complexité de la généalogie husserlienne qui doit tout à la fois décomposer sans reste les significations logiques sédimentées qui voilent l'originarité fondamentale et conserver pourtant, à travers cette critique de la tradition, l'idée d'une genèse logique valide.

Qu'une analyse généalogique soit nécessaire au fondement de la logique transcendantale, exhorte tout d'abord Husserl à s'interroger sur le caractère historique de la logique elle-même. Malgré le point de vue transcendantal de sa méthode, il ne peut pas faire l'économie d'une analyse historique du développement de la logique. Certes cette *histoire de la logique* n'est pas la généalogie proprement dite. Elle ne peut pas non plus se substituer à elle, car la doctrine généalogique n'est en rien « une histoire », de même que la genèse logique qu'elle décrit de manière rétro-active n'est pas elle-même une genèse historique, une chronologie. Mais, ces précisions faites, une « histoire de la logique » peut néanmoins permettre de comprendre ce qu'est la logique traditionnelle *et* actuelle et d'où doit partir précisément la *Rückfrage* vers son fondement dans les évidences originaires de la sphère antéprédicative. En tout état de cause, la généalogie de la logique traditionnelle, qu'elle soit historique ou transcendantale, sera subversive, puisque ce à quoi Husserl aspire dans cette démarche même, ce n'est rien de moins qu'à « un renversement [*Auseinandersetzung*] de la tradition logique dans son ensemble » [1]. Aussi une étude préliminaire de la constitution de cette logique traditionnelle insatisfaisante, voire déficiente, s'avère-t-elle méthodologiquement utile, ne serait-ce que pour déterminer ce qu'il convient de *démanteler*. C'est par conséquent à l'élucidation phénoménologique du jugement qu'est confiée la tâche de donner un sens plus véritable à l'histoire même de la logique, tout en refondant la logique sur des bases plus certaines.

Dans sa conception phénoménologique de la logique transcendantale, Husserl s'en prend à de nombreuses reprises à la « logique traditionnelle » d'origine aristotélico-stoïcienne [2], accusée d'avoir négligé son essence

1. *Expérience et Jugement*, p. 13 [3]. On peut remarquer que ce renversement de la tradition logique s'effectuera avant tout par une « extension de l'idée de logique » (*Logique formelle et logique transcendantale*, *op. cit.*, p. 204) hors de son cadre habituel, c'est-à-dire vers la sphère de l'expérience sensible.

2. *Philosophie première*, *op. cit.*, t. I, p. 23 [17].

comme « logique de vérité » pour devenir une simple logique de la « concordance, de la conséquence » [1]. Pour importante que soit, au regard de leur rôle constitutif pour la pensée, la logique syllogistique établie par Aristote dans le *Péri Herménéias* et la logique de la proposition conséquente formulée par les Stoïciens, elles se contentent toutes deux d'énoncer des règles nécessaires portant sur la simple conservation de la non-contradiction dans les déclarations. La question de la vérité saisie comme « capacité d'atteindre » (*Triffigkeit*) un objet, celle de l'accord avec une expérience possible comme « adéquation matérielle » [2], tombe tout à fait hors de son champ. Aussi la logique historique est-elle pour Husserl « entachée d'une grande imperfection dans ses procédés méthodiques » [3], en ce qu'elle passe constamment sous silence cette possibilité d'instituer le vrai, alors même qu'elle ne prétend qu'à cette vérité. Si, pour Husserl, la logique « n'a pas fait de grand progrès » [4] depuis Aristote, ce n'est toutefois pas pour les mêmes raisons que Kant [5], à savoir parce qu'elle serait « achevée » et parfaite, mais au contraire parce qu'elle reste prisonnière d'une insuffisance qui la limite en quelque sorte à n'être qu'une simple théorie de la conséquence juste. Étant donné qu'elle ne peut satisfaire sa prétention au vrai, elle tombe dans une circularité stérile. D'où son immobilité à travers les âges.

1. *Ibidem*, p. 26 [19]. Cette logique se limitait à énoncer les règles de la pensée juste et des enchaînements corrects. Il s'ensuit que « les concepts de possibilité, d'impossibilité, de nécessité ne relèvent pas à proprement parler de la discipline formelle » (*ibid.*, p. 32 [22]). Certes, cette logique de la non-contradiction formelle s'avère tout à fait utile et élémentaire, mais elle reste précisément un simple « niveau élémentaire » (*ibid.*, p. 33 [23]) de la logique de la vérité.

2. *Ibidem*, p. 32 [22]. Husserl formule la même critique à l'encontre de cette négligence de la logique traditionnelle dans *Logique formelle et logique transcendantale*, p. 301 [198] : « l'être vrai en général, la vérité prédicative, la théorie en général et la possibilité de pénétrer par l'expérience et par la connaissance théorique jusqu'à cet être vrai qui, d'avance, d'une manière générale, est présupposé comme existant, tout cela dans la logique formelle traditionnelle allait de soi et n'était jamais examiné ». De ce point de vue, l'adjonction historique d'une psychologie de la connaissance, dévoilant les conditions psychiques des formulations correctes de la pensée, ne change rien au problème, car celle-ci ne se pose toujours pas le problème de la légitimité apodictique de ce rapport à l'objet et au vécu qui lui donne vie.

3. *Ibidem*, p. 37 [26]. Cf. *Logique formelle et logique transcendantale*, p. 20 [12] sur le « défaut radical de la logique traditionnelle ».

4. *Ibidem*.

5. Cf. *Préface* de la seconde édition de la *Critique de la Raison pure*, *op. cit.*, p. 734 : « Que la logique ait suivi depuis les temps les plus anciens ce chemin sûr, le fait qui le montre est que, depuis Aristote, elle n'a pas eu besoin de faire un pas en arrière, si l'on veut bien ne pas compter pour améliorations l'élimination de quelques subtilités superflues, une détermination plus claire de l'exposé, toutes choses qui touchent plus à l'élégance qu'à la sûreté de la science. Il est encore remarquable à son propos que, jusqu'ici, elle n'a pu faire un seul pas en avant, et qu'ainsi, selon toute apparence, elle semble close et achevée ».

La vocation logique ne peut être restaurée que si l'on repose la question du double lien de la logique, d'un côté, au substrat du jugement en général et, de l'autre, au vécu de conscience dans lequel l'être logique acquiert confirmation et validité. Dans cette perspective de rénovation, la généalogie de la logique se veut tout d'abord un éclaircissement de la logique formelle et plus particulièrement, au sein de cette dernière, du rapport qui s'établit entre l'apophantique formelle et l'ontologie formelle, ou « théorie du quelque chose en général » [1]. C'est donc bien le jugement prédicatif qui est pris ici comme le « fil conducteur » de l'analyse, mais en tant qu'il déborde précisément le cadre apophantique étroit des formes judicatives pures pour poser son rapport essentiel à l'objectité vraie. Ce que Husserl cherche donc à thématiser, c'est le fait que tout jugement n'est pas seulement une proposition sensée, mais aussi une « prétention » (*Anspruch*) à atteindre l'évidence de son *ce sur quoi*. Or cette *Triffigkeit*, cette capacité d'atteindre l'objet ou portée de la connaissance, mérite une élucidation. Qu'est-ce qui autorise tout jugement prédicatif à affirmer quelque chose d'évident sur son ou ses objets ? D'où vient cette propension à la certitude immédiate du juger ? Ce que la logique formelle habituellement détermine, c'est l'exactitude des différentes formes et règles du juger. Ces dernières, prises du point de vue purement formel en tant que simples « règles de jeu » (*Spielregeln*), représentent « les conditions pour ainsi dire purement négatives de la possibilité de la vérité » [2]. Tout jugement, s'il tend effectivement à la vérité de ce qu'il énonce, doit répondre à ces règles formelles ; mais le respect scrupuleux de ces règles n'implique pas que ce même jugement puisse « atteindre son but », c'est-à-dire, non seulement se rapporter à un objet, mais s'y rapporter dans l'évidence pure. Aussi Husserl est-il amené à poser la question suivante : « qu'est-ce qui doit s'ajouter aux conditions formelles de la possibilité de vérité pour qu'une activité de connaissance atteigne son but ? » [3].

C'est là la seule et unique question directrice de la logique transcendantale. À celle-ci Husserl répond sans hésitation : ces conditions supplémentaires et décisives « se trouvent du côté subjectif », du côté de la production subjective de l'évidence. Par conséquent, c'est la face subjective du *Janus* logique [4], le juger pris comme une « opération de conscience », qui doit être sondée afin que les conditions de possibilité de l'évidence en ressortent. Mais ce questionnement qui fait retour vers le *medium* subjectif où

1. *Expérience et Jugement*, p. 12 [2].
2. *Ibidem*, p. 18 [9].
3. *Ibidem*.
4. Nous avons déjà rencontré ce caractère « bi-face » de la logique, analysé thématiquement dans le § 3 d'*Expérience et Jugement*, et dans l'introduction des *Leçons sur la logique génétique* (XVII, p. 351).

s'élaborent les formations logiques ne doit pas emprunter la voie de la psychologie empirique, la seule qui, jusqu'à présent, s'était intéressée à ce problème, aidée en cela par le dedain de la logique traditionnelle qui lui abandonna cet ensemble de questions. En effet, l'analyse de type psychologique pourrait enregistrer les étapes de la genèse logique, mais sans engager une réflexion de fond sur l'évidence (ou la non-évidence) qui appartient à chacun de ses échelons logiques. Or c'est l'évidence elle-même qui a besoin ici d'une « justification et d'une fondation originaire », et force est de reconnaître que la psychologie est incapable de lui fournir les moyens de cette auto-légitimation ou, à un moindre niveau, de cette auto-élucidation.

Si l'*Aufklärung* du jugement prédicatif doit passer par un questionnement sur le fondement de son évidence, c'est-à-dire, précise Husserl, sur la « conscience productrice » de cette évidence, quelle est justement l'évidence que peut revendiquer un jugement? Afin de répondre à cette question, Husserl définit tout d'abord ce qu'il entend par « jugement », car la définition du jugement est directement partie prenante de son élucidation généalogique. On comprend ici pourquoi le jugement prédicatif est pris comme le thème central de la généalogie. Avec lui, il y va à la fois de la fondation de l'évidence de l'objet jugé, de la composition syntaxique et de la modalité d'affirmation de l'objet (certain, douteux, possible). Le jugement prédicatif présente l'avantage de rassembler les différents axes de la généalogie de la logique que nous avions fait ressortir précédemment [1]. Dans cette éclaircissement du *juger*, Husserl a par ailleurs affaire avec d'autres théories du jugement, dont celle de Brentano [2]. Une confrontation historique entre les deux théories est donc inévitable. Pour Husserl, à la différence de Brentano pour qui le jugement est une simple affirmation et non une relation d'attribution, tout jugement ne se limite pas à dire *que c'est* (*daß*), mais cherche à exprimer *ce que c'est* (*was*). Dans cette aspiration à atteindre la quiddité de son objet, et non sa simple quoddité, tout jugement est par suite un « *Streben nach Erkenntnis* » (effort de connaissance), de la connaissance de « ce qui est » (*was ist*), d'un « étant » (*Seiende*). Mais, pour qu'un jugement puisse affirmer quelque chose de son objet (et non, encore une fois, simplement affirmer son objet), il faut que cet objet soit préalablement donné. C'est dire, d'une certaine manière, que le jugement n'est pas producteur de son objet, même s'il produit bien sûr le *quelque chose de*

1. À savoir une genèse de l'objectité, de son évidence et des syntaxes pouvant rendre compte de son organisation interne et externe. Cf. p. 239-240.

2. La *généalogie de la logique* est l'occasion pour Husserl de revenir sur les difficultés de la théorie brentanienne du jugement dont il avait déjà discuté les thèses controversées dans les *Recherches Logiques*, t. II, 2 (Ve Recherche), § 28, p. 252-260 [445-451]. Nous aborderons ces questions dans le chapitre suivant.

jugé sur cet objet (l'état de choses du jugement proprement dit, son jugé) : tout jugement produit du jugé sur l'étant, mais ne produit ni de l'étant *jugé*, ni de l'*étant qui est* jugé. À tout jugement, il faut donc un « *Gegenstand-worüber* » (un objet-sur-quoi), sans lequel il ne pourrait juger de rien.

Toutefois, à suivre les analyses de Husserl dans *Expérience et Jugement*, l'on ne voit pas très bien pour l'instant en quoi la révélation de la prédonation nécessaire de l'objet-du-juger entre dans la problématique de son évidence. Que tout jugement porte effectivement sur un *worüber* ne semble garantir en rien son évidence, ni même celle de son *objet-sur-quoi*. Mais c'est sans compter ici sur les acquis de la phénoménologie constitutive. Celle-ci a montré que la sphère antéprédicative possédait, elle aussi, une forme originaire d'évidence. C'est là que peut, à présent, intervenir la thèse centrale de Husserl qui fonde de manière radicale la conception de la généalogie logique : l'évidence du jugement, de *l'état-de-chose jugé*, dépend directement de l'évidence de l'objet prédonné. Ce n'est donc pas la simple prédonation d'un *objet-sur-quoi* qui assure l'évidence plénière du jugement, mais la prédonation elle-même évidente de l'*objet-sur-quoi*. Pour autant que le jugement prétende au vrai, l'évidence du « quoi » (ce qui est jugé) repose tout entière sur l'évidence du « ce sur quoi ». Aucun jugement clair, au contenu judicatif évident, ne peut donc reposer sur un objet dont la prédonation ne soit pas elle-même certaine et évidente. Ici, on dépasse assurément la simple structure encore formelle de fondation du jugé sur un objet préalable à ce jugé et qui lui sert de présupposition. À dire vrai, on entre de plain-pied dans le rapport intime entre l'évidence catégoriale (celle de l'état-de-chose jugé) et l'évidence originaire (celle de la donation de l'objet). Il est à noter que ce rapport de sujétion ne vaut d'ailleurs pas simplement pour les « jugements d'expérience » qui portent, comme leur nom l'indique, sur des objets individuels tirés de l'expérience perceptive sensible, mais également pour les jugements catégoriaux, car ceux-ci doivent aussi se rapporter d'une certaine manière à une évidence antéprédicative d'un objet prédonné, quand bien même leur pur jugé resterait en dehors de toute « application possible » (*mögliche Anwendung*) au domaine de l'expérience. Selon l'image de l'atterrissage employée par Husserl dans *Erfahrung und Urteil*, les « évidences catégoriales », même si elles ne s'appliquent pas directement à des substrats individuels prédonnés, ne flottent pas librement dans quelque « éther » [1], mais sont rattachées au « sol » de la prédonation originaire.

À ce stade de l'analyse, la démarche généalogique de Husserl se scinde en « deux degrés de questions » [2], c'est-à-dire en une étude, d'une part, de la

1. *Expérience et Jugement*, p. 22 [12].
2. *Ibidem*, p. 23 [13].

prédonation des objets-substrats du jugement et, de l'autre, de la fondation de l'évidence prédicative sur l'évidence « *gegenständlich* » (*objectale*, de préférence à *objective* qui sous-entend une évaluation de la valeur de vérité et, par conséquent, renvoie à un degré supérieur de constitution qui ne peut correspondre à la sphère antéprédicative de l'*Urkonstitution*). Il n'est nul besoin ici de revenir sur la prédonation des « substrats originaires » dans la modalité *princeps* qu'est la perception sensible, celle-ci a été largement analysée dans l'étude des *Analysen zur passiven Synthesis*. En revanche, ce qu'il nous faut exposer à présent est le « *Fundierungsverhältnis* » (le rapport de fondation) entre l'évidence du jugement et l'évidence objectale. C'est là assurément que doit se situer la clef de la compréhension générale du projet généalogique, voire de la logique transcendantale elle-même conçue comme une *Weltlogik*.

LA FONDATION DES ACTES CATÉGORIAUX DANS LES *RECHERCHES LOGIQUES*

L'idée d'une *fondation* de l'évidence prédicative sur l'évidence perceptive n'est pas tout à fait nouvelle. Elle se trouve déjà explicitée dans la VIe des *Recherches Logiques;* et les analyses d'*Expérience et Jugement* apparaissent, sur bien des points, comme une reprise des recherches et des conclusions de 1901. Il convient donc de faire retour à ce que Husserl développait déjà dans la VIe *Recherche Logique*, et plus particulièrement dans sa deuxième section intitulée « Sensibilité et Entendement » [1]. Dans l'histoire des idées philosophiques, l'on ne retient habituellement de ce texte que l'« extension absolument indispensable des concepts originairement sensibles de l'intuition et de la perception » [2] et, conséquemment, la mise au jour par Husserl de l'« intuition catégoriale » pure. Mais on néglige parfois de questionner plus avant les présupposés de cette intuition supérieure dans l'intuition perceptive qui lui sert de base. Rappelons brièvement ce que Husserl se propose d'exposer dans la dernière *Recherche*. Il cherche avant tout à questionner l'évidence et les modalités de sa donation qui relèvent toutes du schéma fondamental, déjà dévoilé dans la première *Recherche*, à savoir celui de la concordance entre l'intention vide et le remplissement intuitif. À cette occasion, l'évidence est définie comme « la synthèse de remplissement », c'est-à-dire comme le « comblement [*Füllung*] » intuitif de l'intention de signification encore vide. L'évidence

1. *Recherches Logiques*, *op. cit.*, t. III (VIe Recherche), p. 159-243 [128-203].
2. *Ibidem*, p. 16 [6].

s'apparente donc un acte, celui de la coïncidence parfaite entre l'intention et l'intuition, dont le corrélât objectif est « l'être-vrai » [1].

Pour les actes perceptifs simples comme la perception sensible ce remplissement, même s'il est en soi multiple et d'une certaine manière infini (étant donné la donation inachevée et en *esquisses* des objets spatiaux et réaux), ne pose pas problème : il consiste dans la donation intuitive de l'objet lui-même. Mais dans le cas d'un acte catégorial que se passe-t-il ?

> Qu'est-ce qui doit et peut procurer leur remplissement aux moments de signification qui ont constitué la forme de la proposition comme telle et dont fait partie, par exemple, la copule – c'est-à-dire aux moments de la « *forme catégoriale* » [2] ?

Telle est la question *rectrice* par laquelle débute l'important § 40 qui a trait précisément au « problème du remplissement des formes de signification catégoriales » [3]. Quel peut être par exemple le remplissement intuitif « des formes comme le, un, quelques, beaucoup de, peu de, deux, est, ne pas, lequel, et, ou, etc. ». Manifestement celui-ci ne peut résider dans une perception sensible. Il en va de même, par exemple, pour l'état de choses jugé « ce papier est blanc ». Je perçois bien le *papier blanc*, mais, à proprement parler, je ne perçois pas *que* ce papier est blanc, ou plutôt je ne perçois pas le « que » lui-même, l'inférence. En effet, « l'intention de l'adjectif *blanc* ne coïncide que partiellement avec le moment couleur de l'objet qui apparaît, il reste un excédent de signification, une forme qui ne trouve, dans le phénomène lui-même, rien qui l'y confirme » [4]. La présentation perceptive d'un papier blanc ne peut remplir ce que vise le jugement « ce papier est blanc », car ce qui est visé ce n'est pas le papier blanc, mais l'état de fait catégorial *que* « ce papier est blanc ». Donc, que ce soit pour les formes catégoriales ou pour le produit de ces formes articulées dans des propositions, à savoir le jugement lui-même, ce qui est jugé, la perception sensible ne peut servir de remplissement intuitif convenable.

L'analyse pourrait s'achever sur cette *impasse* sans recours, mais ce qui permet immédiatement de la traverser, c'est le fait obvie que, même si ces états de choses catégoriaux ne possèdent pas d'équivalents objectaux perceptifs et sensibles, ils n'en conduisent pas moins à une forme d'évidence tout aussi concordante et pleine que peut l'être celle avérée de l'intuition sensible. Il y a dans tout énoncé propositionnel des éléments

1. *Ibidem*, cf. § 39 « Évidence et vérité », dans lequel Husserl constate que la vérité consiste en « la pleine concordance entre le visé et le donné comme tel » (p. 151 [123]), ou plus exactement dans le *vécu* de cette concordance, c'est-à-dire l'évidence. Cette évidence n'est pas tant la perception de la coïncidence que l'acte propre de l'appréhension objectivante.

2. *Ibidem*, p. 160 [129].

3. *Ibidem*, p. 159 [128].

4. *Ibidem*, p. 162 [131].

syntaxiques et catégoriaux qui ne renvoient pas à la perception concrète, et pourtant l'on a l'impression persistante, remarque Husserl, que, dans l'acte même du jugement, ces éléments *suprasensibles* trouvent en quelque sorte un remplissement perceptif. Car, lorsque j'affirme quelque chose dans un jugement, par exemple que « ce livre est rouge », je sais et je *vois* que ce livre est rouge. Le *voir* du jugement n'est pas ici le *voir* perceptif, mais c'est le *voir* de ce qui est jugé et prédiqué, le voir de l'état de choses catégorial lui-même : le *voir que*. Certes, on peut concevoir ici que l'emploi du terme *voir* est métaphorique, mais l'évidence même du jugement n'en reste pas moins « donatrice en personne » et, en aucune façon, purement symbolique. C'est donc cette *prégnance* de l'évidence catégoriale (le fait qu'elle soit comme tout autre intuition donatrice de son visé) qui amène Husserl à concevoir une tout autre forme d'évidence, directement indépendante de celle de la perception sensible. Les formes catégoriales « elles aussi trouvent *réellement* leur remplissement » [1] et, par suite, il y a un acte qui rend aux éléments catégoriaux le « même service » que la simple perception sensible rend à ses éléments matériels. Cela signifie que l'objet que visent les significations de forme catégoriale n'est pas un simple visé, « mais qu'il est lui-même sous nos yeux », en d'autres termes qu'il est « précisément intuitionné ou encore perçu » [2].

Ceci est bien connu. Mais là où l'introduction, dans les célèbres chapitres 46 et 47 de la sixième des *Recherches Logiques*, du « concept suprasensible de perception » [3], à savoir celui d'intuition catégoriale, rejoint notre problème de la *fondation* du catégorial et du prédicatif sur l'antéprédicatif sensible, c'est lorsque Husserl, tout en préservant la spécificité opératoire et modale de l'intuition catégoriale, souligne pourtant que tout acte catégorial n'est pas un acte simple, mais un *acte fondé*, et plus particulièrement un « acte fondé » sur une perception sensible. Ce faisant, toute intuition catégoriale présuppose un acte *perceptif* qui donne en personne l'objet (ou les objets) sur lequel elle prédique (*objet-sur-quoi*

1. *Ibidem*, p. 175 [142]. En d'autres termes, le catégorial ne se peut réduire au pur signifier, au simple excès de l'intention signitive sur l'intuition, mais comme tel il peut rencontrer une donation adéquate et remplissante à ce qu'il vise. Cela signifie également qu'il peut ne pas l'être. Mais en tout état de cause, la simple catégorialité signitive jusqu'ici analysée reçoit un tout nouvel éclairage par cette intrusion du remplissement intuitif dans le monde des formes pures. Il reste cependant à savoir ce que peut être cette « sensibilité informée par des actes catégoriaux » (*op. cit.*, p. 16 [5]) qui seule peut remplir les intentions catégoriales. Est-ce là une sensibilité catégoriale ?

2. *Ibidem*, p. 176 [143].

3. *Ibidem*, p. 179 [146]. Si l'attribution du caractère intentionnel aux contenus hylétiques de la temporalité interne consistait, selon l'expression de G. Granel (cf. *Le sens du temps et de la perception chez E. Husserl*, *op. cit.*, p. 58), à ce que *la forme passait dans les contenus*, on pourrait dire inversement, ici dans le cas de la perception catégoriale, que c'est le contenu qui passe dans les formes (formes catégoriales pures et formes syntaxiques).

différent bien évidemment de l'objet irréel, de l'objet catégorial comme tel, à savoir l'état de choses jugé). Ainsi, pour que le jugement « ce papier est blanc » puisse avoir une évidence catégoriale spécifique, faut-il tout du moins que les objectités « papier » et « blanc » soient préalablement données en personne dans l'acte simple de la perception sensible. Tout dans la proposition n'est certes pas reconductible à des substrats sensibles, mais sans eux aucune forme de prédication ou de jugement n'est par ailleurs possible. Dire alors, comme le fait constamment Husserl [1], que l'intuition catégoriale est *fondée* signifie que l'intuition sensible lui sert de fondement conditionnant. Les objectités supérieures et irréelles ne peuvent apparaître que *sur la base* des objectités inférieures prédonnées.

La théorie des *actes simples et fondés* appelle deux remarques : premièrement Husserl est ici contraint d'expliquer comment une intuition catégoriale peut être à la fois fondée sur une intuition sensible et totalement différente d'elle, voire dans son résultat indépendante d'elle. Deuxièmement, tous les éléments catégoriaux du jugement ne sont pas eux-mêmes fondés, quand bien même le jugement qu'ils rendent à chaque fois possible l'est dans sa globalité. Les formes grammaticales et syntaxiques ne semblent pas avoir d'équivalent objectal direct dans la perception sensible, puisque, comme le soutient Husserl, les formes de la connexion catégoriale ne correspond pas aux formes de la connexion perceptive sensible. Donc il semble bien que ce soit l'acte catégorial dans son produit d'ensemble, comme intention évidente, qui soit fondé, non ses diverses formes ou parties syntaxiques. Ce qui reçoit le remplissement ce ne sont pas les membres d'un énoncé catégorial, mais l'énoncé lui-même pris comme un tout. La « phénoménologie des degrés de connaissance » mise en œuvre ici, si elle veut donc élucider cette relation fondative, qu'avait déjà dégagée Brentano dans sa *Psychologie du point de vue empirique* lorsqu'il exposa la structure pyramidale de fondation des « jugements » et des « phénomènes d'amour et de haine » sur les « représentations simples », doit donc rendre compte à la fois de la *simplicité* présupposée de l'acte perceptif et du *mécanisme* subjectif de la fondation de l'acte catégorial sur l'acte perceptif. Il faut donc montrer en quoi l'acte perceptif est un acte simple qui « ne nécessite pas l'appareil des actes fondateurs ou fondés » [2] ; c'est au prix de sa simplicité que pourra être uniquement conçue et mesurée la fondation des actes catégoriaux. Or cette simplicité supposée ne va pas de soi.

En effet, Husserl n'est pas sans remarquer ici que tout acte perceptif est toujours pris dans une certaine activité de synthétisation et de recouvrement continuels. Serait-il alors la synthèse de divers actes, et par suite à

1. *Ibidem*.
2. *Ibidem*, p. 181 [148].

son tour fondé sur ces actes non-remarqués ? Il resterait encore à expliquer comment un acte lui-même fondé, ici la perception sensible, peut servir d'acte simple pour la fondation de l'acte catégorial. Qu'il s'agisse là d'une difficulté réelle, Husserl le reconnaît, lorsqu'il affirme notamment que « nous n'omettrons pas non plus la complexion manifeste que l'on peut déceler dans le contenu phénoménologique du simple acte de perception » [1]. Mais il se refuse néanmoins à interpréter cette « complexion » comme un rapport d'un acte simple à des actes fondés, de sorte que l'unité de la perception elle-même ne résulte pas d'*actes synthétiques propres*. Sur ce point, Husserl allègue en effet que « l'unité de la perception se réalise en tant qu'unité simple, fusion immédiate des intentions partielles et sans intervention d'intentions d'actes nouvelles » [2]. Toutefois cette première conclusion n'est pas totalement satisfaisante et Husserl s'aperçoit aussitôt de sa faiblesse. Si l'« unité de perception » n'est pas une unification d'actes partiels, alors les intentions qui se rapportent aux faces implicites du perçu, aux déterminations cachées, ne sont pas actives comme telles, mais doivent relever d'une intentionnalité non-active. Or, bien évidemment, l'idée que l'intentionnalité puisse être pensée sur un mode passif est ici totalement exclue. Ne pouvant encore, pour des raisons que nous avons déjà analysées dans la première partie de notre travail, accorder une validité phénoménologique aux multiples intentions passives d'arrière-plan, et afin d'obvier cependant à l'inconvénient d'une fausse simplicité de la perception sensible, Husserl est contraint finalement de reconnaître que le « flux continu de perceptions » d'un même objet se « révèle lui aussi comme une fusion d'actes partiels en un seul acte » [3], mais là où la subtilité du raisonnement husserlien prend toute sa saveur, c'est que cette *fusion* d'actes partiels en un acte perceptif simple, selon la thèse initiale, n'équivaut pas elle-même à « un acte propre fondé dans des actes partiels » [4].

Cette dernière remarque est essentielle pour notre propre problématique de la *Fundierung* logique, car elle va permettre justement de distinguer différentes formes de fondation possible. En effet, si toute « « unité de perception » est la synthèse de différents actes perceptifs partiels, nous ne pouvons pas dire pour autant, insiste Husserl, que cette unification des perceptions singulières est « une perception fondée en elles ». Ou plus exactement, elle n'est pas fondée au sens de la fondation d'actes catégoriaux sur des actes simples, mais simplement au sens de la fondation des parties dans le tout, fondation étudiée dans la troisième *Recherche*. Qu'est-ce qui différencie donc la fondation du tout dans les parties et la fondation

1. *Ibidem*.
2. *Ibidem*, p. 182 [148].
3. *Ibidem*.
4. *Ibidem*.

des actes dans un acte simple ? Principalement ceci : l'acte fondé produit, nous dit Husserl, « un nouveau caractère d'acte » [1] totalement différent de celui des actes fondateurs, tandis que les actes partiels sont dans leur fondation de même nature que l'acte général englobant, à tel point que la synthèse unificatrice ne constitue pas un acte propre, mais se borne à rassembler des actes sans en modifier le caractère. Si le tout perceptif était fondé (au sens de la fondation logique) dans les parties, alors ce qu'il vise devrait différer de ce qui est visé par les actes partiels. Or il n'y a pas de changement de l'appréhension : c'est toujours le même objet qui est visé dans les parties ou dans le tout, alors que l'objet de l'acte fondé est totalement différent des objets des actes simples fondateurs. Étant donné que tous les actes partiels fusionnent dans l'acte perceptif unitaire, celui-ci n'est pas donc un acte fondé, mais un simple acte « fondu », « dilaté » [2].

Après avoir donc sauvé la simplicité de l'acte perceptif, au prix d'un certain préjugé *activiste* vis-à-vis de la possibilité d'une forme d'intentionnalité perceptive non-active, celle des parties et des faces implicites du perçu, Husserl peut s'engager résolument dans l'analyse de la fondation des actes catégoriaux sur les actes perceptifs simples. Il peut sembler étrange que Husserl, après avoir mis en valeur la spécificité de l'intuition catégoriale, se pose la question d'une fondation des actes catégoriaux dans les actes simples. Tout acte catégorial est en effet fondé, c'est-à-dire ne se rapporte pas à son objet dans un acte simple, mais présuppose précisément d'autres actes, comme ceux de la perception sensible. Ce n'est pas un acte simple, car ce qu'il vise est le produit d'une synthèse de moments objectaux et, à partir de cette synthèse de recouvrement objectale, d'une production d'un état de choses dont le *caractère d'acte* est totalement différent des objectités qui lui servent de base. C'est la raison pour laquelle, dans l'acte catégorial, un tout autre objet est visé que celui des actes fondateurs. Mais pour que cet objet catégorial puisse être donné de manière évidente, il faut que des objets aient été eux-mêmes préalablement donnés dans un acte simple. Le raisonnement de Husserl est ici on ne peut plus clair. Toutefois comment concilier ensemble l'autonomie de l'objet catégorial, donné dans une évidence suprasensible, et la fondation de l'acte catégorial qui le constitue sur les actes simples de la perception sensible ? N'y a-t-il pas ici une contradiction ou, pour la relation de la sensibilité à l'entendement, qui est, rappelons-le, le thème même de cette section, une *double manière de fonctionner* qui n'est pas de prime abord clairement saisissable ? Nous

1. *Ibidem*, p. 183 [150].

2. *Ibidem*. Husserl oppose ainsi constamment à l'unité *fondue* de la perception simple l'unité *fondée* de la perception catégoriale.

n'allons pas ici retracer la manière [1] dont Husserl décrit les opérations qui interviennent dans cette fondation des actes catégoriaux, mais nous attacher au sens même de cette fondation du catégorial et à ses conséquences sur la conception générale de la logique génétique.

Le premier point sur lequel Husserl insiste est celui-ci : la fondation du catégorial n'est pas incompatible avec la reconnaissance de sa spécificité, dans la mesure où le premier acte de la fondation consiste dans la création d'un « nouveau caractère phénoménologique » [2]. À ce compte, la fondation ressortit le plus souvent à un rapport de présupposition, et en aucune façon à un rapport de déduction. Que l'acte catégorial soit fondé signifie simplement du point de vue subjectif que, pour s'accomplir, il doit nécessairement présupposer l'entremise d'actes simples antérieurs, ceux de la perception sensible. Néanmoins le jugement catégorial ne tire pas son évidence de l'évidence de l'acte perceptif simple; ce dernier sert simplement de *base* à son actualisation, non de principe. Tout le sens de la fondation dans les *Recherches Logiques* est à cette pensée : l'acte simple fondateur n'a aucune incidence matérielle et appréhensive sur l'acte fondé qu'il rend possible, de sorte que le rapport fondatif qui les lie de manière inséparable est paradoxalement de *cohabitation indifférente*. Il ne peut y avoir d'acte catégorial sans acte simple, mais cette nécessité ne va pas au-delà de cette simple liaison analytique d'antériorité. Aussi l'intuition catégoriale, tout en étant fondée, relève-t-elle d'un « acte nouveau », d'une manière nouvelle d'être donnée et appréhendée, et ce précisément parce que la fondation est ici simplement envisagée comme une relation formelle de conditionnalité, l'acte perceptif jouant purement le rôle des prémisses d'un raisonnement dont la conclusion reste indépendante de ses présupposés. À aucun moment, Husserl n'entrevoit entre acte simple et acte fondé une relation autre que formelle, ni en ce qui concerne leurs évidences

1. Celle-ci a été bien mise en lumière par Dieter Lohmar dans son article « La genèse du jugement antéprédicatif dans les *Recherches Logiques* et dans *Expérience et Jugement* », *Phénoménologie et Logique, op. cit.*, p. 217-238.

2. *Recherches Logiques, op. cit.*, t. III (VIe Recherche), p. 188 [154]. C'est ce caractère et lui seul qui différencie perception simple et perception fondée. Dans l'intuition catégoriale, l'objet perçu est le même que dans la perception simple. Ce qui change, c'est la *modalité du rapport*. Ainsi « le contenu sensible de l'objet phénoménal demeure inchangé. L'objet n'apparaît pas avec de nouvelles déterminations réelles, il est là, bien le même, mais *selon un mode nouveau* », *op. cit.*, p. 191 [157]. Se pourrait-il alors que dans le cas de l'intuition catégoriale, ce ne soit pas l'intuition de l'objet qui remplisse l'intention, mais l'évidence du *rapport à l'objet*. La modalité appréhensive aurait la capacité de se remplir elle-même sous la forme d'évidence de la compréhension. L'intuition ne serait ni plus ni moins qu'une auto-évidence de l'acte par lui-même. Toutefois cette thèse, si elle était acceptée, remettrait d'une part en cause la distinction de l'intention et de l'intuition, puisqu'à, la vérité toute intention signitive du fait même d'être comprise s'auto-remplirait. D'autre part, elle n'expliquerait toujours pas pourquoi l'intuition fondée a besoin de la base conditionnelle d'une perception simple.

respectives (l'une ne pouvant remplir l'autre, mais opérant comme simple condition de son remplissement), ni en ce qui concerne leurs formes de connexions respectives (attendu que les connexions sensibles sont des « moments de l'objet réel, des moments effectifs de celui-ci » [1], tandis que les connexions catégoriales demeurent « des formes qui ressortissent au mode de la synthèse d'acte », c'est-à-dire qui n'existent pas dans l'objet qu'elles informent, mais dans la simple modalité appréhensive). Vu que l'évidence des actes simples n'interfère pas avec celle des actes fondés catégoriaux, le *Fundierungsverhältnis* est pour ainsi dire neutralisé. Non seulement il est uniquement envisagé du point de vue *statique*, mais surtout du simple point de vue *formel* de la conditionnalité structurelle, sans jamais prendre en compte ici l'interaction génétique et matérielle-intuitive des deux domaines d'acte.

Dans un article récent [2], Dieter Lohmar se demande toutefois si le rapport ici établi entre une synthèse d'actes simples, par exemple une « synthèse de recouvrement [*Deckungsynthesis*] » de perceptions d'un même objet, et le jugement catégorial porté sur ce même objet synthétisé n'impliquerait pas, au fond, une transformation de la connaissance implicite (*implicite*, car la synthèse continue des perceptions s'accomplit dans un vécu « non-conçu » et « pré-langagier ») en connaissance explicite (l'unité d'identification) ou si, au contraire, ce rapport nécessitait pour lui-même « un nouvel accomplissement intuitif » [3]. À y regarder de plus près, on peut constater que le déroulement général de son argumentation penche manifestement pour la thèse de la « transformation simple » et sans nouvel accomplissement, et aboutit à la mise en valeur d'une relation de *type intuitif* entre les actes simples et les actes fondés. Ceci est manifeste en particulier lorsqu'il indique expressément que « l'accomplissement réglé des perceptions partielles », c'est-à-dire des relations explicitantes qui traversent tout acte perceptif et constituent l'objet perceptif comme une totalité articulée, « contribuent au remplissement de l'intention catégoriale » [4]. Reprenant l'exemple du « livre vert » et de jugement édifié sur lui, D. Lohmar affirme que la synthèse perceptive de recouvrement entre la totalité objectale *livre* et son moment *vert* produit une « unité de recouvrement », l'être-vert du livre, laquelle « est le contenu qui remplit l'intention catégoriale » [5]. En d'autres termes, il considère qu'une synthèse perceptive d'actes partiels en un acte simple (l'unité perceptive) sert non seulement de

1. *Ibidem*, p. 189 [155].

2. Cf. « La genèse du jugement antéprédicatif dans les *Recherches Logiques* et dans *Expérience et Jugement* », *op. cit.*, p. 217-238.

3. *Ibidem*, p. 227.

4. *Ibidem*, p. 221.

5. *Ibidem*, p. 222.

fondement réel à l'acte catégorial du jugement, mais aussi *de facto* d'intuition remplissante, de « contenu », outrepassant ainsi la ferme distinction que Husserl avait introduit entre le sensible et le catégorial.

Bien que l'intuition catégoriale repose, comme sur un socle, sur l'intuition objectale primaire, elle n'est pas pour autant intuitivement proportionnelle à cette dernière. Il y a une certaine indépendance du recouvrement catégorial vis-à-vis du remplissement perceptif, même si les deux opérations sont ici en étroite relation, mais du simple point de vue formel ou structurel, non matériel. Il nous semble que le terme de « contribution » qu'introduit Dieter Lohmar peut par conséquent conduire à une méprise, si on l'interprète dans le sens d'une influence directe et intuitive du remplissement perceptif sur le remplissement catégorial. De ce point de vue, la manière dont il présente le rapport des actes simples aux actes catégoriaux incite parfois à confondre deux choses clairement distinguées par Husserl : le rapport de fondation et les différentes synthèses de remplissement des actes. Qu'un acte catégorial soit *fondé* sur un acte simple ne veut absolument pas dire qu'il puisse retirer son remplissement du remplissement antérieur de son fondement fonctionnel. Car, à la vérité, ce qui est visé dans les deux intentions de remplissement, ce n'est pas du tout la même chose : une totalité perceptive articulée dans un cas, un état de choses et une relation prédicatifs, dans l'autre cas. En aucune mesure, la fondation des actes catégoriaux ne revient à une relation de dépendance du point de vue intuitif. Ce n'est pas la synthèse perceptive continue et temporelle du *livre vert* qui remplit l'intuition catégoriale du jugement « ce livre est vert », mais l'acte catégorial lui-même qui appréhende cette relation syntaxique de manière totalement nouvelle. De ce point de vue, la synthèse de recouvrement perceptive, si primordiale soit-elle sur un autre plan, n'intervient pas directement, c'est-à-dire ici *intuitivement*, dans le remplissement catégorial proprement dit. Les deux remplissements, le sensible et le catégorial, restent simplement parallèles dans leur déroulement. Ils ne sont pas reliés sur le schéma de vases communiquants. Pour que l'acte catégorial puisse être toutefois rempli comme tel, il faut nécessairement que l'acte perceptif simple soit, lui aussi, d'une certaine manière rempli. Cela ne veut pas dire néanmoins que ce dernier, étant par avance rempli, peut alors effectivement remplir l'acte supérieur. C'est en cela précisément que les *Recherches Logiques* se distinguent des analyses[1] d'*Expérience et*

1. À ce sujet, D. Lohmar remarque qu'on peut lui objecter que les questions et les analyses qui sont ici les siennes « sont déjà posées à partir de la perspective d'*Expérience et Jugement* », *ibidem*, p. 227. En effet, tout le sens de son travail tend à dévoiler dès les *Recherches Logiques* l'idée même d'*Expérience et Jugement*, à savoir que l'évidence du jugement n'est pas seulement fondée comme présupposition sur celle des synthèses antéprédicatives, formatrices des substrats individuels, mais indexée sur elle, puisée en elle. Le

Jugement : dans ce refus catégorique d'envisager, entre les deux degrés d'acte, une relation autre que celle de la simple dépendance formelle. Et c'est en cela aussi qu'il est parfois difficile de comprendre comment une intuition sensible et une intuition catégoriale s'allient effectivement dans la production des jugements prédicatifs, tout en reposant sur des appréhensions différentes [1].

Or, dans sa volonté d'établir un *pont* entre les deux textes, l'interprétation de D. Lohmar tend à *génétiser* outre mesure la fondation du catégorial dans la sixième *Recherche* pour en faire ressortir les points communs avec les *Leçons sur la logique génétique* du début des années vingt. Pour ce faire, il est contraint de mettre sur le même plan le rapport de l'acte simple à l'acte fondé d'un côté et le rapport de la synthèse de recouvrement à l'identification thématique de l'autre, alors que Husserl n'effectue jamais lui-même de manière explicite ce rapprochement. Le léger point de désaccord qui nous oppose ici à D. Lohmar (*léger*, car il ne concerne, en fin de compte, que quelques expressions qui peuvent conduire, si elles sont prises à le lettre, à une mésinterprétation du sens de la fondation logique, mais que nous devons toutefois signaler, car c'est de l'interprétation générale de la *fondation logique* dans son ensemble qu'il y

constant rapprochement que fait D. Lohmar, d'un côté, entre la relation de l'acte simple à l'acte fondé et, de l'autre côté, celle de la synthèse de recouvrement non-conçue à la synthèse d'identification reconnue et posée comme vraie va dans le même sens. Il est vrai que les analyses de Husserl ne sont pas toujours très précises sur ce point. Il expose souvent la présence d'éléments véritablement catégoriaux dans la synthèse perceptive elle-même, ne serait-ce que celle de l'objet intentionnel. Mais, nous semble-t-il, malgré cette imprécision parfois problématique, la frontière entre le sensible et le catégorial est bien marquée : elle réside tout entière dans la modalité différente d'appréhension. S'il est une indistinction beaucoup plus préoccupante dans les *Recherches Logiques*, c'est bien celle de l'intentionnalité active et de l'intentionnalité implicite, c'est-à-dire passive. L'absence de référence de D. Lohmar à ce problème de la fondation logique dans son étude d'*Expérience et Jugement* (3e partie de son articlé pré-cité) est, à cet égard, révélatrice : c'est, avant tout, le problème de la synthèse d'identité qui retient son attention, et ses liens avec les multiples recouvrements passifs de la sphère antéprédicative. Les *Recherches Logiques* sont donc interprétées à partir de cette problématique (relevant de la psychologie phénoménologique ?) de la naissance de la vérité dans les opérations subjectives, non à partir de celle que nous empruntons dans notre travail : celle de la validation transcendantale de la fondation logique dans la sphère antéprédicative.

1. Comment, par conséquent, une intuition donatrice sensible (une perception simple) peut-elle venir remplir une intention de signification purement catégoriale, si l'intuition catégoriale est totalement distincte de l'intuition sensible ? Lorsqu'une perception vient remplir une intention vide, est-ce la perception sensible elle-même qui remplit le simple acte catégorial de la signification, ou sert-elle de fondement à une intuition catégoriale véritable qui, seule, livre l'être-vrai recherché ? Le vécu de coïncidence produit par le recouvrement de l'intention et de l'intuition est-il lui-même un remplissement intuitif ou catégorial? En fait, Husserl n'a jamais oscillé sur ce point : même si le contenu matériel de l'intuition est le même dans les deux cas, l'acte catégorial de vérité, saisi comme reconnaissance de l'adéquation de l'intention et de l'intuition, nécessite toujours un nouveau caractère d'acte.

va) ne concerne pas, encore une fois, la présence dans les *Recherches Logiques* d'une expérience pré-catégoriale, et en particulier de la synthèse de recouvrement athématique, non encore reconnue par l'acte de la synthèse identifiante, ou d'éléments génétiques qui peuvent laisser croire à une certaine indistinction entre le sensible et le catégorial. Le fait notamment que la perception sensible soit *déjà aussi* d'une certaine manière une perception catégoriale, puisqu'elle est dirigée vers un objet irréel qui n'est pas intuitivement saisissable dans son entièreté, à savoir l'objet intentionnel comme tel, ne fait aucun doute dans les *Recherches Logiques* et il est bien mis en lumière par D. Lohmar. Ce qui nous sépare se situe dans le sens même à donner à la *fondation* des actes catégoriaux. Malgré l'indéniable existence d'une activité pré-catégoriale, la fondation logique n'en est pas pour autant conçue par Husserl d'un point de vue génétique. Qu'est-ce à dire ? Tout d'abord qu'il n'y a pas de relation directement *intuitive* entre le remplissement perceptif de la sphère antéprédicative (les « synthèses de recouvrement vécues, mais non conçues ») et le remplissement catégorial, bien que l'un présuppose nécessairement l'autre comme « point d'appui » [1] ; et ensuite que l'intuition catégoriale nécessite, quant à elle, un acte tout à fait nouveau et une appréhension spécifique qui ne relèvent pas des actes simples perceptifs [2]. Celle-ci ne correspond à rien dans l'intuition sensible. Dans l'intuition catégoriale, ce que *je vois*, ce n'est pas le *livre vert*, mais *que* ce livre est vert, ou plutôt le « que ce livre est vert » lui-même. Par conséquent, la contribution du catégorial et du sensible reste ici uniquement *formelle*. Elle consiste en une pure structure logique de présupposition, celle de l'antécédent au conséquent.

PRÉDONATION DU MONDE ET CROYANCE ORIGINAIRE

La perspective génétique, adoptée par la phénoménologie de Husserl à la fin de la première guerre mondiale, sous l'impulsion de Paul Natorp, transforme de fond en comble les présupposés de la fondation du logico-catégorial, et l'infléchit à présent dans le sens d'une relation directe, simultanément matérielle et constitutive, entre les évidences inférieures de la sphère antéprédicative et les évidences supérieures des actes catégoriaux.

1. *Recherches Logiques*, *op. cit.*, t. III (VIe Recherche), p. 184 [151].

2. Dans l'article pré-cité, D. Lohmar fait toutefois remarquer que « l'image de la transformation de l'expérience anté-prédicative en connaissance prédicative est fausse » (*ibid.*, p. 233), c'est-à-dire que la synthèse d'identité véritable (l'acte catégorial) exige en revanche « un nouvel accomplissement ». Il semble donc se ranger à la thèse d'une différence *appréhensive* entre les actes simples et les actes fondés, et donc à la délimitation stricte entre le sensible et la catégorial.

Car, à la différence de la stricte délimitation opérée dans les *Recherches Logiques*, les analyses proprement généalogiques d'*Expérience et Jugement* tendent à mettre en évidence une détermination dynamique des opérations et des évidences logiques dans le domaine de la passivité préthéorique, entraînant du même coup une révision de l'autonomie du catégorial [1]. La fondation n'a plus tout à fait le sens d'une simple présupposition, mais, saisie dans une constitution originaire génétique, elle relève également d'une préformation logique. En d'autres termes, les *susbtrats individuels* de la sphère antéprédicative ne fonctionnent pas simplement comme présupposés des substrats catégoriaux (les états de chose comme tels), mais bien comme leurs éléments pré-constitutifs que ce soit du point de vue matériel ou du point de vue purement gnoséologique.

Toutefois, et ce n'est pas le moindre des problèmes que Husserl rencontre dans ses analyses génétiques, ces « objets individuels » [2], ces individus, qui forment les supports des « évidences originaires ultimes » [3] ne sont pas donnés eux-mêmes de manière totalement apodictique et adéquate, car, en tant qu'ils sont donnés dans la perception externe, ils sont inscrits dans un horizon de donation infini. Ils sont donc sujets à la partialité et à l'inachèvement qui caractérisent toute donation sensible. Une lecture rapide d'*Expérience et Jugement* exagère souvent la teneur de vérité des substrats originaires. Elle y voit une évidence absolue, quasi définitive. Or, et nous développerons plus loin cet aspect des choses, Husserl est finalement assez circonspect quant à la validité même des *Urelemente*. Comment, dès lors, peut-il les concevoir comme fondement originaire des évidences, alors que, de par leur structure horizontale, leur propre évidence est restreinte et inadéquate ? Certes, selon leur horizontalité propre, tous les objets d'expérience nous sont donnés avec une structure typique qui les prédétermine et nous les livre comme quelque chose de déjà connu. Mais outre le fait que cette *typicité* de la perception enveloppe aussi de l'inconnu, l'originaire ne possède pas par lui-même une certitude apodictique, mais seulement « familière » [4]. Est certain le fait qu'il soit donné, non le donné lui-même. Or, la fondation des évidences repose, selon Husserl, sur une corrélation matérielle entre les divers degrés de la donation objectale. L'horizon originaire de tous les substrats reste en cela « un horizon vide, ouvert, d'explications à confirmer » [5], un horizon d'indéterminés. Comment

1. Nous essaierons de voir comment Husserl parvient toutefois à sauver l'authenticité des actes catégoriaux, malgré l'impureté qu'introduit la genèse constitutive dans la fondation logique, puisqu'elle tend à relativiser cette coupure entre la sensibilité et l'entendement.

2. *Expérience et Jugement*, *op. cit.*, p. 30 [20].

3. *Ibidem*, p. 53 [44].

4. *Ibidem*, p. 43 [33].

5. *Ibidem*, p. 44 [34].

pourrait-il dès lors fonctionner comme fondement de toutes les évidences et des formations logiques? La fondation logique n'est-elle pas placée sur une base fragile, si elle est tout entière reconduite à la certitude en définitive relative des objets individuels d'expérience ?

Malgré qu'il en ait, Husserl est forcé ainsi de reconnaître que l'expérience originaire n'est donc pas apodictique et définitivement certaine, puisqu'elle s'apparente d'entrée de jeu à cet « horizon vide d'inconnu et de connu » [1]. Ne faut-il pas alors accepter ce qui était auparavant rejeté comme un *préjugé logiciste*, à savoir que l'évidence originaire est, par rapport à l'évidence prédicative et catégoriale du jugement, de « qualité inférieure [*von minderem Güte*] » [2]? Ici l'on touche l'un des points les plus difficiles du projet généalogique husserlien. On pourrait le résumer comme suit: la genèse de la logique doit en même temps dégager de l'expérience passive le fondement originaire des diverses catégories et opérations logiques et s'assurer, ce faisant, de la validité absolue des sources présumées qu'elle exhume. En un sens, la généalogie ne correspond pas à une recherche du fondement, mais à la fondation elle-même de ce qu'elle découvre comme fondement.

Voilà pourquoi Husserl peut affirmer, sans qu'il y ait ici contradiction, que la première tâche de « la théorie phénoménologique du jugement » est de « scruter plus profondément l'essence et la structure de l'expérience anté-prédicative [*vorprädikativen Erfahrung*] » [3]. La genèse passive ne devient fondement que grâce à la généalogie régressive qui la constitue comme telle. C'est avouer à demi-mot que les fondements présumés de l'édifice logique doivent, à leur tour, subir une évaluation fondatrice. Comment résoudre ce paradoxe d'une fondation à fonder? Comment réaffirmer la volonté généalogique de fondation radicale du logique et prendre en compte le mode d'expérience propre de la sphère anté-prédicative qui *dément* une telle recherche d'apodicticité absolument pure? Comment, en un mot, concilier à l'origine l'évidence première et l'horizontalité? Si l'on regarde attentivement la longue introduction d'*Expérience et Jugement*, on constate à regret que Husserl ne répond jamais de front à ces questions, mais qu'il en détourne bien plutôt l'objet, et du même coup, l'enjeu. Qu'en est-il de ce déplacement?

Pour sortir de la difficulté réelle d'un *regressus ad infinitum* de la quête fondationnelle, la solution retenue par Husserl dans *Expérience et Jugement* consiste à *déplacer* la question de l'évidence des substrats originaires vers celle de l'horizon originaire de leur donation, à savoir le monde prédonné. Certes, nous dit ici en substance Husserl, les substrats originaires

1. *Ibidem*.
2. *Ibidem*, p. 32 [22].
3. *Ibidem*, p. 31-32 [22].

ne recèlent pas l'évidence définitive et sans présupposition qui ferait d'eux des fondements indubitables des objectités postérieures, mais le monde primordial d'où ils émergent se présente, lui, comme certitude absolue. Que fait-il d'autre en effet dans le § 7, « Le monde, sol universel de la croyance en tant que toujours déjà donné à toute expérience d'objets singuliers », si ce n'est passer de l'objet qui est déjà là dans son horizontalité, au domaine de ce qui est prédonné. Ostensiblement, il fait donc glisser l'analyse de l'objectité primaire à son « *Umgebung* » (environnement) et s'attache à mettre au jour ce « sol universel du monde [*universaler Boden eine jeweilige Welt*] » sur lequel elle s'enlève comme donnée. Or, quelle est la principale caractéristique de ce « sol originaire du monde » ? Le fait justement qu'il soit donné d'entrée de jeu comme *allant de soi* dans une « évidence incontestable » qui peut rivaliser avec celle des jugements et des actes catégoriaux :

> Ce sol universel de la croyance au monde est ce que présuppose toute pratique, aussi bien la pratique de la vie que la pratique théorique du connaître. L'être du monde dans sa totalité est ce qui va de soi, ce qui n'est jamais mis en doute, ce qui ne résulte pas d'une activité de jugement, mais qui constitue le présupposé de tout jugement [1].

Quand bien même les substrats originaires découverts par la méthode régressive s'avèreraient être faux et non-étants, le monde qui les englobe n'en serait pas moins évident dans son universalité de croyance; et ce d'autant plus que la « correction » de l'illusion et la reconnaissance de la non-existence d'un étant objectal quelconque ne peuvent s'effectuer que par rapport à la certitude originaire de la donation de l'*Umgebung* mondain. On ne saurait donc mettre en doute cette certitude originaire du monde prédonné. Mais quelle est la valeur de cette certitude initiale du monde? Est-elle équivalente à celle produite par la raison légitimante, celle qui, notamment, résulte de l'« examen critique de la pensée théorique » [2]? Assurément non. Caractérisant cette certitude originaire, Husserl indique qu'elle n'est pas obtenue par un acte exprès « comme acte de position de l'être » ou par un jugement théorique, mais qu'elle est immédiatement donnée comme telle. C'est une certitude donnée, qui plus est, de manière passive. Dans l'exacte mesure où elle ne repose sur aucun présupposé antérieur, puisqu'elle est elle-même structure universelle et originelle de la présupposition ultime, peut-on cependant dire d'elle qu'elle est véritablement *apodictique ?*

1. *Ibidem*, p. 34 [25]. Toute activité de connaissance présuppose nécessairement ce « domaine préalable de la donné passive » (*ibid.*).

2. *Ibidem*, p. 35 [26].

Il n'est pas toujours aisé de suivre la manière tortueuse dont Husserl pense le rapport entre ces deux stades extrêmes de l'évidence. Au premier abord, il semble bien que l'évidence originaire, fournie par le *monde-de-la-vie*, jouisse à ses yeux, en raison de son rôle par essence fondatif, d'un privilège insigne sur les évidences rationnelles :

> Et peut-être la scientificité que requiert ce monde de la vie en tant que tel et dans son universalité est-elle une scientificité propre, qui n'est justement pas objectivo-logique, mais qui, en tant que fondative en dernière instance, n'est pas la moindre quant à la valeur, et est au contraire *la plus haute* [1].

Même constat quelques pages plus loin :

> C'est du reste une tâche d'une importance extrême pour l'entreprise qui consiste à ouvrir scientifiquement le monde de la vie, que de faire valoir le droit originel de ces évidences, j'entends leur plus haute dignité dans la fondation de la connaissance – *plus haute* que celle des évidences objectivo-logiques [2].

Néanmoins la problématique d'un démantèlement systématique de toutes les idéalisations scientifiques (dans lesquelles est inclue la logique elle-même) et de toutes les prétentions qui leur sont inhérentes à édicter des jugements et des connaissances vrais en soi, est dans la *Krisis* quelque peu différente de celle d'*Expérience et Jugement*, uniquement centrée autour de la question du jugement logique. La première conséquence de cette destitution de toutes les formes de l'*épistémè* conduit en retour à une valorisation exorbitante du monde de la vie originaire. Pour ce faire, Husserl doit premièrement réintégrer en quelque sorte ce « sol originaire du monde » dans la subjectivité constituante, en montrant par là que « le sens d'être du monde donné d'avance dans la vie est une *formation subjective* » [3]. Ce n'est donc pas, contrairement à ce que pouvait laisser penser la lecture rapide d'*Expérience et Jugement*, l'être du monde dans son évidence sans question qui « est en soi ce qu'il y a de premier », mais ce qui est premier en soi « est au contraire la subjectivité et ce *en tant* qu'elle prédonne naïvement l'être du monde » [4]. Nous n'avons donc plus affaire à l'opposition prévalente d'un monde prédonné comme allant de soi et du sujet logique à interroger, mais aux deux degrés d'une seule et même subjectivité constituante, à savoir d'un côté son existence pré-scientifique et originelle dans le monde de la vie et de l'autre sa vie purement rationnelle comme validatrice de toutes les connaissances vraies et définitives.

1. *Krisis, op. cit.*, p. 141 (*cnqs*).
2. *Ibidem*, p. 145.
3. *Ibidem*, p. 80.
4. *Ibidem*.

Malgré cette réintégration, comme simple corrélât intentionnel, du *sol originaire du monde* dans la vie constituante de la subjectivité, la question de l'articulation des deux degrés d'évidence n'en demeure pas moins préoccupante. Car la voie réductive du *monde-de-la-vie* implique tout d'abord la mise entre parenthèses des évidences rationnelles, voire de l'exigence rationnelle elle-même en tant que quête d'une validité en soi définitive. L'effet alors véritablement *pervers* (au sens d'un renversement du monde objectif) de l'analyse de la *Lebenswelt* dans la *Krisis* est de laisser considérer que l'objectivation logique, le *monde vrai*, n'est qu'une simple objectivation scientifique, ni plus ni moins justifiable de sa vérité que celle de la « mathématisation galiléenne de la nature », et donc de lui réserver le sort promis à toutes les idéalisations, à savoir l'invalidation de son sens en tant que pure « substruction théorético-logique » [1] idéale. À cet égard, la logique ne bénéficie pas d'un traitement de faveur dans le *Rückgang* aux évidences ultimes, mais se voit tout simplement assimiler à une forme d'objectivation scientifique comme une autre (aussi, dans la *Krisis*, la question de la logique transcendantale a-t-elle étrangement disparue. Est-elle elle-même une forme objectiviste et idéalisatrice?). Toutes les évidences rationnelles sont ainsi mises *sur le même plan*, qu'elles soient le produit de la logique ou de l'objectivisme naïf des sciences de la nature. Il appert donc que le trait le plus immédiat de la *Rückfrage* au « monde des évidences originelles » est la mise hors-circuit de la constitution logique, et ce d'autant plus que la question même de cette constitution est, par rapport à celle de la *Lebenswelt*, secondaire [2]. La réhabilitation de la *doxa*, injustement méprisée dans l'histoire de la philosophie, qu'opère Husserl dans l'introduction d'*Expérience et Jugement* et dans la *Krisis*, paraît conduire en retour, par un mouvement de balancier, à une dévalorisation généralisée de toute forme d'*épistémè*, sous prétexte d'idéalisation objectiviste.

Toutefois, cette radicalisation de la *Rückfrage*, amenée à poser les évidences originelles comme uniques fondements de tout être-vrai, n'est pas sans entraîner à sa suite de nombreux problèmes concernant la possibilité même d'une fondation du *logos :* le tout premier étant que si ces évidences rationnelles sont toutes, de leur côté, des substructions idéales qui cachent et dénaturent les vérités originelles de la *Lebenswelt*, la fondation génétique du logico-théorétique devient alors proprement incompréhensible, car l'illusoire ne peut assurément être fondé sur le vrai. À quoi

1. *Ibidem*, p. 144.

2. Husserl avance même, à l'opposé de ce qu'il soutenait encore dans *Logique Formelle et Logique Transcendantale*, que, dans ce renversement opéré par la *question en retour* vers la *Lebenswelt*, la théorie de la science, la théorie de la connaissance perd de son autonomie et devient un problème, somme toute, « partiel », p. 153.

bon poursuivre le travail d'une fondation généalogique de la logique transcendantale, si celle-ci est pour le coup à ranger parmi les idéalisations historiques de l'objectivisme? Il est difficile de soutenir en même temps que les évidences scientifico-logiques sont de *deuxième ordre* (pour les raisons que nous avons signalées) et qu'elles doivent pourtant être fondées dans les évidences originelles, attendu que les diverses validations prélogiques de la *Lebenswelt* « sont fondatives pour les vérités logiques, les vérités théorétiques » [1]. Aussi le monde de la vie serait-il partant le royaume d'évidences absolues, sans aucun lien avec les évidences objectives et coupé des autres degrés constitutifs. Ce qui, ne serait-ce que d'un point de vue méthodologique, serait absurde. Comme le souligne Paul Ricœur, « l'on ne comprend absolument pas comment la question de la validation absolue pourrait procéder du monde de la vie comme vécu » [2].

Deuxièmement, ce privilège de la *Lebenswelt* paraît impliquer, de manière afférente, une dévalorisation de la subjectivité fonctionnant de manière, non anonyme et passive, mais spontanée et active, c'est-à-dire qu'il semble déprécier l'œuvre générale de l'ego transcendantal lui-même. Or dans cette subjectivité ultimement constituante du monde de la vie, « qui fonctionne en tout temps de façon ultime et qui est par conséquent absolue » [3], l'on ne voit pas bien où peut se situer l'ego lui-même, ou plus exactement l'ego rationnel, celui qui juge et, de manière active, prend position, « le réalisateur identique de toutes les validations » [4]. Comment sortir de cette double impasse à laquelle semble nous conduire le projet généalogique?

La difficulté se dissout d'elle-même si l'on tient compte du fait que *le monde de la vie* conserve une forme logique. Comme l'indique Husserl dans la *Krisis*, le processus de désidéalidation n'annihile pas toute vérité logique, car le monde de la vie réduit possède lui-même une « structure générale » qui s'avère être scientifique et logique et à laquelle sont liées *ipso facto* toutes les « sciences du Logos » [5]. Bien évidemment cette scientificité originaire est *tout autre* que celle du monde objectif et mathématisé. Mais elle n'en demeure pas moins fondamentale. Avec elle, on atteint un « catégorial du monde de la vie », un « *a priori* et universel du monde de la

1. *Krisis*, *op. cit.*, p. 141.

2. Cf. « L'originaire et la question-en-retour dans la *Krisis* de Husserl », dans *Textes pour Emmanuel Lévinas*, éd. F. Laruelle, J.M. Place éditeur, Paris, 1980, p. 174, repris dans *À l'école de la Phénoménologie*, Vrin, Paris, 1993, p. 292. Dans ce même article, Ricœur note également que la recherche des critères de l'originaire est dans la *Krisis* « peu concluante » (p. 172), et que par conséquent la validité de la fondation ultime est largement questionnable.

3. *Krisis*, p. 174.

4. *Ibidem*, p. 194.

5. *Ibidem*, p. 158.

vie»[1] qui fait face à *l'a priori* universel du monde objectif. Tout semble donc indiquer que le monde de la vie prélogique possède des évidences directement apodictiques, sur lesquelles peuvent ensuite s'édifier les évidences rationnelles et logiques, du fait même de l'inclusion de la science, en tant que *praxis* théorétique, à l'ordre exclusivement praxique de la *Lebenswelt*. Nous pourrions donc nous attendre à une spécification de l'évidence originaire et à l'exposition du lien fondatif qui l'unit nécessairement aux évidences supérieures de la sphère scientifico-logique. Or tel n'est pas tout à fait le cas.

Si nous portons le regard sur ce sol des ultimes présuppositions, alors nous nous apercevons que les évidences originelles du monde de la vie, fondatrices de toutes les validations logico-scientifiques, sont, selon Husserl, elles-mêmes *questionnables*. Ce seul et unique point est, notons-le, déjà en contradiction flagrante avec l'*absence de présupposition* revendiquée par le monde de la vie. Si l'évidence inaugurale est «ce qui est attesté par l'expérience»[2], force est de reconnaître alors que cette expérience primitive nécessite pour sa part une confirmation continuelle, étant donné qu'elle peut toujours subir des discordances et des errements menant à une invalidation relative. La certitude de *vivre-dans-un-monde* n'est donc pas aussi *transparente* que les toutes premières analyses régressives pouvaient le laisser supposer. Ce que ces descriptions «du reste très grossière» montrent d'emblée, affirme Husserl, c'est que le «monde de la vie est toujours dans un mouvement qui est celui d'une constante relativité dans la validité»[3]. La *relativité* même de cette confirmation de l'expérience originaire indique clairement que ses évidences sont par essence problématiques.

Peu à peu, Husserl passe de la thématisation de la *Lebenswelt* à la mise en valeur de la philosophie transcendantale qui a pour principal but de «transformer l'évidence universelle de l'être du monde en quelque chose qui se comprenne»[4]. C'est dire qu'elle ne prend pas la *Lebenswelt* comme un sol d'évidences toutes prêtes mais qu'elle la questionne systématiquement, étant donné que celle-ci est, comme le monde objectif, «sous le coup d'une exigence de compréhensibilité»[5]. Si celle-ci doit précisément passer un examen de validation, c'est que sa certitude est friable, contestable jusqu'à plus ample et ferme confirmation. Elle ne peut donc assumer directement le rôle de commencement indubitable et absolu de la science universelle, ni ne peut servir de fondement unique aux vérités apodictique-

1. *Ibidem*, p. 159.
2. *Ibidem*, p. 514.
3. *Ibidem*, p. 515.
4. *Ibidem*, p. 205.
5. *Ibidem*, p. 215.

ment certaines, puisque son apodicticité est elle-même sujette au doute. Mais qui met en doute la validité du fondement originaire? À partir de quelle position réellement autofondative, la philosophie transcendantale peut-elle sonder en profondeur le domaine des évidences premières? Quel est cet autre fondement qui peut questionner en retour le monde de la vie et sa prétention à la validité ultime? Husserl ne cache pas longtemps l'instance ultime de validation. Celle-ci n'est autre que l'ego pur et absolu « en tant qu'unique centre de fonctionnement de toute constitution » [1], en tant que porteur de la rationalité véritable.

Comme le souligne très justement Paul Ricœur, le monde de la vie, pure *praxis* pré-théorique, ne tient pas cette exigence de validation et d'absence de présupposition de lui-même, mais précisément de la sphère logique, de la science authentique, en tant que produit historique du *telos* grec :

> Cette question [celle de la fondation ultime], en effet, n'appartient pas elle-même au monde de la vie. Elle a été posée par ce que Husserl appelle « la nouvelle humanité » [*Krisis*, § 33], c'est-à-dire les Grecs. La question grecque du fondement ultime n'appartient plus au monde de la vie en tant que telle, si celui-ci doit signifier la vie immédiate au niveau d'une praxis radicalement pré-scientifique [2].

Le sens de fondation ultime que Husserl accorde au *monde de la vie* lui est en quelque sorte extrinsèque et rapporté, mais relève nécessairement de l'idéal de scientificité que le thème même de la *Lebenswelt* avait pour but de déconstruire. En effet, la mise en évidence de cette praxis pré-théorique a pour fonction principielle de servir de réference ultime aux démantèlements successifs des significations logico-scientifiques. Mais, malgré cette décomposition radicale du savoir et des buts du savoir, la monde de la vie conserve en quelque chose la scientificité qu'il doit continûment réduire et démonter, à savoir l'idée d'une autofondation apodictique et ultime. La validité définitive sans cesse imputée à la *Lebenswelt* se présente donc comme le *residuum* du démantèlement de la logique, comme ce reste irréductible et sauf. Pourquoi alors conserver ce reste de scientificité objective? Est-ce à cause d'un manque de radicalité de l'analyse? Vraisemblablement non, puisque l'*Abbau* aboutit bien à mettre en valeur une structuration pré-logique du monde de la vie, à savoir cette « structure générale, à laquelle tout relativement-étant est lié » et qui « n'est pas elle-

1. *Ibidem*, p. 207. C'est ce que détermine de la manière la plus nette qui soit le § 26 « explication préalable du concept du transcendantal qui nous guide ici ». Le motif de la question-en-retour sur les évidences originaires et sur « l'ultime source de toutes les formations de connaissance » nous conduit à reconnaître que cette *Urquelle* « a pour titre Moi-même » (*ibid.*, p. 113).

2. Cf. « L'originaire et la question-en-retour dans la *Krisis* de Husserl », *op. cit.*, p. 174.

même relative »[1]. Une nouvelle raison de la persistance mystérieuse de l'exigence d'indubitabilité peut être trouvée dans le fait que l'*Abbau* des évidences rationnelles jusqu'au dévoilement du monde de la vie ultime n'est qu'une première étape dans la phénoménologie transcendantale qui doit également rendre compte de la *reconstruction* constitutive des significations logiques à partir de ce fond primitif. De ce point de vue, l'idée d'une évidence définitive et absolument certaine opère comme un *Leitfaden* dans l'édification graduelle, comme le *telos* de la rationalité philosophique, réconciliant ainsi, de manière toutefois purement idéale et régulatrice, la fondation originaire et la fondation ultime. Convient-il pour autant de contester la valeur fondative de la sphère originaire au nom de l'exigence d'apodicticité? Non assurément, mais il est nécessaire d'observer à la fois cette précarité de l'apodicticité de l'*Urstiftung* et cette extranéité du motif de la fondation de l'évidence.

En dépit des revendications incessantes de Husserl, on peut donc observer que les évidences originelles sont loin de posséder cette absence de présupposition qui les donnerait pour des vérités ultimes et hors de question. Tout au contraire, elles sont prises dans un procès de confirmation mobile et infini, dans un flux de concordance validatrice qui inclut en soi des moments de discordance et de conflit[2], et donc ne sont pas à l'abri

1. *Krisis*, p. 158.

2. Ouvrant dans *Philosophie première* pour l'une des premières fois le champ du flux du présent vivant, c'est-à-dire la subjectivité fonctionnant de manière originaire, Husserl notait : « Il faudrait, par exemple, étudier comment la validité durable procède d'*actes d'instauration originaire* et comment se manifeste ensuite dans sa permanence la validité continue; de plus, comment une validité s'unit à une autre pour former une *validité concordante*, mais aussi comment des validités, des convictions entrent en conflit entre elles, comment des validités peuvent alors subir une invalidation, peuvent être abolies … » (*op. cit.*, t. II, p. 209 [151]). Ce que découvre Husserl en soulevant le couvercle de la vie subjective originaire, c'est que celle-ci est un champ très vaste d'expériences hétéroclites, mêmes si elles sont guidées par le *telos* de la concordance universelle, un champ où l'erreur et l'illusion ne sont pas absentes, mais sont à tout moment possibles. Or, si cette subjectivité *fungierende* est d'entrée de jeu une subjectivité constituante, et c'est bien là la conviction husserlienne, elle doit alors pouvoir aussi rendre compte de la constitution de ces discordances et de ces conflits qui aboutissent parfois à des invalidations. En un mot, la sphère subjective native, prise dans des « implications intentionnelles », extrêmement complexes et non entièrement élucidables, dans les horizons infiniment ouverts, possède elle-même une certaine *opacité,* une certaine labilité ou multiplicité, qui rend, bien entendu, problématique sa position de fondement absolu de toutes les validités. Comme le note Husserl (à regret?) : « Il est clair qu'il ne peut être question d'une désimplication et d'une mise en lumière complètes de ces multiplicités, qu'on effectuerait librement et arbitrairement », p. 213 [153]. Dès que la subjectivité transcendantale est envisagée autrement que comme le lieu clos d'une pure évidence incontestable qui ne vaut que pour soi, c'est-à-dire dès qu'elle est prise en vue comme « univers monadique d'un système de vie sans fin » (p. 213 [153]), alors l'apodicticité franche et massive s'écaille et se craquelle, pour laisser place à un champ d'expérience où le valide et l'invalide s'affrontent dans une genèse graduelle qui a pour terme la concordance universelle.

du questionnement. Mais alors le sens de la fondation du logique et, ce faisant, de toutes les formations de sens scientifiques et objectives sur le sol évident de la *Lebenswelt* devient tout à fait inintelligible, car le fondement « subjectif-relatif du monde de la vie » [1], donné pour la source de toutes les validités, doit être également fondé à son tour. Nous nous heurtons ici à une première manifestation de ce que nous appellerons dans la suite de notre travail le *conflit des fondements* [2], à savoir cette concurrence de deux principes [3] qui, en tant que sources de la validité ultime, revendiquent tour à

1. *Krisis*, p. 159.

2. Pour concilier les deux fondements de la validité, l'originaire et le rationnel-final, Paul Ricœur propose, dans l'article déjà cité, de distinguer deux champs d'application pour le *monde de la vie* originaire. En effet, la contradiction point selon lui si l'on considère le sol originaire à la fois comme le sol de toute donation préalable et comme le principe des premières connaissances. En revanche, si l'on dissocie l'aspect ontologique de l'aspect épistémologique et si l'on accorde par suite au monde de la vie qu'une signification ontologique comme présupposé absolu, comme structure du déjà là d'avance, ou comme « référent ultime de toute idéalisation » (*op. cit.*, p. 176), le problème de la double fondation ne se pose plus, puisque la fondation de validité est alors exclusivement attribuée à la raison légitimante qui advient après le monde de la vie et sa praxis pré-théorique. L'idée de Paul Ricœur étant ainsi que la thèse du monde de la vie comme simple référent ultime « laisse intacte la question de la légitimation ultime », c'est-à-dire la laisse disponible pour une autre fondation que celle refusée au sol originaire. Et P. Ricœur de noter très justement que la difficulté de l'analyse tient à l'équivocité même du terme de fondement « qui tantôt désigne le sol sur quoi quelque chose est construit, tantôt le principe de légitimation qui gouverne la construction des idéalités sur cette base » (*ibidem*). Pour justes et éclairantes que soient ces analyses, elles ne rendent pas tout à fait compte des intentions particulières de Husserl, dans la mesure où le projet d'archéologie de la logique, puis de toutes les formations de sens scientifiques, ne pose pas le monde de la vie comme le simple terrain où s'élaborent ces pré-connaissances, mais aussi et surtout, serait-on tenter de dire, comme leur fondement originel de validité. Ce point est constamment rappelé par Husserl tout au long de la *Krisis* : « Et de cela fait partie, comme nous l'avons dit, tout *a priori* objectif dans la référence nécessaire qui est la sienne à un *a priori* correspondant dans le monde de la vie. Cette référence est celle d'une fondation de validité. » (p. 159) Contrairement à ce que suggère Ricœur, Husserl identifie de manière décisive le monde de la vie comme référent au monde de la vie comme fondement de validité. Il prend la *Lebenswelt* en vue exclusivement à partir d'une perspective épistémologique fondative. Le fondement ne vaut pas en général comme simple référence à une prédonation, mais d'emblée comme principe légitimant (ou plutôt, dans la méthode de démantèlement des idéalisations, comme principe invalidant). Si la « théorie objective dans son sens logique (...) s'enracine, se fonde dans le monde de la vie, dans les évidences originaires qui s'y rapportent », c'est que cette science objective appartient elle-même au monde de la vie et donc que ce dernier n'est pas simplement quelque chose qui est donné par avance, mais aussi quelque chose qui valide, confirme, infirme. Réduire le monde de la vie, et partant toute structure de la vie subjective originelle comme par exemple la passivité antéprédicative dans *Expérience et Jugement*, à la simple préséance d'un monde, c'est précisément s'interdire de comprendre le sens constitutif de l'originaire et l'« édification étagée » (*Aufbau*) de la constitution génétique. La phénoménologie constitutive n'a de sens en effet que si chaque échelon de la genèse constituante est à la fois le préalable et le principiel de l'échelon suivant. En un mot, si la *Fundierung* se veut *Begründung*. Nous verrons plus loin comment cette aspiration sera largement déçue.

3. Husserl doit donc réviser son propre souhait de ramener toutes les connaissances

tour l'entière primauté dans la genèse constitutive, en un mot la confrontation incessante et indéclinable de l'*Urstiftung* et de l'*Endstiftung*.

En conclusion, ce que l'étude du sol originaire du monde de la vie nous a permis de comprendre, c'est que la mise au jour de la certitude passive du monde, si l'on en accepte provisoirement l'idée, est loin de résoudre tous les problèmes concernant la validité de la fondation logique. En effet, la généalogie mise en œuvre dans *Expérience et Jugement* et dans les textes voisins des *Leçons sur la logique génétique* est avant tout celle du jugement et de son évidence spécifique. Or en quoi cette évidence d'un jugement particulier peut-elle être ramenée à celle du monde de la prédonation universelle, dans lequel est donné par avance l'objet originaire, le « ce sur quoi » du jugement? Le déplacement subtil, qu'a opéré Husserl, de l'évidence du simple substrat individuel à celle de l'horizon mondain universel dans lequel il est installé n'est que de peu d'utilité pour la question même du fondement des évidences judicatives. En effet, elle nous permet simplement d'affirmer qu'avant tout jugement l'objet de ce jugement est déjà là d'avance dans une certitude générale du monde prédonné. Mais il reste que c'est toujours à l'« activité de connaissance, activité judicative » d'examiner si « l'étant est vraiment tel qu'il se donne, tel qu'il est visé, s'il est vraiment un étant de telle et telle nature » [1]. Ce que l'évidence incontestable du sol mondain nous apprend, c'est *que* l'objet est, mais non *comment* il est et *ce qu*'il peut être. Or, encore une fois, cette *qualité* de la donation (et de ses modalités) est directement partie prenante de l'élaboration des évidences judicatives, puisqu'il ne peut y avoir de jugement évident qui reposerait sur des objets incertains. Que, sur la certitude originaire du monde, l'objet soit donné comme possible, douteux, probable, etc., n'est donc pas sans incidence sur l'évidence même des divers jugements édifiées sur lui. Cela interfère directement dans la validité de l'évidence judicative. L'unique façon pour Husserl de répondre à cette nouvelle question du rapport matériel des divers degrés de l'évidence est donc de confronter directement l'évidence originaire, obtenue dans une perception externe, avec celle du jugement prédicatif comme tel, et de montrer comment s'établit la relation fondationnelle entre les deux.

logiques et scientifiques à « un seul et unique fondement » (p. 128) qui n'est autre chose que « cette subjectivité anonyme » jamais encore prise en vue par l'analyse philosophique, à savoir le royaume du monde de la vie. De toute évidence, la subjectivité transcendantale, malgré l'unité fluente de sa vie, repose, elle aussi à l'instar de l'entendement chez Kant, sur une *double manière de fonctionner*, d'un côté en tant que prédonatrice et préconstituante et de l'autre en tant qu'évaluatrice et prenant position de manière définitive.

1. L'unité d'identité qui est « passivement prédonnée n'est pas encore saisie comme telle et maintenue comme identité objective », cf. *Expérience et Jugement*, p. 69 [60]. C'est donc seulement dans la saisie judicative que l'objet est posé comme étant dans une « position ferme » (*Feststellung*)

CHAPITRE II

L'ANALYSE GÉNÉALOGIQUE DU JUGEMENT PRÉDICATIF

LA CRITIQUE DE LA « THÉORIE DU JUGEMENT » DE BRENTANO

La généalogie de la logique, entreprise dans les *Analysen zur passiven Synthesis*, peut emprunter diverses voies [1] selon qu'elle prenne pour fil conducteur de son cheminement régressif l'évidence de l'objet, celle de la signification logique ou encore la forme logique et syntaxique, entendue comme structure de connexion entre objets. En raison de la pluralité même des genèses, l'analyse généalogique se présente comme une élucidation du rapport multiple et « étagé » (*stufenmäßig*) entre la passivité et les formes de la catégorialité. Or il est une forme qui permet, mieux que tout autre, d'exposer la richesse de cette interdépendance : le jugement prédicatif. En effet, le jugement comporte à la fois un contenu objectal, une forme de connexion et une prise de position thétique. D'une certaine manière, les différentes généalogies possibles de la logique se retrouvent associées dans celle du jugement prédicatif. Or, l'analyse généalogique du jugement, qui dévoile comme provenance exclusive des formes judicatives les synthèses passives de la perception, entraîne corrélativement un ré-examen de la théorie traditionnelle du jugement, principalement celle d'Aristote. Mais dans ce travail critique, la « théorie moderne », et plus particulièrement celle de l'« École de Brentano », n'est pas épargnée, car celle-ci mésinterprète également, selon Husserl, cette relation du percevoir et du juger. À ce

1. Toutes ces analyses peuvent parfois aller de pair. Dans les *Analysen zur passiven Synthesis*, Husserl constate : « aussi sommes-nous parvenus jusqu'aux sources originaires de la conscience objectivante et par là à une véritable théorie du jugement et de la connaissance », Hua. XI, p. 365. Quelques années plus tard, dans *Logique formelle et logique transcendantale*, Husserl exposera de nouveau les buts d'une « théorie authentique du jugement », cf. *op. cit.*, p. 348-349.

sujet, il est étonnant de remarquer que, malgré son projet de « renversement » de l'ensemble de la tradition logique, Husserl s'attache plus à une révision des théories modernes du jugement qu'à celle de la doctrine d'Aristote qui est au fondement même de la tradition logique qu'il cherche pourtant à dénoncer. Cet étonnement est d'autant plus grand que les théories modernes du jugement (Brentano, Meinong, Cornélius, etc.) auxquelles il s'attaque avaient également pour but la destitution de la théorie traditionnelle du jugement.

Partons donc des formulations du maître que Husserl va peu à peu être amené à remettre en cause. Dans le livre II de la *Psychologie vom empirischen Standpunkt*, Brentano se propose de classer tous les phénomènes psychiques selon leurs modes fondamentaux de relation aux objets en trois genres distincts : les représentations (*Vorstellungen*), les jugements (*Urteile*) et les phénomènes d'amour et de haine, c'est-à-dire les « mouvements affectifs », (*Gemütsbewegungen*). Sans entrer dans le détail analytique de cette classification, notons toutefois que le jugement est posé ici par Brentano comme appartenant au second genre en tant que représentation fondée sur une représentation simple : il se manifeste comme la transformation de cette représentation simple en proposition affirmative ou négative, en « approbation » (*Anerkennung*) ou « rejet » (*Verwerfung*). Si la perception simple, en tant que représentation du premier genre, donne un objet *S*, le jugement fondé sur elle, ajoute à la représentation perceptive simple un « tout autre mode de relation » [1], à savoir une position d'existence sous la forme *S est* ou *S n'est pas*. Tout jugement revient ainsi à une affirmation ou négation d'un susbtrat donné par une représentation simple. Elle confère donc à la représentation simple un nouveau mode qui consiste dans la décision. Tout jugement est donc double, à titre soit de représentation d'un objet, soit d'affirmation existentielle de cet objet représenté. Le point sur lequel insiste tout particulièrement Brentano, c'est que l'essence du jugement ne peut résider dans une complexification de la représentation comme une liaison articulée à plusieurs membres ou une « synthèse de caractères représentés » [2]. Le jugement, indique-t-il, ne peut « se décomposer en simples représentations ni se constituer par la simple réunion de représentations » [3]. Il n'est pas non plus l'expression de cette liaison

1. Cf. *Psychologie vom empirischen Standpunkt*, éd. O. Kraus, Hambourg, F. Meiner Verlag, 1924, *La psychologie du point de vue empirique*, tr. fr., M. de Gandillac, Aubier, Paris, 1944, p. 208. On voit déjà ici le travail de *démarcation* qu'opère Brentano par rapport à la tradition aristotélicienne du jugement comme combinaison exprimée entre un sujet et un prédicat. Cf, *ibidem*, p. 211 : « selon une opinion très courante, le jugement consisterait effectivement en une liaison ou une séparation qui s'effectueraient dans le domaine de notre représentation ».

2. *Ibidem*, p. 215.

3. *Ibidem*, p. 213.

spécifique qu'est l'attribution prédicative, car, premièrement il peut y avoir des jugements non attributifs comme *S est*, et deuxièmement même les jugements attributifs [1] de type *S est p* peuvent s'exprimer sous la forme *S est* en incluant l'attribut prédiqué au substrat lui-même sous une nouvelle forme *S(p) est ou n'est pas*. De plus, je peux me rapporter à la liaison *S est p* comme à une pure représentation et donc sans rien juger d'elle. Aussi « affirmer qu'il existe un homme savant, c'est-à-dire affirmer l'union du terme homme et du caractère "science", c'est affirmer implicitement qu'il existe un homme » [2]. La liaison n'est donc pas un critère distinctif pour séparer représentation et jugement. À l'inverse de la tradition logique issue d'Aristote, Brentano pose que la *Prädikation*, en tant qu'elle est une forme de liaison, n'appartient pas à l'« essence du jugement » [3]. Celle-ci ressortit tout entière à l'acte positionnel de la croyance. Le but poursuivi par Brentano dans sa détermination de l'essence de la représentation judicative est par conséquent de ramener tous les *types* de jugements et de propositions catégoriques de la forme S *est p*, à la « proposition existentielle » (*Existentialsatz*) S(p) *est*, dont le modèle est *S est*. Il n'est donc pas vrai de dire, comme le déclare Brentano, « qu'il y ait dans tout jugement une liaison ou une séparation de caractères représentés » [4].

Cette doctrine brentanienne du jugement comme « position de croyance » (affirmation ou négation), brièvement esquissée ici, entraîne à sa suite deux conséquences théoriques que Husserl va prendre en compte dans toute leur problématicité. Premièrement, toute perception simple ne pose pas en réalité son objet comme « étant ou non-étant », mais simplement comme un pur susbtrat représenté sans une modalité d'être qui lui serait afférente. Deuxièmement, tout jugement, même le plus polythétique, peut être ramené en général à la forme canonique *S est*. Ce problème de la

1. Brentano considère que la forme prédicative, la « combinaison du sujet et du prédicat », n'est pas essentielle au jugement et qu'elle est du simple ressort des « formules verbales » (*ibid.*, p. 216).

2. *Ibidem*, p. 214.

3. *Ibidem*. Ce n'est donc pas le contenu d'une représentation qui la donne comme simple représentation ou comme jugement, mais la manière dont le sujet se rapporte aux contenus de conscience. En définissant le jugement comme assentiment ou rejet, Brentano s'incrit toutefois dans une certaine tradition (qui n'est pas celle issue d'Aristote) que l'on pourrait faire remonter via J. S. Mill à Hume et à sa théorie du *Belief*. Cf. *Traité de la nature humaine*, *op. cit.*, p. 171, note 1 : « Car premièrement, il est loin d'être vrai que, dans tout jugement que nous formons, nous unissons deux idées différentes : car, dans cette proposition Dieu est ou, certes dans tout autre qui a trait à l'existence, l'idée d'existence n'est pas une idée distincte que nous unissons à celle de l'objet et qui soit capable par son union de former une idée composée ».

4. *Ibidem*, p. 213. En promouvant la proposition existentielle, Brentano libère par là même l'être de la copule (*ibid.*, p. 221), puisque le « est » peut être conçu en dehors de toute liaison prédicative.

définition de l'essence du jugement est un *topos* philosophique qui occupe à la fin du XIXe siècle nombre de logiciens et de psychologues de la connaissance, et ce en liaison directe avec la thèse brentanienne du jugement comme croyance ou *belief*. Dès 1894, on retrouve chez Husserl différentes traces de ce vif débat [1]. C'est notamment le cas dans son analyse du livre de Kasimir Twardowski *Sur la théorie du contenu et de l'objet des représentations*, tout comme dans ses diverses recensions des ouvrages logiques de l'époque. Conçu tout à la fois comme une réponse à Twardowski et comme un approfondissement de sa propre théorie de l'intentionnalité, le texte inachevé *Sur les objets intentionnels* indique :

> L'existence « vraie » ne vient à valoir que dans le jugement affirmatif d'existence et présuppose déjà l'intentionnalité. Récemment, par exemple Twardowski a exposé cette conception (en se rattachant de près à Brentano) [2].

En effet, ayant distingué l'objet immanent et intentionnel de l'objet vrai et réel, Twardowski reprend directement à son compte la théorie de Brentano pour précisément expliquer comment l'on peut passer dans un énoncé de l'un à l'autre. En effet, ce qui sépare représentation et jugement, c'est « le genre particulier de la relation intentionnelle à l'objet » [3], de telle sorte que le passage entre eux s'effectue par l'affirmation (ou le rejet) en posant comme existant ce qui n'était jusqu'alors considéré que comme représentation. Twardowski fait donc sienne « la théorie idiogénétique du jugement » [4], à savoir celle qui place l'« essence du jugement » dans la reconnaissance ou le rejet de l'objet, afin d'étayer sa propre distinction de l'objet immanent et de l'objet vrai.

Or, comme pour Husserl le dédoublement de l'objet intentionnel en objet immanent et objet réel ne s'impose pas, la distinction de la simple représentation et du jugement qui l'accompagne est par là même entraînée dans la dénonciation critique. Ce qui semble confirmer l'invalidité et l'inutilité conjointes de cette distinction, c'est que l'objet intentionnel et immanent n'est pas moins vrai et réel que le supposé objet réel : « si je me représente une couleur vers laquelle je me tourne en l'intuitionnant, alors cette couleur est un existant aussi honorable que, tout bonnement, n'importe quelle affaire du monde » [5]. De ce point de vue, objet intentionnel et

1. Cf. Edmund Husserl-Kasimir Twardowski, *Sur les objets intentionnels (1893-1901)*, présentation et traduction de J. English, Paris, Vrin, 1993.

2. *Ibidem*, p. 284.

3. *Ibidem*.

4. Selon le nom que lui a donné F. Hillebrand dans *Les nouvelles théories des raisonnements catégoriques*, Vienne, 1891, § 16.

5. Husserl-Twardowski, *Sur les objets intentionnels (1893-1901)*, *op. cit.*, p. 386.

objet vrai sont « identiquement le même » [1]. Quelque chose et quelque chose d'étant sont en d'autres termes des concepts équivalents. Je ne peux pas me représenter un objet comme n'existant pas, à moins que je ne présuppose la représentation affirmative de cet objet et que je la biffe dans un acte de représentation second et fondé. Dès lors, on n'a pas besoin, *premièrement*, de dégrader l'existence de l'objet intentionnel en objet vrai, puisque le premier n'est pas moins effectivement réel que le second. *Deuxièmement*, il faut reconnaître que l'essence du jugement ne peut consister en la simple affirmation existentielle d'une représentation, attendu que la position d'existence s'attache à n'importe quel objet de représentation. Toutefois cette critique naissante, via K. Twardowski, de la *théorie du jugement* de Brentano n'est pas encore conçue comme élément d'une élucidation génétique du jugement. En effet, dans sa recension de l'ouvrage de H. Cornelius (*Essai d'une théorie des jugements d'existence*, Munich, 1894, recension publiée dans *Sur les objets intentionnels*, *op. cit.* p. 357-379) portant sur les jugements d'existence et qui se présente dans son ensemble comme une objection à la thèse brentanienne du jugement comme simple croyance, on pourrait s'attendre à ce que Husserl se range à l'avis de son auteur, or tel n'est pas le cas. Les raisons pour lesquelles il n'adhère pas aux arguments critiques engagés par Cornelius et qui ont pour but, comme il le reconnait lui-même, « de réfuter la théorie du jugement par le *belief* » [2], ne sont pas très claires, mais il semble toutefois qu'elles tiennent plus aux maladresses méthodologiques et philosophiques de Cornelius qu'à la validité incontestable et sûre de la théorie « idiogénétique » du jugement elle-même.

Reprenant visiblement dans la cinquième *Recherche Logique* ses anciennes idées, Husserl se demande si la représentation simple diffère du jugement par la simple adjonction d'une « décision judicative » [3]. Après

1. *Ibidem*, p. 312.

2. *Sur les objets intentionnels*, *op. cit.*, p. 366. Par rapport aux formulations brentaniennes, il est à noter que Husserl ne retient pas comme essentielle la distinction du jugement comme *croyance* vis-à-vis de la théorie traditionnelle du jugement comme *liaison prédicative*, mais avant tout celle de la représentation comme intention sans croyance et du jugement comme position (ou proposition) d'être. Husserl fait constamment de Hume le père de cette théorie moderne du jugement, cf. *Logique formelle et logique transcendantale*, *op. cit.*, p. 348 [231]. Ce qu'il reproche à Hume, ce n'est pas d'avoir défini le jugement comme *belief* (car, à la vérité, Husserl ne fera pas autre chose dans un certain sens), mais d'avoir saisi ce *belief* comme un simple *datum*, comme une « manière de sentir », *feeling*, thèse qui empêche totalement de voir l'élement positionnel comme intentionnel. Or, constate Husserl de dépit, malgré sa découverte du fonctionnement intentionnel de la conscience, Brentano n'a rien changé à cet état de fait (*ibid.*, p. 349 [231]).

3. *Recherches Logiques*, *op. cit.*, t. II, 2 (Ve Recherche), p. 254 [446]. S'interrogeant sur la validité de la distinction brentanienne entre représentation et jugement adjonctif, Husserl déclarait : « Pour ma part, je m'efforce en vain de trouver la confirmation de ce genre

une longue analyse concernant le rapport des actes simples aux actes fondés, il conclut :

> C'est cette analyse qui nous fait pleinement comprendre – ce que nous devons noter, dès maintenant, pour nos recherches ultérieures – qu'une « théorie du jugement » ou, pour nous exprimer d'une manière plus adéquate qu'une caractérisation purement phénoménologique du jugement qui identifie la qualité particulière du jugement avec l'acte d'assentiment ou d'approbation, ou au contraire, avec l'acte de refus, et le rejet d'un état de chosess représenté (ou même d'un objet représenté) est engagée dans une fausse direction. L'assentiment ne s'ajoute pas comme une qualité d'acte qui s'ajouterait à l'acte préalable de simple représentation [1].

Mais qu'est-ce qui peut autoriser ici Husserl à formuler cette critique du jugement, défini comme une pure et simple proposition approbative ou désapprobative? Tout d'abord ceci : comme il le fait déjà remarquer dans les *Recherches Logiques*, il est tout à fait inconcevable que la *forme* du jugement puisse être *S est*, dans la mesure où, d'une part, il existe des représentations simples affirmatives qui n'ont pas cette forme judicative, par exemple, un nom propre, lequel affirme bien l'existence d'un susbtrat sans l'entremise du « est », et où d'autre part il est inversement loisible d'exhiber, comme l'avait signalé Twardowski, de véritables jugements qui ne revêtent pas la forme générale, ou prétendue telle, *S est*, comme par exemple l'exclamation « Feu ! » (*Feuer!*). Cette critique de 1901, qui avait originellement pour but de montrer que la relation à l'objet intentionnel (la « matière » de l'acte) incluait automatiquement les modalités thétiques de sa donation (la « qualité » de l'acte), et donc que l'affirmation ou la négation ne s'ajoutait pas de l'extérieur à la représentation intentionnelle, on la retrouve avec une acuité nouvelle dans les *Leçons sur la logique génétique* du début des années vingt qui reposent précisément sur une confrontation systématique et génétique de la perception et du jugement.

d'hypothèse dans une analyse descriptive. Je ne puis que constater l'absence totale de cette dualité que l'on postule ici dans la qualité de l'acte ». Signalons que, pour contrer la doctrine brentanienne sur son propre terrain qui est celui de l'acte psychique, Husserl va proposer dans cette même Ve *Recherche Logique* de distinguer au sein du vécu de conscience précisément la « qualité » de l'acte objectivant de sa « matière ». À la différence de la dissociation de la représentation du jugement, qualité et matière d'un acte, bien que distincts, sont cependant pour Husserl inséparables.

1. *Ibidem*, p. 258-59 [450]. Ce que réprouve Husserl ici ce n'est pas la définition du jugement comme assentiment ou rejet, mais le fait qu'on puisse croire que cet assentiment ou ce rejet s'ajoute à la représentation pour lui donner la qualité existentielle. En un sens, ce qui est problématique aux yeux de Husserl, ce n'est pas la théorie du jugement, mais la théorie de la représentation.

Seulement à présent la critique de la théorie traditionnelle du jugement est saisie dans une perspective génétique.

Dans le premier des textes complémentaires aux *Analysen zur passiven Synthesis*, intitulé justement « La méconnaissance [*Verkennung*] des modalités d'être chez les logiciens et les psychologues de la connaissance » [1], Husserl revient en long et en large sur les « lourdes erreurs [*schweren Irrtümer*] dans lesquelles les logiciens philosophes et les psychologues de la connaissance sont tombés » [2]. De quoi les théoriciens du jugement sont-ils ici fautifs ? Ils le sont d'abord parce qu'ils ont voulu absolument faire pour chaque perception la *distinction* entre « ce que l'on appelle de simples représentations et le jugement », c'est-à-dire parce qu'ils ont cru possible de séparer au sein du vécu de conscience la « représentation de perception » de la « représentation de jugement », en faisant de cette dernière soit une « affirmation » (*Anerkennung*), soit un « rejet » (*Verwerfung*) [3]. Cette dissociation fatale a été redoublée par le fait que la contre-distinction *objet perceptif* et *modes d'être* a été transposée dans le vécu perceptif lui-même, qui a été ainsi scindé en deux, entre un vécu objectal et un vécu modal. Au lieu donc d'avoir un seul et même vécu perceptif se rapportant à un objet intentionnel dans une modalité d'être inhérente, on a obtenu une « séparation réale dans le vécu de conscience, voire même une séparation en éléments de vécu dissociables » [4]. Or, cette méprise a un responsable :

> Selon Brentano et son école, à laquelle appartient également Meinong, il doit exister une représentation de perception propre de l'objet qui représente celui-ci en chair et en os, puis, il doit venir s'y ajouter un jugement qui est tantôt affirmatif, tantôt négatif, une affirmation ou une négation de ce qui est représenté [5].

Là encore la thèse *discriminatoire* va à l'encontre des analyses phénoménologiques qui ont justement montré, dès les *Recherches Logiques*, que des représentations perceptives simples ne peuvent exister isolément des modalités d'être qui les qualifient *à même* l'objet représenté. La perception sensible ne se compose pas de « deux couches du vécu perceptif », la donation en personne d'une objectité et ensuite la donation de sa position d'existence, laquelle n'est plus, notons-le, dès lors réduite qu'à une simple donnée interne comme « sentiment intérieur », et prise en vue à partir de son intentionnalité spécifique comme position thétique. Mais, d'emblée, toute

1. Hua. XI, p. 225.
2. *Ibidem*.
3. *Ibidem*, p. 226.
4. *Ibidem*.
5. *Ibidem*.

perception d'un objet représente un processus continuel de concordance, c'est-à-dire de propension à donner l'objet comme étant, et ce, en passant par des modalisations du doute, du problématique, du possible, etc., de cette croyance instantanée : « la croyance et la variation de la croyance ne sont pas quelque chose qui vient s'ajouter aux intentions »[1], elles sont toujours déjà là, données avec le donné, objectivées avec l'objet. Le mode d'être, ce qui pour Brentano constitue l'essence même du juger, n'est donc pas par suite un élément *complémentaire* que le moi jugeant adjoint à « un sens qui lui serait pour ainsi dire déjà offert comme tout prêt [*sozusagen ihm fertig vorgereichtet*] »[2]. Au contraire, il est indissociablement inclus dans la donation objectale elle-même. Pour reprendre ici le vocabulaire des *Recherches Logiques*, on pourrait donc affirmer que toute perception livre son *was*, son « quoi » ou contenu objectal signifiant, en même temps que son *als was*, son « en tant que quoi », sa modalité d'être.

Bien évidemment cette critique de la théorie du jugement et surtout de « l'embarras dans lequel est tombé Brentano » quant à savoir ce qui relève respectivement du jugement et de la simple représentation perceptive prend une autre résonance dans la phénoménologie génétique et, en particulier, dans son versant généalogique. L'essentiel à présent pour Husserl, ce n'est donc pas, comme aux temps des *Recherches Logiques*, de montrer que la forme du jugement ne peut exclusivement être *S est*. Ce qui compte, avant toutes choses, c'est de rendre possible ici la préformation des opérations logiques dans la perception antéprédicative, en vertu même de la présence en son sein de modalités thétiques incontestables[3]. La principale motivation de cette critique de la « théorie du jugement » réside dans la volonté d'exposer clairement en quoi la perception simple, modèle des opérations antéprédicatives et passives dans *Expérience et Jugement* et les *Analysen zur passiven Synthesis*, peut en premier lieu préfigurer la forme prédicative *S est p* sous une forme non-thématique et explicite, et en second lieu dessiner par avance les distinctions modales thétiques (l'être-vrai, l'être-douteux, l'être possible, etc.) dans son opérativité passive même, car, indique Husserl, « les modalités que la perception a en commun avec le jugement entrent justement en scène ici pour des raisons qui ne sont pas dues au hasard [*nicht aus zufäligen Gründen*] »[4]. On comprend dès lors

1. *Ibidem*, p. 226.
2. *Ibidem*, p. 227.
3. Ce lien entre la théorie traditionnelle du jugement et le problème des modalités thétiques et de leur sens à élucider est clairement exprimé dans les *Analysen*, cf. Hua. XI, p. 28 : « Ce dont on a tant discuté dans les nouveaux mouvements logiques depuis Mill, Brentano, Sigwart sous le titre de "théorie du jugement" n'est, du point de vue de son contenu problématique central, rien d'autre qu'un éclaircissement phénoménologique de l'essence et de la fonction logique de la certitude d'être et des modalités d'être ».
4. Hua. XI, p. 29.

beaucoup mieux pourquoi la thèse soutenue par Brentano de la forme du jugement comme *S est* pouvait, pour Husserl, présenter un réel obstacle à la mise au jour phénoménologique de cette genèse effective des différentes formes et modalités logiques dans la sphère proto-judicative. En effet, en distinguant de manière trop tranchée la donation perceptive comme représentation simple (l'objectivation) et la donation thétique comme représentation fondée (le jugement), Brentano fermait la porte à toute analyse génétique et constitutive des évidences et des formes logiques dans la vie subjective passive et antéprédicative. Toutefois, Husserl ne cherche pas à définir ce que serait le jugement en dehors de la croyance. La fondation génétique de tout « acte de juger » dans l'*Urdoxa* perceptive montre au contraire qu'il ne peut y avoir, même dans les strates originelles de la vie subjective, de jugement sans croyance. Mais la croyance doit être conçue à présent comme un élément intrinsèquement constitutif de toute intention passive ou active, et non à la façon humienne comme un *feeling* interne. Nous étudierons cette genèse par conséquent sous ces deux aspects *manqués* par « un chercheur aussi génial que Brentano » [1] : la préfiguration de la forme logique *S est p* (et des formes attenantes) dans les formes et les connexions perceptives originelles et celle des modalités thétiques dans la variation passive doxique du procès perceptif.

SYNTAXE ET CATÉGORIES ANTÉPRÉDICATIVE DE LA PERCEPTION

Le présupposé constant de l'analyse généalogique de la logique peut être présenté comme suit : l'acte de percevoir dans son opérativité antéprédicative se comporte bien souvent comme un acte de juger : « déjà dans l'orientation antéprédicative objectivante vers un étant, il faut parler d'un acte de jugement au sens large » [2]. L'extension de la logique vers la sphère passive s'opère donc sur la base d'une reconnaissance d'éléments logiques dans l'expérience antéprédicative. Il s'agit ici de prendre la mesure de ce recouvrement revendiqué du sensible et du logique qui se révèle avec prégnance, selon Husserl, dans le rapprochement de la perception et du jugement. Est-ce à dire que l'acte perceptif n'est qu'un jugement ou une anticipation grossière d'un jugement ? Est-ce à dire également que l'ordre et la connexion des intuitions perceptives seraient en cela en tout point identique à l'ordre et la connexion des catégories logiques, que le perceptuel et le conceptuel reposeraient tous deux par conséquent sur la même assise logique ?

1. *Ibidem*.
2. *Expérience et Jugement*, *op. cit.*, p. 71 [62].

Il faut noter tout d'abord que ce rapprochement était fermement écarté du temps de la sixième des *Recherches Logiques*. Dans son étude du rapport de fondation entre les intuitions sensibles et les intuitions catégoriales, Husserl, à la question « est-ce qu'à toutes les parties et à toutes les formes de la signification correspondent aussi des parties et des formes de la perception ? » [1], répondait par la négative. Pourquoi ? Pour la raison que les formes syntaxiques sont totalement étrangères aux formes perceptives et que, si la signification catégoriale est effectivement fondée sur l'ensemble des intuitions sensibles, cela ne veut pas dire pour autant que la structuration propositionnelle de l'énoncé catégorial puisse correspondre à la structuration synthétique du donné perceptif. Il y avait donc selon lui, en 1901, une différence « fondamentale » et « absolue » [2] entre la forme catégoriale d'un énoncé et son matériau sensible, quand bien même celui-ci exhiberait dans sa donation perceptive une formation antéprédicative complexe. À ce compte, les diverses formes catégoriales (la prédication, l'attribution, les déterminations numériques, etc.) ne sont rien d'*adhérent* à l'objet donné dans la perception ; elles ne sont pas plus des formes *intrinsèques* ou constitutives de l'objet (ceci ne veut pas dire qu'elles sont, à l'opposé, quelque chose d'extérieur à l'objet du point de vue réal, car elles n'ont pas à la vérité de caractère « réal », qu'il soit intrinsèque ou extrinsèque) ; elles ne concernent pas non plus « les formes unitaires matérielles qui relient des objets en objets plus vastes, des couleurs en combinaisons de couleurs, des sons en harmonies, des choses en choses ou ordres de choses plus vastes (jardin, rue, monde phénoménal extérieur) » [3]. De ce fait, tous les éléments propositionnels (le *un* et le *le*, le *et* et le *ou*, le *si* et le *alors*, etc.) ne possèdent pas de « corrélâts objectifs » dans la sphère des objets réels. Ils n'ont d'existence que dans le caractère d'acte de l'appréhension catégoriale elle-même et nulle part ailleurs. Les formes catégoriales « n'agglutinent, ne nouent, n'assemblent pas les parties entre elles de telle manière qu'il en résulte un tout réel, perceptible par les sens » [4]. Elles laissent les objets dont elles traitent intacts, tout en produisant une nouvelle objectité : l'état de choses catégorial. Husserl s'avise de rappeler ce point tout au long de la sixième *Recherche :*

> Considérer ces relations entre les parties comme existant réellement dans le tout équivaudrait à confondre des choses fondamentales différentes :

1. *Recherches Logiques*, *op. cit.*, t. III (VIe Recherche), p. 161 [129].
2. *Ibidem*, p. 168 [136].
3. *Ibidem*, p. 170 [137].
4. *Ibidem*, p. 224 [186].

> les formes de connexion sensibles ou réelles, avec les formes de connexion catégoriales et idéales [1].

À rebours donc des diverses « formes sensibles » qui sont intimement constitutives des objets perceptifs qu'elles lient et qui existent réellement en eux en tant que relations primaires relevant de l'« *a priori* synthétique matériel », les formes de la connexion catégoriale « sont des formes qui ressortissent au mode de la synthèse d'acte (*Akt-Synthesis*) » [2]. Les prédications du genre *A est à droite de B*, *A plus grand, plus clair, plus sonore de B* représentent des relations dites externes, c'est-à-dire ici catégoriales. Certes, pour que *A soit plus grand que B*, il faut qu'il le soit réellement dans sa composition matérielle, mais là n'est pas l'objet de l'état de choses catégorial énoncé dans la proposition judicative, lequel ne renvoie qu'au fait que « A est plus grand que B ».

Cependant, dès les *Recherches Logiques*, malgré ce qui vient d'être affirmé, une transition du synthétique perceptif au syntaxique catégorial est déjà envisagée à mots couverts. Tout d'abord, Husserl se demande si « l'essence cognitive de la vision », dans laquelle l'objectité phénoménale se manifeste comme donnée en personne, ne peut pas fonder « certains actes de liaison, de mise en relation, ou des actes structurants de quelque autre manière » [3], c'est-à-dire si la manière dont la donnée phénoménale est liée ne motive pas la manière dont l'objectité catégoriale se présente elle-même comme *Sachverhalt* (état de choses), de sorte que les actes fondateurs ne fourniraient pas simplement le présupposé objectif, le « ce sur quoi » de la prédication, mais le schéma directeur de la liaison syntaxique elle-même. Ce point pourrait par ailleurs se réclamer de l'analyse méréologique des touts et des parties de la troisième des *Recherches Logiques* qui avait permis de faire ressortir l'existence d'un « *a priori* synthétique matériel ». En effet, on pourrait très bien concevoir une articulation entre *a priori matériel* et *a priori formel* du point de vue structural, c'est-à-dire du point de vue d'une analogie relevant justement de leurs formes respectives de *conjonction* des objectités dont ils s'occupent (objectités sensibles pour l'un et idéales et formelles pour l'autre). Le point de vue structural officierait ainsi comme un pont entre le synthétique et l'analytique, rendant possible une comparaison entre les connexions matérielles et les connexions formelles (logico-prédicatives). Toutefois cette hypothèse reste simple lettre morte et n'est plus évoquée dans la suite des analyses.

L'autre élément pouvant conduire dans la *sixième Recherche* à un brouillage du sensible et du catégorial du point de vue formel concerne la

1. *Ibidem*, p. 189 [156].
2. *Ibidem*, p. 190 [156].
3. *Ibidem*, p. 163 [131].

façon dont Husserl comprend ici la formation sensible intrinsèque. En considérant que les formes organisatrices des objectités sensibles ne peuvent être qu'inhérentes à ces mêmes objets et données réellement en eux, Husserl s'oblige quasiment à rejeter les simples liaisons associatives (ressemblance, contiguïté, contraste, etc.) et non réelles dans le domaine des formes catégoriales. En effet, en tant que pures liaisons, celles-ci n'appartiennent pas *réellement* à l'objet comme propriétés internes et immanentes, puisqu'elles mettent en relation des objets sans précisément créer à chaque fois de nouvelles objectités sensibles singulières (elles ne peuvent en cela produire que des paires, ensembles, des groupes, etc., dans des combinaisons flexibles et lâches). Ceci est, comme nous l'avons vu, un point constant de l'analyse husserlienne de l'association : elle est toujours conçue comme une liaison *extra-concrète*, ce que Husserl, reprenant la définition humienne, nomme dans *Expérience et Jugement*, une « relation de comparaison ». Aussi,

> Partout où des objets sensibles – des données simplement perceptibles pour elles-mêmes – malgré leur individualité qui les isole, s'unissent pour former des associations, des unités plus ou moins intimes, donc au fond, des objets plus vastes, surgit la possibilité de relations externes. Elles doivent être, dans leur ensemble, conçues selon le type de relation *de partie à partie d'un tout* [1].

Or, toutes les particularisations du rapport entre un tout et ses parties, note Husserl, « sont de nature catégoriale, donc idéale ». Toutes les liaisons associatives doivent donc être rangées dans la classe des actes fondés catégoriaux comme « possibilités idéales » des rapports des objets sensibles entre eux. Si acceptable soit-elle d'un côté, sur le plan de la caractérisation interne des différents types de relation, cette inclusion générale des liaisons associatives dans la classe des formes catégoriales s'avère d'un autre côté problématique, voire contestable : toutes les associations, même si elles ne sont pas des formes intrinsèques aux objets sensibles, ne semblent pas être non plus de véritables actes catégoriaux. En tout état de cause, l'association de plusieurs objets ressemblants dans une totalité perceptive n'est pas encore une véritable « forme conjonctive » [2]. Husserl suggère même qu'elle n'en est pas une du tout :

> On doit aussi se garder de confondre les perceptions pures et simples de quantités, de séries, d'essaims, etc., douées d'unité sensible, avec les

1. *Ibidem*, p. 189 [155].
2. *Ibidem*, p. 194 [160].

perceptions conjonctives par lesquelles seule se constitue, à proprement parler, la conscience de la multiplicité elle-même [1].

Ces « formations sensibles » d'unité (non apparentées aux formes intrinsèques de composition réelle) relèvent de ce que Husserl avait appelé dans la *Philosophie de l'Arithmétique* des « moments figuraux », c'est-à-dire la forme primitive de la synthèse passive elle-même, et non de la forme ou connexion catégoriale. Dans le cas de la perception conjonctive, de la forme catégoriale de liaison collective, « nous parlons d'un acte qui réunit ces perceptions, et non d'une connexion quelconque ni même d'une association de ces perceptions dans la conscience » [2]. Ce qui fait justement défaut ici à la liaison associative, c'est « une relation intentionnelle unitaire », à savoir l'acte de constituer une unité collective comme un état de choses particulier. L'association oscille donc sans cesse entre le sensible et le catégorial, sans pouvoir être définitivement fixée. *Sensible*, elle l'est en tant qu'elle n'est pas produite par un acte catégorial et intentionnel, mais par une connexion simplement passive. *Catégoriale*, elle semble l'être aussi, du fait même qu'elle ne peut pas être assimilée à une forme intrinsèque de l'objet sensible, mais qu'elle représente toujours une liaison extérieure à sa combinaison réelle. Faute d'une détermination approfondie des relations associatives, l'analyse husserlienne des relations des formes sensibles aux formes catégoriales reste donc quelque peu indécise, en ce qu'elle rapporte les liaisons associatives unitaires tantôt aux formes perceptives simples, tantôt aux formes spécifiques de la connexion catégoriale proprement dite.

Seule finalement la prise en compte positive de la relation associative dans la phénoménologie génétique, et en particulier dans *Expérience et Jugement*, permet de poser sous un nouveau jour le problème fondamental des rapports des formes sensibles aux formes catégoriales et de l'élucider du point de vue généalogique. Intéressons-nous par exemple à la « contemplation explicatrice » (*Das explizierende Betrachten*) qui forme le degré supérieur de l'intuition contemplative, laquelle précède toute explication et est dirigée sur l'objet « pris comme un tout » [3]. En fait, c'est l'intuition perceptive par excellence, étant donné qu'il ne peut jamais y avoir réellement de saisie simple, tout objet perceptif se donnant toujours avec un horizon interne de déterminations multiples qui l'ex-plique. Cette contemplation explicatrice, c'est-à-dire cet « intérêt perceptif dans le sens de la pénétration dans l'horizon interne de l'objet » [4], a pour caractéristique principale

1. *Ibidem*, p. 195 [161].
2. *Ibidem*, p. 194 [160].
3. *Expérience et Jugement*, p. 122 [114].
4. *Ibidem*.

d'être une mise en relation associative d'un substrat individuel S avec une série de déterminations internes *a*, *b*, etc. Ce processus perceptif et, rappelons-le, de part en part antéprédicatif correspond à « une contemplation qui se développe, [à] une unité de contemplation articulée ». Comme l'indique Husserl : « le thème indéterminé S devient dans le développement substrat des propriétés qui surgissent, et elles-mêmes se constituent en lui comme ses *déterminations* » [1]. Au fond d'elle-même, toute perception est déjà perception d'objet [2], non pas simplement au sens traditionnel de l'intentionnalité, mais dans la mesure où elle livre une objectité à la fois comme le substrat individuel d'une évidence et comme le sujet d'une détermination possible. En ce sens, l'objet matériel, pris en vue dans la relation substrat/détermination, se montre du point de vue généalogique comme une anticipation de la relation logique sujet/prédicats. Il devient alors thème pour une prédication et se présente à nous sous la forme de signification du sujet d'inhérence, tandis que les moments expliqués se manifestent, eux, en tant que propriétés, déterminations de l'objet. Le substrat devient *subjectum* d'une attribution générale.

> Nous sommes là à *l'origine des premières catégories dites catégories logiques*. Au sens propre, on ne peut assurément commencer à parler de catégories logiques que dans la sphère du jugement prédicatif comme d'éléments de détermination qui appartiennent nécessairement à la forme de jugements prédicatifs possibles. Mais toutes les catégories et les formes catégoriales qui interviennent là s'édifient [*sich bauen auf*] sur les synthèses antéprédicatives et ont en elles leur origine [3].

La manière elle-même dont les déterminations sont attribuées au substrat, ce que Husserl met au jour comme « synthèse de recouvrement », à savoir le glissement des propriétés distinctes dans la totalité substantive, n'est pas sans annoncer la synthèse identifiante qui, au niveau supérieur, constitue l'acte prédicatif comme tel. Sans revenir sur les différentes opérations qui rendent possible cette synthèse de recouvrement (celles-ci ayant été analysées dans le cadre de la synthèse passive de la perception), nous pouvons affirmer néanmoins l'idée-force développée par la généalogie : la structuration perceptive antéprédicative des substrats originaires possède elle-même ce qu'il faut nommer une forme *a priori* originaire, fondement

1. *Ibidem*, p. 133 [126].

2. Cf. Hua. XI, p. 19 : « Nous pouvons formuler ici une proposition qui, dans nos analyses ultérieures, gagnera de plus en plus en clarté : partout où nous parlons d'objets, quelles que soient leurs catégories, le sens de ce discours d'objet provient originellement de perceptions en tant que vécus constituant le sens originaire et par là l'objectité ».

3. *Expérience et Jugement*, p. 134 [127]. Constatons ici le chemin parcouru depuis les *Recherches Logiques* où seule l'évidence catégoriale était fondée, mais en aucune façon les formes catégoriales elles-mêmes.

effectif de toutes les appréhensions catégoriales ultérieures. L'activité de prédication, sous son expression générale *S est p*, s'édifie sur l'activité de perception, parce que cette dernière est déjà formellement catégoriale (lui fait seulement défaut le caractère d'*acte* du catégorial) en tant que « synthèse de recouvrement » permanente d'un substrat et de ses diverses déterminations distinctes, en tant que syntaxe sensible des éléments matériels. La catégorialité comme forme et non comme acte (*catégorialisation*) est par conséquent déjà présente dans la passivité synthétique. Cette articulation du sensible et du catégorial est ici rendue possible par la présence d'une catégorialité matérielle, fondée sur les structures *a priori* des relations associatives entre objectités primaires. Au sein même de la perception antéprédicative, le synthétique se dévoile par conséquent comme syntaxique.

Avec raison, on objectera à Husserl que cette pré-détermination formelle peut être exposée pour la forme catégoriale relativement simple qu'est la prédication, mais qu'il est impossible de la mettre en évidence pour toutes les autres formes catégoriales beaucoup plus complexes. Or Husserl ne renonce pas à la tâche. Il reproduit exactement le même schéma explicatif pour la *contemplation relationnelle*, préfiguration, elle, de la « liaison collective ». Le concept catégorial si important de relation trouve lui aussi son origine fondatrice, non pas dans la simple relation contemplative de la perception, mais, retournant plus en amont, dans « la simple expérience réceptive des objets individuels [*rezeptiven, schlichten Erfahrung von individuellen Gegenständen*] » [1] et, plus particulièrement, dans l'« unité passive (temporelle) de la perception » [2]. Toute mise en relation d'objets prédonnés selon le schéma général de l'*objet-substrat* et de l'*objet-en-relation* présuppose donc comme base cette « unité de l'être-ensemble au sein d'une conscience » [3], ou encore « unité de simultanéité de

1. *Ibidem*, p. 180 [174].

2. *Ibidem*, p. 186 [180]. Dans *Expérience et Jugement*, Husserl considère à plusieurs reprises que cette unité n'a pas besoin d'être « thématisée » en tant que telle, car elle est donnée comme un « affecter-ensemble des objets prédonnés au sein d'une seule conscience » (p. 184 [178]). Cf. également, p. 181 [175] : « Tout d'abord, nous laissons de côté la question de savoir comment est faite cette pluralité en tant qu'unité affective, et comment elle l'est devenue ».

3. *Ibidem*, p. 182 [176]. Cela correspond à ce que J. Cavaillès nomme « la curieuse doctrine de la relevance des noyaux », cf. *Sur la logique et la théorie des sciences*, *op. cit.*, p. 73. À savoir que les éléments d'une relation syntaxique doivent avoir entre eux une relation matérielle préalable, « par la solidarité interne des contenus qu'ils relient » (*ibid.*). Pour J. Cavaillès, la démarche husserlienne de genèse de la logique consiste en général à chercher « la source et la justification de l'unité apophantique » dans « une affinité préalable des contenus expérimentaux qu'elle organise » (*ibid.*, p. 74). Toutefois, et c'est là un point sur lequel Cavaillès passe trop vite, s'il y a bien chez Husserl un tel « principe de réductibilité » (*ibid.*) à l'opérativité subjective, tout dans une proposition syntaxique n'est pas réductible à des éléments individuels de l'expérience antéprédicative.

l'affectant»[1], qui ne peut être produite que par «des opérations de la synthèse passive de la conscience temporelle»[2]. À ce titre, la synthèse passive représente le «*fundamentum relationis*»[3], c'est-à-dire le fondement de toutes les relations possibles et «formes de relation», qu'elles soient perceptives ou catégoriales. À partir de là, on peut même établir, indique Husserl, les «éléments fondamentaux d'une théorie des relations», d'une syntaxe universelle. Qu'est-ce à dire, si ce n'est que les relations antéprédicatives (la syntaxe matérielle) peuvent se prolonger sans heurt «à l'étage plus élevé de la spontanéité prédicative» dans de nouvelles formes de relations. Or ce prolongement n'est possible que par l'appartenance à une même communauté relationnelle. Il s'agit en un sens d'une fondation étagée sur trois niveaux principaux: l'unité de l'être-ensemble constituée par les synthèses passives originaires de la temporalité interne, les liaisons perceptives de la contemplation relationnelle et les relations catégoriales[4]. Certes, Husserl n'est pas sans reconnaître qu'au niveau supérieur, à savoir dans le domaine effectif des objectités catégoriales, apparaissent de nouvelles formes relationnelles tout à fait spécifiques, qui ne sauraient être ramenées à une provenance passive mais cela, dans une certaine mesure, ne change rien au problème de l'articulation de l'expérientiel et du catégorial. Il a suffi de montrer une seule fois qu'une forme catégoriale est effectivement *préformée* du point de vue de sa forme syntaxique dans la structure réceptive et passive pour que l'ensemble des rapports entre la synthèse perceptive et la synthèse d'acte en soit profondément modifié.

Que ce soit donc dans l'analyse de la contemplation explicatrice ou dans celle de la contemplation relationnelle, les différentes synthèses antéprédicatives ne sont donc pas envisagées comme un simple *présupposé* conditionnel des synthèses catégoriales, mais aussi comme leur *analoga*, position que Husserl confirme de façon significative dans le chapitre 21 des *Analysen :*

> Il n'est pas question ici d'un effort et d'une opération actives [*von einen aktiven Streben und Leisten*] dirigés sur l'être-vrai, normant sa visée sur

1. *Ibidem*, p. 186 [180].
2. *Ibidem*.
3. *Ibidem*.
4. La «réversibilité» de la contemplation relationnelle, le fait que l'*objet-substrat* puisse devenir à son tour au simple stade antéprédicatif l'*objet-en-relation* et vice-versa, fonde au niveau supérieur la commutativité des relations catégoriales-logiques. Cf. § 34, p. 183-84 [177-178]. Cette réversibilité trouve sa limite dans l'existence dans la sphère sensible de «substrats absolus» (*ibid.*, p. 165), c'est-à-dire d'objets qui ne peuvent être saisis comme déterminations d'autres substrats, à savoir les corps. Toutefois, Husserl se demande si ces mêmes corps ne sont pas eux-mêmes des déterminations partielles d'un tout substantiel : le monde.

> ce qui est donné dans la donation en personne comme vrai, mais ce dont [il est] bien question, ce sont des présuppositions, et dans une certaine mesure, des *analoga* [*Analoga*] de la passivité sans laquelle cette activité ne pourrait pas fonctionner [1].

Cette analogie, pour les raisons que nous avons vues, ne pouvant relever directement ici du caractère d'acte totalement différent entre la sphère antéprédicative et la sphère catégoriale, puisque le moi vit de manière différente dans la passivité et dans la spontanéité active, il ressortit alors principalement à la forme même de la synthèse, à l'essence générale de la connexion. La mise en rapport génétique du perceptif et du prédicatif doit être conduite dans la direction d'une analogie structurale. Husserl semble ouvrir la voie à ce qu'il nomme dans *Logique formelle et logique transcendantale*, une « ontologie formelle de deuxième espèce » qui prend en considération de manière positive les « formes structurelles, nécessaires par essence à un monde » [2]. L'une des manières de penser ainsi l'articulation génétique de l'ontologie formelle, analytique, avec l'ontologie matérielle, essentiellement synthétique, serait en effet de les unir selon la manière dont elles forment leurs objectités respectives. Mais les formes antéprédicatives de la perception sont-elles de ce fait dans leur formalité même catégoriales ?

Husserl n'est pas loin de le penser. La formalité syntaxique de la sphère sensible n'est pas étrangère à la syntaxe formelle de la sphère catégoriale, à telle enseigne que toutes les déterminations relationnelles que Husserl dégage de la passivité antéprédicative se retrouvent toujours *in extenso* à l'étage supérieur. Malgré sa spécificité, la logique du sensible n'est pas irréductible à la logique formelle. Cependant, afin de préserver une différence surtout gnoséologique (c'est-à-dire ici du point de vue de la modalité de l'appréhension) entre le sensible et le catégorial, Husserl met au jour une forme de catégorialité spécifique à la sphère de l'expérience originaire. De quel ordre est-elle ? Au vu des analyses d'*Expérience et Jugement* et des *Vorlesungen zur genetische Logik*, elle consiste en la généralité typique, en cette régularité de l'expérience qui prédétermine les possibilités d'être de toutes les objectités données. Le *type sensible* joue en quelque sorte dans le domaine de la passivité synthétique le rôle déterminé que joue la connexion catégoriale dans la sphère logico-judicative. Il détermine une aire de possibilités d'essence qui répondent à des lois de comportement et de connexion fixes. Toute réalité quelconque comme objet d'expérience possible possède un *a priori* général qui fonctionne pour elle comme « la généralité d'un type *a priori* appartenant à un espace de jeu de

1. Hua. XI, p. 92.
2. *Logique formelle et logique transcendantale*, *op. cit.*, p. 360.

possibilités». Éléments fondamentaux d'une syntaxe sensible, les différents types expriment cette légalité de la liaison passive, constitutive des unités originaires et de la structuration même du champ de l'expérience mondaine. Ainsi, la contemplation explicatrice constitue, déjà au stade antéprédicatif de l'expérience, le type originel S est *p*, « première forme de prédication » [1]. Bien qu'il y ait une certaine ressemblance formelle entre les types fondamentaux de la synthèse passive et les catégories elles-mêmes de la pensée logique, puisque bien souvent la nature de la connexion est la même [2], il est étonnant de remarquer que Husserl ne procède jamais à l'édification d'une table des types antéprédicatifs, analogue à ce que pourrait être une table des catégories logiques. Cela tient sans doute au fait que certains types de liaison (la réversibilité, la paire, la formation de l'ensemble, etc.) peuvent en fait correspondre à plusieurs relations catégoriales, ou entrer en jeu de manière plurielle en elles. Si par conséquent dans son analyse rétrocessive vers les fondements des opérations logiques, Husserl n'établit pas une table des catégories originaires (les types précatégoriaux) ni, au niveau supérieur, une table des catégories logiques proprement dites, s'il ne ne conçoit pas non plus, à l'instar de Kant, les formes catégoriales comme des «cases vides prêtes à remplir», c'est, en premier lieu, parce que la perspective généalogique de la phénoménologie rend inepte une classification statique et close des opérations logiques principielles, mais aussi, en second lieu, parce que toutes les opérations catégoriales sont plus ou moins entrelacées, et ce dès le stade originel, dans chaque formation constitutive, ou reposent les unes sur les autres dans une stratification génétique [3].

Si l'on prend par conséquent en considération «la structure fondamentale de la prédication», on ne peut que constater, note Husserl, sa prédétermination dans l'explication d'un substrat S en ses moments

1. *Expérience et Jugement*, p. 260 [256].

2. Husserl considère en effet que «si l'on passe à la détermination prédicative qui y est édifiée, elle a naturellement la même structure à deux membres qui a été montrée plus haut pour la détermination simple», à savoir celle de la contemplation explicatrice, cf. *ibid.*, p. 260 [256]. L'homogénéité structurelle est le fondement même de la génétisation logique. Toutefois, elle peut, elle aussi, être prise dans une certaine forme de genèse, attendu qu'à chaque stade supérieur de la constitution logique, la structure formelle s'affine, se complexifie, voire permet l'émergence de nouvelles formes non-connues dans le domaine purement pré-théorique, comme la forme *princeps* même de la prédication : la copulation prédicative.

3. Cf. *ibidem*, §49: «Quand nous distinguons deux degrés de l'intérêt et, leur correspondant, deux degrés d'opérations objectivantes, d'un côté celles de l'*expérience réceptive*, de l'autre celles de la *spontanéité prédicative*, on ne doit pas entendre cette distinction de degrés comme si ces différentes opérations étaient en quelque façon séparées les unes des autres. En réalité, ce qui doit être traité séparément pour les besoins de l'analyse et qui, du point de vue génétique, est reconnu appartenir à des degrés d'objectivation différents, est *en fait en règle générale étroitement enchevêtré* », p. 245 [239].

déterminants. Par conséquent, « déjà, dans l'acte de saisie et d'explication réceptives, il y avait des démarches actives » [1]. Ce qui va justement admettre une reprise au niveau prédicatif consiste dans les relations passives de substantivité/adjectivité qui vont être traduites, dans la langue logique, dans des catégories syntaxiques. Le passage s'effectue par une opération de formalisation des unités antéprédicatives. Mais, pour que l'objet-substrat, donné dans la synthèse antéprédicative, devienne dans l'acte catégorial le « thème-sujet », pour qu'il prenne « la forme de sujet prédicatif », faut-il tout du moins que l'objet-substrat et l'objet-sujet possèdent en commun une formalité logique. Car ce qui justement les différencie ne ressortit aucunement à la forme logique elle-même en vigueur, mais simplement au regard appréhensif :

> pour que le substrat de l'explication devienne sujet et les explicats prédicats, il faut que le regard se retourne sur l'unité qui est d'une certaine manière encore cachée, étant pré-constituée passivement à l'intérieur de l'activité réceptive dans le processus d'explication. *S'orienter vers cette unité pour la saisir*, cela veut dire *répéter le processus en changeant d'attitude* [*in geänderter Einstellung den Prozeß wiederholen*] d'une synthèse passive faire une synthèse active [2].

Deux choses essentielles pour notre propos sont ici à remarquer : 1) ce qui, d'une part, distingue la synthèse passive de la synthèse prédicative tient uniquement en règle générale au caractère entièrement *thématisé* de la dernière, dans la mesure où le substrat S déterminé devient par là même « clair et distinct ». La différenciation consiste essentiellement donc dans « un changement d'attitude » [3] qui se révèle être la thématisation. 2) D'autre part, et cet aspect nous intéresse ici plus particulièrement, du point de vue formel-logique, du point de vue de la logicité de la synthèse, la synthèse prédicative est présentée par Husserl comme une simple « répétition » dans la sphère des actes de la synthèse antéprédicative. Autant dire qu'elles sont quasi identiques du point de vue formel, la *répétition* étant le critère même de la reconnaissance de l'identité. Décrivant ce rapport des deux synthèses, Husserl emploie de nombreuses fois le registre lexical de la « répétition » et du « renouvellement » (*Erneuerung*). En tout état de cause, la catégorialisation active d'un jugement d'expérience, c'est-à-dire d'une synthèse

1. *Ibidem*, p. 248 [243].

2. *Ibidem*, p. 250 [245]. Il peut donc y avoir, comme le déclare Husserl en 1929, le syntaxique en général « qui apparaît déjà dans la sphère antéprédicative et le syntaxique de la sphère spécifique du jugement », cf. *Logique formelle et logique transcendantale*, p. 286 [188], note (a).

3. *Ibidem*.

perceptive passive, se présente comme une répétition différentielle [1] de ce qui est prédonné dans la sphère passive pré-théorique, selon le « grand principe de l'itération » [2] qui gouverne de son côté le développement génétique de la subjectivité constituante et rationnelle. Si, dans la sphère catégoriale, apparaît un nouveau type d'objectité, c'est à l'entrée en jeu du moi comme activité de thématisation qu'il le doit (la thématisation se présentant ici comme la détermination de l'objet dans le champ de la conscience formelle). La spécificité catégoriale tient avant tout au « comment (*wie*) » de l'appréhension de l'objet plus qu'à son « quoi (*was*) ». Lorsque le substrat constitué passivement comme identique, indique Husserl, entre dans la formalisation logique en tant que sujet-thème du jugement il « y est visé dans un comment prédicatif toujours nouveau » [3]. À partir du substrat de base, cette nouvelle visée constitue à son tour un « sens toujours nouveau » qui « ne s'enracine pas dans la saisie réceptive ». C'est la raison pour laquelle l'activité logique peut à la fois reprendre d'un côté le travail de formation antéprédicative tout en se démarquant de lui, d'un autre côté, dans sa manière particulière de constituer l'objet.

Par conséquent l'homologie morphologique, si elle existe, doit être essentiellement recherchée au sein de l'objectité, dans ses déterminations internes, et non dans les diverses appréhensions noétiques. Comment établir ce lien ? Dans *Expérience et Jugement*, Husserl fait remarquer que les différenciations que produit la syntaxe logique (sujet/prédicats) dans la forme du jugement renvoient à des dissociations matérielles (substrat/déterminations) accomplies par les synthèses passives dans la perception sensible. Ce sont donc les différentes « formes-noyaux [*Kernformen*] », à savoir principalement celle de la *substantivité* et celle de l'*adjectivité*, qui peuvent servir ici de véritable dénominateur commun aux différents degrés de l'objectivation. À partir de ces « formes-noyaux », s'établit tout un système de *correspondance* possible entre les diverses formes de la contemplation explicatrice et relationnelle et les formes prédicatives supérieures, correspondance qui relève de ce que Husserl nomme dans la significative note (a) de la page 286 de *Logique formelle et logique transcendantale* « le syntaxique en général qui apparaît déjà dans la sphère

1. Bien évidemment, dans la thématisation judicative authentique, de nouvelles formes catégoriales sont produites, par exemple la copulation, comme « nouvelles formes thématiques » (*ibid.*, p. 251 [246]), mais cela, encore une fois, ne supprime pas la toute première familiarité logique et syntaxique du sensible et du catégorial du point de vue du rapport substrat/déterminations. Dans cette homologie formelle, il faut comprendre la forme comme *morphè*, comme *Gestalt*, et non comme *Form*, au sens d'acte catégorial. La forme est ici morphologique, plus que formelle.

2. Hua. XI, p. 409.

3. *Expérience et Jugement*, p. 280.

antéprédicative »[1]. Ainsi à l'explication antéprédicative des parties indépendantes d'un contenu donné correspond le jugement en « avoir », à celle des parties dépendantes le jugement en « être », etc. Même la forme infiniment ouverte du processus perceptif et son horizontalité infinie qui induit toujours de nouvelles co-donations encore inexplicitées donnent lieu, au niveau supérieur, à une forme judicative spécifique, à savoir celle du « etc ». Mais, parmi ces formes-noyaux qui édifient des passerelles formelles entre les synthèses passives et les liaisons syntaxiques, une reçoit une importance toute particulière : la substantivité.

En effet, l'analyse phénoménologique de la genèse du jugement prédicatif revient à un approfondissement du sens logique de l'objet. C'est encore une fois ce *sens d'objet* qui, en soi, rend possible la communauté formelle entre le sensible et le catégorial. Husserl affirme ce point avec conviction :

> Ainsi nous devient claire la *signification universelle de la forme-noyau de la substantivité*, à partir de ses origines génétiques. Elle repose sur l'universalité du concept « objet en général », et sur le fait qu'il appartient au sens originaire de tout objet, sens déjà pré-constitué dans la passivité [*schon in der Passivität so vorkonstituierten Sinn*], non seulement d'être purement et simplement un quelque chose en général, mais dès l'abord et *a priori* un quelque chose *explicable*[2].

La substantification de ce *quelque chose en général* en sujet effectif de prédicats représente la fonction de la spontanéité logique, mais sans l'œuvre préalable de l'objectivation passive elle ne pourrait pas avoir lieu. Les substrats individuels donnés dans la passivité doivent posséder un « noyau syntaxique » qui puisse permettre justement à la logique formelle et analytique de ne pas se limiter à la « seule forme syntaxique », mais de penser ses liens avec des matériaux eux-mêmes syntaxiques. Or, il se pourrait comme le fait remarquer Husserl dans *Logique formelle et logique transcendantale* que ces objets-substrats « contiennent déjà dans leur noyau des formes syntaxiques ». Par conséquent, c'est toute l'articulation de l'antéprédicatif au logico-judicatif qui tourne autour de cette notion d'objet en général, car c'est à la fois la permanence de cette forme d'objectalité qui constitue la génétisation possible du logique, et les différentes manières de l'appréhender qui fondent la séparation même de l'expérience réceptive vis-à-vis de la spontanéité logique. D'un côté, c'est bien l'objet en général qui fonde la conformité logico-formelle de l'antéprédicatif et du jugement comme tel, mais d'un autre côté, c'est aussi l'objet comme thème qui permet de distinguer la simple contemplation

1. *Logique formelle et logique transcendantale*, *op. cit.*, p. 286.
2. *Expérience et Jugement*, *op. cit.*, p. 267 [263].

explicatrice ou relationnelle d'une opération prédicative et de donner à la saisie prédicative une « indépendance spécifique à l'égard de ce qui a lieu *dans la réceptivité* » [1]. C'est seulement la spontanéité logique qui, pour la première fois, fait de l'objet en général, encore indéterminé au stade antéprédicatif, un thème, un sujet de jugement, un « concept de concept » [2].

La deuxième section, « les objectivités d'entendement et leur origine dans les opérations prédicatives », va porter essentiellement sur cette mise en lumière de l'apparition réelle de l'objet comme tel dans la spontanéité logique efficiente. En effet, l'objet du jugement proprement dit n'est pas simplement un *objet indéterminé* qui devient désormais clairement explicité, mais « une nouvelle sorte d'objectité » [3], laquelle est produite dans une spontanéité créatrice : l'état de choses, le *Sachverhalt*.

> L'objet qui ici devient sujet dans un nouveau jugement n'est rien qui puisse être également saisi dans la simple réceptivité, mais c'est un objet d'une espèce tout à fait nouvelle, ne se présentant d'une manière générale qu'au degré supérieur de la spontanéité prédicative comme résultat d'une opération prédicative de jugement [4].

Le point de vue généalogique ne doit pas faire oublier l'importance de la détermination de l'apparition de l'objet vrai. Dans la sphère passive, l'objet est prédonné avec une certaine forme *a priori*, mais il n'est pas encore donné comme vrai, comme objet de connaissance. La question est à présent de savoir comment l'objet de connaissance peut s'édifier à partir de l'objectité matérielle tout en se distinguant d'elle.

À la différence de l'objectité sensible, l'objectité d'entendement est la concrétisation objective et consciente du travail de formalisation syntaxique des noyaux matériels. Elle représente le produit de l'activité de thématisation et de logification des simples unités objectales de la réceptivité. Nous la reconnaissons à ce caractère qu'aucune objectité simple qu'elle présuppose originellement dans la sphère antéprédicative, aucune expérience perceptive préalable à laquelle elle puisse reconduire comme *jugement-sur*, ne la fonde entièrement ni ne la soutient : on a beau ramener ce qui est jugé à la donation concrète qui se tient devant nous, on ne peut en finir avec cet *état de choses* dont l'appréhension constitue le jugement. Dans le jugement catégorial, l'objectité reçoit donc une *nouvelle* modalité d'être : elle est thématisée et posée par le moi comme *étant*. Il n'est de

1. *Ibidem*, p. 281 [277].

2. *Ibidem*, p. 280 [276]. Cf. également, p. 282 [278] : « C'est seulement en lui [le jugement prédicatif] qu'un objet auparavant indéterminé du point de vue logique peut être revêtu du sens logique ». Bien entendu, le sens logique conféré par l'acte prédicatif ne peut ôter en aucun cas à l'objet encore déterminé du domaine de la passivité sa formalité logique.

3. *Ibidem*, p. 288 [284].

4. *Expérience et Jugement*, p. 288 [284-285].

jugement, ni de proposition logique, qui ne repose sur la production de cette objectité catégoriale spécifique et nous libère conséquemment de la longue chaîne des présuppositions objectales concrètes. S'il y a indépendance réelle du catégorial par rapport au sensible, celle-ci passe avant tout par des « opérations objectivantes d'une nouvelle sorte », à savoir qu'elle tient principalement à des formations logiques qui donnent vie à des « objectités d'une nouvelle espèce ». Comme on le voit, la différenciation du matériel et du formel s'opère selon la modalité d'appréhension. Elle relève plus du *kategorein* que du catégorial. Grâce à cette distinction modale, l'activité logique n'absorbe pas la préformation passive, mais elle lui donne un autre sens, préservant ainsi à la fois sa nature propre et la possibilité d'une transition effective. Le « sens logique » dont parle Husserl au sujet des objectités d'entendement réside dans la *modification* que l'ego introduit dans son rapport aux objectités prédonnées : modification de conscience (passage de l'inexplicite au thématique), modification temporelle (passage de l'éphémère à la permamence du *une fois pour toutes*), etc. L'« objectité d'entendement » naît ainsi de la possibilité pour le moi de voir l'objet autrement que comme donné de manière sensible : comme état de choses pour un jugement, une connaissance. Par elle, la conscience se libère de la perception et imprime à l'objet une nécessité qui ne se manifeste pas dans la donation sensible : l'omnitemporalité. Le passage des synthèses passives aux énoncés catégoriaux est donc double : en premier lieu l'objet implicite et indéterminé devient *thème* pour l'attention active de l'ego. En second lieu, la production d'un jugement sur ce qui n'était encore donné que comme « liaison pré-syntaxique » dans la passivité entraîne à sa suite l'apparition corrélatrice d'une objectité nouvelle : l'état de choses catégorial, le jugé comme tel.

Il ne suffit pas cependant de marquer la particularité des objectités d'entendement, il convient également de comprendre comment elles peuvent à la fois renvoyer aux objectités inférieures de la sphère réceptive et se différencier d'elles, « mener leur vie propre ». Quels rapports, au sein du domaine judicatif et théorique, l'objet-thème (objet^{II}) du jugement devenu explicite entretient-il donc avec l'objectité d'entendement (objet^{III}) ? Sont-ce le même objet ? L'objectité catégoriale (objet^{III}) n'est-elle que cette objectité antéprédicative et individuelle (objet^{I}) qui devient *thème* réfléchi d'un jugement et substrat de déterminations clairement posées ? À ces questions est directement attachée l'explicitation de la genèse logique elle-même, en tant qu'elle initie cette fondation graduelle d'opérations logiques de plus en plus élevées. Il est bien clair que la premier acte théorique de la spontanéité logique consiste à transformer l'objet^{I} en objet^{II}, à savoir : « il n'est besoin alors que d'un acte de saisie thématique toujours possible pour faire de ce qui est ainsi pré-constitué un objet thématique et par là un substrat de jugement » [1]. Mais l'objet ^{III} comme tel est-il cette objectité devenue thématique, ou est-il encore une objectité supérieure à la simple objectité du jugement? Si tel était le premier cas, l'état de choses ne serait pas une nouvelle objectité, mais simplement une nouvelle manière d'appréhender une objectité déjà donnée. On ne saurait cependant poursuivre ce rapprochement trop loin, car, l'objet ^{III}, l'état de choses catégorial, ne se réduit évidemment pas à un simple objet ^{II}, thème d'un jugement, mais il produit une signification catégoriale sur cette objectité donnée dans le juger. De même que l'objet ^{II} est fondé sur l'objet ^{I}, de la même manière l'objet ^{III} est fondé sur l'objet ^{II}. C'est la raison pour laquelle Husserl indique que les « objectités d'entendement » sont elles aussi préconstituées, mais « préconstituées dans la spontanéité prédicative » [2], car elles ont effectivement pour base les objets-thèmes. À la différence des objectités sensibles, elles semblent ne pas pouvoir exister en dehors de l'activité explicite de l'ego :

> Par contre, l'objectité d'entendement, l'état de choses, ne peut se constituer par essence que dans le faire producteur spontané [*im spontanen Erzeugen*], donc, sous la condition, pour le Je, de l'être-auprès [3].

L'*être-auprès* représentant ici l'intérêt attentionnel du moi pour l'objet, c'est-à-dire l'acte de la thématisation et de la détermination explicitante. Mais comment alors peut-on distinguer objet ^{II} et objet ^{III} ? En fait, l'objet de l'entendement n'est pas le « sujet logique » comme tel, le substrat du jugement qui devient thème et substance pour une prédication, mais ce qui est justement jugé de ce sujet prédonné dans la thématisation, autrement dit l'« objet logique ». Il est ce qui est jugé, non ce dont il est jugé [4]. L'objectité d'entendement ne joue pas le même rôle dans l'acte de jugement « que le substrat de détermination S » [5], car dans l'état de choses, nous ne « sommes pas dirigés sur S comme sur notre objet, mais sur *le fait que* S est *p* » [6]. L'objet ^{III} n'est donc pas un objet, si, par objet, on entend un substrat de déterminations possibles, mais une relation objectivée, un état de choses.

1. *Ibidem*, p. 297 [294].
2. *Ibidem*, p. 303 [300].
3. *Ibidem*, p. 304 [301]. Employant des expressions analogues à celles décrivant la vie pré-théorique, Husserl considère de manière exemplaire que l'objet-thème, le sujet logique, fonctionne comme « le sol objectivé du jugement » (*ibid.*, p. 305 [302]), sur lequel l'état de chose saisit les composantes objectales et les lie dans des liaisons syntaxiques pures.
4. Preuve même de la distinction réelle entre l'objet-thème et l'objet catégorial, ce dernier peut exister indépendamment du premier, en particulier dans la passivité secondaire où les raisonnements, les jugements, les divers états de choses théoriques sont conservés sans faire précisément l'objet d'une thématisation.
5. *Ibidem*, p. 305 [302].
6. *Ibidem*.

Il y a donc deux manières d'envisager « l'orientation du regard » de la spontanéité logique, soit en tant qu'elle métamorphose l'objet^{I} en objet^{II}, soit en tant qu'elle fonde, sur la prédonnée purement catégoriale de l'objet^{II}, l'objet^{III}. Ces deux opérations, même si elles sont souvent mêlées ensemble par Husserl dans l'analyse de la sphère judicative, ne doivent absolument pas être confondues, sous peine de croire que l'objectité catégoriale ne représenterait qu'une simple objectité pré-théorique thématisée. Encore une fois, l'objectité catégoriale n'est pas la simple révélation au stade de la conscience réfléchie d'une objectité d'expérience. Elle apparaît comme espèce particulière, née d'une activité nouvelle. De plus, l'on ne passe pas de l'objet^{I} à l'objet^{II}, comme l'on transite de l'objet^{II} à l'objet^{III}. Dans le premier cas, il s'agit simplement d'un « acte de saisie », d'une pure attention théorique, dans le second cas, il y va d'une production logique tout à fait spécifique, à savoir la catégorialisation qui représente une opération distincte de la simple thématisation.

Avec les objectités d'entendement, il semble donc que nous ayons affaire à une *rupture* dans le processus génétique, car rien de proprement catégorial ne correspond à la sphère antéprédicative (« il n'y a rien d'analogue à l'étage inférieur [*gibt es in der Unterstufe nichts Analoges*] » [1], nous dit Husserl au sujet de ces états de choses catégoriaux), de telle sorte que la recherche d'une *conformité* logique que nous avons entreprise entre les différents degrés de la genèse logique semble atteindre ici son ultime limite. À un certain moment, le processus génétique de la constitution subit un saut. Une discontinuité apparaît qui rend possible la pluralité des modalités d'appréhension de l'objet. Mais cette nouvelle objectité, l'« objectité syntaxique » ou objet^{III}, n'a-t-elle pas néanmoins, en dépit de la spécificité de son mode d'être, une certaine communauté de genre avec l'objectité antéprédicative, objet^{I}, « communauté formelle » qui serait en cela rendue possible par leur appartenance commune au concept universel d'objet en général ? Ne peut-on dès lors envisager une universalité de la structure formelle *objet en général* qui déborde la limitation fixe des genres d'objectité et qui fonde de manière définitive la validité de la genèse du logique ?

C'est à l'examen de cet ensemble de questions que les analyses suivantes sont consacrées. Malgré la séparation radicale que Husserl instaure entre les objectités mondaines et les objectités catégoriales, il ne peut renoncer à établir dans la suite des investigations d'*Expérience et Jugements* des ponts entre les deux domaines constitutifs. « Il ne peut y avoir de prédication que de ce qui a été originairement donné dans une intuition, ressaisi et expliqué »[2]. En effet, lors même qu'elles naissent d'un acte

1. *Ibidem*, p. 288 [284].
2. p. 245.

d'appréhension tout à fait spécifique, les objectités catégoriales « sont fondées dans des objectités saisissables dans la réceptivité ». Cette fondation ne se limite pas, comme on pourrait le penser à première vue, à la simple présupposition d'un *objet-sur-quoi*, comme par exemple « l'état de choses : "la terre est plus grosse que la lune" implique un objet susceptible d'être donné dans la réceptivité » [1]. Elle atteste en outre d'une véritable *analogie formelle* entre la manière dont l'objet réceptif se donne et la manière dont la relation catégoriale elle-même s'établit :

> Ce qui correspond dans la réceptivité à un tel état de choses, ce sont des *rapports*, ou, comme nous préférons dire, des *situations :* rapports de contenant à contenu, du plus grand au plus petit, etc. [2].

Ces « *Sachlage* », ces « situations concrètes », décrivent « des rapports constitués dans la passivité » [3] qui équivalent pour la plupart à des liaisons associatives entre substrats individuels et saillances objectales. Les rapports catégoriaux inscrits dans les jugements a<b et b>a ont leurs sources dans des « situations concrètes » qui sont formées passivement dans l'expérience selon des rapports de quantité, de grandeur, etc. Là encore des types de connexion sensible trouvent dans la sphère catégoriale une traduction syntaxique. Outre la proximité linguistique entre les *Sachlage* et les *Sachverhalte*, il est troublant de constater ici que les « états de choses » renvoient dans leur propre structuration syntaxique à ces mises en forme passives. Là encore, le rapprochement entre le sensible et le catégorial s'effectue sous l'égide de la formalité relationnelle. Si l'expérience fondatrice de la passivité « a ses types d'effectuations syntaxiques » [4], ne peut-on pas envisager une syntaxe des syntaxes, c'est-à-dire une logique générale qui engloberait logique perceptive et logique formelle ? Les *Sachlage* que met au jour ici Husserl sont, par exemple, les relations « de tout à partie » qui se constituent de manière purement passive par recouvrement et glissement [5]. Ce sont elles qui pré-indiquent la voie à suivre pour les états de choses catégoriaux, pré-traçant ainsi *en pointillés* les relations à instituer dans l'activité prédicative. Il ne s'agit, bien entendu, que d'une simple pré-indication, car, à la vérité, les jugements prédicatifs peuvent être formés,

1. *Ibidem*, p. 289 [285].
2. *Ibidem*.
3. *Ibidem*.
4. *Logique formelle et logique transcendantale*, p. 286 [188]
5. Ces « situations concrètes », présupposés formels des relations catégoriales, semblent être la reprise des associations catégoriales qui, dans la sixième des *Recherches Logiques*, liaient les objets sensibles donnés dans les perceptions simples. Cette présence du catégorial au sein du pré-théorique reçoit à présent un sens *génétique* qui rend, dans une certaine mesure, plus intelligible cette coïncidence originaire.

sur le fondement des situations, « selon des directions différentes » [1]. Mais il reste que si les « objectités simples » sont « sources d'états de chose prédicatifs différents », c'est sur « le fondement de leur constitution en unités dans la réceptivité, unités que nous nommons rapports ou situations » [2]. C'est précisément là où l'analyse phénoménologique de la formation d'unité dans la passivité porte ses fruits, car, sans la mise au jour préalable de règles originelles d'unification associative, la fondation génétique et graduelle des opérations n'aurait pas été possible. C'est parce que l'*un* se préconstitue dans la multiplicité passive que les actes logiques les plus hauts peuvent être reconduits à cette pré-logification des affections objectales en unité de sens.

Contrairement ainsi à ce qui se produit pour les objectités simples dans leur rapport général aux objectités d'entendement, Husserl considère sans autre forme de procès que l'on peut passer d'une situation concrète à un état de choses simplement par un acte de thématisation. Ici, il faut se garder de confondre la situation avec l'objet^{I}. Car la situation n'est pas l'objet simple, le substrat individuel, mais elle est « fondée » sur lui. Aussi le schéma d'édification graduelle des objectités se complique-t-il, car nous voici face, non plus à trois degrés d'objectité, mais à quatre, l'*objectité fondée* de la *Sachlage* (objet^{IV}) venant s'interposer entre l'objet^{I} et l'objet^{II}. En fait, il faut envisager la situation concrète dans son rapport à l'objet^{I}, comme l'état de choses dans son rapport à l'objet^{II} :

– THÉMATISATION ->		
Sphère antéprédicative	*Sphère prédicative*	FONDATION
Objet^{I}	Objet^{II}	
Situation concrète (objet^{IV})	État de choses (objet^{III})	

Il ne faut pas évidemment considérer ce tableau comme autre chose qu'une simple aide méthodologique, car il est bien entendu que la genèse logique ne se présente pas sous cette simple forme tabulaire statique ; les quatre objectités ici distinguées sont elles-mêmes prises dans un constant processus d'objectivation supérieure qui brouille les trop franches séparations que nous avons indiquées ici. Par contre, ce que ce schéma nous permet de mettre au jour, ce sont avant tout les différentes manières dont on peut passer d'une objectité à une autre. De ce point de vue, on doit considérer le passage de l'objet^{I} à l'objet^{II}, et celui de l'objet^{IV} à l'objet^{III} comme étant le fait de la *thématisation* consciente et active, tandis que celui

1. *Ibidem*, p. 290 [286].
2. *Ibidem*, p. 291 [288].

de l'objet^{I} à l'objet^{IV}, et de l'objet^{II} à l'objet^{III}, consiste en vérité dans la *fondation* de présupposition [1].

> Ce que nous nommons *situation* se présente donc dans la réceptivité simplement comme *le fondement passivement pré-constitué*, qualitatif ou relationnel (*Relation*) de tous ces états de choses [2].

Certes, il existe entre ces quatre degrés prévalents de l'objectivation logique une liaison universelle qui rassemble les deux opérations de thématisation progressive et de fondation étagée et qui est, à proprement parler, celle de l'unification. Mais cette liaison de l'unification objectale supérieure ne peut sauter l'une des étapes et mettre en relation des objectités à distance. Ainsi, l'objet^{I} n'entretient aucun rapport avec l'objet^{III}, si ce n'est bien sûr ce qui est du ressort de la simple forme de l'objet en général, mais qui ici ne constitue précisément pas une relation génétique (les objectités simples données dans la réceptivité passive ne pouvant se rapporter aux états de choses que sur le « fondement de leur constitution en unités », en situations, c'est-à-dire que par l'intermédiaire de l'objet^{IV}). De la même manière, l'objet^{IV} ne se rapporte directement pas à l'objet^{II}, mais médiatement à travers l'objet^{I}.

En ce sens, l'on peut dire que la genèse logique est à double voie. C'est celle, d'un côté, des objectités simples (le rapport du substrat individuel antéprédicatif au sujet logique [3]) et celle, de l'autre, des objectités fondées, à savoir des formes de la connexion objectale (la relation des situations concrètes aux états de choses catégoriaux). Si nous revenons à présent à notre question directrice concernant la fondation du catégorial sur la

1. De même que chaque objet^{I} est le « soubassement possible et réel plusieurs situations », de même chaque objet-thème (objet^{II}) admet plusieurs jugements possibles, plusieurs informations catégoriales ou états de chose.

2. *Ibidem*, p. 291 [288].

3. L'objet-thème n'est ici considéré comme *simple* qu'au regard de l'état de choses catégorial qui s'édifie sur lui, car, en tant que produit de la spontanéité logique, il est lui-même fondé sur l'objet simple perceptif. L'une des difficultés de la deuxième section d'*Expérience et Jugement* tient justement au fait que Husserl ne distingue pas assez précisément ces deux formes d'objectité, à savoir l'objet-thème, le « sujet logique », et l'objet syntaxique complet, l'« objet logique » (p. 292). De ce point de vue, il mêle également trop souvent ces deux opérations fondamentales que sont la thématisation et la catégorialisation, alors même, comme il le reconnaît lui-même, que le passage à la thématisation peut s'effectuer sans entraîner pour autant la constitution d'une relation syntaxique. L'objet-thème est certes saisi de manière active, mais comme simple thème, il « est, du point de vue logique, complètement indéterminé » (p. 281 [278]). Ce qui en fait pose problème, c'est que la production d'une liaison syntaxique, même la plus simple comme *S est p*, produit elle aussi à son tour un objet-thème que Husserl nomme l'objet (*Objekt*), de sorte que, comme nous l'avons déjà indiqué, l'état de choses est entouré, d'un côté, par l'objet-thème, l'objet dont il parle, et de l'autre par l'objet logique qui n'est rien d'autre que lui-même pris comme thème. L'objet-thème indéterminé, le substrat S, accède à la détermination dans l'état de choses et il devient ainsi l'objet-thème déterminé *catégorialement* comme *Objekt*, l'« objectité syntaxique complète », p. 294 [290].

réceptivité passive, on assiste alors, au sein même de la sphère prédicative, à une étrange dissociation entre le thématique et la catégorial. En effet, si la catégorialité réside principalement dans la constitution d'une connexion syntaxique complète, il semble alors que celle-ci fasse défaut à l'objet-thème (objet^{II}) qui, pris comme pur sujet logique, renferme en soi l'ensemble de ces prédicats déterminants possibles, mais ne les développe pas sous une forme catégoriale spécifique et dans une connexion syntaxique. Bien qu'il soit logique, il reste à ce stade entièrement indéterminé. En revanche, il semble que l'objet^{IV} (la *Sachlage*) possède, en tant qu'il institue une connexion effectivement non réelle, un sens catégorial. Mais, à la différence de l'état de choses, il ne se donne pas comme thématisé dans une saisie active. Du reste, de ce qu'il lui manque une détermination thématique, il ne s'ensuit pas qu'il lui manque une information catégoriale. Aussi le champ du catégorial ne coïncidence pas totalement avec le domaine du prédicatif, mais semble se recouvrir avec celui des objectités fondées.

Si les multiples analogies que nous venons de mettre en évidence entre le domaine de la prédonation passive et celui de la spontanéité logique ne doivent pas, comme le rappelle Husserl, nous faire méconnaitre la « différence fondamentale » [1] qui existe entre elles, il n'en est pas moins vrai qu'elles renvoient toutes d'une certaine manière à une « communauté formelle » : à l'« homogénéité de la forme en tant que forme » [2]. Comme le précise Husserl, cette analogie formelle ne ressortit pas à celle des « objets-substrats informés », mais à celle des pures relations entre ces objets, à savoir les situations concrètes et les états de choses catégoriaux. Au-delà même des différents modes d'articulation des synthèses antéprédicatives (que ce soient les associations, les rapports ou situations concrètes, etc.) aux relations syntaxiques du jugement, ce qui ne laisse pas de constituer le présupposé fondamental et originaire de toute la généalogie de la logique, c'est l'idée que la perception simple dans la multiplicité de son édification horizontale et continue apparaît, à peu d'exceptions près, comme une sorte de jugement inférentiel *inconscient*, de raisonnement non-thématisé, de prédication muette.

Cependant la conviction qui tend à faire concevoir la perception elle-même comme une forme syntaxique et propositionnelle reste la plupart du temps cachée. En de trop rares occasions, Husserl s'interroge ouvertement sur cette conjonction originaire du percevoir et du juger, lors même qu'il en développe toutes les conséquences logiques et génétiques. Or il ne va pas de soi que la perception dans sa synthétisation multiple s'effectue sur le

1. *Ibidem*, p. 303. Laquelle réside dans le mode de l'appréhension, puisque l'objectité catégoriale est inséparable de l'acte qui l'appréhende, tandis que, pour les objets sensibles, « le fait d'être saisi ne fait pas partie de leur essence » (p. 303 [300]).

2. *Ibidem*, p. 301 [298].

modèle d'une proposition syntaxique, même dans sa plus simple expression du « S est *p* ». La mise en œuvre formelle de l'objet ne peut pas être la simple reprise de la formation antéprédicative, par essence associative. Si elle répète celle-ci, c'est en la modulant, c'est-à-dire en lui ajoutant des caractères objectivants nouveaux. Qu'est-ce qui nous autorise alors à émettre ce doute sur la superposition originaire des actes perceptifs et des actes de jugement ? À partir de quels événements, peut-on mettre en évidence ce non-recouvrement total de ces deux activités intentionnelles ? Car il s'agit ici d'exposer les insuffisances de l'analyse husserlienne à partir de la méthode phénoménologique elle-même. La généalogie de la logique ne doit pas conduire à un effacement des différences du catégorial et du sensible, mais plutôt à leur différenciation stratifiée.

Ce que la moindre considération de l'expérience perceptive nous apprend, c'est qu'elle ne semble pas être équivalente à un jugement, ni à une assertion. *Voir* n'est pas *voir que*. Par suite, la perception n'est pas la simple illustration intuitive d'une connexion catégoriale. En premier lieu parce que cette connexion catégoriale connaît de son côté sa propre mise en intuition dans l'intuition catégoriale elle-même, mais aussi en second lieu parce que le perçu ne se donne pas comme un jugé. Or, jamais Husserl ne se demande ce qui, dans la perception sensible, dans son contenu articulé et lié, n'est pas *transposable* dans le jugement prédicatif, ce qui, dans la synthèse passive continuelle qui structure le champ du présent vivant, échappe malgré tout à la pure objectivation logique, et surtout à la catégorisation. En raison de son parti-pris d'unification des différents niveaux d'objectivité, l'analyse génétique court constamment le risque à la fois d'appauvrir l'expérience sensible en ne la déterminant que du seul point de vue syntaxique, même s'il est matériel et *a priori*, et de rabattre corrélativement toute la diversité des activités logico-catégoriales de la sphère formelle sur la simple formation réceptive d'objets sensibles différenciés. Elle menace l'autonomie fonctionnelle de chaque niveau, sensible et catégorial, en les pensant dans une genèse unitaire et irréversible. Tout semble converger vers une unification rationnelle progressive que rien, pas même le choc perceptif et affectif, ne peut prendre en défaut, et comment le pourrait-il, lui qui en est véritablement l'incipit. Aussi Husserl décrit-il sans réserve aucune la formation continuelle et multiple des perceptions sur le modèle d'une construction étagée de sens à partir d'élements présignifiants, de telle manière que la synthèse passive apparaît bien souvent comme une syntaxe passive.

Pour autant que l'acte de la perception simple repose sur les synthèses associatives de la passivité, la liaison du substrat individuel prédonné à ses déterminations qualitatives qui s'enlèvent sur son fond est conçue comme une attribution prédicative. Par suite, la coordination perceptive (qu'elle soit ici explicatrice ou relationnelle) est toujours pensée sur le modèle du jugement, de la copulation syntaxique. La portée de cette thèse est étayée chez Husserl par la conception téléologique du développement constitutif. Puisque les degrés de la constitution logique procèdent des opérations inférieures de la passivité, et sont même issus pour la plupart de sa couche la plus originaire, à savoir l'intentionnalité de pulsion, ce n'est pas tant la sphère antéprédicative qui est pensée selon la norme de la forme logique, que cette forme elle-même qui ne dérive des formes antérieures de la structuration passive. Aussi la simple forme syntaxique S est *p* proviendrait de la synthèse de recouvrement en fonction dans la perception continuelle, ne se distinguant d'elle que par l'entremise d'une thématisation consciente et de la dimension inédite du langage. À ce point, l'on se demandera si une appréhension du pur non-syntaxique est possible, tant les données originaires se manifestent dans une synthéticité que rien de catégorial ne peut surpasser. Mais Husserl a en tête un tout autre problème. Il s'agit pour lui de renverser grâce au tour téléologique qu'il donne dès 1920 à l'analyse phénoménologique tout entière, l'écueil de la réflexivité usurpatrice qui, indûment, viendrait substituer aux opérations originaires pré-logiques son propre fonctionnement explicatif. Le problème n'est donc pas de savoir s'il peut y avoir de l'a-logique, mais de savoir s'il n'y a qu'une seule forme de logique. C'est à titre d'approfondissement complémentaire de l'archéologie que la téléologie fonde donc la conformation du perceptif et du judicatif sur l'apodicticité de la genèse logique elle-même sur la patence de l'*Aufbau* et délie la généalogie du préjugé logiciste [1].

Au demeurant, Husserl signale clairement que le sujet percevant n'appréhende pas véritablement ce qui est perçu comme l'objet d'un jugement, car la différenciation des « caractères d'acte » demeure pour lui un *critérium absolu*, mais plutôt que la manière dont il perçoit, prise dans ses différentes étapes synthétiques, ne peut se comprendre que par rapport à la manière dont le sens lui-même se donne dans une proposition affirmative comme liaison syntaxique. C'est la discursivité même du percevoir qui rend alors possible la transition génétique à la sphère du discours logique

1. En effet, la méthode de la *Rückfrage*, l'analyse généalogique comme telle, ne peut que conduire, prise à la lettre, à l'idée d'une logification après-coup de l'originaire par une sorte de « propension explicatrice », véritable coup de force méthodologique qui recouvre ce qui est à dévoiler. En revanche, ressaisie comme élément d'une méthode en zigzag de regression-progression, c'est-à-dire pensée et posée comme complément de la téléologie et de l'édification étagée des significations, la généalogie reçoit alors un sens tout à fait neuf.

proprement dit et fonde ainsi sur une base assurée la généalogie logique. Si la perception permet, aussi facilement que Husserl cherche souvent à le montrer, la transposition dans un jugement déclaratif, c'est qu'elle doit recéler en elle une régulation d'ordre logico-prédicatif. Sans doute cette homologie, trop souvent ininterrogée en son fond, reste partielle. Elle n'interdit pas de mettre aussi l'accent sur la distinction noétique du percevoir et du juger, et toute l'analyse des « objectités d'entendement » trouverait ici sa raison spécifique, mais elle n'en est pas moins subordonnée à cette thèse sous-jacente : l'ordre et la connexion des intuitions perceptives annoncent l'ordre et la connexion des catégories logiques. Ainsi Husserl est amené à poser l'analyse de la perception elle-même comme une sorte de grammaire implicite de la sensibilité, pré-linguistique et pré-expressive, où les substrats individuels passivement prédonnés feraient office ici de *sujet*, les qualités sensibles de *prédicats* et les synthèses de passage de *verbes* – la différence avec le jugement étant que la transposition au stade prédicatif ajoute à ce qui est pré-constitué logiquement dans la passivité la dimension de l'attention consciente et de l'expression verbale.

Telle est dès lors l'intime vérité qui sub-structure l'ensemble de l'analyse archéologique du jugement : le *logos* ne commence pas forcément avec la mise en pratique verbale et explicite des règles logiques. Les lois logiques valent bel et bien avant même d'avoir été thématisées et fixées dans une expression consciente. Le syntaxique déborde largement l'expressif et le linguistique. Les enchaînements logiques, dont la figure la plus haute est ici représentée par la *proposition prédicative*, sont déjà pré-formés dans la sphère antéprédicative, en vertu même de cette universalité de la catégorialité, c'est-à-dire de la connexion non réelle (cela encore une fois n'efface pas réellement les différents niveaux de catégorialité), comme des associations *a priori*, des généralités typiques qui servent de cadre de préconnaissance, etc.

DOXA PASSIVE ET MODALITÉS DU JUGEMENT

L'homologie formelle du sensible et du catégorial se confirme chez Husserl lorsqu'on prend en compte, non plus la structuration interne des connexions logiques, mais la modalisation même du jugement. Elle n'est donc pas simplement syntaxique, mais aussi doxique. Ici aussi, dans la considération du jugement sous l'aspect d'une assertion, on pourrait penser à première vue que le clivage entre le percevoir et le juger devrait à chaque instant sourdre. Si voir S (*p, q, etc.*) n'est pas juger que S est *p*, *q*, etc., il est encore moins évident de soutenir que *voir S* revient à affirmer que *S est*. Or, il n'en est rien. Même sur le plan de la croyance, Husserl établit que la perception se donne, à l'instar du jugement, comme une assertion. Voir un S, c'est, non pas *juger*, mais par avance *voir* qu'un S est[1]. La rapprochement qu'effectue Husserl entre la croyance passive qui appartient à la perception et les modalités doxiques qui relèvent de l'acte du jugement est des plus étonnants, car, à présent, l'analogie du sensible et du catégorial n'est plus d'ordre morphologique, mais modal. L'enjeu de la théorie des modalités du jugement est donc clair : confirmer, même sur le plan modal, l'enracinement de la sphère prédicative dans l'expérience passive. La théorie des modalités thétiques du jugement (certitude, doute, possibilité, etc.) doit être à son tour reconduite aux modalités de la croyance passive qui appartient d'emblée à n'importe quel acte perceptif.

Pour Husserl, la généalogie du jugement sous son aspect doxique est en outre l'occasion de redéfinir du point de vue phénoménologique l'essence du jugement. C'est ici que la critique adressée dès 1894 à la *Urteilstheorie* de Brentano trouve toute sa portée : contrairement à ce qui est développé dans la *Psychologie du point de vue empirique*, tout percevoir simple est déjà, et en deçà même de sa thématisation judicative, une affirmation de son objet comme étant, de telle sorte que le jugement ne consiste pas dans la simple transformation d'une représentation perceptive en une affirmation ou rejet de son contenu. Il n'est donc pas si fortuit que Husserl formule de nouveau cette critique dans les *Analysen zur passiven Synthesis* et ce dans le chapitre qui traite justement de la modalisation du jugement. À toute perception sensible s'attache originairement une position d'existence, une croyance à l'être. L'objet perçu lui-même « se donne dans le cas normal comme simplement étant, comme réalité effective existante »[2]. À cette conviction proprement native correspond ce que Husserl thématise dans *Expérience et Jugement* comme l'« *Urdoxa* », *croyance originaire* à l'être. L'évidence objectale du monde de la prédonation originaire est elle-même fondée sur cette croyance passive à l'être. De la reconnaissance seule de

1. Pour la phénoménologie, il ne fait aucun doute que dans tout *wahrnehmen*, il y a du *für wahr nehmen*. Toutefois, Husserl ne dit jamais que percevoir en sa forme originaire de synthèse passive consiste uniquement à voir *que* S est, mais plutôt à voir un S étant. La nuance est d'importance; la perception, analogue en cela au jugement, est bien une affirmation, mais qui ne peut néanmoins s'exprimer encore sous la forme « voir qu'un S est ». D'autre part, la croyance originaire qui s'attache à tout acte perceptif n'a pas encore la forme d'une prédication, car elle n'indique pas que S est *p* ou *q*, mais simplement que S est, ou qu'il y a un S étant. C'est seulement à travers sa modalisation, que la forme prédicative S est *p* peut se faire jour en elle; S n'est plus, mais S est douteux, problématique, possible; ou plus précisément *que S soit* est douteux, problématique, possible.

2. Hua. XI, p. 28.

cette condition de l'*Urdoxa* passive, découle la légitimité de la généalogie des évidences prédicatives vers les évidences objectales originaires.

Or, et c'est là un des points capitaux de l'analyse husserlienne, ce n'est pas la simple prédonation d'un substrat individuel qui assure au jugement prédicatif son évidence logique, mais la prédonation elle-même évidente de cette objectité originaire. Il faut donc pour Husserl montrer, ici contre l'interprétation traditionnelle de la doxa, que cette croyance perceptive est ainsi source d'une évidence tout aussi « incontestable » [1] (*selbstverständlich*) que celle pourvue par la positionnalité active du moi véritablement jugeant. La perception pose son objet comme étant de manière certaine, comme le fera plus tard (d'une autre manière) le jugement. Cela est rendu possible par le fait que la position d'existence n'est plus le simple privilège du juger, mais, en vertu même de la croyance originaire, relève déjà des actes perceptifs antéprédicatifs [2]. Husserl peut donc conclure que « la théorie des modalités du jugement reste suspendue en l'air si elle est développée simplement à propos des jugements prédicatifs, comme c'est le cas dans la tradition, où l'on ne va pas chercher l'origine de tous ces phénomènes de modalisation dans la sphère antéprédicative » [3]. La dissociation brentanienne de la représentation et du jugement ne tient plus : mêmes les représentations originaires (perceptions antéprédicatives) donnent leurs objets comme certains et il apparaît donc que le domaine de la doxa n'est pas de « rang inférieur » par rapport à celui de la science [4]. Par rapport à la théorie brentanienne du jugement, Husserl procède donc à un élargissement de la certitude du jugement à toute la sphère antéprédicative. Ce qui signifie une *réhabilitation* de la « doxa », laquelle s'accomplit dans l'affirmation de la croyance passive au monde comme fondement de la genèse logique.

Sans revenir sur cette ambivalence de la certitude originaire [5], simultanément irrécusable et ouverte, Husserl ne peut en effet longtemps passer sous silence le fait que la certitude primitive subit elle-même une altération, donc qu'elle se modifie temporellement sous des modes moins affirmatifs comme le doute, la possibilité, le problématique, etc.

> La perception originelle, normale, a le mode originel « étant », « tout simplement valide », elle est certitude pure et simple, naïve. L'objet apparaissant se tient là dans une certitude incontestée et non rompue.

1. Cf. *Expérience et Jugement*, p. 34 [25].

2. De cette façon, l'expérience originaire englobe non seulement la donation des objectités individuelles, mais également, insérées en elle, les modalités d'être de ces pré-données.

3. *Ibidem*, p. 119.

4. *Ibidem*, p. 53-54 [44].

5. Nous avons déjà évoqué le paradoxe de cette croyance tout à la fois incontestable et certaine, et cependant toujours susceptible d'une confirmation ou d'une vérification ultérieures cf. p. 270 et *sq*. Sur cette réhabilitation de la doxa, cf. *Logique formelle et logique transcendantale*, p. 283-286 [186-188].

> L'incontesté renvoie à des contestations possibles, voire à des ruptures, précisément à des ruptures du type de celles que nous sommes en train de décrire et par lesquelles s'accomplit, dans la division, une modification du mode de validité [1].

Si par conséquent toute objectité perceptive se donne comme certaine, cette certitude ne dure pas, mais elle se scinde et se fragilise. Si cet aspect vacillant du *belief* passif est à peine évoqué dans *Expérience et Jugement*, et pour cause, étant donné le caractère fondationnel de l'*Urdoxa* dans la genèse du logos, il fait l'objet de longues et pénétrantes analyses dans les *Leçons sur la logique génétique* de 1921. C'est qu'avec l'étude des différentes modalités passives de la croyance perceptive originaire, il y va de « l'analyse originelle des concepts de vrai et de faux » [2], c'est-à-dire, en fin de compte, de ce qui, dans le jugement, constitue la validité même du juger. À tout moment, l'étant donné dans la certitude peut se muer en douteux ou problématique, en possible ou probable. À tout moment, une « altération » (*Anderung*) peut surgir et venir ainsi rompre la continuité concordante de la synthèse perceptive. Mais comment cette incontestable certitude initiale peut-elle se modifier et en vertu de quoi ?

Cela se peut faire précisément par le fait que la donation perceptive est une synthèse continue et étalée dans le temps, qui passe par des moments de rupture et de discordance. La modalisation de la croyance primitive s'effectue ainsi à la suite d'une rupture des synthèses perceptives et continuelles qui s'accomplissent toujours en vue d'une confirmation auto-remplissante plus grande. C'est cette modification des synthèses perceptives qui entraîne dans son sillage une modification de la position doxique originaire. Des *contre-événements*, comme la déception, la détermination comme quelque chose d'autre que ce qui était attendu, le conflit, peuvent à chaque instant advenir dans le cours ultérieur de la perception, « empêcher » l'accomplissement des tendances vers la concordance du percevoir initialement certain de soi, conduire en retour à un devenir-autre de la conscience percevante. C'est en raison même du caractère horizontal de la perception, ce que Husserl nomme dans les *Analysen*, le « domaine de libre variabilité » [3] (*ein Umfang freier Variabilität*), que la modalité primitive de la certitude échoue à conserver cette franche croyance qui lui sert de base.

Partons de l'exemple de la perception d'une boule uniformément rouge qui s'avère être, dans ses faces cachées, en fait bosselée et verte. Que se passe-t-il à cette occasion ? Au lieu de percevoir *ce qui est attendu* en vertu de l'uniformité et de l'unaminité de ce qui avait été antérieurement perçu,

1. Hua. XI, p. 36.
2. *Ibidem*, p. 39.
3. *Ibidem*, p. 41.

on fait l'expérience, remarque ici Husserl, de « l'autrement qu'attendu » (*anders als gewartet*). Les préfigurations qui, en tant qu'intentions protentionnelles, sont liées à toute perception continuellement synthétiques sont déçues, désavouées, détrompées. La perception antérieure de la boule rouge est modifiée en perception non pas rouge mais verte, non pas boule uniforme mais surface bosselée. Mais la modalité doxique de la certitude attachée à la perception de la boule rouge est elle-même supprimée par une opération que Husserl nomme le « biffage rétro-actif » (*rückwirkende Durchstreichung*) [1]. Sans entrer dans une analyse détaillée de ce processus et cherchant à ne retenir ici que ce qui est essentiel à la compréhension du rapport entre les modalités passives de la doxa et celles actives du jugement prédicatifs, nous pouvons toutefois noter que c'est la discordance purement perceptive, on pourrait dire noématique, qui débouche sur une modification de la croyance de l'étant effectivement au non-étant. Cette « suppression » (*Aufhebung*) rayonnant-en-arrière et qui repousse les anciennes intentions et convictions à l'arrière-plan en les mettant sous l'éteignoir, c'est là ce que Husserl tient pour l'origine dans la passivité de l'opération de la négation. Le négatif n'est pas lui-même l'objet d'une perception ; je ne perçois pas le *non pas rouge*, ni le *non pas boule uniforme*, mais, percevant une simple transformation ou altération perceptives, j'y mêle la conviction d'une annihilation de ce qui était antérieurement posé comme étant. Ce n'est pas l'objet comme boule rouge qui est supprimé, celui-ci reste conservé sous la forme d'une représentation vide non-affective. Ce qui est mis sous le couvert, c'est en réalité la modalité originelle qui était inhérente à cette perception première. La privation n'existe que dans la transition d'une modalité à une autre, plus précisément d'une modalité affirmative à une modalité conflictuelle [2], elle n'est pas une donnée intuitive comme telle, mais reste une simple possibilité transmodale. Aussi le rien, le non-étant, le nul, ne relèvent-ils pas de l'objectité en général, car ils ne peuvent être donnés dans l'aire passive comme visée d'un acte, mais ils apparaissant à la conscience seulement dans le conflit inter-modal et dans sa résolution par la suppression de l'une des positions. Toutefois le cas de la modalité négative et privative est, pour ainsi dire, le plus simple, car à la modification du donné s'allie immédiatement la modification de la modalité de croyance. Mais il se peut que la modalité doxique se modifie, alors même que les diverses données

1. *Ibidem*, p. 30.

2. Le résultat le plus important pour Husserl de l'analyse phénoménologique de la négation étant que celle-ci présuppose toujours comme point d'appui la modalité de la certitude de quelque chose de donné. Aussi le négatif se donne-t-il toujours comme négatif, c'est-à-dire non pas comme constatation d'un rien, mais comme opération de suppression de ce qui est, ou, plus exactement, de ce qui se donne comme étant. Cf. Hua XI, § 7.

perceptives demeurent inchangées, de telle sorte qu'ici apparaît une certaine dissociation de ce qui est donné comme contenu et de la manière dont cela est donné. Si, contrairement à ce que pouvait affirmer Brentano, la « croyance, et la variation de la croyance, n'est pas quelque chose qui vient s'ajouter aux intentions »[1], il se peut que le conflit intermodal et la variation modale elle-même laissent néanmoins « le sens et la modalité de l'être se détacher l'un de l'autre dans le contraste »[2].

À ce propos, Husserl rapporte une expérience de jeunesse d'un trouble perceptif, révélateur de ce conflit des modalités de croyance à partir d'un même fond perceptif :

> Je m'attache à une expérience vécue au cours de mes années d'étudiant à Berlin. Satisfaisant un jour ma curiosité dans le panorama, je vois à côté de moi, parmi les autres spectateurs, une jeune fille qui, le catalogue entre les mains, regarde intéressée la même attraction que moi. Après un certain temps, la jeune fille me parut étrange. Je m'aperçus que c'était une simple figurine, une poupée mécanique destinée à me tromper. Que se passe-t-il en nous dans un tel cas ? En effet, nous sommes tout d'abord hésitants, deux appréhensions perceptives sont en conflit l'une avec l'autre ; dans notre exemple, un être humain de chair et de sang et une poupée de cire et de bois mécaniquement mue. Même si nous sommes devenus sûrs, nous pouvons pourtant passer arbitrairement d'une appréhension à l'autre et pouvons donc « voir » ce qui se trouve en face de nous, tantôt comme être humain, tantôt comme poupée. Mais, à présent, du contraste entre la perception précédente de la jeune fille et la manière actuelle de voir cette même jeune fille ressort une différence essentielle, bien que l'objet soit non seulement le même et apparaisse sur le mode de la corporéité vivante, mais que la succession des apparitions perceptives dans lesquelles il se donne, la succession des aspects, soient aussi essentiellement les mêmes. Peu de temps avant, la jeune fille se trouvait face à nous comme existant dans la certitude, et, à présent, avec le caractère de l'illusion, avec le caractère de la nullité. L'objet intentionnel, le sens de la perception, est d'une certaine manière scrupuleusement le même, mais conscient sur un « mode d'être » différent : une fois étant tout simplement, l'autre fois nul et non-étant[3].

1. *Ibidem*, p. 226.

2. *Ibidem*, p. 229.

3. *Ibidem*, p. 351. Cette même expérience était déjà évoquée (et romancée) dans les *Recherches Logiques*, t. II, 2 (Ve Recherche), p. 250 [443] : « Nous promenant dans un palais d'illusions, nous rencontrons dans l'escalier une dame inconnue qui nous fait signe aimablement – c'est l'attrape bien connue du palais d'illusion. Il s'agit d'un mannequin qui, un instant, nous avait abusé ». Cet exemple rentrait déjà dans le cadre d'une discussion des thèses brentaniennes sur le jugement distinct de la simple représentation.

Ce qui se produit ici dans la conscience, c'est un *conflit*, non de données perceptives elles-mêmes comme dans le cadre des synthèses associatives de passage et de recouvrement (conflit qui donnait lieu au refoulement d'éléments sensibles affectant) mais des modes qualitatifs de donation : deux interprétations doxiques possibles d'une même donnée peuvent continûment s'exercer comme tendances, chercher à se repousser l'une l'autre et à obtenir la faveur définitive du sujet percevant, l'hésitation provoquant le doute. Deux appréhensions noétiques se disputent à partir d'un « même fonds de data hylétiques ». Le même fantôme perceptif est donné une fois comme homme, une fois comme poupée de cire. Aucune de ces deux *Deutungen* n'est ainsi biffée dans le doute, elles se tiennent là fermement dans le conflit réciproque, recouvrant en quelque sorte la même force affective. L'objet perçu devient lui-même problématique :

> Dans notre exemple nous sommes bien plutôt dans la situation où toute la teneur concrète d'une apparition propre (à côté de l'horizon vide et de la préfiguration originelle) voit d'un seul coup un deuxième contenu se superposer à celui-ci : l'apparition visuelle, la figure spatiale remplie de couleur, était auparavant pourvue d'un halo d'intentions appréhensives qui donnait le sens « corps humain » et « homme en général »; et à présent, s'y superpose le sens « poupée de cire vêtue ». Dans ce qui est proprement vu, rien ne change, et il y a même encore plus de choses en commun : des vêtements, des cheveux, etc., sont aperçus en commun des deux côtés mais une fois, c'est de la chair et du sang, une autre fois de la cire. Si nous en revenons aux dernières structures, nous pouvons également dire qu'un seul et même fonds de data hylétiques est le soubassement commun de deux appréhensions superposées. Aucune des deux n'est biffée pendant le doute, elles se tiennent ici dans un conflit réciproque ; chacune a, dans une certaine mesure, sa force, chacune est motivée par la situation de perception antérieure et sa teneur intentionnelle, chacune est pour ainsi dire exigée. Mais une exigence s'oppose à une exigence, l'une combat l'autre et subit de sa part le même tort. Dans le doute persiste un conflit indécis [1].

Cette longue citation nous permet de comprendre que le dédoublement des modalités n'est, en aucune façon, fonction d'un dédoublement des perceptions. Le conflit des modalités semble donc indépendant du conflit des données hylétiques. C'est un pur « balancement » (*Schwanken*) entre des tendances à la croyance opposées, un « état de flottement » [2] affectif entre diverses persuasions modales. Avec cette altération de la certitude initiale du « cela est », se fait jour donc tout un « espace de jeu » de possibilités ouvertes, contraires et contradictoires. À partir de ce simple

1. *Ibidem*, p. 34.
2. *Ibidem*. p. 42.

exemple de la poupée de cire, plusieurs possibilités d'essence s'offrent ici à nous. Soit le conflit visuel aboutit à la position du *doute*, c'est-à-dire au passage alternatif et incessant à l'une ou à l'autre des positions sans pouvoir conclure de manière valide, soit à celle de la simple *possibilité*. Cette dernière se divise, à son tour [1], en *possibilité « ouverte »*, celle où le conflit cesse et où le sujet se trouve de manière neutre en face de deux possibilités qui n'entraînent avec elle « aucune tendance » [2], sans accorder ni à l'une ni à l'autre sa préférence, mais soustrait à la tension du doute conflictuel, et en *possibilité « supputée »*, celle où, bien qu'il ne puisse trancher définitivement, le sujet perceptif se prononce toutefois en faveur d'une possibilité en fonction de certains élements présomptifs qui lui pré-indiquent la vérité qu'il ne peut directement obtenir.

Cette présentation de la modalisation de la croyance originelle en négation, doute ou possibilité, suppose bien évidemment de pouvoir aboutir à tout moment à un « rétablissement » de la certitude première, lorsque le conflit cesse pour de bon et que par là la position affirmative inaugurale est restaurée. Est toujours possible au regard de Husserl, et même hautement probable, que le doute soit *in fine* résolu, que la possibilité supputée se transforme en définitive en une affirmation valide. Cette « décision » (*Entscheidung*) qui supprime le conflit des modalités tangentes en se prononçant en faveur de l'une se produit par le processus continuel de la concordance perceptive et par le remplissement intuitif qui lui est associée. Toutefois, même si la certitude première est ainsi retrouvée, elle ne l'est pas de manière identique. Elle a en effet traversé la *variation modale* et est par là même enrichie des contre-possibilités qui sont déposées en elle. La certitude modalisée est de surcroît le résultat d'un acte de reconnaissance qui reste quelque peu différent de la simple « certitude perceptive naïve » [3], uniquement reçue.

Il serait erroné de croire également que cette décision inhérente à la sphère antéprédicative relève ici de l'ego judicatif. En fait, elle est directement issue de la tendance purement passive de la recherche de la validité définitive. En tant que telle, elle est le résultat direct d'une sorte d'autocorrection perceptive. Là encore la constitution passive fait son œuvre, en dehors de toute ingérence de l'ego. Mais Husserl ne dépouille-t-il, pas de manière quelque peu excessive, le jugement prédicatif de ses propriétés essentielles pour trop accorder en retour à la simple synthèse passive ?

1. Sur cette distinction, cf. Hua. XI, *ibidem* : « Toutefois ce qui est supputé (considéré indépendamment de la relation au moi) peut également être appelé possible, mais il détermine un concept de possibilité fondamentalement autre par essence que celui de possibilité ouverte précédemment décrit ».

2. *Ibidem*, p. 43.

3. *Ibidem*, p. 38.

N'a-t-on pas assisté déjà à un *transfert* de catégorialité en direction de l'expérience antéprédicative? Si, à présent, la vie perceptive est également capable de trancher dans le vif de ses indécisions, de reconnaître *ce qui est* et d'établir une certitude, non plus naïve, mais nourrie par l'épreuve auto-vérificatrice du négatif, du présomptif et du problématique, qui vient réparer la division de la conscience avec elle-même, on ne saisit plus très bien ce qu'il reste au titre de déterminations eidétiques au jugement. L'analyse des modalités de croyance ne peut donc faire l'économie d'une étude des rapports entre la doxa passive et la doxa active, au risque sinon de noyer le jugement dans la pure et simple actualisation perceptive. Ce qu'il s'agit de faire, c'est donc de marquer la frontière entre l'être-vrai que fournit la concordance continue de la perception synthétique et l'être-vrai que délivre le jugement par essence assertorique. En d'autres termes, il faut cerner le niveau d'intervention propre du jugement comme *Stellungnahme*. Tel est l'objet précis de la section des *Analysen* : « Modalisation active et modalisation passive » [1]. Pour bien prendre la mesure de ce qui se joue dans cette tentative de distinction, il convient d'indiquer que le clivage se situe pour Husserl au sein même de la nature du *se-décider-en-faveur-de*.

> Ce que nous devons maintenant remarquer, c'est le double sens de « se décider » [*Doppelsinn von Entscheidung*] : celui dont il est question dans une décision survenant d'elle-même ou au contact de la chose même, à savoir comme décision expérimentée qui s'instaure et celui qui concerne la décision comme prise de position décisoire accomplie par le moi en tant que réaction du moi [2].

Encore une fois, la ligne de partage entre l'antéprédicatif et le catégorial passe par la manière même dont le moi se rapporte aux objets constitués intentionnellement. Dans la sphère thétique, l'on ne peut manquer ainsi de souligner le caractère judiciaire (et non plus simplement judicatif) de l'*Entscheidung* du moi. À la différence de la décision automatique de la modalisation passive, le moi livre effectivement son *jugement* dans la position d'existence de la croyance judicative. Il rend son *verdict* qui est lui aussi implacable, au sens où il est posé comme apodictique. Le moi reprend les conclusions de la doxa passive, mais en modifie la qualité : il transforme une simple « confirmation » en assertion définitive. Il est évident que la croyance obtenue dans le processus passif ne peut se prévaloir d'une telle certitude apodictique. Étant donné son caractère horizontal et temporel infini, elle ne peut faire que ce qu'elle pose comme certain, même après être passé par l'épreuve de la modification, ne puisse encore subir une nouvelle contestation et voir ainsi son être dégradé dans l'avenir en douteux ou

1. *Ibidem*, p. 51-64.
2. *Ibidem*, p. 51-52.

problématique. De ce point de vue, la croyance passive de la perception n'accède, malgré tous ses efforts qu'à une forme de « certitude empirique ». Seul le jugement prédicatif institue réellement la « certitude apodictique » et inaltérable du « une fois pour toutes », tout du moins jusqu'à ce que le moi ne décide de la remettre en question. Entre donc la croyance primitive du processus perceptif et l'affirmation contenue dans un jugement prédicatif, il existe par conséquent une différence essentielle relevant d'un « changement d'attitude » : seule la dernière est le résultat d'une prise de position *volontaire* du moi. Husserl découvre ainsi l'essence du jugement dans ces prises de positions du moi, ces assertions librement décidées, cette « conviction » exprimée en toute connaissance de cause.

Mais le moi ne fait-il à l'occasion de sa reprise qu'*entériner* ce que la doxa passive tient pour vrai ? Peut-il, à ce sujet, poser comme vrai ce que le processus perceptif donne de lui-même comme douteux, voire nul et non avenu ? La doxa active peut-elle contredire la doxa passive et affirmer ainsi son indépendance et sa liberté vis-à-vis de la motivation antéprédicative ? Conformément au projet généalogique, l'étude des différentes modalités doxiques a pour but de montrer que la modalisation active de la croyance prend son origine dans le processus perceptif antéprédicatif et donc que « la théorie du jugement pris à sa source [*die urquellenmäßige Urteilstheorie*] » [1] conduit « à la doxa appartenant à la passivité de l'intuition elle-même et à ses modalités ». Mais il est aussi capital pour Husserl de marquer la limite entre ces deux formes de modalisation, de faire ainsi ressortir le pur contraste entre la *doxa passive* et le jugement. Sans cela, « l'opinion se serait ancrée que la doctrine de la croyance perceptive et ainsi que celle de tout ce qui est relatif aux jugements de toutes les autres espèces surgissant dans l'intuition passive serait déjà une pleine théorie du jugement » [2]. Mais, bien souvent, chez Husserl, il y a un fossé entre les déclarations de principe et ce qu'il met en place dans l'analyse phénoménologique descriptive.

Dans le cas de la différence entre doxa passive et jugement, la distinction ne saute pas immédiatement aux yeux. En effet, tout comme le jugement et avant lui, la doxa aboutit à une décision de reconnaissance ou de rejet de ce qui est passivement perçu. Elle donne ou non son *approbation* à l'être qui se tient là comme objet. Face à cette conviction purement passive du moi, le jugement apparaît alors comme une simple *affirmation d'affirmation :* il dit plus fermement ce que la doxa passive avait déjà affirmé pré-linguistiquement dans sa simple concordance. Toutefois, l'activité positionnelle du moi jugeant dépasse le simple acte de la prise d'intérêt sous la forme d'une représentation claire et distincte. Dans la *prise*

1. *Ibidem*, p. 63.
2. *Ibidem*, p. 64.

de parti du moi, il ne s'agit pas, nous dit Husserl de manière décisive ici, « d'une simple révélation de l'intentionnalité passive, ni d'une simple perception qui aperçoit, d'un simple vécu de la supputation avançant dans une conversion attentive, donc d'une simple prise de conscience attentive du supputatif, du nul, etc. » [1]. Dans la décision, ce que le moi effectue n'est pas simplement de *rendre patent* ce qui est prédisposé par la doxa originaire, mais de *prendre position*, de donner son jugement, de se décider pour ou contre. C'est donc ici que se trouve « la source spécifique de qui s'appelle normalement juger ».

> Le jugement au sens spécifique est donc l'acte égoïque de la *positio*, de la position [*Setzung*] sous sa double figure possible : la décision concordante du moi ou le refus, le rejet [2].

Que l'acte du jugement ne puisse pas être un simple *Patentmachen*, une simple manifestation de ce qui se joue à l'étage inférieur de la doxa, mais plutôt un véritable acte de prise de position, cela ne permet pas encore d'assurer à la sphère prédicative son indépendance de jugement. En effet, toutes les décisions et convictions du moi sont toujours effectuées à partir de l'« assise de la motivation » [3] passive. Les prises de position du moi dans le jugement sont toujours des réponses aux motivations des supputations passives. Entre deux perceptions possibles, le moi se décide en faveur de l'une ou l'autre et lui accorde dès lors la validité définitive. Mais Husserl ne décrit cette décision du moi, et la capacité d'approbation qui lui est afférente, que dans les cas où le processus perceptif est incapable d'aboutir par lui-même à une décision tenable, dans les cas où il est par conséquent inapte à atteindre une forme de certitude même supputative, et demeure dans la modalisation infinie et ouverte.

Mais qu'en est-il dans le cas précis où la doxa passive conclut décisivement et pourvoit à sa propre légitimité ? Le moi peut-il contredire ce qu'elle affirme dans sa concordance perceptive et se décider en faveur de la possibilité inverse que rien n'atteste dans la sensibilité, ou bien ne fait-il qu'enregistrer ce que l'expérience lui souffle à l'oreille et lui intime de reconnaître ? Quelle est sa marge de manœuvre dans sa relation avec la sphère passive ? Que le moi puisse suspendre à chaque instant la valeur de vérité de la croyance passive semble être pour Husserl la toute première prérogative transcendantale qui lui revient. Sa liberté serait, semble-t-il, à

1. *Ibidem*, p. 52.
2. *Ibidem*, p. 53.
3. *Ibidem*, p. 54.

ce prix, étant donné que c'est justement dans la prise de décision indépendante que se trouve l'origine de l'acte libre. Malheureusement, jamais Husserl n'ose poser de front cette question de la dépendance du jugement vis-à-vis de la doxa originaire et le rapport semble s'accomplir constamment dans une sorte d'harmonie préétablie qui ne souffre aucune rivalité entre doxa passive et doxa active [1].

1. En fait, ce conflit existe bien, mais il n'apparaît pas au simple stade de la modalisation de la croyance. Il ne se fait véritablement jour que dans l'expérience de l'illusion et de la tromperie. C'est là précisément que les décisions du moi s'écartent de la certitude finalement naïve de la *doxa passive* et en viennent à remettre en cause ce que l'expérience originaire donne faussement comme vrai. C'est donc dans l'événement passif de l'erreur que le moi conquiert sa liberté (ici prédicative, de jugement). En effet, dans l'illusion, c'est la motivation passive elle-même qui est suspectée et qui est pesée, mesurée, évaluée. Sa force affective de persuasion qui, dans la simple modalité doxique, avait un rôle fondamental est ici réduite à néant.

Chapitre III

L'ORIGINE DE L'ERREUR DANS LA PASSIVITÉ

L'ORIGINE DE L'INAUTHENTICITÉ : LA CONFUSION DES SOUVENIRS

« Que le ressouvenir puisse tromper est la doctrine unanime des philosophes », *Husserliana XI*, p. 371.

Après avoir dégagé les différents moyens par lesquels l'évidence des jugements prédicatifs et catégoriaux se préconstitue dans la passivité, tant ici du point de vue syntaxique que là thétique, Husserl cherche à en déterminer plus avant la validité. Or, celle-ci peut parfois ne pas être aussi définitivement claire et distincte que l'exigence même de vérité ne le souhaiterait. Comme l'a déjà laissé clairement entrevoir l'étude des modalités passives de la croyance, elle peut apparaître problématique, équivoque, voire fausse. Dès lors, l'un des travaux les plus importants de la logique transcendantale [1], qui est une logique de la vérité, consiste à déter-

1. Husserl évoque déjà dans les *Ideen I* (§ 151, p. 509-10) [317] la possibilité ouverte d'une discordance du processus constitutif. En effet, le « chemin de la connaisance » peut ne pas être cette confirmation continue et progressive que pose la phénoménologie de la constitution prenant pour fil conducteur transcendantal « la région chose », mais il peut aussi passer par « des erreurs » et par des « éventualités contraires ». Ainsi le cours de la perception subit des « brèches partielles » qui viennent rompre la concordance synthétique continuelle. Il faut donc « faire droit aux synthèses de conflit, de méprise et de détermination divergente : pour une phénoménologie de la réalité vraie, la phénoménologie du vain simulacre est elle aussi absolument indispensable », p. 510 [317]. Même idée au § 143 concernant la phénoménologie de la raison : « naturellement il faut toutes les fois faire entrer en ligne de compte la contre-partie de la raison, "l'irraison"; de même que la phénoménologie de l'évidence inclut celle de sa contre-partie, *l'absurdité* », p. 483 [300].

miner « la situation originaire [*Ursprungslage*] où apparaît la tromperie » [1]. Sans cette investigation des sources de l'« illusion », la logique resterait une entreprise inachevée, car non entièrement fondée. Elle ne doit donc pas rendre seulement visible « comment la conscience en général recèle en soi du sens » [2], mais elle doit aussi rendre compte de la manière très particulière dont la conscience à chaque fois évidente enveloppe aussi la possibilité de la discordance et de l'erreur, lors même qu'elle est une conscience transcendantale délivrée dans sa pureté première par la réduction phénoménologique. Or, cette situation originaire où se développent les confusions de sens et les fausses évidences se confond le plus souvent, pour Husserl, avec la sphère passive elle-même :

> Cependant, pour accéder à une compréhension ultérieure, l'éclaircissement des origines de l'erreur dans la passivité, et précisément dans sa figure la plus originaire du mélange est encore nécessaire. Ce problème nous conduit à une partie radicale de l'analyse de la conscience passive, à savoir comme analyse génétique : il nous conduit à la phénoménologie de l'association [3].

Si la passivité est bien, d'un côté, préformatrice des unités de sens et des formes logiques complexes dans lesquelles ces unités apparaissent, il n'en reste pas moins qu'elle peut aussi parfois conduire, d'un autre côté, à des méprises. Le risque encourru par le projet généalogique trouve ici son lieu : la fondation de la logique dans la sphère passive pourrait, en vertu de la menace d'une passivité illusionniste, se muer en défondation.

Pour cette raison, le questionnement de l'origine de l'évidence dans la sphère passive doit nécessairement s'accompagner de celui de l'origine de l'erreur, car l'évidence et l'erreur trouvent *de facto* leur source commune dans le même fonds passif de la conscience. Il convient donc de se demander comment la passivité peut à la fois, selon Husserl, préfigurer les opérations logiques constitutives de la vérité et introduire en même temps dans ce processus génétique des dysfonctionnements dérangeants comme l'illusion et l'équivocité. Au regard de son intérêt pour la genèse des erreurs, la généalogie de la logique doit aussi être une *généalogie de*

1. Hua. XI, p. 193. Cette investigation en direction des *sources* de l'erreur doit être comprise comme une manière de sonder le sol de l'expérience transcendantale elle-même pour voir si, au sein même de la sphère réduite, ne subsisteraient pas des discordances et des illusions. En d'autres termes, pour éviter cette « naïveté transcendantale » qu'évoque Husserl dans la 53e leçon de *Philosophie première*, il faut se convaincre que la subjectivité transcendantalement réduite n'est pas elle-même exempte de faussetés et, ce faisant, chercher leur origine. Voila pourquoi cette enquête généalogique sur la naissance de l'erreur entre directement dans le cadre de la « tâche d'une critique apodictique de l'expérience transcendantale » (*ibid.*, p. 235 [169]).

2. *Ibidem*, p. 256.

3. *Ibidem*, p. 115-116.

l'alogique. C'est principalement dans les textes des *Analysen* que Husserl pose la question capitale du fondement de l'erreur dans la passivité. En effet, comme nous l'avons déjà indiqué, toutes les *Leçons sur la logique génétique* de 1921, 1923 et 1925 ont pour thème exclusif la clarification de la notion d'évidence [1], de telle sorte qu'une étude approfondie de la constitution graduelle des évidences logiques et prédicatives ne peut omettre de s'interroger sur les obstacles éventuels qu'elle peut à tout moment rencontrer dans sa réalisation génétique. Elle ne peut pas plus passer sous silence la possibilité d'échec de cette même constitution. Or, étant donné que le « ressouvenir », par la synthèse d'identification qu'il effectue sans cesse entre les données actuelles d'un objet et ses souvenirs, est l'un des lieux originaires où la vérité peut se manifester, étant donné qu'il est par ailleurs censé fournir au sujet, cherchant à connaître l'en soi de son passé et de son flux de conscience immanent, des évidences restaurées dans leur intuitivité originaire, il n'est point étonnant que ce soit lui qui soit directement mis en cause dans sa capacité de fonder une évidence ultime et apodictique :

> Ces considérations nous apprennent que la question de savoir comment l'objectivité – l'objectivité étante en soi – se constitue, comment elle peut se légitimer originairement comme telle, conduit partout et de façon entièrement principielle au problème de la constitution d'un *en soi* du ressouvenir, donc à la question de savoir comment le ressouvenir se justifie et dans quelle mesure il peut être la source d'une validité définitive [2].

C'est donc parce que le ressouvenir représente « la source pour un *en soi* des objets », en tant qu'il permet le rassemblement sous la forme d'une unité identique des différents moments d'un même objet, c'est parce qu'il contient en soi la donnée en personne de l'objet, qu'il est le fondement de toute clarification ultime des évidences objectales. S'il n'y avait pas de ressouvenir, alors seule l'objectité à chaque fois constituée dans le champ du présent impressionnel serait là dans son devenir temporel fugace, mais « il n'y aurait à proprement parler aucun objet pour le moi, il lui manquerait la conscience de quelque chose de saisissable en de multiples apparitions possibles, un étant auquel on puisse toujours revenir et que l'on puisse reconnaître comme le même et que, de plus, on puisse posséder en propre comme un bien librement disponible » [3]. Dans l'appendice VIII de 1922-23

1. Husserl place en effet, rappelons-le, toutes les *Leçons sur la logique génétique* sur la figure de l'évidence et de la recherche de l'en soi : « Notre problème est celui de la clarification de l'idée d'en soi pour autant que la passivité y prend part », Hua. XI, p. 275.

2. *Ibidem*, p. 110-111.

3. Hua. XI, p. 326. C'est pourquoi l'unité « qui se constitue dans la perception elle-même et en elle seule, en tant qu'elle se constitue avant tout ressouvenir et toute connaissance active dans la pure passivité n'est pas encore un "objet" », (*ibid.*). L'objet en tant que corrélât de la

des *Analysen*, Husserl va même jusqu'à accorder au ressouvenir passif une sorte de blanc-seing transcendantal : l'« apodicticité » pure. Pour quelles raisons fait-il cela? Tout d'abord parce que le ressouvenir n'est que la simple « reproduction » de ce qui a été absolument perçu. C'est parce que tout ressouvenir tire son évidence de l'intuition perceptive originaire, comme l'affirment [1] déjà les *Ideen I*, et que celle-ci est, du point de vue de son vécu immanent (non de sa teneur intentionnelle de sens) apodictiquement donnée, qu'il puise ainsi quelque chose de cette apodicticité première. Comme l'apodicticité de l'intuition remémorée relève en droite ligne de la sphère du présent vivant, elle-même apodictiquement certaine, le ressouvenir recueille un peu de cette certitude originelle.

Tout souvenir est par ailleurs possession d'un *en soi*, et bien que celui-ci soit partiellement recouvert par l'obscurité de l'oubli, il n'en reste pas moins attaché à un *Selbst*. Et cet attachement est certain, d'une « certitude » que Husserl ose ici appeler « absolue ». Si le souvenir n'était une « source de certitude apodictique pour mes *cogitationes* passées », je ne pourrais plus alors, poursuit Husserl [2], parler de mon flux de vie infini, ni non plus de mon moi passé et de mes vécus intentionnels passés. Si le moi transcendantal et apodictique n'a plus dès lors la possibilité de se rapporter de manière certaine à lui-même comme passé par le biais du ressouvenir, alors la seule certitude sur laquelle il a directement prise réside dans la simple *mens momentanea*. S'assurer de l'apodicticité du ressouvenir consiste à montrer que la certitude de la vie transcendantale du moi ne s'étend plus simplement au présent, mais aussi aux modalités temporelles de son passé. Comme on le voit, l'un des enjeux principaux de la généalogie de la logique

conscience qui se trouve dans une identification synthétique donc « présuppose le ressouvenir ». De la même manière, il n'y a de connaissance possible que sur la « base de ressouvenirs ». Le ressouvenir en tant que synthèse de recognition est le moment essentiel dans le processus cognitif.

1. Déjà à l'occasion d'une interrogation sur l'évidence médiate et immédiate, Husserl y affirme que, dans le processus de vérification de l'évidence d'un souvenir, la lumière de la perception rejaillit sur toute la série rétentionnelle. C'est l'intuition donatrice en personne de la perception qui remplit alors l'intention du souvenir et lui donne une force d'évidence plus grande, à tel point qu'on pourrait même dire que « *la rationalité, la légitimité du souvenir est secrètement empruntée à la force de la perception* », p. 475. Les *Leçons sur la logique génétique* peuvent être envisagées comme la mise en lumière de cette relation *secrète* du ressouvenir à l'intuition perceptive.

2. Hua. XI, p. 3. Cela n'empêche pas Husserl de se méfier tout de même de cette *foi* dans le souvenir. Comme il le précise dans une lettre au docteur Gerda Walther : « ce qui est souvenu est toujours en tant que tel mon être passé, à moins que je trouve après-coup des raisons de ne pas suivre la doxa et de dire : j'ai alors succombé à une illusion. Là aussi cela concerne par conséquent la position, à savoir aussi une position passive » (Das Erinnerte als solches ist immerfort mein Gewesenes, es sei denn daß ich hinterher Grund finde, die Doxa nicht mitzumachen und zu sagen : ich unterlag damals einer Illusion. Auch hier betrifft das also die "Setzung", es sei auch eine passive », *Briefwechsel*, *op. cit.*, Bd. II, p. 261.

revient à examiner la validité objective du ressouvenir. C'est sur son exactitude que repose, d'une certaine manière, l'édifice égo-logique. Il convient donc de « savoir jusqu'où s'étend dans cette sphère obscure de la rétention la vision évidente de l'essence » [1].

Mais revenons à ce qui dérange cette belle certitude d'une saisie apodictique du passé. Comment au sein de cette immanence inaltérable de la constitution temporelle la discordance est-elle possible? Comment la confusion peut-elle advenir dans la genèse passive? Husserl prend soin tout d'abord de signaler que le contenu du ressouvenir (sa « teneur de sens ») est, malgré l'effondrement rétentionnel et la modalisation inconsciente qui le suit, absolument « imbiffable (*undurchstreichbar*) ». Cette imbiffabilité du contenu de sens signifie ici que, même s'il est effectivement dissimulé dans l'inconscient par l'oubli et le refoulement, il ne peut être supprimé dans la sous-conscience rétentionnelle, mais demeure toujours identique à lui-même. Toutefois ce Soi identique et insuppressible peut être donné dans le ressouvenir de diverses manières, dont celles de l'incomplétude et de l'obscurité. Si le ressouvenir est le fondement de l'*en soi* évident d'un objet, en tant qu'il est donateur en personne de son contenu modalisé, la présentification de cet *en soi*, c'est-à-dire la restitution de l'évidence, peut subir de multiples gradations de clarté jusqu'à la confusion totale :

> Bien sûr, malgré tout, ce n'est pas sans incomplétude et gradualité de la complétude que nous saisissons le soi et l'identité du soi dans de semblables recouvrements répétés du soi. Car nous savons bien que la clarté des ressouvenirs peut par essence vaciller et être intermittente [2].

C'est cette vacillation que nous devons à présent interroger. Car le danger qui guette le ressouvenir n'est pas tant la gradualité de la clarté et

1. *Ibidem*, p. 192. Bien entendu, cette apodicticité du ressouvenir est d'une certaine manière relative, car le contenu délivré par le ressouvenir lui-même n'est pas absolument apodictique, étant donné qu'il est toujours entrelacé à un horizon possible de donations plus complètes, à des zones d'indéterminé et d'implicite. La gageure de l'analyse phénoménologique consiste ici à tenir le ressouvenir comme *apodictique*, en vertu du fait qu'il est bien le donateur en personne d'une objectité qui a réellement été, tout en indiquant que la teneur de sens, contenue dans l'objectité reproduite, reste, quant à elle, inadéquate, soumise à l'horizontalité infinie de tout objet de connaissance et donc à la gradation infinie de sa clarté intuitive. Est apodictique le fait que tout ressouvenir est bien donateur en personne d'un objet, mais ne l'est pas tout à fait ou pas encore définitivement le contenu de sens de cet objet. C'est pourquoi la possibilité de l'illusion ne peut jamais être totalement évacuée et rejetée, car étant donné le caractère infini et illimité de la vérification intuitive, tout ressouvenir, même apodictique au premier abord, en tant que lié à une impression originaire, contient aussi un horizon originel d'incertitudes, de sorte que la clarté absolue n'est qu'une limite idéale qui n'est pas en elle-même dépourvue d'une indétermination douteuse. L'illusion est à la fois démasquée par la progression intuitive du ressouvenir et persistante, car cette *détromperie* (ou désillusion) ne peut jamais être en définitive absolument certaine.

2. *Ibidem*, p. 112.

son incomplétude relative, car celles-ci sont toujours susceptibles d'un accroissement clarificateur, que la confusion et le mélange avec d'autres ressouvenirs. Dans les *Analysen*, Husserl repère principalement deux causes de l'illusion du ressouvenir : le *saut alternatif* d'un ressouvenir à un autre et la *confusion* de deux ressouvenirs sous la forme d'une image mixte [1]. Ces deux sources de la tromperie étant en fait des modes de liaison partielle. La possibilité de l'erreur se fonde donc très exactement sur l'opposition entre la fixité du sens comme identité durable et la mobilité des modes de donation du sens.

Étudions la toute première cause de méprise. Peut-être nous révèlera-t-elle comment la constitution passive peut à la fois donner lieu à des incidents (erreur et illusion) et conserver malgré tout pour Husserl un sens fondationnel. Partons tout d'abord de l'idée que tout ressouvenir est initialement mu par un éveil rétro-actif qui, se tournant vers la sphère des sédiments, cherche à réanimer un contenu de sens passé. Toutefois, il se peut que, par la ressemblance existant entre deux souvenirs ou par leur contiguïté dans le temps, l'éveil reproductif ne puisse atteindre un contenu véritablement identique, mais hésite entre deux (ou plusieurs) contenus associés. Dans ce cas, indique Husserl, il se produit alors une sorte de ressouvenir combiné qui saute alternativement d'un élément d'un souvenir à un autre, sans pouvoir se fixer sur un contenu isolé.

> S'il existe entre les deux reproductions un membre-pont ressemblant, par conséquent une association, les deux intuitions qui sautent l'une dans l'autre [*die beiden ineinander umspringenden Anschauungen*] se recouvrent en congruant autour de ce membre [2].

Si cette « congruence » n'est pas totale, les parties non-congruentes de chaque ressouvenir entrent en conflit et l'éveil reproductif hésite entre les deux, en oscillant sans cesse de l'un à l'autre. Chaque ressouvenir l'emporte à son tour sur l'autre, à tel point que l'éveil ne peut jamais atteindre l'unicité du contenu intuitif. Toutefois, Husserl reconnaît que cette forme d'indécision n'est pas somme toute dangeureuse pour la reconnaissance de l'identité des contenus de sens, car, par son ambivalence même, elle se dévoile comme telle. En effet, le sujet qui fait l'expérience d'une semblable vacillation ne peut pas tenir le contenu du ressouvenir pour certain, comme

1. Hua. XI, p. 198-199 : « Dans ce cas, comme dans le cas du conflit du champ visuel qui, en raison de son essence, lui est apparenté, nous avons les phénomènes parallèles suivants : la victoire alternative d'une image optique qui est en soi unitaire et concordante. Ensuite le phénomène de la confusion bigarrée, phénomène qui se donne aussi comme confusion ». Il est dommage que, malgré le rapprochement fait entre sphère du ressouvenir et sphère impressionnelle, Husserl n'étudie pas ces mêmes phénomènes du conflit par alternance et de la confusion dans le cadre de la passivité originaire, organisatrice du champ visuel.

2. Hua. XI, p. 194-195.

il le ferait pour un ressouvenir clair, mais précisément l'affuble d'entrée de jeu d'un indice problématique. L'illusion se dénonce elle-même pour peu que le sujet la poursuive. Qui plus est, les éléments disjonctifs de chaque ressouvenir, qui continûment s'opposent et se repoussent, interdisent précisément la confusion due à l'« interpénétration » des ressouvenirs, puisqu'ils les déterminent de manière indépendante. Dès que la force du disjonctif prend le dessus sur la fusion combinatrice et que les moments dissemblables se font jour comme tels, alors l'« illusion est dévoilée comme illusion »[1].

Beaucoup plus trompeur est en revanche le cas où les deux ressouvenirs associés forment une synthèse fusionnelle accidentelle que Husserl nomme « image combinée » :

> Dans les faits, des ressouvenirs peuvent se lier en un ressouvenir combiné qui a relié en une image intuitivement concordante les fragments de divers souvenirs. Ce que la fusion procure sous forme d'une image illusoire, c'est la force de l'aperception : si, dans un présent et dans l'unité d'une objectité, des éléments *a* et *b* avaient été fréquemment liés, dès qu'ils surgissent ici ensemble de manière intuitive dans l'irruption des souvenirs qui se superposent (et des formes des champs temporels qui fusionnent de manière momentanée à travers la superposition), alors ici aussi les éléments *a* et *b* sont appréhendés comme liés dans l'unité d'une objectité semblable. Mais cette appréhension unitaire et l'image intuitive unitaire sont une illusion[2].

L'erreur consiste ici dans la production d'une image mixte et bigarrée qui, résolvant momentanément le conflit entre deux ou plusieurs ressouvenirs semblables par le rassemblement dans une représentation mêlée que Husserl nomme parfois « transfiguration » (*Übermalung*), offre en fait une fausse objectité, car une objectité qui ne correspond à rien de ce qui a été vécu comme impression, une présentification en quelque sorte de ce qui n'a jamais été présent. L'image mixte, en créant un brouillage des ressouvenirs, fait écran et parasite, en quelque façon, l'accès de l'éveil reproductif au Soi authentique de chaque ressouvenir, c'est-à-dire de chaque contenu objectal. Ce point est clairement souligné par Husserl : un ressouvenir qui offre « une image illusoire [*ein Scheinbild*], une image morcelée en différents ressouvenirs ne peut être un ressouvenir parfaitement clair »[3]. Mais comment cette confusion créatrice d'une image mixte et trompeuse est-elle possible ?

1. *Ibidem*, p. 199.
2. *Ibidem*.
3. *Ibidem*, p. 200.

Pour rendre compte de cette possibilité du mélange qui est, notons-le, la « figure la plus originaire » [1] de l'erreur Husserl prend l'exemple (personnel) d'une confusion entre deux souvenirs.

> Par exemple, le souvenir de Sils-Maria surgit, et je vois devant moi un jeune écrivain et nous sommes dans une discussion animée à propos du *Shakespeare* de Gundolf. Mais à présent un doute s'éveille et je le suis, de sorte qu'une deuxième image surgit, je suis à présent avec le même jeune homme dans une petite chambre de ferme, celle où il demeure, dans la vallée de Fex ; il me lit des passages du *Shakespeare* de Gundolf et nous en discutons. Si je me plonge à présent de nouveau dans la première image ressouvenue, je remarque qu'une partie de sa continuité de souvenir reste purement donatrice en personne et sans rupture. Mais là où j'entendais le jeune homme parler, faisant se rapprocher intuitivement l'objet du débat, il y avait dans la continuité un petit saut que je n'avais pas remarqué auparavant ; insensiblement, la reproduction a sauté là dans l'autre image restée, dans une certaine mesure, cachée dans son côté visuel par la première situation et la première discussion s'est glissée dans l'autre [2].

Le « glissement [*Überschiebung*] » par superposition des éléments ressemblants crée alors une combinaison de souvenirs, une mixité, qui refoule à l'arrière-plan les éléments proprement divergents de chaque ressouvenir associé, éléments qui, s'ils parvenaient comme tels à l'aperception intuitive en général, pourraient tout à fait venir interrompre la fusion [3]. Inversement, les éléments ressemblants de chaque ressouvenir qui, en fusionnant, produisent l'image mixte, possèdent donc une force affective particulière, force affective qui s'impose à la mémoire jusqu'à la tromper et confère justement à l'illusion sa puissance d'« imposition » (*Eindringlichkeit*). Dans le cas de l'image combinée, l'illusion provient du fait que l'impression actuelle, éveillant le ressouvenir, n'atteint pas le ressouvenir particulier auquel elle est apparentée par l'identité de la teneur de sens, mais s'attache à un mélange de plusieurs ressouvenirs, mélange qui se donne lui-même alors comme un souvenir concordant. Dans sa recherche du semblable, elle se trompe de souvenirs. Par conséquent, tout

1. *Ibidem*, p. 111.
2. *Ibidem*, p. 269.
3. Cet aspect récurrent de l'illusion a déjà été souligné par Husserl dans les *Ideen I* : « Le *type propre d'inadéquation* du souvenir consiste en ceci : du non-souvenu peut se mêler au "réellement souvenu", ou bien différents souvenirs viennent à la traverse et pourraient se faire passer pour l'unité d'un souvenir : cependant, en développant leur horizon afin de l'actualiser, les séries de souvenirs impliqués se disjoignent, et ainsi le bloc unifié de souvenirs "explose" et se fragmente en une multitude d'intuitions de souvenirs incompatibles », p. 475-76 [294].

mélange « s'accomplit sur le mode de la non-clarté » [1]. L'illusion a donc deux degrés : celui de l'interpénétration de plusieurs ressouvenirs en un ressouvenir combiné et celui de la synthèse associative de cette image confuse avec le contenu de sens actuel et présent dans l'impression.

Mais où intervient précisément l'erreur? Si deux ressouvenirs s'associent selon la ressemblance et forment une image combinée, peut-être est-ce parce que les contenus objectaux respectifs se sont déjà associés à l'insu du sujet dans la sphère impressionnelle, de sorte que ce n'est pas le ressouvenir qui est à blâmer, mais la constitution originelle elle-même ? Le ressouvenir ne produirait pas en tant que tel l'erreur, mais reproduirait simplement ce qui, dans la sphère impressionnelle, se donnait déjà comme une illusion non remarquée. De semblables mélanges hétérogènes d'intuitions pourraient se produire en sourdine au sein même de la formation d'unité passive et introduire dès le stade originaire de la constitution objective des discordances et des équivocités irrévocables. Cependant, Husserl balaie d'un revers de main cette hypothèse : en aucun cas, cette association confuse de deux ressouvenirs ne tire son origine de la sphère impressionnelle originaire, car chaque impression se donne toujours comme une et même, et livre de manière singulière son propre contenu de sens. Dès lors, la constitution originaire ne peut pas altérer le sens d'un contenu objectal, « étant donné qu'elle produit originairement du sens ».

Cette apologie de la passivité originaire semble avoir des raisons externes à la nature du processus structurant la sphère du présent vivant. Certes, Husserl affirme clairement que la passivité ordonnatrice des « formes d'ordre » et des lois associatives originaires ne peut engendrer la fausseté, car c'est elle qui constitue précisément l'unicité même des objectités et rend possible par là l'individuation de leur « teneur de sens » – l'illusion ne peut avoir de sens que par rapport à une norme de vérité qu'incarne ici l'unité objectale originaire, donnée dans l'impression vivante et passivement constituée. Reste que l'on ne voit pas très bien pourquoi la confusion, l'empiètement et l'interpénétration associatives ne se produiraient pas déjà par avance dans la sphère constitutive primitive. Il semble en effet que ce soient les mêmes lois de ressemblance et de contiguïté qui, là, forment les unités sensibles, et, là, provoquent les mélanges abusifs. De la même manière, l'on ne saisit pas bien les raisons pour lesquelles les lois associatives qui sont constitutives au stade originel des unités sensibles peuvent soudainement devenir trompeuses et discordantes lors de l'éveil reproductif du passé. Comment ce qui opère de manière correcte au niveau originaire devient-il discordant au niveau secondaire? Nous reviendrons bientôt sur cette quasi impossibilité de

1. *Ibidem*, p. 200.

distinguer, au simple stade passif, la constitution valide de la constitution erronée et sur les conséquences que cette ambivalence originelle a sur toute la théorie de la connaissance.

Reprenons le fil de l'argumentation husserlienne. Si ce n'est pas dans la sphère originaire de la passivité impressionnelle qu'est la source de la méprise, elle se trouve peut-être alors dans la pure sédimentation passive des contenus objectaux, attendu que la sédimentation atteste d'une telle superposition universelle de toutes les teneurs de sens ? Il serait tentant de considérer cette « superposition » comme la raison même de l'interpénétration des divers contenus et donc de la confusion qui en résulte. On pourrait tout à fait imaginer que les contenus objectaux, intuitivement appauvris par la modification rétentionnelle qui les éloigne sans cesse de la vivacité et de la clarté impressionnelles du présent, soient victimes de mélanges et de combinaisons. Or, là encore, Husserl refuse d'accepter cette explication. Comme il a déjà eu l'occasion de le signaler, la modalisation inconsciente de tous les objets ne change absolument rien à leur contenu interne. Ceux-ci, même s'ils perdent de leur clarté jusqu'à devenir au stade ultime de la sous-conscience des représentations vides, restent cependant identiques et intacts. Ce n'est donc pas non plus la simple sédimentation inconsciente, la superposition successive des dépôts de sens, qui crée la confusion, incapable qu'elle est, en fait, de modifier la nature même des objets qu'elle emmagasine « selon un ordre fixe ».

Nous devons donc nous rendre à l'évidence : c'est l'éveil passif lui-même, au moment où il s'accomplit, qui produit l'erreur. L'illusion naît dans le processus d'association du présent et du passé selon la ressemblance que Husserl nomme éveil. C'est un point sur lequel Husserl revient souvent dans les *Analysen :* l'éveil peut être discontinu, il peut sauter d'une couche du passé à une autre, faire des bonds [1]. C'est l'éveil, en tant qu'« association reproductrice », qui, dans son évocation même du passé, combine divers ressouvenirs ressemblants pour former l'« image bigarrée » d'un ressouvenir inédit mais inexistant. Qu'en est-il par ailleurs de cette image mixte, produit du mélange associatif ? Que veut dire ici « image mixte » dans le domaine de la simple reproduction ? Pourquoi Husserl introduit-il la conscience d'image dans le mécanisme de la pure reproduction passive ? Est-ce à dire que c'est l'imagination qui, en définitive, s'insinuerait sournoisement dans le processus du ressouvenir pour le

1. Cf. Hua. XI, p. 183 : « Par bonds, l'éveil peut, et ce sans ordre déterminé, à partir d'une couche sédimentaire sauter en un autre éveil, tantôt plus élevé, tantôt plus profond ». À la différence de l'association originaire, l'éveil associatif et reproductif semble par conséquent quelque peu plus libre vis-à-vis des formes d'ordre de la coexistence et de la succession qui organisent le champ impressionnel.

perturber ? Le mélange des contenus de représentation s'accompagne-t-il aussi d'un mélange des modes de donnée ?

Il va de soi que pour Husserl le ressouvenir résultant des interpénétrations sauvages des divers contenus n'est pas un ressouvenir du tout, car, à proprement parler, il ne reproduit rien de passé. Son contenu de sens (si contenu de sens il y a) ne correspond à rien de constitué dans la sphère originaire comme *ayant été*. Nous avons affaire là à une sorte de *présentification vide*. L'image mixte est même un des derniers avatars des représentations sans objet. Et c'est peut-être en raison même de ce détachement vis-à-vis à la fois de la sphère impressionnelle et du domaine du passé (puisque le ressouvenir n'est ressouvenir de rien) que Husserl se sent alors obliger de rapporter le « ressouvenir combiné » à la conscience d'image proprement dite. En effet l'imagination désigne ce mode de conscience de l'absent, libre de toute attache à une temporalité vécue [1]. Image *combinée* ou *mixte* voudrait dire simplement ici production d'une représentation sans lien avec l'*être-passé* et qui, par conséquent, ressortirait au *quasi-être* de la conscience d'image. En effet, cette « image mixte » n'a aucune situation temporelle déterminée, de même qu'elle ne possède pas de trajet temporel propre, puisqu'elle mêle plusieurs temporalités différentes. C'est une sorte de souvenir paradoxal, sans temporalité spécifique, une représentation libre flottant devant les yeux de la mémoire sans qu'elle puisse se fixer dans une situation temporelle particulière. Dès lors, note Husserl, cette image de ressouvenirs mêlés ne peut être qu'instantanée, momentanée. On peut donc supposer que si Husserl effectue le rapprochement entre ressouvenir combiné et image combinée, c'est parce qu'il trouve une certaine analogie entre leur situation temporelle.

Si les caractères internes de la représentation du ressouvenir illusoire et de l'image mixte peuvent apparaître comme semblables, il n'en va pas de même pour leur mode de donation. En effet, et c'est là le propre de l'illusion, cette image mixte ne se donne pas comme image mais comme ressouvenir. Par conséquent, son mode de donnée n'est pas celui de l'image, à savoir la modalité neutre du *quasi*, mais celui de la positionnalité doxique du ressouvenir, à savoir la certitude d'avoir *réellement* vécu ce contenu passé. Cette image se donne donc *comme* ressouvenir, à savoir comme une représentation certaine. Et là apparaît la tromperie, dans ce glissement modal. Une modalité de la donation se fait passer pour une autre. Il semble donc que l'erreur relève tout autant d'un mélange des caractères représentationnels des vécus (confusion de deux contenus) que

1. Cf. *Expérience et Jugement*, *op. cit.*, p. 201 [196] : « L'objet de l'imagination est pour la conscience un objet temporel et temporellement déterminé, durant dans le temps, mais son temps est un *quasi temps* ». Il a une forme temporelle, en tant qu'il dure, mais ne possède pas d'ordre ni de place temporels. Aussi n'est-il « en aucun temps » (*ibid.*).

d'un mélange concomitant des modalités thétiques (ici certitude du ressouvenir et neutralité de l'image), l'illusion apparaissant comme une image produite à partir de souvenirs et à laquelle se lie non pas le mode de position de la conscience d'image, mais celui de la conscience du passé.

LE GARDE-FOU CONTRE L'ERREUR : LA GRADATION DE LA CLARTÉ

Cerner l'origine de l'erreur est une chose, indiquer les voies par lesquelles on peut la déjouer et la démasquer en est une autre. Il ne suffit pas simplement de repérer la source des équivocités, il faut aussi déterminer les moyens de leur suppression. Husserl va donc s'attacher à définir comment on peut éviter les méprises des ressouvenirs faux. Ce faisant, il doit conjurer l'idée d'une possible discordance essentielle de la genèse constitutive. Il lui apparaît tout d'abord que si la passivité peut engendrer l'erreur, elle peut aussi continuellement s'auto-corriger. Si l'image combinée est trompeuse, c'est parce que le sujet qui l'éprouve la pose comme certaine, toutefois cette image ne peut tromper que momentanément et l'illusion reste toujours, selon Husserl, temporaire. Du fait de son caractère momentané, elle ne saurait durablement déranger le processus d'identification du ressouvenir. En effet, chaque éveil reproductif n'est pas simplement un *être-tourné* vers le contenu passé qu'il évoque, mais c'est aussi, par essence, une visée qui s'efforce constamment d'atteindre ce contenu dans sa pleine clarté, en vertu du caractère tendanciel même de l'intentionnalité. Or, c'est précisément cette exigence de clarification, qui est déjà *tendanciellement* inscrite dans l'éveil associatif passif, qui peut démasquer l'illusion comme illusion. Mais comment le peut-elle ? Tout simplement, parce qu'en parcourant le trajet temporel du ressouvenir jusqu'à la saisie de son être-passé propre, l'éveil dévoile automatiquement l'erreur. C'est donc la « gradation de la clarté », inhérente à l'éveil associatif sous la forme d'une pulsion de connaissance, qui permet de discréditer l'illusion, de démasquer la tromperie et de lui opposer un démenti catégorique.

D'autant plus vides sont les représentations passées, d'autant plus aisément peuvent-elles s'associer ensemble pour former des images combinées et mixtes. En revanche, dès qu'une représentation vide se remplit intuitivement sous l'effet graduel de l'éveil reproducteur, les éléments illusoires s'effacent pour ainsi dire d'eux-mêmes, disparaissent à mesure que le remplissement intuitif progresse. Les représentations progressivement se distinguent comme singulières et cette séparation vient ainsi contrecarrer l'interpénétration confuse. Car, tout en pouvant s'associer à l'occasion dans des images mixtes et trompeuses, chaque représentation conserve son soi et sa séquence temporelle passée : « il reste que le contenu de chaque souvenir caractérisé comme faux n'est faux qu'au regard de l'unité du tout lié, mais reste juste au regard de ses parties » [1]. La mixité ne détruit pas l'en soi de la représentation, car il reste imbiffable, et c'est sur cette *Undurchstreichbarkeit* de l'en soi que repose la *gradation de la clarté*. Ainsi, dès que l'éveil reproductif remplit la représentation vide, les différentes parties précédemment mêlées se singularisent et retrouvent leur identité respective, et l'illusion combinatoire se désagrège d'elle-même. La conscience qui démasque l'illusion « a le type d'une mise au jour du mélange de différents ressouvenirs s'interpénétrant l'un l'autre » [2]. Cela veut dire également qu'une image combinée n'est pas en soi susceptible d'un accroissement de clarté, puisqu'elle ne possède pas de cours temporel propre. En effet, dès que l'on cherche à parcourir son trajet dans le passé jusqu'à l'événement qui avait été présent, l'image se décompose, et les différents ressouvenirs qui y étaient fondus retrouvent leur identité temporelle. En d'autres termes, l'image combinée ne peut être menée à terme, car l'on ne peut, dans son cas, revenir « à la clarté du ré-écoulement du procès du présent présentifié ». Le comble d'illusion ne peut être découvert que par le « comble [*Fülle*] » d'intuition. C'est donc la processivité même du ressouvenir qui permet de dévoiler l'erreur comme erreur, c'est son appartenance à la temporalité immanente qui crée un sol d'évidence imbiffable; et « chaque illusion de souvenir ne peut être dissipée que par le souvenir » [3]. Aussi la passivité, si elle autorise quelques équivocités passagères, se corrige-t-elle d'elle-même par sa structuration interne et sa liaison avec les lois de la temporalité immanente : « le non-vrai, le non-étant, se met d'une certaine manière déjà hors circuit dans la passivité » [4].

La théorie de la *Veranschaulichung* (mise en intuition) des ressouvenirs butte néanmoins sur le problème majeur de la saturation possible du processus : la gradation de la clarté intuitive d'un ressouvenir ne doit-elle pas faire de celui-ci, à son stade ultime, une perception proprement dite, vu que cette dernière lui sert constamment d'évidence originaire? On a souvent l'impression, à lire Husserl, que l'accroissement de la clarté d'un ressouvenir signifie avant tout son rapprochement graduel non du contenu objectal conservé dans l'inconscient sous forme de représentation vide,

1. Hua. XI, p. 115.

2. *Ibidem*, p. 268. Cf. également, p. 201 : « Mais dans ce cas joue un rôle non seulement le cheminement progressif de donation en personne en donation en personne, mais aussi vers les degrés supérieurs de clarté. Tout ceci est, à notre avis, essentiel et spécifiquement pour le dévoilement d'une illusion ».

3. *Ibidem*, p. 275.

4. *Ibidem*, p. 98. Il y a déjà dans la passivité une forme de restauration de la concordance, d'auto-correction continuelle qui non seulement rend possible la vérification active et rationnelle, mais aussi lui assure une base solide.

mais bien de l'impression originaire dont il forme la *queue temporelle*, ensuite que la vérification intuitive d'une ressouvenir consiste simplement ici à le rapporter de la manière la plus proche possible de son objectité antérieure, donnée pour la première fois dans l'intuition perceptive, et par conséquent que la validation d'une présentification réside en quelque sorte dans sa transformation en une présentation, ce qu'elle est, d'un autre côté, tout à fait incapable d'effectuer. Que veut donc dire « mise en intuition » progressive d'un ressouvenir? Est-ce ici simplement produire son objet intentionnel modalisé dans le passé, ou est-ce revenir au présent vivant qui lui a donné jour? Il est très difficile de dire ce qu'est un *ressouvenir clair de quelque chose* sans le confondre alors avec ce quelque chose même. Ce que la théorie phénoménologique des différents modes de donnée nous interdit pourtant de faire. En fait, l'éveil reproductif rappelle une représentation vide que, peu à peu, il enrichit de nouvelles déterminations partielles, en remplissant intuitivement les moments vides de la rétention inconsciente. Il semble alors juste de penser que la *limite idéale* de ce remplissement reproductif réside ici dans la donation en personne de l'impression perceptive initiale. Or celle-ci est elle-même soumise à une gradation de clarté vers la donation du soi absolue. Comment peut-on espérer dès lors atteindre une « donation en personne complète » du passé, attendu que ce passé n'est que la reproduction d'un présent impressionnel qui, lui-même, ne possède pas cette donation en personne complète mais y aspire continûment? La difficulté principale que l'on rencontre dans la compréhension husserlienne des ressouvenirs provient du constant *chevauchement* entre deux gradations de clarté spécifiques : celle du ressouvenir éveillé jusqu'à son contenu objectal, lequel a été donné originairement dans la perception, et celle du sens de cette objectité temporelle et transcendante. Constamment la gradation de clarté du ressouvenir est *implicitement* relayée par celle de l'objectité intentionnelle, de sorte que la mise en intuition claire des contenus passés ne connaît pas de fin, puisqu'à peine arrivée à sa véritable teneur de sens passée elle subit immédiatement une nouvelle progression intuitive vers la donation absolue et parfaite de l'en soi. Les confirmations de représentations vides, écrit Husserl, « conduisent aux représentations donatrices en personne qui réclament elles-mêmes de nouveau une confirmation » [1].

Arrêtons-nous un instant sur cette proposition pour le moins paradoxale. La *Veranschaulichung* d'une représentation vide en ressouvenir clair parvient effectivement à une donnée en personne, laquelle nécessite de son côté une *nouvelle* mise en intuition parfaite. En d'autres termes, la donation en personne du passé dans le ressouvenir intuitif est parfaite du

1. *Ibidem*, p. 201.

point de vue de son passé et imparfaite du point de vue de son donné (l'objectité elle-même). Aussi la *Selbstgebung* de ce qui a été (auquel parvient le ressouvenir intuitivement rempli) demeure-t-elle toujours inadéquate relativement à la donation de son *Selbst*. Peu a donc été fait pour la « gradation de la clarté » de l'en soi, lorsque le ressouvenir a atteint sa représentation spécifique, car cette dernière est de nouveau soumise à une nouvelle gradation de clarté, non vers la représentation passée, mais vers le soi-même idéal contenu dans cette représentation. Or, force est de constater que Husserl passe constamment d'une gradation de clarté à l'autre sans même le signaler. Il peut ainsi affirmer que le soi-même de la représentation vide est le but de l'accroissement intuitif du ressouvenir en tant que « limite idéale de la clarté parfaite » [1], tout en indiquant, par ailleurs, que cet « en soi » vise lui-même une donation en personne parfaite et définitive. Autrement dit, l'« en soi » de l'objectité conservé dans la sédimentation passive sert, en tant que « soi-même idéal » [2], de norme de vérité au souvenir reproductif, alors même qu'il ne peut être donné comme un être-vrai absolu, étant donné qu'il est toujours susceptible d'un accroissement de clarté.

Le « complètement » (*Vervollständigung*), ou perfectionnement, de chaque ressouvenir atteint un objet intentionnel qui, en lui-même, possède un horizon vide et doit donc être, à son tour, complété dans son sens. Or, il va de soi que la gradation intuitive du ressouvenir qui, seule, peut nous éviter les mélanges illusoires et les collages trompeurs ne recherche pas immédiatement la donation en personne du soi absolu, mais seulement celle du soi-même donné *effectivement* dans la perception présente. Ce dont je cherche à me rappeler, ce n'est pas initialement la *vérité* de ce qui a été, mais ce qui a *vraiment* été. Le ressouvenir n'est pas d'entrée de jeu orienté vers la donation parfaite de l'« en soi » de l'objet intentionnel, vers son essence, mais simplement vers l'événement de sa présence passée. Tellement soucieux de fonder la validité objective des significations objectales sur la « synthèse d'identification » de souvenir, Husserl *eidétise* quelque peu de manière excessive le ressouvenir. Le ressouvenir aspire simplement dans un premier temps à reproduire le présent, non à présentifier l'absolu. Sans cette distinction entre les deux gradations de clarté, la validation intuitive du passé resterait inintelligible.

Ce flottement de l'analyse trouve selon nous sa cause principale dans le problème de l'illusion. Si Husserl peut, d'un côté, affirmer que le ressouvenir peut parvenir à une *donation en personne* qui sert de « norme de vérité » à toute reproduction possible, tout en remarquant incidemment que cette représentation passée, donnée en personne, est elle-même prise dans

1. *Ibidem*, p. 205.
2. *Ibidem*, p. 207.

un processus de remplissement intuitif infini, c'est parce qu'il doit à la fois fonder l'être-vrai de la sphère passée et articuler celui-ci au projet téléologique de la connaissance qui repose sur une telle relativité du vrai. Pour réduire à néant le risque de l'erreur, il lui faut absolument démontrer la validité en soi intuitive des ressouvenirs. Pour comprendre l'unité par essence téléologique et immanente de la conscience, il lui faut replacer cette préconstitution de la vérité au sein de la sphère passée dans la progression infinie des connaissances objectives. Husserl doit donc constamment concilier deux points de vue, celui de « l'idée d'un soi-même vrai, du vrai passé de conscience en tant qu'idée de la donation en personne parfaite » [1] (*die Idee eines wahren Selbst, der wahren Bewußtseinsvergangenheit, als Idee der vollkommenen Selbstgebung*), celui de la gradation intuitive toujours possible de ce ressouvenir clair, ou plutôt de son contenu intentionnel, vers une donation intégrale. D'un côté, l'illusion se démasque comme illusion face à ce modèle de clarté qu'est le ressouvenir donateur en personne. D'un autre côté, ce même ressouvenir n'est qu'une étape dans la constitution de l'être absolument vrai de l'*en soi*.

> Des deux côtés, il existe une conscience d'un accroissement continuellement progressif vers les donations en personne, conscience dans laquelle l'idée correspondante est donnée en personne comme une anticipation motivée de manière évidente, comme un degré jamais donateur en personne et pourtant comme limite évidemment motivée à la manière d'une anticipation, c'est-à-dire précisément comme une « idée » [2].

Il faut tout à la fois soutenir la possibilité d'une constitution originaire d'un « soi-même » qui n'est soi-même que « grâce à la multiplicité des ressouvenirs possibles » et rappeler que toute donation en personne, aussi authentique soit-elle, est « caractérisée par de semblables gradations » de clarté intuitive. C'est la raison pour laquelle ce « soi-même » immanent constitué dans la sphère originaire et fidèlement reproduit par le ressouvenir reste « pour le moi actif un possible *telos* permanent sur le fond de ressouvenirs possibles, ou plutôt, c'est le membre d'un domaine de l'étant en soi qui est pour ce moi un possible *telos* universel » [3]. C'est donc, conclut Husserl, à un double « chemin d'extension de la donation en personne » que nous avons affaire, soit dans « l'extension des ressouvenirs », soit dans l'« approximation des donations en personne déjà atteintes à leurs limites, à l'idée de clarté absolue ».

1. *Ibidem*, p. 204.
2. *Ibidem*, p; 202-203.
3. *Ibidem*, p. 203.

L'ILLUSION GÉNÉRALISÉE OU LES LIMITES DE LA CONSTITUTION PASSIVE

Toutefois, le traitement de l'erreur et de l'illusion dans les *Analysen* reste, malgré la finesse même de l'analyse husserlienne, quelque peu insuffisant. Il semble par trop rassurant et confiant, gommant systématiquement les inconséquences de la constitution originaire dans une vision optimiste de l'éclaircissement intuitif – c'est peut-être par sa théorie de la vérité que Husserl reste en cela le plus fidèle aux règles de l'*Aufklärung*. Qu'un ressouvenir puisse s'associer avec un autre totalement distinct dans le temps pour former une image mixte, source de méprises, semble être un événement somme toute minime par rapport à la constante et inlassable « synthèse d'identification » qu'accomplit chaque modalité passive de la conscience du passé, et ce de la rétention fraîche jusqu'au ressouvenir proprement dit. Ce que l'étude des structures de la passivité nous montre habituellement, c'est qu'une « unité de sens » se forme et se maintient comme identité en recouvrement dans les synthèses associatives. Il suffit pour Husserl d'avancer le fait que « toute erreur, toute illusion, a sa norme dans une vérité cachée, que l'on peut toutefois atteindre »[1], pour finalement considérer cette discordance comme une pure péripétie, qui plus est passagère, du processus de connaissance. Or, si l'on est attentif à la manière dont Husserl explique, tout au long des *Analysen*, le mécanisme de l'erreur par le mélange des représentations, on ne peut qu'être surpris par le rôle majeur que joue l'association dans cette édification des confusions et des équivocités. En effet, Husserl indique à de nombreuses reprises que les opérations qui permettent ces interpénétrations et ces glissements de sens sont avant tout des *Assoziationen* originaires et reproductives, allant même jusqu'à affirmer que, dans la description de la confusion et de la séparation des deux ressouvenirs associés, « nous trouvons, sous une forme descriptive, la spécificité de l'association »[2], comme si la véritable nature de l'association se révélait avant tout ici dans les collages et les mélanges hétérogènes de sens.

On comprend par là même pourquoi Husserl est si affirmatif, lorsqu'il met au jour les raisons internes de l'illusion (il indique en effet que ce glissement associatif est « un état de choses compréhensible », et que, par suite, on peut « rendre compte phénoménologiquement de ce qui rend

1. Hua. XI, p. 214.

2. *Ibidem*, p. 270. Sur ce point très particulier, Husserl rejoint Locke qui considère pareillement l'association comme une fauteuse possible de troubles dans les enchaînements de pensée, cf. *An Essay concerning human understanding*, livre II, § 33 "On association of ideas", paragraphes 5 « wrong connexion of ideas » et 9 « a great cause of errors », dans *Philosophical Works*, by J. A. St. John, London, Bell & Sons, 1883.

possible la superposition et la fusion »[1]) : c'est tout simplement que cette situtation de l'erreur trouve son origine dans les lois associatives elles-mêmes. Expliquant donc la manière dont la passivité constitue la condition de possibilité de l'illusion, en vertu de sa puissance associative qui déborde le contenu individuel de chaque objet pour former des objectités illusoires, Husserl souligne en marge du *Haupttext* qu'est exposée là « la doctrine générale de l'association »[2]. La conséquence directe de cet état de fait est, à première vue, des plus paradoxales : les lois qui constituent les unités de sens et fondent par conséquent les premières évidences objectales sont aussi désormais les lois qui rendent possibles l'erreur et l'illusion. Les règles nécessaires de la constitution passive et de l'objectivation primaire peuvent donc aussi produire le faux et l'illusoire.

Or la manière dont Husserl éclaircit le processus de formation des erreurs ne fournit à aucun moment le critère de distinction décisif entre association constituante et association confuse, de sorte qu'il est quasiment impossible de faire le départ entre fusion et confusion, objectivation et tromperie. Que ce soit dans la formation d'identité ou dans la formation de l'illusion, les mêmes lois associatives entrent pareillement en vigueur : recouvrement, glissement, fusion, superposition, etc. Nous retrouvons là exactement les mêmes opérations passives qui, dans la constitution de l'homogène, étaient présentées comme les lois fondamentales de la genèse passive. Tout se passe comme si la manière dont les ressouvenirs s'associent entre eux dans l'éveil reproductif équivaut à la manière dont les impressions originaires s'unifient synthétiquement dans le champ coexistent du présent vivant, sauf que, dans la cas de la formation d'unité originaire, celle-ci est légitime. Et encore une fois, Husserl n'indique jamais comment une même loi peut, d'un côté, constituer une unité objectale (et donner lieu ainsi à une connaissance possible de cette objectité) et, de l'autre, figurer une image bigarrée. L'association confuse est-elle l'expression anormale et déréglée de l'association universelle ? Rien ne permet ici de l'affirmer. L'illusion est-elle due à un dérèglement complet des lois associatives ? Rien n'incite Husserl à retenir cette hypothèse, tant il semble évident pour lui que c'est exactement la même loi associative qui entre en scène dans les objectivations valides et dans les illusions abusives. L'illusion ne provient donc pas d'une dysfonction de la constitution passivo-associative, mais elle en exprime la correction et la régulation mêmes, si l'on entend par là qu'elle obéit simplement à des lois qui, par essence, la contraignent à s'effectuer de la manière qui est la sienne[3].

1. *Ibidem*.
2. *Ibidem*, p. 271.
3. Finalement l'analyse de l'illusion dévoile une confusion plus grande que celle de deux ressouvenirs analogues, celle du constituant et du discordant. Étant donné que « la norme de

D'où il suit que la genèse passive ne peut pas être considérée seulement comme le moment où se constitue « tout un universum de l'être objectal » [1], toutes les synthèses originaires de concordance. Mais avec elle aussi apparaissent « de nombreuses inadéquations, apparences et illusions ». Bien sûr, la suite temporelle même de chaque opération, le fait qu'elle soit prise dans un enchaînement sériel, permet de distinguer association constituante et association illusoire. Mais en amont de la vérification par la « gradation de la clarté », il semble bien qu'il n'y ait pas beaucoup de différence entre le mode constitutif et le mode illusoire de l'association originaire. C'est cette incapacité de distinguer au niveau des principes la passivité constituante de la passivité illusionnante qui constamment incite Husserl à entièrement subordonner la sphère passive à l'activité logique et prédicative du moi. C'est justement parce que le sujet transcendantal ne peut jamais être sûr de ce que lui livre comme prédonnées la sphère passive qu'il doit constamment re-constituer dans la validation ce qui peut passer pour correct et valable.

Si l'on se place, non plus au niveau du ressouvenir simple donateur en personne d'une objectité passée, mais au niveau complexifié de la modalisation passive des jugements, on retrouve dans l'analyse husserlienne les mêmes réticences concernant la capacité passive de fonder des évidences ultimes et apodictiques. En effet, des jugements, des raisonnements, des chaînes de vérité peuvent être aussi conservés de manière passive dans la sédimentation habituelle et peuvent, de ce fait, resurgir à tout moment dans le présent vivant sous forme d'acquis de pensée. Toutefois, Husserl prend soin de signaler ici que l'éveil passif d'un jugement sédimenté n'est pas encore le jugement lui-même et que si on laisse se dérouler de manière purement passive et automatique des associations entre différents jugements passés, on risque fort alors d'aboutir précisément à des jugements partiels et confus.

> Ainsi peuvent se réaliser sans qu'on le remarque le contre-sens par rapport aux choses, le fait qu'il est dépourvu de sens de réunir pour en faire une unité des éléments « totalement sans relation » (qui n'ont rien à faire l'un avec l'autre), mais également le contresens analytique qui est le thème principal dans le cours de notre ouvrage. L'unité du « jugement » se réalise en tant qu'unité de la position du jugement mais on juge d'une

l'être vrai » reste une limite idéale, il est du point de vue constitutif impossible de faire le *tri* entre la saine constitution passive et sa déviance illusionnante.

1. *Ibidem*, p. 98. Si on peut parler dans la passivité d'un « soi-même constitué » (*ibid.*, p. 203), cela ne veut pas dire néanmoins que ce soi-même serait donné dans une clarté intuitive absolue. « Élaborer le soi-même » est une « vocation » (*ibid.*, p. 204). Dans les synthèses de ressouvenirs, ce soi-même ne parvient qu'à une « donation en personne incomplète et approximative ».

> manière « confuse », inexplicité, « impropre ». C'est une passivité associative, provenant de motivations associatives mais portant en soi, à la manière d'une implication intentionnelle, une activité spontanée transformée et convertie en sensibilité passive et renvoyant à celle-ci en tant qu'elle peut être rendue active [1].

Le « juger aveugle né purement par association » et la confusion qui lui fait suite sont donc des conséquences directes de la modalisation passive. Là encore l'erreur a pour unique source l'expérience passive dans ses divers assemblages associatifs. Dans la sensibilité secondaire, des collages de sens, des empiètements de significations et des associations illicites peuvent à tout moment s'effectuer et dénaturer le jugement originel. Tout produit associatif n'est qu'un « index » pour la connaissance, non une connaissance elle-même, et, en tant qu'index, il doit être examiné, évalué, pesé. Tout jugement modalisé nécessite une réactualisation de son sens par l'ego positionnel, seul capable en fin de compte de restituer dans toute son authenticité la teneur de sens et de l'évaluer. Sans cette réappropriation du jugement par le moi des prises de position actives, tout jugement modalisé resterait finalement un simple préjugé. C'est la raison pour laquelle, par deux fois, Husserl indique dans les *Analysen* que

> s'il vivait seulement dans la passivité, le moi aurait l'esprit aveugle à tout ce qui resterait caché. D'un autre côté, s'il vit de manière active, il n'a pas besoin d'exercer une activité de connaissance, mais il est dans ce cas aveugle à tout ce qui est en soi, en soi qu'il n'a pas amené à la connaissance spontanée (...) [2].

Et quelques lignes plus loin :

> La conscience non seulement existe, non seulement devient, une norme absolue lui est pour ainsi dire innée pour chacun de ses ressouvenirs et pour l'ensemble clos des ressouvenirs. Cette norme resterait en fin de compte cachée et le moi aurait, pour ainsi dire, l'esprit aveugle à l'être vrai de cette sphère, s'il vivait seulement dans la passivité [3].

Par conséquent, on peut affirmer que la passivité est ici doublement *aveuglante :* premièrement parce qu'elle implique par elle-même une immersion affective du moi dans un renoncement au jugement (la sédimentation, la tradition, les préjugés, etc.), mais deuxièmement, parce qu'elle peut engendrer de véritables équivocités de sens, produire des illusions et des jugements confus. Il n'est pas une formation passive qui ne peut recéler une part d'ombre et d'indétermination. Malgré le rôle majeur

1. *Logique formelle et logique transcendantale*, *op. cit.*, p. 420 [287].
2. Hua. XI, p. 209.
3. *Ibidem*, p. 210.

que joue la sphère passive dans l'élaboration des connaissances objectives et des formations logiques, elle peut aussi provoquer des discordances récurrentes dans le processus constitutif. C'est cette horizon toujours possible de la *discordance* du processus génétiquement passif qui interdit à Husserl de le reconnaître comme valant de manière radicale, c'est-à-dire comme absolu. On pourrait même affirmer que c'est le problème de l'origine de l'illusion qui a directement prévenu Husserl contre une telle radicalisation de la constitution passive. Il serait certes loisible de distinguer d'un côté une passivité valide, celle qui structure le champ général de l'expérience objective et de l'autre une passivité fautive, celle qui au niveau des ressouvenirs particuliers peut introduire des incohérences. Mais cette séparation n'est pas tenable, car ce sont toujours les mêmes lois qui régulent la formation ordonnée des champs sensibles et qui accomplissent en outre des empiètements et des chevauchements fallacieux.

Ce n'est donc pas sans raison que Husserl voit dans la passivité non une véritable constitution de sens, mais une simple *préconstitution* du sens, le préfixe « *vor* » indiquant ici, non pas l'antériorité logique mais la relativité gnoséologique. Rien de surprenant donc à ce qu'il insiste à de nombreuses reprises sur cette nécessité quasi morale pour le sujet logique de constamment réévaluer les produits de la passivité, de les estimer définitivement soit en les validant, soit en les rejetant. C'est un point sur lequel, manifestement, Husserl n'a jamais varié : le domaine de la passivité, par le caractère préconstitutif qu'il possède, forme une simple *condition de possibilité* de la connaissance, et en aucun cas une connaissance originaire. La passivité ne fournit en réalité l'être-vrai que comme une « disponibilité [*Verfügbarkeit*] » pour le moi, à charge pour lui de transformer cette disponibilité en validité :

> grâce à la structure d'essence du soubassement passif de la vie, se préfigure pour lui [le moi] une vérité qui, au regard de sa sphère de passé, peut être atteinte. Comme une vérité nécessairement valable, l'être vrai de sa propre vie passée est préfigurée pour le moi ; cette idée est disponible, bien que des processus supérieurs de pensée soient nécessaires pour qu'elle puisse être envisagée comme disponible et nécessairement valable [1].

Dès lors, l'archéologie de la logique que Husserl appelle de ses vœux ne peut donc totalement se muer en *philosophie première*, ou *archologie*. La passivité ne fournit que les premiers *éléments* de la connaissance, non ses premiers *principes*. Bien souvent le commencement réel des opérations logiques dans la sphère antéprédicative ne préjuge en rien de leur fonctionnement autonome et ultérieur. Entre l'élément et le principe se fait jour la

1. *Ibidem*, p. 210-211.

distinction même de la condition de fait et de la condition de droit. Si la dimension passive de l'expérience constitutive peut en certaines occasions donner l'impression de pré-indiquer certains principes logiques, ceux-ci cependant, pour être reconnus valant comme tels, doivent passer victorieusement l'examen évaluatif du moi. Autrement dit, le sol archéologique de la prédonation passive offre seulement l'existence d'une conditionnalité originaire, et non celle d'une inconditionnalité absolue. L'origine n'est pas nécessairement légitime. Mais alors pourquoi Husserl persiste-t-il à vouloir poser dans le donation passive du monde et des objectités originaires, perméable aux inconséquences, un fondement réel pour tout savoir ultime ? Il est pris ici dans une double contrainte : montrer d'un côté que l'expérience antéprédicative recèle un champ d'évidences qui ne sont *pas moindres* que les évidences logiques, tout en laissant ouverte d'un autre côté la possibilité d'une erreur, possibilité qui ne doit en rien entamer la crédibilité même de la préconstitution passive. Tel est le rapport ambigu que la passivité entretient avec la question de la vérité, nerf central de la logique transcendantale, et c'est cette ambiguïté même qui oblige Husserl à relativiser en fin de compte la possible valeur cognitive de la constitution passive, vis-à-vis du modèle véritablement apodictique qu'incarne le moi de la positionnalité judicative [1].

1. La passivité se trouve dans l'élément du logos, mais elle ne peut porter cet élément à destination. Comme le rappelle Husserl, la genèse associative *indique* seulement, anticipe une vérité qu'elle est par principe inapte à élaborer de manière définitive, cf. *Logique formelle et logique transcendantale*, *op. cit.*, p. 420 [287].

CONCLUSION

LE CONFLIT DES FONDEMENTS

Si l'erreur jette le discrédit sur la genèse passive, elle ne saurait faire pour autant que Husserl renonçât entièrement à considérer cette dernière comme possédant un certain pouvoir constituant. En effet, l'illusion engendrée dans la passivité est non seulement facilement résorbable par l'activité du jugement actif, mais également bien souvent déjouée en partie par le processus continûment *auto-concordant* de la synthèse passive elle-même. Aussi, et c'est ce qui fait toute l'originalité de l'analyse intentionnelle husserlienne, que la passivité soit d'un côté constitutive de l'erreur ne porte pas atteinte d'un autre côté à son pouvoir véritablement constituant, que ce soit celui des unités objectales primordiales ou des toutes premières formes logiques. Malgré l'écueil de l'erreur et la relativisation de sa validité qui en découle, la passivité n'est pas finalement aux yeux de Husserl entamée dans sa mission fondatrice. Elle conserve pour ainsi dire quasi intact son sens constitutif dans l'édification graduelle des opérations et des significations logiques. Par contre ce que l'événement passif de l'illusion et de la discordance a permis de mettre en lumière, c'est précisément l'existence de deux types de constitution, la passive et l'active, la sensible et la spontanée.

La possibilité de la « tromperie » (*Betrug*) dans le ressouvenir nous a donc montré que la constitution active a la capacité de récuser partiellement ce que la genèse passive lui donne comme valable. Mais ce que cette contestation nous révèle également, c'est l'existence de *deux puissances fondatives séparées* qui, si elles s'accordent bien souvent dans la processus continuel même de l'objectivation, peuvent aussi à tout moment entrer en conflit l'une avec l'autre. Jusqu'ici nous avons simplement analysé les cas où l'opposition *ouverte* tournait en faveur de la spontanéité active de l'ego, mais est-ce toujours le cas ? Ce que nous voudrions étudier au terme de notre analyse concerne justement cette ambivalence au sens fort du terme de la constitution génétique, partagée, malgré son sens graduel et contre lui, entre un fondement passif et un fondement actif, comme si, au cœur de la genèse constitutive universelle, apparaissaient les prémisses d'une rivalité originelle entre deux instances fondatrices [1]. Il va falloir décider enfin si

1. Nous avions précédemment évoqué ce conflit des instances originaires, mères et pères de la connaissance. Il s'agit à présent de comprendre comme les deux fondations vont pouvoir s'articuler de manière concordante au sein de la genèse universelle.

l'expérience antéprédicative, dévoilée ici sous tous ses aspects primordiaux (synthèse passive, principe d'association, inconscient), est un principe véritablement légitimant de la logique ou tout simplement un principe explicatif, mettant en valeur les conditions d'apparition du sens et dépendant dès lors d'une légitimation ultérieure.

En effet, tout au long de nos analyses de la généalogie de la logique, nous avons constamment remarqué cette *dualité fondative* entre la genèse passive et la validation égoïque et tenté d'en dévoiler le fonctionnement articulé. Or une entreprise de « philosophie première », telle que Husserl la conçoit, peut-elle se satisfaire de la présence de deux fondements? Des deux, l'un n'est-il pas de trop? Il est un fait que la recherche des fondements ultimes de toute validité de sens et d'être que poursuit la phénoménologie de la constitution a sans cesse oscillé, dans sa quête de l'*archè* véritable, entre le fondement originairement donateur de sens, qu'il soit nommé genèse passive, expérience antéprédicative ou *monde de la vie*, et le fondement ultime de l'ego rationnel transcendantal, sans qu'il ait été jusqu'à présent possible de pencher en faveur de l'un ou de l'autre. Ce qu'il importe à présent de faire, c'est d'évaluer la genèse constitutive elle-même et la portée de ces deux fondements. Ou encore d'estimer la valeur de vérité de ce que l'on tient comme principe premier du processus d'objectivation. Comment de son côté la passivité peut-elle, à l'égale de l'activité théorique de l'ego, constitutive des unités de sens et des significations logiques, recevoir la dignité d'un fondement?

La compréhension de cette apparente dualité fondative passe avant tout par l'éclaircissement de ce *Verhältnisfundierung* qui est à l'œuvre dans la constitution passive et dans la donation de sens active. Qu'en est-il exactement pour Husserl du sens du fondement? S'il existe, dans l'analyse phénoménologique, deux principes fondatifs, c'est que, peut-être, *fonder* ne veut pas dire la même chose pour la genèse passive et active. Rapporté à son rôle de principe de connaissance, le terme de fondement ne possède pas le même sens dans le cas de la constitution originaire et antéprédicative et dans celui de la spontanéité égoïque. C'est sur ce point précis qu'insiste P. Ricœur, lorsqu'il cherche notamment à éviter l'affrontement de l'originaire et de l'ultime dans le processus constitutif :

> C'est ici que se produisent les malentendus, non seulement ceux que Husserl dissout, mais ceux qu'il suscite. Ils se résument tous dans l'équivocité du concept de fondement qui tantôt désigne le sol (*grundende Boden*) sur quoi quelque chose est construit, tantôt le principe de légitimation qui gouverne la construction des idéalités sur cette base [1].

Effectivement, le fondement peut être compris soit comme le *principe*

1. P. Ricœur, *À l'école de la phénoménologie*, *op. cit.*, p. 294.

premier qui est à la fois inconditionnel et détermine l'accomplissement d'une opération, d'un processus ou d'un phénomène, soit comme le *sol* dans lequel ce même fondement s'enracine, ce sol devenant alors, à son tour, le fondement d'un fondement. Deux conceptions du fondement se rencontreraient donc dans la pensée de Husserl, celle du fondement *axiomatique* comme première vérité et celle du fondement *géologique*, du terrain dans lequel la fondation est elle-même fermement établie. Ou encore celle du principe et celle de la présupposition. Mais d'une certaine manière le sol dans le fondement géologique est lui-même conçu comme une sorte de fondement axiomatique plus originaire de sorte que l'on ne peut, malgré le souhait de Ricœur, séparer dans l'idée commune de fondement, l'enracinement de la fondation. Mesurons bien la portée de la fondation passive ici. Ce sol de l'expérience antéprédicative n'opère pas, selon Husserl, simplement en soutien du déploiement logico-catégorial, comme cela pouvait être le cas pour le rapport de l'intuition catégoriale aux intuitions perceptives dans la VIe des *Recherches Logiques*, mais il aspire à jouer un rôle véritablement fondationnel. C'est cette prétention qu'il s'agit d'estimer ici à sa juste valeur. Pour en revenir au double sens du *fondationnel* dans la recherche archéologique de Husserl, P. Ricœur se propose, pour en lever l'ambiguïté, de dissocier [1] clairement le sens *ontologique* et le sens *épistémologique* de l'expérience originaire, de considérer par conséquent que la véritable légitimation ultime, la fonction épistémique la plus haute, n'échoit pas, de ce point de vue, au monde de « la vie pré-théorique », mais revient directement à la raison, instance validatrice dernière. Dans son antécédence à restituer, le monde de la prédonation passive relèverait alors de la *simple présupposition d'une vérité*. Sans le secours du véritable principe légitimant que représente la raison ultime, la *Lebenswelt* serait par suite bien en peine de légitimer elle-même cette vérité.

Toutefois, et malgré la fréquence chez Husserl du vocabulaire évoquant le sol, force est d'observer que l'expérience originaire ne se présente pas comme un simple « référent », comme une simple base de la prédonation sur laquelle peuvent s'exercer les opérations rationnelles de l'ego. Dans sa formation subjective, elle est aussi sans cesse *prétention* à la connaissance et à la donation de sens [2]. Ce n'est donc pas pour rien, ou par simple commodité de langage, que Husserl nomme la plupart du temps cette expérience originaire *Urkonstitution*. Si, comme l'avance ici Paul Ricœur,

1. *Ibidem*, p. 292-293.

2. De même que l'expérience originaire ne peut simplement recevoir le sens de la présupposition ontologique, mais implique la reconnaissance d'une valeur épistémologique, de même la constitution active de la raison possède un sens directement ontologique, puisque c'est elle qui pose comme étant ce que la donation passive livre comme simplement apparaissant, puisque c'est elle qui accorde la validité de sens et d'être.

le « monde pré-théorique » n'avait qu'une simple valeur *référentielle* de présupposition pour les prestations de sens actives, alors le projet même de genèse constitutive n'aurait plus lieu d'être. Il y a donc bien deux sens du fondement (et partant deux sens de la constitution), mais cette dualité ne se résout simplement pas en celle trop frontale de la *présupposition* neutre d'un côté et de la *légitimation* déterminante de l'autre. En tant qu'*Urdoxa*, la passivité originaire se donne elle-même d'emblée comme légitimante, comme constitution. Partant c'est une sorte de condition de possibilité génétique qui ne rend pas simplement possible ce qui naît à partir d'elle, mais qui intervient directement, sous la forme de l'affection et de l'éveil, dans cette genèse. Si « présupposition » elle est, c'est alors, devons-nous dire, une présupposition qui n'est ni neutre ni indifférente, mais organisatrice, pré-schématisant ce qu'elle permet de faire advenir.

Tout porte à penser que, pour Husserl, la constitution génétique fait de la situation originaire plus qu'un *simple sol* de présupposition pour les différentes opérations véritablement donatrices de sens. Comme nous l'avons vu, la constitution passive englobe en soi une diversité d'opérations synthétiques, associatives et pré-catégoriales extrêmement large, à tel point que l'on peut parfois se demander ce qui finalement reste en propre à la constitution active. Au fil de l'analyse rétrocessive celle-ci se voit en effet peu à peu dépouillée de toutes ses prérogatives fondationnelles et essentielles, et comme spoliée de sa primauté. Une des interprétations possibles, et souvent retenues [1], de la phénoménologie de la constitution pourrait être de *relativiser* le pouvoir constituant de l'ego face à la donation de sens passive et involontaire qui l'a toujours déjà devancé. En effet, le moi constituant découvre, dans le processus de formation et par la réflexion du « moi phénoménologisant », des unités de sens constituées qu'il n'a pas fait et sur lesquelles il ne semble pas avoir de prise. Dans sa surprise, il est donc conduit à supputer l'existence d'un pouvoir déjà constituant qui n'est pas lui, puisqu'il ne coïncide pas synchroniquement avec lui. De son côté, la dimension égoïque ne serait plus, selon ce schéma interprétatif, que celle de la conscience thématique qui fait passer le sens constitué de l'implicite à l'explicite, mais sans en modifier la teneur d'essence. Toute la capacité constituante aurait ainsi basculée irrémédiablement dans la passivité. Elle serait pour ainsi dire *transvasée* dans l'expérience antéprédicative et, de ce

1. Telle est l'interprétation lévinassienne de la constitution passive, cf. *En découvrant l'existence avec Husserl et Heidegger*, *op. cit.*, p. 131 : « L'idée d'une implication nécessaire, absolument imperceptible au sujet se dirigeant sur l'objet, ne se découvrant qu'*après-coup*, dans la réflexion, ne se produisant donc pas dans le présent, c'est-à-dire se produisant *à mon insu* – met fin à l'idéal de la représentation et de la souveraineté du sujet, met fin à l'idéalisme où rien ne pouvait entrer subrepticement en moi. Dans la pensée se révèle ainsi une *passion* foncière qui n'a plus rien de commun avec la passivité de la sensation, du donné – dont partaient empirisme et réalisme ».

fait, devenue l'unique apanage de l'originaire. Faute d'adversaire (étant donné que le moi ne serait plus ici qu'un pâle fantôme), le conflit des fondements serait ainsi résolu au profit de l'*Urkonstitution* passive.

Toutefois, il semble que cette solution ne puisse s'autoriser longtemps des analyses husserliennes. À aucun moment en effet, Husserl n'envisage de poser la *constitution passive* comme cette puissance de constestation originelle qui viendrait destituer le moi actif de sa capacité proprement constituante. À aucun moment, sous les coups de boutoir de la constitution passive, il ne met en doute la centralité du fonctionnement transcendantal de l'ego. C'est bien plutôt l'inverse qui se produit : dans les phénomènes de l'illusion et du préjugé, de l'erreur et de l'opinion fausse, c'est la spontanéité active qui met immédiatement en *doute* ce que la genèse passive lui présente. C'est elle qui en conteste la valeur de vérité. La question du rapport des deux formes de constitution reste donc entière. Il semble plutôt que nous ayons affaire à une *double fondation* possible du logique, une première fois dans la genèse passive et antéprédicative qui forme les évidences et les formes logiques primitives, et une seconde fois dans les actes de la spontanéité logique de l'ego qui prennent position vis-à-vis de ces « possibilités » (*Vermöglichkeiten*) de sens. Cette bi-polarité de l'œuvre constituante peut paraître paradoxale au regard de sa destination unitaire en tant que concordance universelle. Entre la « possibilisation » passive et la vérification logico-active, l'on ne sait plus où situer exactement le vrai sens du « constituer ». Si la constitution passive relève d'une opérativité dont le moi n'est pas l'agent direct et sur laquelle il n'a initialement aucune prise, en quoi se distingue-t-elle de la formation active, et si elle ne le fait pas ni dans sa forme ni dans son accomplissement, pourquoi conserver tout de même cette dualité des fondements dans la genèse universelle ?

Ce qui cause ici l'embarras, comme l'a bien perçu P. Ricœur, est l'équivocité même du terme « fondation », et plus généralement de celui de *constitution*. Il faut donc d'abord essayer de comprendre les différents sens de la constitution dans la sphère passive et active [1] pour espérer lever l'ambivalence. Husserl a de nombreuses fois mis en garde ses lecteurs contre une interprétation *productiviste* de la constitution. Constituer n'est pas *créer*. Dès les *Recherches Logiques*, il prévient contre toute acception préjudicielle de la constitution en termes de création ou production. Dans une lettre à Hocking du 25 janvier 1903, il déclare ainsi avec fermeté :

1. Avec la mise au jour de la *genèse passive*, Husserl devient conscient de la pluralité des conceptions de la constitution. Cf. Ms E III 2 (1921 et 1935), « Gegenstandspol und Ichpol – Liebe und Teleologie », dans lequel il fait remarquer, après avoir mis en valeur le problème de la génétisation du moi monadique dans la sphère passivo-hylétique qu'« ici jouent par conséquent différents concepts de constitution » (*da spielen also verschiedene Begriffe von Konstitution*), p. 37.

« l'expression qui revient tant de fois que des *objets se constituent* dans un acte signifie toujours la propriété de l'acte de *rendre représentable l'objet;* il ne s'agit pas de constituer au sens propre » [1]. Constituer au *sens impropre*, donc au sens phénoménologique, signifie amener ce qui se donne à la représentation. Cela équivaut à la donation de sens. Le constituer n'est pas simplement l'être donné à la conscience, mais conformément à la conscience, c'est-à-dire à la mesure de ses actes évaluateurs. Mais en est-il de même pour la constitution passive? Celle-ci, à prendre pour base certaines analyses de Husserl, n'est-elle pas véritablement une production effective d'objets, une création d'unités objectales identifiables? Si la restriction du *Konstituieren* vaut pour la sphère active, il n'est pas sûr qu'elle soit ici pareillement valable pour le domaine de la genèse passive. Que la passivité soit dite *Genesis* indique bien qu'en elle une production inédite se fait jour. La constitution passive ne serait-elle pas alors une sorte d'hyperconstitution, à savoir une « constitution de sens » véritablement productrice? Husserl ne parle-t-il pas en effet de « production passive » [2], terme qu'il se refuse à employer pour la sphère de l'activité spontanée?

Si l'on est enclin soit à réduire la constitution active à une simple prise de conscience de ce qui est déjà constitué implicitement dans la sous-conscience passive, soit, inversement, à limiter la portée de la *Sinngebung* antéprédicative comme *simple présupposition*, c'est que l'on ne tient pas compte du fait que la constitution ne veut pas dire la même chose dans le domaine de la passivité et dans celui des actes égoïques. En ce qui concerne l'expérience passive, la genèse constitutive signifie d'abord la formation d'objectités, d'unités de sens, d'opérations logiques et pré-catégoriales, mais cette formation, lors même qu'elle possèderait un degré de concordance et de systématicité qui n'a rien à envier en cela à la constitution catégoriale, reste toutefois tributaire d'une confirmation ultérieure. En un sens, la genèse passive est bien une production effective mais non totalement constituante. Ce qu'elle constitue, c'est un ensemble ordonné de prédonnées et de *Vermöglichkeiten* (possibilités) que le moi a à sa disposition. Mais cette formation objectale reste toujours en proie à une possible *dé*constitution : l'erreur, l'illusion. Même dans les phases génétiques de sa phénoménologie, Husserl reste fidèle à son jugement de 1903. Il n'y a de constitution phénoménologique qu'en dehors d'une simple production.

1. Cité par W. Biemel « Les phases décisives dans le développement de la philosophie de Husserl », in *Husserl, Cahiers de Royaumont*, Paris, Minuit, 1959. Le même sens restrictif est posé dans les *Recherches Logiques* pour les actes constituants : « En ce qui concerne, par ailleurs, le terme d'actes, il ne faut naturellement plus penser ici au sens littéral primitif d'actus, l'idée de l'activité doit demeurer absolument exclue ». L'acte n'est pas une activité psychique, mais le caractère d'un « vécu intentionnel », *op. cit.*, t. II, 2 (*Ve Recherche*), p. 182 [379].

2. Cf. Hua. XI, p. 276.

Non pas que la préconstitution passive soit reconduite en définitive à une pure genèse empirique et psychologique, mais plutôt parce qu'en elle-même elle reste toujours en attente d'une donation de sens définitive. Si par « constitution » l'on désigne ainsi la donation de sens valide et définitive, la constitution passive ne représente pas dès lors une véritable « constitution ». Comme production de formes logiques possibles et de prédéterminations typiques d'objets, elle apparaît comme une sorte d'immense préparation au savoir qu'indique la préfixe *vor* que Husserl lui attribue en général. C'est la même raison pour laquelle il dénie parfois à la propre passivité la possession d'un tel pouvoir constituant :

> Dans mes présentations antérieures j'avais essayé de circonscrire la différence fondamentale de constitution des objectités que j'avais sous les yeux, c'est-à-dire nature et culture (les produits spirituels au sens large), par la distinction entre intellect passif et intellect actif, mais je l'avais fait d'une manière incorrecte. Les objets de la nature (et déjà avant les objets de la sensibilité originaire étrangers au moi), le règne de l'étrangèreté personnelle absolue, ne sont pas « constitués passivement ». (Tous les objets en tant qu'objets sont constitués activement. Cependant la différence entre constitution associative et constitution catégoriale est fondamentale) [1].

« Tous les objets en tant qu'objets sont constitués activement ». Cette proposition, d'autant plus importante qu'elle se situe dans un manuscrit fondamental pour la compréhension même du déploiement de l'expérience passive, n'invalide pas le sens de la préconstitution passive, mais le remet simplement à sa place. La constitution *au sens fort* du terme consiste ici dans la *validation de sens et d'être* de toutes les objectités qu'elles soient sensibles ou catégoriales. Or, la genèse passive ne peut jamais atteindre à un tel degré de validité et d'*ultimité*, grevée qu'elle est, d'une part, par la possibilité insigne de l'erreur et de l'illusion, et, d'autre part, par la modalisation incessante de ses multiples donations qui ne peuvent jamais fournir une évidence définitivement apodictique, mais sont toujours enchassées dans un processus infini de concordance ouverte. La prédonation demeure incomplète du point de vue du sens. Ce que produit la constitution passive (la constitution au sens faible ou *pré*-constitution), c'est un simple champ

1. Ms. A VII 13, *op. cit.*, p. 186 : « In meinen älteren Darstellungen habe ich den Grundunterschied der Konstitution von Gegenständlichkeiten, den ich im Auge hatte, Natur und Kultur (geistiges Erzeugnis im weitesten Sinn) durch den Unterschied des passiven und aktiven Intellekts zu umschreiben versucht, aber in unrichtiger Weise. Die Naturgegenstände (und vorher schon die ichfremden Gegenstände der Ursinnlichkeit), das Reich der absoluten personalen Fremdheit, sind nicht "passiv konstituiert". (Alle Gegenstände als Gegenstände sind aktiv konstituiert. Aber fundamental ist der Unterschied zwischen assoziativer und kategorialer Konstitution.) ».

de « disponibilités »[1] (*Verfügbarkeiten*) pour le moi, un fonds de motivations et d'excitations objectales et signifiantes qui le poussent à agir, à se déterminer, c'est-à-dire à répondre *dans* et *par* son effectuation ultimement constituante :

> L'opération de la passivité et, en elle, celle de la passivité hylétique comme niveau le plus bas consistent à produire sans cesse pour le moi un champ d'objectités prédonnées et éventuellement données ultérieurement. Ce qui se constitue, se constitue pour le moi et, en définitive, c'est un monde environnant tout à fait réel qui doit se constituer, monde dans lequel le moi vit et agit et par lequel, d'un autre côté, il est continuellement motivé[2].

De ce point de vue, la constitution passive opère dans la genèse universelle une sorte de « motivation » générale en direction de l'action catégoriale. Elle *suscite* les capacités authentiquement donatrices de sens, elle *éveille* l'activité vérificatrice et validatrice de l'ego. Au regard de l'affection, la motivation exercée par la sphère passive dans son ensemble doit être prise en vue comme le fait itératif de pousser le moi à réagir[3]. Par conséquent, l'insistance avec laquelle la constitution passive pré-détermine la spontanéité logique veut dire pour Husserl que la motivation exercée par les associations passives consiste pour l'essentiel en « des rapports qui s'instaurent entre une conscience antérieure et une conscience supérieure, à l'intérieur d'une même conscience égologique »[4].

Certes, l'expérience originaire repose elle-même sur une forme d'« attestation [*Aufweisung*] », à savoir celle de la *doxa passive* originaire qui produit des évidences qui ne sont pas moins incontestables, comme le rappelle Husserl dans *Expérience et Jugement*, que les évidences prédicatives et catégoriales, mais cette *auto-attestation* reste toujours ouverte et mobile, toujours emprunte d'un caractère de précarité. Elle ne peut accéder, regrette ouvertement Husserl, à cette totale « absence de présup-

1. Il faut entendre ici la *Verfügbarkeit* comme ce qui est à disposition de l'ego, non le simple *être sous la main*, mais l'être disposé à répondre au sens constitutif véritable que porte avec lui le moi pur.

2. Hua. XI, p. 162. On retrouve la même idée huit années plus tard dans les *Méditations Cartésiennes*, *op. cit.*, p. 128 [113] : « Grâce à cette synthèse passive (dans laquelle entrent donc aussi les résultats de la synthèse active), le je se trouve sans discontinuer dans un environnement d'objets ».

3. Dans les *Ideen II*, Husserl décrit la motivation sous une double face, l'une purement interne à la sphère associative, au sens où chaque objectité préconstituée motive des unités ressemblantes ou pouvant être liées passivement à elle, l'autre transcendante dans la poussée exercée en vue de l'activité attentionnelle et appréhensive de l'ego. Dans cette mesure, la genèse passive est également doublement motivationnelle, envers elle-même et envers l'ego actif.

4. *Ibidem*, p. 307.

position »[1] (*Voraussetzunglosigkeit*) et à ce signe distinctif de validité définitive qui qualifient la constitution active. Si la passivité est la plupart du temps auto-correctrice, elle ne peut être sur le même plan auto-justificatrice. N'étant pas en possesion de la « certitude apodictique de soi » (*apodiktische Selbstgewißheit*), elle demeure toujours en attente d'une justification future qui validera de manière décisive et définitive ce qui se donne encore à ce stade comme simple apparition possible[2]. Produit de l'expérience originaire, la constitution passive ne peut la dépasser. Elle reste, tout comme elle, temporelle, indéfinie, mouvante. Or, la validation rationnelle, notamment l'acte d'identification et de fixation de l'*eidos*, permet justement de déterminer le sens objectal comme « valant » au-delà des conditions de son expérience. De ce point de vue, l'intuition eidétique du général représente l'opération rationnelle la plus haute, en ce qu'elle pose l'essence dans son omni-temporalité, affranchie de toute conditionnalité expérientielle. Elle fait de l'étant tout simplement ce qui vaut comme être.

En conséquence le devancement originaire de la constitution passive sur l'active n'est en aucune mesure un débordement radical, puisque l'*Urkonstitution* passive ne s'accomplit *qu'en vue* de cette reprise catégoriale qu'elle appelle et provoque tout à la fois. En tout état de cause, elle ne peut jamais se déprendre de la tutelle de la spontanéité judicative. Les deux formes de constitution appartiennent ainsi à une seule et même genèse universelle[3], mais elles n'y jouent pas tout à fait le même rôle : la passive se produit comme une « motivation » continuelle, que ce soit de ce qui est constitué de manière primaire ou secondaire, et l'active comme une « validation » consciente de ce qui la motive. La donation, si essentielle soit-elle, ne suffit pas. Le donné ne vaut qu'au regard du sujet pour lequel il est donné. Le processus constitutif s'achève toujours ainsi dans des actes

1. La constitution passive est pré-donatrice dans l'exacte mesure où elle donne des objectités de sens sans pouvoir s'assurer de ce qu'elle donne comme objectités de sens. L'insuffisance de la genèse passive ne se situe pas dans la sphère du sens, mais dans celle du vrai. C'est à partir du point de vue rationnel de la vérité que la constitution logico-active met à nu l'insuffisance foncière de la prédonation passive et tente de lui faire rendre raison en donnant au sens une signification valide, en le transformant en une valeur pour la raison, à savoir comme étant vrai.

2. Le *possible* n'est pas à comprendre ici comme une modalité de la donation doxique, car ce qui se donne passivement ne se donne pas seulement comme possible, mais aussi comme étant, douteux, problématique, etc. Le possible ici se réfère à la simple valeur de vérité du préconstitué, au caractère encore non-définitif de sa validité de sens et d'être. En ce sens, même ce qui se donne comme étant de manière incontestable dans la *doxa passive* reste du point de vue de la connaissance rationnelle encore présomptif et questionnable.

3. Du fait même de leur intégration dynamique dans une genèse universelle, la distinction de la constitution passive et active reste souvent en question dans la littérature phénoménologique, cf. E. Holenstein : « Mais si l'absence du moi n'est en fait que graduelle, il devient alors beaucoup plus difficile de définir un point fixe qui permette la délimitation entre constitution passive et active », *op. cit.*, p. 219, tr. fr. p. 59.

par lesquels les objectités originaires sont définitivement éprouvées comme connues, comme objets de conscience, valant de manière omnitemporelle. On pourrait donc dire que tout processus constitutif est partagé entre deux opérations fondamentales :

1) la *donation de sens* proprement dite, la production d'unités objectales et intentionnelles.

2) la *validation* de ce qui se donne comme vrai et étant, c'est-à-dire l'estimation et la prise de position vis-à-vis de ce qui se montre dans le donné.

On retrouve ici la tension continuelle de la compréhension du concept de *constitution* qui peut s'entendre soit comme « création » ou production, soit comme « donation de sens » et prise en vue clarificatrice. Mais en fait, toute création de sens est aussi donation de sens : ne peut être produit par et pour la subjectivité que ce qui a un sens pour elle. L'ambiguïté du concept de constitution ne se situe pas dans l'opposition de la création et de la donation, mais plutôt, selon nous, entre deux formes spécifiques de « donation de sens », l'une simplement *productrice* (celle essentiellement de la prédonation de la genèse passive), l'autre à la fois productrice et évaluatrice de ce qu'elle produit comme sens. Au couple conceptuel création de sens/donation de sens, il est préférable de mettre en avant celui de la prédonation et de la validation. En tant que pré-constitution, la genèse passive correspond au premier degré de l'œuvre constitutive. En revanche, la genèse active n'englobe pas simplement le second degré constitutif mais les deux, étant donné qu'elle peut en soi donner un nouveau sens à ce qui a été par avance préconstitué ou bien produire par elle-même un sens objectal totalement inédit, par exemple dans l'intuition catégoriale [1].

Malgré la dépendance qui est la sienne vis-à-vis de cette constitution originaire et sans concept qui l'a toujours déjà précédée, la position fondamentale de l'ego transcendantal dans le développement constitutif n'est pas ainsi ébranlée. Premièrement parce que cette *Urkonstitution* n'en est pas véritablement une. Elle reste sans cesse dépendante d'une vérification postérieure de la raison évaluatrice, sans cesse assujettie par là même à une validation ultérieure de sens et d'être – la préconstitution est un fondement *conditionnant*, mais aussi toujours en cela *conditionnée* par la reprise intentionnelle de l'ego. Deuxièmement, parce qu'elle n'a, malgré sa relativité du point de vue cognitif, de sens que pour lui et ne sert qu'à produire une champ de dispositions intentionnelles qu'il peut à sa guise employer, reconnaître ou rejeter. On pourrait même dire que le dévoi-

1. Contrairement à ce que soutient Ludwig Landgrebe dans *Faktizität und Individuation* (*op. cit.*, p. 72), la constitution active peut être, elle aussi, créatrice de son objet; par exemple dans le cas de l'état de chose catégorial, du jugement prédicatif, voire de l'intuition du général en soi.

lement phénoménologique des synthèses passives dans la période-clef de 1918 à 1921 a eu pour conséquence un élargissement des facultés constitutives du moi, en ce sens qu'il a pu investir cette vie hylétique qui, dans la phénoménologie statique des *Ideen*, lui était encore radicalement étrangère et fermée. Si la genèse passive peut donc parfois recevoir le qualificatif de constitution, ce n'est donc pas à elle seule qu'elle le doit, mais à son sens génétique même, dans la mesure où elle n'existe que parce qu'elle excite, suscite et motive graduellement le vrai pouvoir constituant qui naît d'elle et vaut au-delà d'elle. La *Vorkonstitution* signifie de ce fait « une formation d'unité de la conscience avant toute participation du moi, avant aussi la moindre orientation pulsionnelle vers les unités préconstituées, avant leur configuration active en produits disponibles de l'identité, leur appréhension en tant qu'élement librement identifiable » [1]. En somme la préconstitution pré-égoïque ne fait *sens* que parce qu'elle fait *signe* vers la constitution logique : le « genre de l'unité passive n'est qu'une potentialité pour une constitution active et effective des objectités en unités identiques » [2]. Husserl répète avec force ce point : les diverses synthèses passives de la temporalité originaire, de la corporéité kinesthésique, de la formation homogène du champ et des premières configurations sensibles, fournissent le « matériau » [3] primaire sur lequel s'exercent les capacités constitutives du moi. La genèse universelle, replacée dans son développement graduel, apparaît dès lors comme une sorte de *passation de pouvoir*, de la potentialité passive à la puissance active, de la capacité motivante à la capacité validante, de la disponibilité à l'autorité.

À présent que le *double sens* de la constitution comme prédonation motivante et validation définitive a été clarifié, essayons de dénouer l'écheveau du double fondement de la logique. En effet, c'est, dit Husserl, une « tâche importante de la logique génétique que de poursuivre assurément, dans ses diverses étapes, ce qui est l'affaire de la prédonation et ce qui est l'affaire de la participation du moi » [4]. La distinction de la constitution comme motivation et validation à laquelle conduit l'analyse généalogique

1. Ms. A VII 13, p. 66 : « Eine Einheitsbildung des Bewußtseins vor aller Ichbeteiligung, vor aller auch nur triebmäßigen Richtung auf vorkonstituierte Einheiten, vor ihrer tätigen Umgestaltung in verfügbare Identitätserzeugnisse, ihrer Auffassung als frei Identifierbares ».

2. *Ibidem*, p. 103 : « Aber di Art passiver Einheit ist nur Potenzialität für eine wirkliche, aktive Konstitution von Gegenstandlichkeiten als Identitätseinheiten ... ».

3. Cf. *Méditations Cartésiennes*, p. 127 [112] : « Tandis que ces activités accomplissent leurs fonctions synthétiques, la synthèse, qui leur procure tout leur matériau, poursuivent sans arrêt sa démarche ». Nous préférons traduire *das Material* par *matériau* plutôt que par *matière*, terme choisi par M. de Launay, mais qui peut introduire une confusion avec la hylè comme véritable « Materie » de l'appréhension aperceptive.

4. Cf. Ms A VII 13, p. 198 : « es ist hier die große Aufgabe einer genetischen Logik, genau, was Sache der Vorgegebenheit und was Sache der Ichbeteiligung ist, zu verfolgen, in seinen verschiedenen Stufen ».

nous a permis de mettre en exergue le fait que la genèse passive, sous sa figure de l'expérience antéprédicative du monde de la vie, n'est en fin de compte que le fondement d'une possibilité (rappelons, à ce sujet, que la méthode de *questionnement-en-retour* aux évidences antéprédicatives était conçue par Husserl comme étant une exploration des « mondes possibles » [1], soulignant ainsi la conjonction de l'originaire et du possible). Ce qu'elle institue par là, ce sont des *dispositions* libres et ouvertes qui, si elles ne reçoivent pas l'aval de l'ego actif, sombrent dans l'indifférence de l'inconscient. Les *soi* (*Selbst*) immanents constitués dans la passivité et dans son « *Urstiftung* » (institution originaire) forment « pour le moi actif un possible *telos* » [2], à savoir un index pour une identification et une objectivation possibles. La disponibilité ne veut rien dire d'autre que cette possibilité motivante pour l'activité de connaissance. Dès lors, si fondement réel il y a dans la passivité, celui concerne uniquement la prédonation comme pure et simple condition de possibilité originelle d'une validation apodictique et rationnelle effectuée par le moi pur [3]. Cela ne veut pas dire toutefois que la donation de sens passive ne serait de son côté qu'un « support » de la constitution – nous avons déjà examiné et rejeté cette interprétation de l'originaire comme simple présupposition ou soubassement. En fait, elle représente bien une base, mais une « base de motivation », un socle, non pas statique mais dynamique, qui donne à la genèse son impulsion mais aussi son sens constitutif. Elle crée en cela un monde possible où même l'impossible peut entrer sous la forme de l'illusion et de la tromperie. En d'autres termes, elle produit une sorte de monde virtuel qui motive sans interruption la constitution du monde réellement étant, la possibilité préfigurée de l'être vrai : « comme une idée nécessairement valable, l'être vrai de sa propre vie passée est préfigurée pour le moi : cette idée est disponible, bien que des processus supérieurs de pensée soient nécessaires pour qu'elle puisse être envisagée comme disponible et

1. Les *mondes possibles* que recèle l'expérience passive veulent dire *mondes des possibles*, cf. *Expérience et Jugement*, *op. cit.*, p. 37 [28] : « il [l'horizon du monde] est un espace où jouent les possibles en tant qu'il prescrit une voie vers une détermination plus précise qui seule peut, dans le cadre de l'expérience réelle, décider en faveur de telle possibilité déterminée qu'elle réalise de préférence aux autres ». Il est l'horizon de tous les jugements possibles. Cf. J. Derrida, *Le problème de la genèse dans la philosophie de Husserl*, *op. cit.*, p. 186 : « Le monde de la vie, lieu de toutes les évidences antéprédicatives, n'est pas, comme on tend souvent à le présenter, un monde déjà constitué, précédant ou déterminant, au sens étroit du mot, une prétendue activité transcendantale du sujet. Le monde est défini par Husserl non pas comme un monde actuellement réel dont serait prisonnier le sujet connaissant, mais comme "l'horizon de tous les substrats de jugements possibles" ».

2. Hua. XI, p. 203.

3. Dans le manuscrit inédit C 2 I (1931-1932), Husserl présente le *UrIch* comme le « sol originaire de toutes les validations » (*Urboden aller Geltungen*), p. 10.

nécessairement valable »[1]. Cette citation montre avec évidence l'idée du passage du pré-constitutif au constitutif comme étant justement celui du disponible au valide. Le caractère *pour-le-moi* de la préconstitution passive exprime justement cette mise à disposition de la prédonation.

> Ceci est un point d'une importance décisive pour la compréhension de la constitution des choses spatiales et des objets en général. Les contenus qui se présentent dans la champ visuel (la même chose vaut naturellement pour la constitution de l'espace tactile par le biais des images tactiles) et tout ce qui est immanent, à savoir ce qui est dans le contexte vécu du temps immanent, pour ainsi dire le milieu de vie, dans lequel la constitution se déroule, sont, en vérité, à tout moment prédonnés d'une certaine manière au moi comme une sphère constituée, sont constitués (pré-constituant) *pour le moi* d'une certaine manière :
>
> 1) une sphère du pré-être[2].

On retrouve la même idée distinctement exprimée dans les *Analysen :* « cette préfiguration n'est pas une préfiguration du dehors, aveugle et, au fond, dénuée de sens, mais c'est une préfiguration accessible sous la forme de la connaissance à la conscience égoïque »[3]. À partir de là, Husserl s'efforce d'exposer la destination de la préconstitution dans la reprise validatrice de l'ego rationnel. Tout produit de la passivité est à la fois constitué pour l'activité constituante du moi et pré-constituant cette même activité, de sorte que la constitution originaire se limite à cette production d'unités constituées *pour le moi*, à, selon l'expression même de Husserl, un pur « être-pour-le-moi » (*Für-das-Ich-Sein*).

En résumé, la constitution passive, si importante soit-elle sur le plan de la prédonation, n'institue (*stiften*) pas l'être vrai (institution qui fait tout le sens phénoménologique de la logique transcendantale), mais rend simplement possible (*ermöglichen*) cette *Begründung*, parce qu'elle ne peut, à proprement parler, accéder à cette pure auto-positionnalité du principe (étant donné qu'elle est, par essence, dépendante de sa reprise authentifiante), synonyme d'absoluité. Certes, avec la *doxa* originaire, le possible antéprédicatif (une saillance objectale dans la passivité primaire ou une

1. Hua. XI, p. 210-211.

2. Ms. A VII 13, p. 64 : « Dies ist ein Punkt von entscheidender Wichtigkeit für das Verständnis der Konstitution von Raumdingen und von Gegenständen überhaupt. Die darstellenden Inhalte im visuellen Feld (Analoges gilt natürlich von der Konstitution des "Tast"-raumes durch Tastbilder) und alles Immanente, das im Erlebniszusammenhang der immanenten Zeit sozusagen das Lebensmilieu ist, worin sich die Konstitution abspielt, ist zwar jederzeit dem Ich in gewisser Weise als eine konstituierte Sphäre vorgegeben, ist beständig für das Ich in gewisser Weise konstituiert (vorkonstituierend) :
1) Eine Sphäre des Vor-seins ».

3. Hua. XI, p. 215.

signification sédimentée dans la passivité secondaire) se donne, d'une certaine façon, comme « valide », comme étant sans conteste, à tel point que le moi considère la plupart du temps la constitution passive comme la délivrance sûre d'un « habitus fermement élaboré » [1], mais cette validité, si l'on prend bien soin de l'examiner selon « la théorie de la connaissance » [2] (*erkenntnistheorisch*), bien vite s'étiole, se modifie et peut s'avérer même parfois illusoire. Les unités objectales passives ne sont encore que des assemblages lâches qui ne possèdent pas la forme supérieure de l'identité fixe et déterminée qu'elles prédessinent pourtant. Du point de vue principiel, la constitution passive est donc nécessaire, mais pas suffisante ; c'est une condition de possibilité de l'édification par degrés de la raison logique, elle-même conditionnée par ce qu'elle rend possible [3]. Comme si pour être reconnue comme fondement la passivité avait besoin d'être déduite d'un autre fondement qu'elle. C'est tout le sens de l'analyse husserlienne de la modalisation de la croyance et ensuite de l'origine de l'erreur dans la passivité que de faire observer cette incomplétude essentielle de la constitution passive, cantonnée au domaine de la virtualité motivante. La logique transcendantale et son versant génétique permettent ainsi de mettre en lumière que le champ de l'expérience transcendantale, malgré sa pureté phénoménale obtenue grâce à la réduction phénoménologique, inclut « toute fausseté et toute vérité » [4].

À proprement parler la « constitution passive » n'est pas un véritable *fondement*, car il n'y a en vérité, pour Husserl, dans tout le régime trans-

1. *Méditations Cartésiennes*, p. 124 [110].

2. *Ibidem*, p. 133 [118]. L'étant véritable « n'a de signification qu'à titre de corrélât singulier de mon intentionnalité propre » (*ibid.*, p. 24 [23]), c'est-à-dire de ma constitution validatrice de sens et d'être. Tel est le sens indépassable de l'*idéalisme transcendantal* phénoménologique : tout ce qui est est à la mesure de ma conscience constituante. « Pour moi il n'est rien qui ne provienne de ma propre *effectuation de conscience, actuelle ou potentielle* », cf. *Logique formelle et logique transcendantale*, *op. cit.*, p. 314 [207].

3. D'une certaine manière, la constitution passive se présente comme une immense « préparation » (*Vorbereitung*) au savoir (*préparation* double dans la mesure où d'une part le sens constitué passivement est déjà *prêt* pour l'ego et d'autre part *s'apprête* à être validé), comme un « apprentissage » que le moi actif doit s'incorporer et amener au stade de la maîtrise. Husserl décrit souvent la genèse passive comme une sorte de répétition en coulisses de ce qui va se passer sur la scène de l'*épistémè* égoïque. Dans les *Méditations Cartésiennes*, Husserl fait justement le rapprochement entre la genèse passive et la genèse psychologique de l'apprentissage : « On dit à juste titre que dans notre prime enfance nous avons dû d'abord apprendre à voir les choses en général, et, de même, qu'un tel apprentissage a dû précéder génétiquement toutes les autres modalités de conscience des choses », p. 127 [112]. Sur bien des points, la genèse passive peut être assimilée à cet apprentissage général des choses qui permet ensuite à la conscience d'expliciter et de comprendre ce qui a été passivement appris. Même idée soulignée quelques lignes plus loin : « Tout ce qui est connu renvoie à un apprentissage originaire », p. 128.

4. *Philosophie première*, t. II, *op. cit.*, p. 232-233 [168].

cendantal de la vie qu'un « seul et unique fondement » : l'ego transcendantal, le moi originairement fonctionnant comme source de toutes les validations. Seul le moi apodictique peut s'acquitter du vrai sens de la constitution, en délivrant la validité d'être définitive. Celui-ci est, pour reprendre les mots de Husserl si exempts ici d'équivocité, « en dernière instance l'unique centre de fonctionnement de toute constitution » [1]. Si fondation de la logique il y a, elle ne peut donc résider que dans ce travail de validation rationnelle qu'effectue constamment la « donation de sens » égoïque, dans cette *refondation en soi* de ce qui se donne comme hors de soi dans la genèse passive pré-égoïque. Est-il nécessaire d'indiquer ici qu'à l'ultime stade de la genèse universelle, c'est toujours l'ego des « positions d'acte » qui a le *dernier mot*.

Cependant, l'œuvre spontanée de l'ego ne se résout pas de son côté à une simple thématisation de ce qui est préconstitué implicitement. Dans l'évaluation, il ne s'agit pas du passage au stade réflexif, d'une prise de conscience attentive de la vie pré-théorique et pré-réfléchie. Encore une fois, la constitution active ne peut pas correspondre à un simple *Patentmachen*, à une *explicitation* de ce qui était là de manière latente. La constitution active repose surtout sur la « prise de position » active par rapport à ce qui se donne de manière passive. Cette prise de position qui révèle un « comportement » (*Verhalten*) volontaire du moi vis-à-vis du fonds motivationnel de la sphère passive revient à une estimation radicale du sens et de l'être du donné, estimation qui aboutit soit à une confirmation de ce qui était par là motivé, soit à une infirmation. C'est là qu'intervient le domaine de la validation, le fait de « produire la validité » (*Geltungmachen*). L'ego apparaît comme celui qui, en toute rigueur, a le pouvoir de marquer toute objectité du cachet final d'authenticité. En cela, il est l'unique centre et pouvoir de décision ; et ce pouvoir effectif n'a rien de commun avec le simple recouvrement identitaire de synthèses passives : « la prise de position est tout autre chose qu'une concordance dans l'aperception passive » [2]. Pour Husserl, l'ego se présente toujours comme

1. *Krisis*, *op. cit.*, p. 212. Le je suis est le « fondement intentionnel primitif pour son monde ». Cela peut paraître « monstrueux » aux *enfants-philosophes* qui voit là comme un fantôme présent partout, mais le véritable philosophe « préfèrera, au lieu de s'enfuir devant ces fantômes, éclairer le coin d'ombre », cf. *Logique formelle et logique transcendantale*, p. 318 [209-210].

2. Hua. XI, p. 358. Afin d'approfondir l'être même de cette puissance d'affirmation et de décision, on pourrait tâcher de classer les différentes opérations de la spontanéité de l'ego actif selon un ordre croissant de mise en œuvre de la volonté :

1) *Conversion* active du regard (attention).

2) *Thématisation* (Prise en compte de ce qui est source de l'intérêt de connaissance).

3) *Identification*, c'est-à-dire formation d'un sens objectal unique et fixe à partir des données implicites thématisées.

4) *Évaluation* (estimation de la donnée intuitive et de la teneur de sens livrée par elle).

l'« opérateur » (*Vollzieher*) des valeurs, et la raison fait office en lui de cette faculté validatrice qui passe au crible toutes les disponibilités fournies par la sphère passive, les approuve ou les réprouve.

L'expérience originaire crée ainsi un immense *réservoir* de sens objectaux, une possession plus ou moins anonyme du monde que le moi ne reçoit pas passivement, mais doit sans arrêt peser, mesurer, évaluer. En d'autres termes, la constitution passive forme une sorte d'« avoir » que le moi a *à être*, qu'il doit prendre en charge (même si la plupart du temps il se laisse guider aveuglément par la croyance originaire). Il doit non seulement valider comme étant ou non, mais également « assumer » (*übernehmen*) et « s'approprier » (*zueignen*) ce qui lui est prédonné. En cela, la constitution passive représente plus une *dotation de sens* qu'une donation de sens, dans la mesure exacte où elle lègue au moi actif des significations qu'il doit valider ou non. De son côté, le moi actif relève, par rapport à la prédonation passive dont il hérite, de la forme du « je peux » : « je peux tirer des conclusions, je peux comparer, distinguer, lier, énumérer, compter » [1]. Pour ce « je peux », la validation posée comme « renouvellement » des dépôts de sens de l'horizon interne et externe, des « sources de validité [*Geltunsquellen*] », de l'« héritage du sens [*Sinnerbschaft*] » [2], se présente alors comme un *examen critique*. Le renouvellement des vérités passées doit entraîner un renouveau de l'exigence de vérité [3]. Pris dans le contexte génératif, dans la tradition, le sujet a à rendre de nouveau présent le passé et à prendre position par rapport à lui. Aussi la subjectivité constituante doit-elle viser sans cesse à « une revivification de l'esprit des morts par le retour de la compréhension sur les œuvres à partir de leur sens originel » [4], mais également à une *critique* de cette transmission. Les « idées devenues *documenta* » [5] peuvent se remettre à vivre dans la validation nouvelle et instauratrice. L'archaïque devient ici archive, et le passé peut être à présent figuré sous la forme d'un immense « musée ouvert à tous de l'histoire » [6].

5) *Validation* (soit confirmation, soit infirmation). C'est ce dernier moment qui correspond à la reconnaissance active, source de toute position de vérité.

1. *Ideen II*, *op. cit.*, p. 346 [254]. Le « je suis » doit être par suite « *le vrai principe de tous les principes* et la proposition première de toute philosophie véritable », *Philosophie première*, *op. cit.*, t. II, p. 57 [42].

2. Ms. C 17 V, p. 84.

3. Ce renouveau doit également répondre à la situation de crise des sciences et au scepticisme qui l'accompagne. C'est ce que Husserl signifiait déjà dans les articles du *Kaizo* (terme qui signifie justement renouveau).

4. *Krisis*, *op. cit.*, p. 542-543.

5. *Ibidem*, p. 542.

6. *Ibidem*, p. 491. Le sens critique et la conscience du *telos* de la raison constituent ce qui distingue précisément la « générativité spirituelle » de la simple « traditionnalité » (*ibid.*).

Pour Husserl, se font ainsi face une histoire « passive et active » [1], une tradition étouffante et une tradition libératrice.

Ayant droit de regard sur tout – et la donation de sens ne veut pas dire autre chose – le moi fonctionne comme une forme d'*ingérence* dans la sphère passive, c'est-à-dire à la fois comme une *pénétration* qui absorbe ce qu'elle ingère et comme une *appropriation*, en tant que l'ego assimile et transforme le corps étranger (ici les motifs passifs) en bien personnel. C'est en ce sens que Husserl peut affirmer qu'il n'y a pas de sens ni de donation de sens en dehors de l'ego transcendantal, car tout est, en fin de compte, produit en lui et par lui, que ce soit de manière implicite ou thématique. C'est dans cette validation-appropriation de la constitution passive que le moi se fait autorité et raison, mais également liberté. Conformément à son sens d'effort face à une résistance, la liberté réside justement dans la capacité pour le moi d'*inhiber* la motivation passive, de la suspendre ou de la prendre en charge. Si l'ego est emporté par la motivation passivo-associative, il devient asservi aux unités non-validées, aux excitations affectives. Sa liberté peut alors consister soit à « consentir » volontairement à la motivation passive, à s'abandonner à l'excitation affective d'arrière-plan, *à devenir elle*, soit, d'un geste plus décisif, à empêcher le déroulement autonome de la genèse passive de l'association en faisant valoir la capacité validatrice de la rationalité pure. Cette liberté d'auto-détermination n'est donc pas coupée de toute relation à une sensibilité motivante, car, de fait, l'ego ne peut pas être libre tout seul, mais que par rapport à ce fonds de motivation non-libre, que par rapport à cette « face-nature » [2] que le sujet libre a à assumer dans le consentement ou l'inhibition.

> L'autonomie de la raison, la « liberté » du sujet en tant que personne, consiste donc en ce que je ne consens pas passivement aux influences étrangères, mais qu'au contraire je me décide par moi-même. Et, de plus, en ce que je ne me laisse pas « entraîner » par d'autres penchants, d'autres pulsions, mais que j'agis librement, et cela sur le mode rationnel [3].

Liberté et « non-liberté (*Unfreiheit*) » dictent en quelque sorte ici le cadre général des relations entre la constitution passive et la constitution active. L'ego comme *intellectus agens* fait face à un soubassement hylétique, organisé selon les lois de la synthèse passive et associative, qui correspond à la couche inférieure de la subjectivité transcendantale qu'il

1. Hua. VIII, p. 506.

2. À cette face-nature de l'esprit, appartient la « vie affective inférieure, la vie pulsionnelle » (p. 376 [279]). La motivation incessante qu'elle accomplit constitue une sorte de « pont » vers l'ontification effectuée par l'ego validant.

3. *Ibidem*, p. 364 [269]. Cette auto-motivation rationnelle est « une tout autre force de motivation et une tout autre action de motivation que dans l'opération de refoulement et de recouvrement passif des aperceptions se trouvant en concurrence mutuelle », Hua. XI, p. 359.

est lui-même sans le savoir. En un certain sens, l'ego qui prend position dans la validation du jugement, est « dépendant du soubassement dans la mesure où, pour faire l'expérience de motivations dans mes prises de position, je dois avoir précisément des vécus motivants et ceux-ci se trouvent dans une connexion associative et sont soumis à des règles de dispositions associatives » [1]. Pour pouvoir *assumer* l'expérience passive, l'ego doit originellement y adhérer. La liberté ne se conçoit que sur fond de tendances. Bien entendu, la *Stellungsnahme*, tout en étant dépendante de la motivation passive qui agit comme sa condition vivante, peut aussi à tout moment, faute d'agir seule, se déprendre réellement de la chaîne motivationnelle, se désengager de son imposition, imposer ses propres valeurs. Cependant le moi peut-il dans sa supériorité logique contredire ce que la constitution passive lui donne continûment comme valable? L'autorité légitimante du moi peut-elle aller jusqu'à *rejeter* comme nul et non avenu ce qui passivement se donne comme étant?

De fait, l'œuvre constituante du moi laisse bien souvent intactes les teneurs de sens objectales que lui offre en propre l'affection passive. Quand bien même il serait l'unique fondement de la validation du sens, le moi est toujours par ailleurs subordonné au « principe des principes » [2] de la donation intuitive et se plie à ses exigences. En revanche, ce que la constitution active introduit dans le procès génétique de spécifiquement nouveau et d'incommensurable à la prédonation passive, c'est le fait que le moi peut suspendre à tout moment la validité de ce qui se donne à lui. Ainsi le moi a une *pouvoir de contradiction* sur tout ce que la genèse passive lui présente. Même si il se range du côté de la constitution passive, accepte ce qu'elle lui a préconstitué de manière concordante en arrière-plan, il peut à tout moment *questionner* cette première forme de validité, interroger et mettre en doute la valeur de sens et d'être des prédonnées passives, voire refuser ce qui y semble incontestable. Il en va même de sa « responsabilité » [3]

1. *Ibidem*, p. 377 [280].

2. *Ideen I*, *op. cit.*, p. 78 [43-44] : « toute intuition donatrice originaire est une source de droit pour la connaissance ». Mais le *je suis* est lui aussi, comme on l'a vu, le *vrai principe de tous les principes*. En ce sens, la validation peut ne pas s'opposer à la prédonation intuitive de l'expérience passive, mais elle doit élaborer à partir de la prédonation une nouvelle intuition donatrice plus évidente, à savoir ce qui est jugé dans la prise de position et intuitionné comme vrai. Il existe donc une certaine gradualité dans les intuitions originaires entre celles qui sont prédonatrices et celles qui sont validatrices. De ce point de vue, la validation possèdera toujours l'avantage, puisqu'elle est productrice de son objet (le jugé commé évident). Ce qui constitue n'est pas le rival de ce qui donne, car le *Konstituieren* se fait lui-même dans la validation rationnelle *Sinngebung*.

3. Avant qu'elle ne se conçoive comme exigence de poursuite du travail aléthique, la *Verantwortung* repose sur la capacité de mettre en question le savoir, de lui faire rendre raison dans la « *kritische Einstellung* » dont parle Husserl dans les articles du *Kaizo*, cf. Hua. XXVII, p. 63.

(*Veranwortung*) que d'assumer ce rôle de validateur ultime. Or ce pouvoir permanent et critique de questionnement n'appartient pas à la passivité pure, même constituante. La sphère passive subit effectivement une « modalisation de croyance » qui peut produire subjectivement les formes du doute, du probable et du possible, mais elle ne parvient jamais à cette mise entre parenthèse du sens et de l'être qu'est le questionnement proprement dit. La *doxa* passive vit sans cesse immergée dans une positionnalité ininterrogée. Elle ne prend pas position vis-à-vis du donné, elle est déjà *dans* la position ou *est* la position elle-même. En revanche pour *prendre position* dans et par le jugement, la raison doit prendre ses distances par rapport aux prédonnées, doit les soupçonner et en contester la valeur. Partant la constitution active et rationnelle se situe justement dans cette *rupture* de la croyance qui seule peut conduire à la reconnaissance thétique et apodictique.

C'est pourquoi la raison, en tant qu'origine de toute validation, est dite « normative », car elle impose ici la règle, fixe la loi, reconnaît comme vrai ou rejette comme erroné selon sa propre décision. Il est vrai qu'il existe également pour Husserl un certain type de normation passive, qu'il nomme dans les *Méditations Cartésiennes* la « normativité intentionnelle » [1] de la loi associative de la genèse passive, mais celle-ci ne dépasse pas le cadre de la simple motivation régulière et ne peut en définitive se transformer en validation apodictique et dernière. Toutefois la normation rationnelle ne s'effectue pas comme bon lui semble. Elle n'est pas aveugle, mais elle est instruite par le donné et tient compte de lui. Pour reprendre l'expression des *Ideen I*, elle est limitée « par le cadre même de l'intuition ». Si la constitution active est libre dans sa décision volontaire de valider ou de contester les disponibilités passives, elle ne l'est cependant pas dans la manière générale dont elle s'accomplit. Elle reste soumise à la prédonation passive qui lui fournit un monde en bonne et due forme. Elle est libre de se décider, mais non pas de ce qui est à décider.

L'« empire transcendantal » [2] du moi doit par conséquent s'étendre au-delà de sa vie active et spontanée pour recouvrir les lieux où le sens constitutif prend sa source, de sorte qu'en réactivant ainsi les sens préconstitués passivement avant lui il exhume une certaine partie de lui-même qu'il avait oubliée. Or cette « extension » de l'ego à toutes les strates ne va pas de soi, car la constitution passive ne semble pas s'effectuer *à partir de moi*, mais bien *sans moi*. Aussi, pour conclure, afin que la perspective d'un conflit fondationnel soit évitée, faut-il nécessairement que la genèse constitutive soit également une genèse de l'ego lui-même, que la fondation passive et

1. *Méditations Cartésiennes*, *op. cit.*, p. 129 [114].
2. *Ibidem*, p. 121 [107].

par degrés de la logique transcendantale soit simultanément une fondation de l'égo-logique. Pour que l'affrontement de deux puissances constituantes soit ainsi conjuré, pour que les deux fondements de la motivation et de la validation, qui ne sont d'ailleurs que des possibilités de l'ego fonctionnant de manière active et passive, il faut que le moi, de libre et responsable dans l'autorité constituante de la validation, se fasse aussi vie subjective de la motivation passive, qu'il accepte de redevenir pour un temps cette intentionnalité anonyme qui le devance à chaque fois tout en étant lui.

BIBLIOGRAPHIE

ŒUVRES DE HUSSERL

Husserliana, Edmund Husserl gesammelte Werke [Œuvres complètes de Husserl]

Éditées par les Archives Husserl de Louvain aux éditions Martinus Nijhoff (Den Haag), puis à partir de 1980 chez Kluwer Academic Publishers (Dordrecht/Boston/London).

Hua. I, *Cartesianische Meditationen und Pariser Vorträge*, éd. S. Strasser, 1950, tr. fr. M. B. de Launay, Paris, PUF, 1994 (il existe aussi une traduction de G. Peiffer et E. Lévinas, Paris, Vrin, 1947).

Hua. II, *Die Idee der Phänomenologie, fünf Vorlesungen*, éd. P. Janssen, 1950, tr. fr. A. Lowit, Paris, PUF, 1970.

Hua. III, *Ideen zu einer reinen Phänomenologie und phänomenologischen Philosophie, Erstes Buch, Allgemeine Einführung in die reine Phänomenologie* (abrégé *Ideen I*), éd. W. Biemel, 1950, tr. fr. P. Ricœur, Paris, Gallimard, 1950.

Hua. IV, *Ideen zu einer reinen Phänomenologie und phänomenologischen Philosophie, Zweites Buch, Phänomenologische Untersuchungen zur Konstitution* (*Ideen II*), éd. M. Biemel, 1952, tr. fr. É. Escoubas, Paris, PUF, 1982.

Hua. V, *Ideen zu einer reinen Phänomenologie und phänomenologischen Philosophie, Drittes Buch, Die Phänomenologie und die Fundamente der Wissenschaften*, (*Ideen III*), éd. M. Biemel, 1952, tr. fr. D. Tiffeneau, Paris, PUF, 1993.

Hua. VI, *Die Krisis der europäischen Wissenschaften und die transzendentale Phänomenologie. Eine Einleitung in die phänomenologische Philosophie* (abrégé *Krisis*), éd. W. Biemel, 1954, tr. fr. G. Granel, Paris, Gallimard, 1976.

Hua. VII, *Erste Philosophie (1923-1924), Erster Teil, Kritische Ideengeschichte*, éd. R. Boehm, 1956, tr. fr. A. L. Kelkel, Paris, PUF, 1970.

Hua. VIII, *Erste Philosophie (1923-1924), Zweiter Teil, Theorie der phänomenologischen Reduktion*, éd. R. Boehm, 1956, tr. fr. A. L. Kelkel, Paris, PUF, 1972.

Hua. IX, *Phänomenologische Psychologie. Vorlesungen Sommersemester 1925*, éd. W. Biemel, 1962.

Hua. X, *Zur Phänomenologie des inneren Zeitbewußtseins (1893-1917)*, éd. R. Boehm, 1966, tr. fr. H. Dussort, Paris, PUF, 1964.

Hua. XI, *Analysen zur passiven Synthesis*, éd. M. Fleischer, 1966, trad. fr. B. Bégout et J. Kessler, *De la synthèse passive*, Grenoble, Millon, 1998.

Hua. XII, *Philosophie der Arithmetik mit ergänzenden Texten (1890-1901)*, éd. L. Éley, 1970, tr. fr. J. English, Paris, PUF, 1972.

Hua. XIII, *Zur Phänomenologie der Intersubjektivität, Erster Teil (1905-1920)*, éd. I. Kern, 1973, tr. fr. du texte n° 6, *Problèmes fondamentaux de la phénoménologie (1910-1911)*, J. English, Paris, PUF, 1991.

Hua. XIV, *Zur Phänomenologie der Intersubjektivität, Zweiter Teil (1921-1928)*, éd. I. Kern, 1973.

Hua. XV, *Zur Phänomenologie der Intersubjektivität, Dritter Teil (1929-1935)*, éd. I. Kern, 1973.

Hua. XVI, *Ding und Raum, Vorlesungen 1907*, éd. U. Claesges, 1973, tr. fr. J. F. Lavigne, Paris, PUF, 1989.

Hua. XVII, *Formale und transzendentale Logik, Versuch einer Kritik der logischen Vernunft (1929)*, éd. P. Janssen, 1974, tr. fr. S. Bachelard, Paris, PUF, 1957.

Hua. XVIII, *Logische Untersuchungen, Erster Band, Prolegomena zur reiner Logik*, éd. E. Holenstein, 1975, tr. fr. H. Élie, A. L. Kelkel et R. Schérer, Paris, PUF, 1959 [l'édition allemande utilisée dans la traduction française à laquelle nous nous référons est celle publiée en 1913 chez Max Niemeyer, Halle].

Hua. XIX, *Logische Untersuchungen, Zweiter Band, Untersuchungen zur Phänomenologie und Theorie der Erkenntnis, Erster Teil*, éd. U. Panzer, 1984, tr. fr. H. Élie, A. L. Kelkel et R. Schérer, Paris, PUF, 1961.

Hua. XX, *Logische Untersuchungen, Zweiter Band, Zweiter Teil*, éd. U. Panzer, 1984, tr. fr. H. Élie, A. L. Kelkel et R. Schérer, Paris, PUF, 1962.

Hua. XXI, *Studien zur Arithmetik und Geometrie (1886-1901)*, éd. I. Strohmeyer, 1983.

Hua. XXII, *Aufsätze und Rezensionen (1890-1910)*, éd. B. Rang, 1979.

Hua. XXIII, *Phantasie, Bildbewußtsein, Erinnerung, (1898-1925)*, éd. E. Marbach, 1980.

Hua. XXV, *Aufsätze und Vorträge (1911-1921)*, éd. T. Nenon et H. R. Sepp, 1987, tr. fr. de l'article paru dans la revue *Logos* en 1911, *Die Philosophie als strenge Wissenschaft*, Q. Lauer, Paris, PUF, 1954.

Hua. XXVIII, *Vorlesungen über Ethik und Wertlehre (1908-1914)*, éd. U. Melle, 1988.

Hua. XXIX, *Die Krisis der europäischen Wissenschaften und die transzendentale Phänomenologie. Eine Einleitung in die phänomenologische Philosophie*, Ergänzungsband (1934-1937), éd. R. N. Smid, 1993.

Autres œuvres de Husserl

Erfahrung und Urteil, Untersuchung zur Genealogie der Logik, rédigé et éd. par L. Landgrebe, Hambourg, Glaassen und Goverts, 1948, tr. fr. D. Souche-Dagues, Paris, PUF, 1970.

E. Husserl Briefwechsel, éd. K. Schuhmann, Dordrecht/Boston/London, Kluwer Academic Publishers, *Husserliana Dokumente*, 1994, 10 vol.

La terre ne se meut pas, tr. fr. de trois manuscrits inédits (D 17, D 18 et D 12 IV) par D. Franck, J. F. Lavigne et D. Pradelle, Paris, Minuit, 1989.

Edmund Husserl, Notes sur Heidegger, Paris, Éd. de Minuit, 1993 (ce volume comporte l'article « phénoménologie » de 1927 destiné à l'*Encyclopedia Brittanica*, traduit par J. L. Fidel et J. F. Courtine).

Manuscrits inédits

(consultés aux Archives Husserl de Paris – nous ne mentionnons pas les titres, car ceux-ci ne sont pas toujours originaux)

Groupe A (*Mundane Phänomenologie*)

A IV 5 (1912-34) – A V 5 (1927-1933) – A V 20 – A V 21 (1924-27) – A V 24 (1932-35) – A VI 10 (1909-20) – A VI 14 (1929-30) – A VI 21 (1928-29) – A VI 26 (1921-31) – A VI 34 (1931) – A VII 12 (1932) – A VII 13 (1918-1930) – A VII 14 (1920-1926) – A VII 22 (1926) – A VII 26 (1925)

Groupe B (*Die Reduktion*)

B I 14 (1934) – B II 3 (1934) – B III 3 (1931) – B III 9 (1931) – B III 10 (1921-23)

Groupe C (*Zeitkonstitution als formale Konstitution*)
C 1 (1934) – C 2 I (1931) – C 2 II (1932) – C 2 III (1932) – C 3 I (1930) – C 3 II (1930) – C 3 III (1931) – C 3 IV (1931) – C 3 V (1931) – C 3 VI (1931) – C 4 (1930) – C 5 (1930) – C 6 (1930) – C 7 I (1932) – C 7 II (1932) – C 8 I (1929) – C 8 II (1929) – C 10 (1931) – C 11 I (1933 ?) – C 11 II (1934) – C 11 III (1934) – C 11 V (1931) – C 13 I (1934) – C 13 II (1934) – C 13 III (1934) – C 14 (1933) – C 15 (non daté) – C 16 I (1931) – C 16 II (1931) – C 16 IV (1932) – C 16 V (1931) – C 16 VI (1932) – C 16 VII (1933) – C 17 I (1931) – C 17 IV (1930-32) – C 17 V (1931)
Groupe D (*Primordiale Konstitution – Urkonstitution*)
D 2 (1933) – D 6 (1918-25) – D 10 IV (1932) – D 12 – D 13 I (1915-28) – D 13 II (1921) – D 14 (1930-34) – D 15 (1932)
Groupe E (*Intersubjektive Konstitution*)
E III 2 (1921-1935) – E III 4 (1924-31) – E III 5 (1933) – E III 9 (1931) – E III 10 (1930)
Groupe F (*Vorlesungen und Vorträge*)
F I 24 (1909-23) – F I 32 (1927) – F I 33 (1926-27) – F I 34 – F I 35 (1919) – F I 37 (1920-21)

AUTRES ŒUVRES

ARISTOTE, *Métaphysique*, tr. fr., J. Tricot, Paris, Vrin, 1986.
– *De l'interprétation*, livre II de l'*Organon*, tr. fr., J. Tricot, Paris, Vrin, 1966.
– *Traité de l'âme*, tr. fr., J. Tricot, Vrin, 1965.
– *Petits traités d'histoire naturelle*, tr. fr. R. Mugnier, Paris, Les Belles Lettres, 1965.
BRENTANO F., *Psychologie du point de vue empirique*, tr. fr. M. de Gandillac, Aubier, 1944
CORNÉLIUS H., *Versuch einer Theorie der Existentialurteile*, München, 1894.
HEIDEGGER M., *Être et temps*, tr. fr., F. Vezin, Paris, Gallimard, 1986
– *Kant et le problème de la métaphysique*, tr. fr. A. de Waelhens et W. Biemel, Paris, Gallimard, 1953.
HERBART J. F., *Psychologie als Wissenschaft* in *Sämtliche Werke V*, Langensalza 1890.
HUME D., *Traité de la nature humaine*, tr. fr., A. Leroy, Paris, Aubier, 1983.
– *Enquête sur l'entendement humain*, tr. fr., A. Leroy, Paris, Flammarion-GF, 1983.
KANT E., *Œuvres complètes* sous la dir. de F. Alquié, Bibliothèque de la Pléiade, 3 vol., Paris, Gallimard, 1980
LOCKE J., *An essay concerning human understanding*, Philosophical Works, by J. A. St. John, London, Bell & Sons, 1883.
NATORP P., *Allgemeine Psychologie nach kritischer Methode*, Tübingen, 1912.
STUMPF C., *Tonpsychologie I-II*, Leipzig, Hirzel, 1883-1890.
– « Erscheinungen und psychische Funktionen », in *Abhandlung IV der Königlichen Preussischen Akademie der Wissenschaften aus dem Jahre 1906*, Berlin, 1907.

ÉTUDES CRITIQUES

AGUIRRE, A., *Genetische Phänomenologie und Reduktion. Zur Letztbegründung der Wissenschaft aus der radikalen Skepsis im Denken E. Husserls*, Den Haag, M. Nijhoff, 1970.
ASEMISSEN H. U., « Strukturanalytische Probleme der Wahrnehmung in der Phänomenologie Husserls », in *Kant-Studien*, 73, Köln, 1957.
BENOIST J., *Autour de Husserl, L'ego et la raison*, Paris, PUF, 1994.
– *Kant et les limites de la synthèse, le sujet sensible*, Paris, PUF, 1996.
– « Les *Recherches Logiques* de Husserl, le catégorial entre grammaire et intuition », in *Phénoménologie et Logique*, études publiées par J. F. Courtine, Paris, Presses É.N.S., 1996, p. 33-64.

– « À l'origine de la phénoménologie : au-delà de la représentation », in *Critique*, juin 1995, p. 480-506.

BERNET R., « Perception as a teleological process of cognition », *Analecta Husserliana* IX, Dordrecht, Reidel, 1979.

– *La vie du sujet. Recherches sur l'interprétation de Husserl dans la phénoménologie*, Paris, PUF, 1994.

– « L'inconscient entre représentation et pulsion (Freud, Husserl et Schopenhauer), in *Philosophie*, 50, 1996, p. 66-83.

BIEMEL W., « Les phases décisives dans le développement de la philosophie de Husserl », in *Husserl, Cahiers de Royaumont*, Philosophie 3, Paris, Minuit, 1959.

BRAND G., *Welt, Ich und Zeit. Nach unveröffentlichen Manuskripten Edmund Husserls,* Den Haag, Nijhoff, 1955.

CAIRNS D., *Conversations avec Husserl et Fink*, tr. fr. J. M. Mouillie, Grenoble, J. Millon, 1997.

CAVAILLÈS J., *Sur la logique et la théorie de la science*, Paris, Vrin, rééd., 1997.

COSTA V., « Transcendental Aesthetic and the problem of transcendantality », in *Alterity und Facticity, new perspectives on Husserl*, Phaenomenologica 148, Dordrecht / Boston / London, Kluwer Academic Publishers, 1998.

COURTINE J. F., *Heidegger et la phénoménologie*, Paris, Vrin, 1990.

– *Suarez et le système de la métaphysique*, Paris, PUF, 1990.

– « Histoire et destin phénoménologique de l'*intentio* », in *L'intentionnalité en question, entre phénoménologie et recherches cognitives*, éd. D. Janicaud, Paris, Vrin, 1995, p. 13-36.

– « L'objet de la logique », in *Phénoménologie et Logique*, éd. J. F. Courtine, Paris, Presses É.N.S., 1996, p. 9-31.

DASTUR F., *Dire le temps : esquisse d'une chronologie phénoménologique*, Paris, Encre marine, 1994.

– *Husserl, des mathématiques à l'histoire*, Paris, PUF, 1995.

DEPRAZ N., *Transcendance et incarnation, le statut de l'intersubjectivité comme altérité à soi chez Husserl*, Paris, Vrin, 1995.

« Temporalité et affection dans les manuscrits tardifs sur la temporalité (1929-1935) de Husserl », Alter, n°2, 1994, p. 63-86.

– « La logique génétique husserlienne, quelle logophanie ? », in *Phénoménologie et Logique*, études publiées par J. F. Courtine, Paris, Presses É.N.S., 1996, p. 195-216.

DERRIDA J., *L'écriture et la différence*, Paris, Seuil, 1967.

– *La voix et le phénomène*, Paris, PUF, 1974.

– *Le problème de la genèse dans la philosophie de Husserl*, Paris, PUF, 1990.

DIEMER A., *Edmund Husserl, Versuch einer systematischen Darstellung seiner Phänomenologie*, Meisenheim, Hain, 1965.

DORER M., *Die historischen Grundlagen der Psychoanalysis*, Leipzig, 1932.

EHRENFELS (von) C., « Über Gestaltqualitäten », *Vierteljahrsschrift für wiss. Philosophie*, Bd. III, 1890, repris in *Philosophische Schrifte*, vol. 3, Vienne, Philosophia Verlag, 1988, p. 128-167.

FEIN H., *Genesis und Geltung in Edmund Husserls Phänomenologie*, Frankfurt, Kritische Studien zur Philosophie, 1970.

FINK E., *De la phénoménologie*, tr. fr., D. Franck, Paris, Minuit, 1974.

– *Proximité et Distance*, tr. fr., J. Kessler, Grenoble, J. Millon, 1994.

– *Sixième Méditation Cartésienne, L'idée d'une théorie transcendantale de la méthode*, tr. fr., N. Depraz, Grenoble, J. Millon, 1994.

FRANCK D., *Chair et corps, sur la phénoménologie de Husserl*, Paris, Minuit, 1981.

– « La chair et le problème de la constitution temporelle », in *Phénoménologie et Métaphysique*, Paris, PUF, 1984.

GRANEL G., *Le sens du temps et de la perception chez E. Husserl*, Paris, Gallimard, 1968.

GURWITSCH A., *La théorie du champ de conscience*, tr. fr. M. Butor, Paris, Desclée de Brouwer, 1957.

– *Studies in phenomenology and psychology*, Evanston, Northwestern University Press, 1966.

HELD K., *Lebendige Gegenwart*, Den Haag, Nijhoff, 1966.

HOLENSTEIN E., *Phänomenologie der Assoziation, Zu Struktur und Funktion eines Grundprinzips der passiven Genesis bei E. Husserl*, Den Haag, Nijhoff, 1972. (chapitre 9 tr. fr. B. Bégout in *Philosophie*, 51, Paris, Minuit, 1996).

– « Passive Genesis. Eine begriffsanalytische Studie », in *Tijdschrift voor Filosofie*, 33-1, 1971.

HOYOS-VASQUEZ G., *Intentionalität und Verantwortung, Geschichtsteleologie und Teleologie der Intentionalität*, Den Haag, Nijhoff, 1976.

– « Zum Teleologiebegriff in der Phänomenologie Husserls », in *Perspektiven transzendantalphänomenologischer Forschung*, hersg. U. Claesges, Den Haag, Nijhoff, 1972, p. 61-84.

KERN I., *Husserl und Kant*, Den Haag, Nijhoff, 1964.

– « Die drei Wege zur transzendental-phänomenologische Reduktion in der Philosophie E. Husserls », *Tidjschrift voor Filosofie*, 1962, pp. 303-349.

– « Statische und genetische Methode », in *Edmund Husserl : Darstellung seines Denkens*, R. Bernet, I. Kern, E. Marbach, Hambourg, F. Meiner, 1989.

KÜNG G., « Das Noema als reelles Moment », in *Phenomenological Perspectives*, hrsg. H. Spiegelberg, Den Haag, Nijhoff, 1975.

LANDGREBE L., *Der Weg der Phänomenologie*, Gütersloh, G. Mohn, 1963.

– *Phänomenologie und Geschichte*, Gütersloh, G. Mohn, 1968.

– *Faktizität und Individuation*, Hambourg, F. Meiner, 1982.

LEE N-I., *Edmund Husserls Phänomenologie der Instinkte*, Dordrecht/Boston/London, Kluwer Academic Publishers, 1993.

LÉVINAS E., *Théorie de l'intuition dans la phénoménologie de Husserl*, 1930, rééd., Paris, Vrin, 1984.

– *En découvrant l'existence avec Husserl et Heidegger*, Paris, Vrin, 1949, rééd., 1995.

– *Totalité et infini*, Den Haag, Nijhoff, 1961.

– *Autrement qu'être ou au-delà de l'essence*, Den Haag, Nijhoff, 1974, rééd. Livre de Poche, 1990.

LOHMAR D., « La genèse du jugement antéprédicatif dans les Recherches Logiques et dans *Expérience et Jugement* », in *Phénoménologie et Logique*, éd. J. F. Courtine, Paris, Presses É.N.S., 1996, p. 217-238.

– « Zu der Entstehung und den Ausgangsmaterialien von Edmund Husserls Werk *Erfahrung und Urteil* », *Husserl Studies*, 13, 1996, p. 31-71.

– *Erfahrung und kategoriales Denken, Hume, Kant und Husserl über vorprädikative Erfahrung und prädikative Erkenntnis*, Phaenomenologica 147, Dordrecht / Boston / London, Kluwer Academic Publishers, 1998.

MALDINEY H., *Penser l'homme et la folie*, Grenoble, J. Millon, 1991.

MALHERBE M., *La philosophie empiriste de David Hume*, Paris, Vrin, 1992.

MALL R. A., *Experience and Reason. The phenomenology of Husserl and its relation to Hume's philosophy*, Den Haag, Nijhoff, 1968.

MARION J.L., *Réduction et donation*, Paris, PUF, 1989.

– « Le phénomène saturé », in *Phénoménologie et théologie*, Paris, Critérion, 1992.

MELLE U., *Das Wahrnehmungsproblem und seine Verwandlung in phänomenologischer Einstellung*, Den Haag, Nijhoff, Phae. 91, 1983.

– « Objektivierende und nicht-objektivierende Akte », in *Husserl-Ausgabe und Husserl-Forschung*, Dordrecht/Boston/London, Kluwer Academic Publishers, 1990.

MERLEAU-PONTY M., *Phénoménologie de la perception*, Paris, Gallimard, 1945.

– « Le philosophe et son ombre », in *Éloge de la philosophie*, Paris, Gallimard, 1960.

– *Le visible et l'invisible*, Paris, Gallimard, 1964.

– *Résumés de cours au collège de France (1952-1960)*, Paris, Gallimard, 1968.

MISRAHA A. L., « Husserl und Freud : time, memory and the unconscious », *Husserl Studies* 7, 1990.

MONTAVONT A., « Passivité et non-donation », *Alter* n°1, 1993, p. 131-147.

– « Quelques remarques sur la phénoménologie husserlienne : opération, sensibilité et opacité » (*Cahiers philosophiques de Strasbourg*, n° 1, 1994.

– « Le phénomène de l'affection dans les *Analysen zur passiven Synthesis* », *Alter* n°2, 1994, p. 119-139.

MURPHY R. T., *Hume and Husserl. Towards radical subjectivism*, Den Haag, Nijhoff, 1983.

PATOCKA J.,. *Qu'est-ce que la phénoménologie*, tr. fr. É. Abrams, Grenoble, J. Millon, 1988.

– *Introduction à la phénoménologie de Husserl*, tr. fr. É. Abrams, Grenoble, J. Millon, 1992.

RICŒUR P., *Philosophie de la volonté, t. I, le volontaire et l'involontaire*, Paris, Aubier, 1950.

– *De l'interprétation, Essai sur Freud*, Paris, Seuil, 1965.

– *À l'école de la phénoménologie*, Paris, Vrin, 1986.

– *Soi-même comme un autre*, Paris, Seuil, 1990.

SEEBOHM T., « The new Hermeneutics, other Trends, and the human sciences from the standpoint of transcendantal phenomenology », in *Continental Phenomenology*, Pittsburgh, Duquesne University Press, 1985.

SCHUHMANN K., « Husserls doppelter Vorstellungsbegriff : die Texte von 1893 », in *Brentano Studien*, 3, 1990-91, p. 119-136.

SOKOLOWSKI R., *The formation of Husserl's concept of constitution*, Den Haag, Nijhoff, Phae. 5 et 6, 1964.

– « Intentional analysis and the noema », in *Dialectica*, vol. 38, fasc. 2-3, Berne, 1984.

STEINBOCK A. J., *Home and Beyond, Generative phenomenology after Husserl*, Evanston, Northwestern University Press, 1995.

STRÖKER E., « Intentionalität und Konstitution. Wandlungen des Intentionalitätskonzepts in der Philosophie Husserls », *Dialectica*, vol. 38, n° 2-3, 1984

WAHL J., « Notes sur la première partie d'*Erfahrung und Urteil* de Husserl », *Revue de Métaphysique et de Morale*, 56, 1951, p. 6-34.

WALDENFELS B., *Das Zwischenreich des Dialogs, Sozialphilosophische Untersuchungen in Anschluß an Edmund Husserl*, Den Haag, Nijhoff, Phae. 41, 1971.

WELTON D., *The origins of meaning, a critical study of the thresholds of husserlian phenomenology*, Den Haag, Nijhoff, Phae. 88, 1983.

YAMAGUCHI I., *Passive Synthesis und Intersubjektivität bei Edmund Husserl*, Den Haag, Nijhoff, 1982.

ZAHAVI D., *Husserl und die transzendantale Intersubjektivität, Eine Antwort auf die sprachpragmatische Kritik*, Dordrecht/Boston/London, Kluwer Academic Publishers, Phae. 135, 1995.

– « Self-awareness and Affection », in *Alterity und Facticity, new perspectives on Husserl*, Phaenomenologica 148, Dordrecht/Boston/London, Kluwer Academic Publishers, 1998.

ZANER R. M., « Passivity and activity of consciousness in Husserl », in *Analecta Husserliana*, éd. Tymieniecka A. T., t. III, Dordrecht/Boston/London, Kluwer Academic Publishers, 1966.

INDEX NOMINUM

TABLE DES MATIÈRES

ACHEVÉ D'IMPRIMER
EN JUIN 2000
PAR L'IMPRIMERIE
DE LA MANUTENTION
A MAYENNE
N° 247-00

Dépôt légal : 3e trimestre 2000